# Tabellenbuch Land- und Baumaschinentechnik

Systemtechnik
Technische Mathematik
Arbeitsplanung

von

Hermann Meiners

6., überarbeitete und erweiterte Auflage

Handwerk und Technik – Hamburg

Die Normblattangaben werden wiedergegeben mit Erlaubnis des DIN Deutsches Institut für Normung e.V. Maßgebend für das Anwenden der Norm ist deren Fassung mit dem neuesten Ausgabedatum, die bei der Beuth Verlag GmbH, Burggrafenstraße 6, 10787 Berlin, erhältlich ist.

ISBN 978-3-582-**03294**-2



Verlag Handwerk und Technik GmbH,
Lademannbogen 135, 22339 Hamburg; Postfach 63 05 00, 22331 Hamburg – 2010
E-Mail: info@handwerk-technik.de – Internet: www.handwerk-technik.de

Druck: Stürtz GmbH, 97080 Würzburg
Satz: CMS – Cross Media Solutions GmbH, 97080 Würzburg

# Inhaltsverzeichnis

## Technische Mathematik



## Arbeitsplanung

# Verzeichnis der zitierten Normen und Regelwerke



Erklärung: Z = Zurückgezogen

## VORWORT

Das „Tabellenbuch Land- und Baumaschinentechnik“ ist in drei Bereiche unterteilt:

- Systemtechnik
- Technische Mathematik
- Arbeitsplanung

Die Unterteilung entspricht den Prüfungsvorgaben, die enthalten sind in § 8 und § 9 der Ausbildungsordnung für den Beruf „Mechanikerin/Mechaniker für Land- und Baumaschinentechnik“, gültig seit dem 1.8.2004.

Der Abschnitt **Systemtechnik** enthält Daten und Normen zu Traktoren und Land- bzw. Baumaschinen sowie Informationen zu wesentlichen Vorschriften der Straßenverkehrs-Zulassungs-Ordnung (StVZO) und zur Sicherheitstechnik, soweit sie für die Land- und Baumaschinentechnik notwendig sind.

Im Teil **Technische Mathematik** sind die Formeln enthalten, die aufgrund des KMK-Rahmenlehrplanes für den Ausbildungsberuf „Mechanikerin/Mechaniker für Land- und Baumaschinentechnik“ zur Durchführung von Berechnungen innerhalb der einzelnen Lernfelder benötigt werden. Dabei wurde Wert auf die Angabe der Größengleichungen nach DIN 1313 und die Benutzung der SI-Basiseinheiten gemäß DIN 1301-1 gelegt. Selbstverständlich ist die Nutzung anderer Einheiten zulässig bzw. gebräuchlich; in diesem Falle müssen jedoch noch Faktoren für die Umrechnung berücksichtigt werden. Die eingesetzten Formelzeichen entsprechen DIN 1304-1.

Sowohl in den Lernfeldbezeichnungen des KMK-Rahmenlehrplanes als auch in der Beschreibung des Ausbildungsberufsbildes entsprechend § 4 der Ausbildungsordnung für den Ausbildungsberuf „Mechanikerin/Mechaniker für Land- und Baumaschinentechnik“ werden die Begriffe der Norm DIN 31051 (siehe Seite 123) benutzt. In Anlehnung an diese Vorgaben enthält der Abschnitt **Arbeitsplanung** eine Auswahl der relevanten Daten aus Normen zu folgenden Gebieten:

- Instandhaltung
- Wartung
- Inspektion
- Instandsetzung

Für die Überlassung von Daten und Bildmaterial bedanke ich mich bei den Autoren des „Tabellenbuches Metalltechnik“ (HT 3291).

Sommer 2010 — Meiners

# Systematik der Straßenfahrzeuge

DIN 70010 : 2001-04

- **Straßenfahrzeuge** – Landfahrzeuge, die zum Betrieb auf der Straße vorgesehen und nicht an Schienen gebunden sind
  - **Kraftfahrzeug** (Kfz) – Straßenfahrzeug, das maschinell (z. B. Verbrennungsmotor) angetrieben wird
    - **Kraftrad** – Einspuriges Kraftfahrzeug mit 2 Rädern: Motorrad, -roller, Moped, Mofa …

      z. B. Motorrad

    - **Kraftwagen** – Zwei- oder mehrspuriges Kraftfahrzeug
      - **Personenkraftwagen** (Pkw) – Kraftwagen zum Transport von Personen, deren Gepäck und/oder Güter; max. 9 Sitzplätze incl. Fahrer: Limousine, Coupé, Kabriolett, Kombi …

        z. B. Limousine

        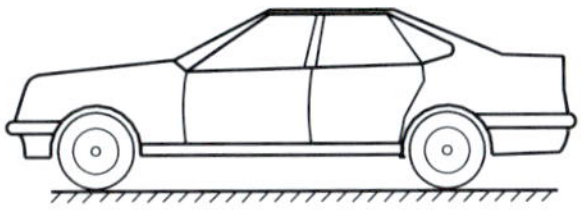

      - **Nutzkraftwagen** (Nkw) – Kraftwagen zum Transport von Personen, Gütern und/oder zum Ziehen von Anhängefahrzeugen: Kraftomnibus (KOM), Lastkraftwagen (Lkw), Traktor

        z. B. Traktor

  - **Anhängefahrzeug** – Straßenfahrzeug ohne eigene Antriebsquelle. Es wird von einem Kfz mitgeführt.

    z. B. mehrachsiger Anhänger

    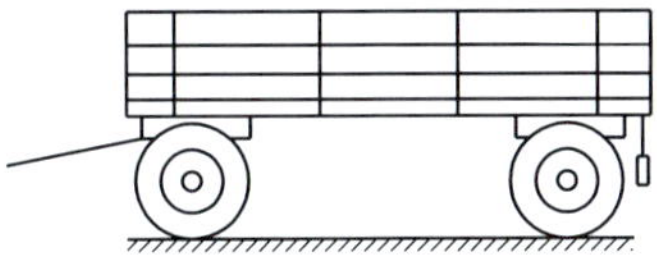

  - **Fahrzeugkombination** – Kraftfahrzeug und mitgeführtes Anhängefahrzeug

    z. B. Traktor und Anhänger

  - **andere Straßenfahrzeuge** – u. a. selbstfahrende Arbeitsmaschinen

    z. B. Mähdrescher oder Mobilbagger

    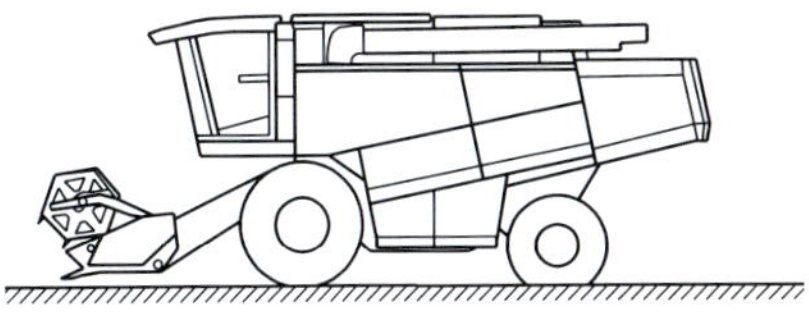

    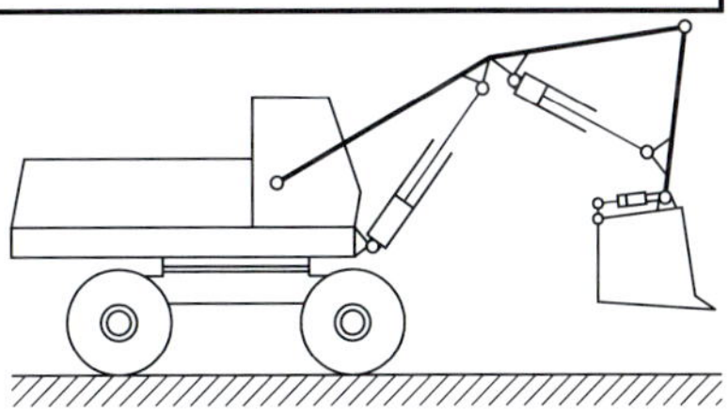

# Straßenverkehrs-Zulassungs-Ordnung StVZO

## Gliederung der StVZO

| | | |
|---|---|---|
| A. Personen | I. Teilnahme am Verkehr im Allgemeinen<br>II. Führen von Kraftfahrzeugen<br>III. Beförderung von Fahrgästen mit Kraftfahrzeugen | |
| B. Fahrzeuge | I. Zulassung von Kraftfahrzeugen im Allgemeinen<br>II. Zulassungsverfahren für Kraftfahrzeuge und ihre Anhänger<br>IIa. Pflichtversicherung<br><br>IIII. Bau- und Betriebsvorschriften | 1. Überwachung des Versicherungsschutzes bei Fahrzeugen mit amtlichem Kennzeichen<br>2. Überwachung des Versicherungsschutzes bei Fahrzeugen mit Versicherungskennzeichen<br>1. Allgemeine Vorschriften<br>2. Kraftfahrzeuge und ihre Anhänger<br>3. Andere Straßenfahrzeuge |
| C. Durchführungs-, Bußgeld- und Schlussvorschriften | | |

## Untersuchung der Kraftfahrzeuge und Anhänger — § 29 StVZO

„(1) Die Halter von Fahrzeugen, die ein eigenes amtliches Kennzeichen nach Art der Anlage V oder Va haben müssen, haben ihre Fahrzeuge auf ihre Kosten nach Maßgabe der Anlage VIII in regelmäßigen Zeitabständen untersuchen zu lassen. Ausgenommen sind:

1. Fahrzeuge mit rotem Kennzeichen (§ 28)
2. Fahrzeuge, die nach § 18 Abs. 7 behandelt werden, es sei denn, dass sie nach § 18 Abs. 4, Satz 1 amtliche Kennzeichen führen müssen
3. Fahrzeuge der Bundeswehr und des Bundesgrenzschutzes“

## Zeitabstand der Untersuchungen — Anlage VIII zur StVZO

**Begriffe:**

| Bezeichung der Untersuchung | Umfang der Untersuchung |
|---|---|
| Hauptuntersuchung (HU) | Prüfung des Zustandes, der Funktion, der Ausführung und der Wirkung der Bauteile und Systeme eines Fahrzeugs. Wenn unzulässige technische Änderungen vermutet werden, muss zusätzlich eine Prüfung der Vorschriftsmäßigkeit durchgeführt werden. |
| Sicherheitsprüfung (SP) | Sicht-, Wirkungs- und Funktionsprüfung der nachfolgend aufgeführten Bauteile und Systeme des Fahrzeugs: Fahrgestell, Fahrwerk, Verbindungseinrichtung, Lenkung, Reifen, Räder, Auspuffanlage und Bremsanlage. |

## Prüfplakette HU

Anlage IX zur StVZO

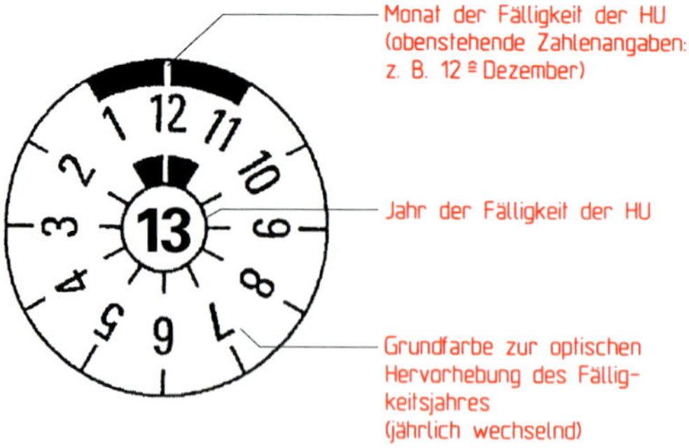


## Prüfplakette SP

Anlage IX b zur StVZO

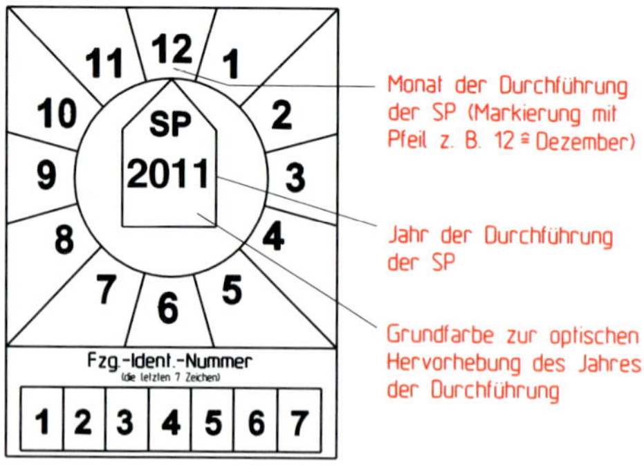

## Zeitabstand der Untersuchungen (Monate)

Anlage VIII zur StVZO

| Art des Fahrzeugs | HU | SP |
|---|---|---|
| Krafträder | 24 | – |
| Personenkraftwagen: | | |
| – bei erstmals in den Verkehr gekommenen Personenkraftwagen für die erste HU | 36 | – |
| – für die weiteren HU | 24 | – |
| Kraftomnibusse und andere Kraftfahrzeuge mit mehr als 8 Fahrgastplätzen: | | |
| – bei erstmals in den Verkehr gekommenen Fahrzeugen in den ersten 12 Monaten | 12 | – |
| – für die weiteren Untersuchungen von 12 bis 36 Monate vom Tage der Erstzulassung an | 12 | 6 |
| – für die weiteren Untersuchungen | 12 | 3 |
| Kraftfahrzeuge zur Güterbeförderung, selbstfahrende Arbeitsmaschinen und Zugmaschinen: | | |
| – mit einer bauartbedingten Höchstgeschwindigkeit von nicht mehr als 40 km/h oder einer zulässigen Gesamtmasse $\leq$ 3,5 t | 24 | – |
| – mit einer bauartbedingten Höchstgeschwindigkeit von mehr als 40 km/h und einer zulässigen Gesamtmasse $>$ 3,5 t ... 7,5 t | 12 | – |
| – mit einer bauartbedingten Höchstgeschwindigkeit von mehr als 40 km/h und einer zulässigen Gesamtmasse $>$ 7,5 t ... 12 t bei erstmals in den Verkehr gekommenen Fahrzeugen in den ersten 36 Monaten | 12 | – |
| – mit einer bauartbedingten Höchstgeschwindigkeit von mehr als 40 km/h und einer zulässigen Gesamtmasse $>$ 7,5 t ... 12 t für die weiteren Untersuchungen | 12 | 6 |
| – mit einer bauartbedingten Höchstgeschwindigkeit von mehr als 40 km/h und einer zulässigen Gesamtmasse $>$ 12 t bei erstmals in den Verkehr gekommenen Fahrzeugen in den ersten 24 Monaten | 12 | – |
| – mit einer bauartbedingten Höchstgeschwindigkeit von mehr als 40 km/h und einer zulässigen Gesamtmasse $>$ 12 t für die weiteren Untersuchungen | 12 | 6 |
| Anhänger, einschließlich angehängte Arbeitsmaschinen und Wohnanhänger: | | |
| – mit einer zulässigen Gesamtmasse $\leq$ 0,75 t oder ohne eigene Bremse bei erstmals in den Verkehr gekommenen Fahrzeugen für die erste HU | 36 | – |
| – mit einer zulässigen Gesamtmasse $\leq$ 0,75 t oder ohne eigene Bremse bei erstmals in den Verkehr gekommenen Fahrzeugen für die weiteren HU | 24 | – |
| – mit einer bauartbedingten Höchstgeschwindigkeit von nicht mehr als 40 km/h oder einer zulässigen Gesamtmasse $>$ 0,75 t ... 3,5 t | 24 | – |
| – mit einer bauartbedingten Höchstgeschwindigkeit von mehr als 40 km/h und einer zulässigen Gesamtmasse $>$ 3,5 t ... 10 t | 12 | – |
| – mit einer bauartbedingten Höchstgeschwindigkeit von mehr als 40 km/h und einer zulässigen Gesamtmasse $>$ 10 t bei erstmals in den Verkehr gekommenen Fahrzeugen in den ersten 24 Monaten | 12 | – |
| – mit einer bauartbedingten Höchstgeschwindigkeit von mehr als 40 km/h und einer zulässigen Gesamtmasse $>$ 10 t für die weiteren Untersuchungen | 12 | 6 |

## Richtlinie für die Durchführung von Hauptuntersuchungen: Untersuchungskriterien
**StVZO § 29 Anlage VIII a**

| Untersuchungskriterium | zu prüfende Punkte | Art der Durchführung |
|---|---|---|
| Zustand | – Beschädigung, Korrosion und Alterung<br>– übermäßiger Verschleiß und übermäßiges Spiel<br>– sachgemäße Befestigung, Sicherung, Montage und Verlegung<br>– Freigängigkeit und Leichtgängigkeit | – visuell und/oder manuell<br>– visuell und/oder elektronisch |
| Funktion | Auslösung eines Vorganges, der zeitlich und funktionell richtig abläuft, durch Betätigung von<br>– Pedalen<br>– Hebeln<br>– Schaltern<br>– oder sonstigen Bedienungseinrichtungen | – visuell und/oder manuell<br>– visuell und/oder elektronisch |
| Ausführung | – vorgegebene Gestaltung<br>– vorgegebene Anbringung/Anzahl<br>– vorgegebene Schaltung<br>– erforderliche Kennzeichnung | – visuell und/oder elektronisch |
| Wirkung | Einhaltung bzw. Erreichen vorgegebener Grenzwerte | – messtechnisch |

## Richtlinie für die Durchführung von Hauptuntersuchungen: Beurteilung der Mängel[1])
**StVZO § 29 Anlage VIII und VIII a**

| Bezeichnung | Beschreibung | Nachprüfung | Zuteilung Prüfplakette |
|---|---|---|---|
| OM | Ohne erkennbare Mängel | nicht erforderlich | ja |
| GM | Geringe Mängel:<br>– kurzzeitige Abweichung von den Vorschriften oder Richtlinien<br>– keine Verkehrsgefährdung | nicht erforderlich, wenn zu erwarten ist, dass der Fahrzeughalter die Mängel unverzüglich beseitigt | möglich |
| EM | Erhebliche Mängel:<br>– Abweichung von den Vorschriften oder Richtlinien<br>– Verkehrsgefährdung | erforderlich | nein |
| VU | Verkehrsunsicher:<br>– Abweichung von den Vorschriften oder Richtlinien<br>– unmittelbare Verkehrsgefährdung | nein, Fahrzeug wird sofort stillgelegt | – Entfernung der vorhandenen Prüfplakette<br>– Benachrichtigung Zulassungsstelle |

[1]) Die Angabe der Mängel in der Prüfbescheinigung erfolgt in Form von Kennziffern entsprechend dem Beurteilungskatalog zur HU-Richtlinie:
Bremsanlage: 101 ...
Lenkanlage: 201 ...
Sichtverhältnisse: 301 ...
Lichttechnische Einrichtungen: 401 ...
Achsen, Räder, Reifen, Aufhängungen: 501 ...
Fahrgestell, Rahmen: 601 ...
Sonstige Ausstattungen: 701 ...
Umweltbelastung: 801 ...
Fahrzeugidentifikation: 1001 ...

## Richtlinie für die Durchführung von Hauptuntersuchungen: Prüfbereiche

**StVZO § 29 Anlage VIII a**

| Prüfbereich | Zu prüfende Punkte [1]) | Entsprechende Vorschriften der StVZO |
|---|---|---|
| Bremsanlagen | Zustand, Funktion, Ausführung und Wirkung der Betriebsbremsanlage und der Feststell-/Hilfsbremsanlage | § 41 |
| Lenkanlagen | Zustand, Funktion und Ausführung | § 38 |
| Sicht-verhältnisse | Zustand und Ausführung:<br>– Scheiben<br>– Rückspiegel<br>Zustand, Funktion und Ausführung:<br>– Scheibenwischer<br>Funktion:<br>– Scheibenwaschanlage | <br>§ 22 a, § 40<br>§ 56<br><br>§ 40 |
| Licht-technische Einrichtungen und andere Teile der elektrischen Anlage | Zustand, Funktion, Ausführung und Wirkung:<br>– Scheinwerfer (Abblendlicht, Fernlicht)<br>Zustand, Funktion und Ausführung:<br>– Begrenzungsleuchten/Parkleuchten<br>– Zusatzleuchten/-scheinwerfer<br>– Umrissleuchten<br>– Schlussleuchten<br>– Bremsleuchten<br>– Kennzeichenbeleuchtung<br>– Blinkleuchten/Fahrtrichtungsanzeiger<br>– Warnblinkanlage<br>– Rückstrahler vorn/seitlich/hinten<br>– Warnmarkierungen/Warntafeln<br>– Kontrollleuchten für Fernlicht, Fahrtrichtungsanzeiger, Warnblinkanlage<br>– Elektrische Verbindungseinrichtungen (Steckdose, Stecker, Verbindungsleitungen)<br>Zustand und Ausführung:<br>– Elektrische Leitungen<br>– Batterie | <br>§ 22 a, § 50, § 49 a Abs. 5<br><br>§ 22 a, § 51, § 51 c<br>§ 22 a, § 52<br>§ 22 a, § 51 b<br>§ 22 a, § 53<br>§ 22 a, § 53<br>§ 22 a, § 60<br>§ 22 a, § 54<br>§ 53 a<br>§ 22 a, § 51, § 51 a, § 53, § 53 b<br>§ 22a, § 53b<br>§ 50 Abs. 5, § 53 a Abs. 4, § 54 Abs. 2,<br>§ 41 Abs. 9 und 15 |
| Achsen, Räder, Reifen und Aufhängungen | Zustand und Ausführung:<br>– Achsen (Aufhängung, Federn, Schwingungsdämpfer, Radlager)<br>– Räder<br>– Bereifung | <br>§ 30<br><br>§ 36 a<br>§ 36 |
| Fahrgestell/ Rahmen; daran befestigte Teile | Zustand und Ausführung:<br>– Rahmen<br>– Einrichtungen zur Verbindung von Kraftfahrzeugen<br>– Aufbau<br>– Motor und Kraftübertragung | <br>§ 30, § 32, § 34<br>§ 22 a, § 43<br>§ 30, § 30 c, § 32, § 34 |
| Sonstige Ausstattungen | Zustand und Ausführung:<br>– Sicherheitsgurte<br>– Unterlegkeile<br>– Einrichtungen für Schallzeichen<br>– Geschwindigkeitsmesser<br>– Warndreieck, Warnleuchte<br>– Erste-Hilfe-Material (Verbandskasten) | <br>§ 35 a<br>§ 41 Abs. 14<br>§ 55<br>§ 57<br>§ 22 a, § 53 a<br>§ 35 h |
| Umwelt-belastung | Zustand, Funktion und Ausführung:<br>– Auspuffanlage<br>– Fahr- und Standgeräusche<br>– Rauchentwicklung<br>Zustand:<br>– Flüssigkeitsverlust (Motor, Kraftübertragung, Lenkung, Hydraulik, Kraftstoffanlage) | <br>§ 22 a, § 47<br>§ 49<br>§ 47, § 47 a<br><br>§ 45, § 46 |
| Fahrzeug-identifikation | – Fabrikschild und sonstige Schilder, Fahrzeug-Identifizierungs-Nr.<br>– Amtliches Kennzeichen<br>– Aufschriften: Stützlast, Gewichte, Geschwindigkeit | § 59<br>§ 60<br>§ 34, § 44, § 58 |

[1]) Es wurden nur die Punkte aufgeführt, die bei der Prüfung von Zugmaschinen, die in der Land- oder Forstwirtschaft eingesetzt sind, beachtet werden.

## Bremsanlagen für Lof Fahrzeugkombinationen

**§ 41 StVZO**

| | bis 25 $\frac{km}{h}$ | über 25 $\frac{km}{h}$ |
|---|---|---|
|  | – Betriebsbremsanlage<br>Abbremsung mindestens 30 %<br>– Hilfsbremsanlage<br>Abbremsung mindestens 25 %<br>– Feststellbremsanlage (Handbremse)<br>Abbremsung mindestens 20 % | – Betriebsbremsanlage<br>Abbremsung mindestens 45 %<br>(bis 32 $\frac{km}{h}$: mindestens 37 %)<br>– Hilfsbremsanlage<br>Abbremsung mindestens 25 %<br>– Feststellbremsanlage (Handbremse)<br>Abbremsung mindestens 20 % |
|  | – Betriebsbremsanlage<br>(vom Traktor aus)<br>Abbremsung mindestens 30 %<br>automatische Bremsanlage<br>(Abreiß-Seil oder -Kette)<br>Abbremsung mindestens 25 %<br>– Feststellbremsanlage (Handbremse)<br>Abbremsung mindestens 20 % | – Betriebsbremsanlage<br>Abbremsung mindestens 45 %<br>automatische Bremsanlage<br>Abbremsung mindestens 25 %<br>– Feststellbremsanlage (Handbremse)<br>Abbremsung mindestens 20 % |
|  | – Betriebsbremsanlage<br>(vom Traktor aus)<br>Abbremsung mindestens 30 %<br>automatische Bremsanlage<br>(Abreiß-Seil oder -Kette)<br>Abbremsung mindestens 25 %<br>– Feststellbremsanlage (Handbremse)<br>Abbremsung mindestens 20 % | – Betriebsbremsanlage<br>Abbremsung mindestens 45 %<br>automatische Bremsanlage<br>Abbremsung mindestens 25 %<br>– Feststellbremsanlage (Handbremse)<br>Abbremsung mindestens 20 % |
| 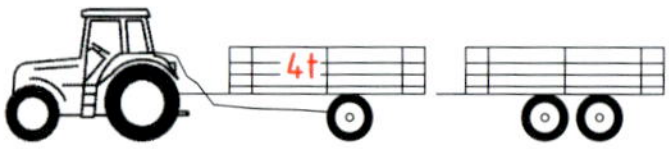 | – Betriebsbremsanlage<br>Handhebel auf dem Traktor<br>Anhänger-Gesamtmasse: 4 t | |
|  | – Betriebsbremsanlage<br>Auflaufbremsanlage auf eine Achse wirkend<br>Anhänger-Gesamtmasse: 8 t | – Betriebsbremsanlage<br>Auflaufbremsanlage auf alle Räder wirkend<br>Anhänger-Gesamtmasse: 8 t |
| 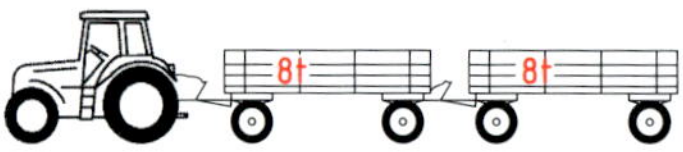 | – Betriebsbremsanlage<br>Auflaufbremsanlage<br>Anhänger-Gesamtmasse: 2 × 8 t | |
| 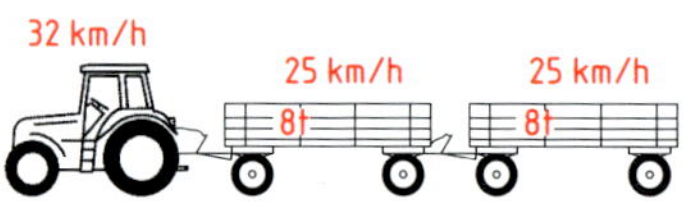 | nach 28. Ausnahmeverordnung:<br>– Betriebsbremsanlage<br>Auflaufbremsanlage<br>Anhänger-Gesamtmasse: 2 × 8 t<br>(Traktor bauartbedingt bis 32 $\frac{km}{h}$) | |
|  | – Betriebsbremsanlage auf eine Achse jedes Anhängers wirkend<br>1. Anhänger: Druckluft<br>2. Anhänger: Auflaufbremsanlage<br>Anhänger-Gesamtmasse: 1 × 16 t und 1 × 8 t | – Betriebsbremsanlage auf alle Räder jedes Anhängers wirkend<br>1. Anhänger: Druckluft<br>2. Anhänger: Auflaufbremsanlage<br>Anhänger-Gesamtmasse: 1 × 16 t und 1 × 8 t |
|  | – Betriebsbremsanlage auf eine Achse jedes Anhängers wirkend<br>1. und 2. Anhänger: Druckluft<br>Anhänger-Gesamtmasse: 2 × 16 t | – Betriebsbremsanlage auf alle Räder jedes Anhängers wirkend<br>1. und 2. Anhänger: Druckluft<br>Anhänger-Gesamtmasse: 2 × 16 t |

## Daten für die Zulassungsbescheinigung Teil I und Teil II

| Feld | enthalten in | | Bezeichnung | | Fahrzeugklassen [1] |
|---|---|---|---|---|---|
| | Teil I | Teil II | | | |
| o.N. | X | – | Nummer der Zulassungsbescheinigung Teil I | | |
| o.N. | (16) | X | Nummer der Zulassungsbescheinigung Teil II | | |
| A | X | X | Zulassungsnummer (amtliches Kennzeichen) | | |
| B | X | X | Datum der Erstzulassung des Fahrzeugs | | |
| C.1.1 | X | – | Name oder Firmenname | | |
| C.1.2 | X | – | Vorname(n) | | |
| C.1.3 | X | – | Anschrift | | |
| C.3.1, C.6.1 | – | X | Name oder Firmenname | | |
| C.3.2, C.6.2 | – | X | Vorname(n) | | |
| C.3.3, C.6.3 | – | X | Anschrift zum Zeitpunkt der Ausstellung der Bescheinigung | | |
| C.4c | X | X | Der Inhaber der Zulassungsbescheinigung wird nicht als Eigentümer des Fahrzeugs ausgewiesen. | | |
| D.1 | X | X | Marke | | alle Fahrzeugklassen |
| D.2 | X | X | Typ | | alle Fahrzeugklassen |
| | X | X | Variante | | |
| | X | X | Version | | |
| D.3 | X | X | Handelsbezeichnung(en) | | alle Fahrzeugklassen |
| E | X | X | Fahrzeug-Identifizierungsnummer | | alle Fahrzeugklassen |
| F.1 | X | – | Technisch zulässige Gesamtmasse in kg | | M, N, O, L, T |
| F.2 | X | – | Im Zulassungsmitgliedstaat zulässige Gesamtmasse in kg | | |
| G | X | – | Masse des in Betrieb befindlichen Fahrzeugs in kg (Leermasse) | | M, N, O, L, T |
| H | X | – | Gültigkeitsdauer | | |
| I | X | X | Datum dieser Zulassung | | |
| o.N. | X | X | Platzierung für die vollständige Bezeichnung und den Sitz der Zulassungsbehörde | | |
| J | X | X | Fahrzeugklasse | | alle Fahrzeugklassen |
| K | X | X | Nummer der EG-Typgenehmigung oder ABE | | alle Fahrzeugklassen |
| L | X | – | Anzahl der Achsen | | M, N, O, L, T |
| O | X | – | Technisch zulässige Anhängelast | O.1 gebremst in kg | M, L, N, T |
| | | | | O.2 ungebremst in kg | M, L, N, T |
| P.1 | X | X | Hubraum in $cm^3$ | | M, N, O, L, T |
| P.2, P.4 | X | X | Nennleistung in kW Nenndrehzahl bei $min^{-1}$ | | M, N, L, T [2] |
| P.3 | X | X | Kraftstoffart oder Energiequelle | | M, N, L, T |
| Q | X | – | Leistungsgewicht in kW/kg (nur bei Krafträdern) | | L |
| R | X | X | Farbe des Fahrzeugs | | M |
| S.1 | X | – | Sitzplätze einschließlich Fahrersitz | | M, N, L, T |
| S.2 | X | – | Stehplätze | | M |
| T | X | – | Höchstgeschwindigkeit in km/h | | M, N, L, T |
| U.1 | X | – | Standgeräusch in dB(A) | | M, N, L, T |
| U.2 | X | – | Drehzahl in $min^{-1}$ zu U.1 | | M, N, L |
| U.3 | X | – | Fahrgeräusch in dB(A) | | M, N, L, T |
| V.7 | X | – | $CO_2$ (in g/km) | | M, N |
| V.9 | X | – | Für die EG-Typgenehmigung maßgebliche Schadstoffklasse | | L, M, N |
| (1) | – | X | Anzahl der Vorhalter | | |
| (2) | X | X | Hersteller-Kurzbezeichnung | | |
| (2.1) | X | X | Code zu (2) | | |
| (2.2) | X | X | Code zu D.2 mit Prüfziffer | | |
| (3) | X | X | Prüfziffer (zur Fahrzeug-Identifizierungsnummer) | | |
| (4) | X | X | Art des Aufbaus | | M, N, O, (L evtl.) |
| (5) | X | X | Bezeichnung der Fahrzeugklasse und des Aufbaus | | |
| (6) | X | X | Datum zu K | | alle Fahrzeugklassen |
| (7) | | | Technisch zulässige maximale Achslast/Masse je Achsgruppe in kg | | |
| (7.1) | X | – | | | M, L, N, O, T |
| (7.2) | X | – | | | M, L, N, O, T |
| (7.3) | X | – | | | M, L, N, O, T |

| Feld | enthalten in | | Bezeichnung | Fahrzeugklassen[1] |
|---|---|---|---|---|
| | Teil I | Teil II | | |
| (8) | X | – | Zulässige maximale Achslast im Zulassungsmitgliedstaat in kg | |
| (8.1) | X | – | | |
| (8.2) | X | – | | |
| (8.3) | X | – | | |
| (9) | X | – | Anzahl der Antriebsachsen | M, N, T |
| (10) | X | X | Code zu P.3 | |
| (11) | X | X | Code zu R | M |
| (12) | X | – | Rauminhalt des Tanks bei Tankfahrzeugen in $m^3$ | N, O |
| (13) | X | – | Stützlast in kg | M, N, L, O, T |
| (14) | X | – | Bezeichnung der nationalen Emissionsklasse | |
| (14.1) | X | – | Code zu V.9 oder (14) | M, N, L |
| (15.1) | X | – | Bereifung – Achse 1 | M, N, L, O, T |
| (15.2) | X | – | Bereifung – Achse 2 | M, N, L, O, T |
| (15.3) | X | – | Bereifung – Achse 3 | M, N, L, O, T |
| (16) | X | – | Nummer der Zulassungsbescheinigung Teil II | |
| (17) | X | X | Merkmal zur Betriebserlaubnis | alle Fahrzeugklassen |
| (18) | X | – | Länge in mm | M, N, L, O, T |
| (19) | X | – | Breite in mm | M, N, L, O, T |
| (20) | X | – | Höhe in mm | M, N, L, O, T |
| (21) | X | – | Sonstige Vermerke | |
| (22) | X | – | Bemerkungen und Ausnahmen | alle Fahrzeugklassen |
| o.N. | – | X | Fahrzeug-Identifizierungsnummer als Barcode | |
| (23) | – | X | Raum für interne Vermerke des Herstellers | |
| (24) | – | X | Diese Bescheinigung wurde für das nebenstehend beschriebene Fahrzeug ausgegeben durch (Zulassungsbehörde bzw. Genehmigungsinhaber) | |
| (25) | – | X | Zusätzliche Vermerke der Zulassungsbehörde | |
| Anlage | X | – | Beiblätter | |

[1] EG-Fahrzeugklassen gemäß § 29 StVZO Anlage XXIX (zu § 20 Abs. 3a Satz 4)
[2] Leistungsangaben gemäß DIN 70 020, ECE R120, EWG 80/1269, 07/98 EG bzw. 2000/25 EG oder ECE R24

## EG-Fahrzeugklassen gemäß § 29 StVZO Anlage XXIX (zu § 20 Abs. 3a Satz 4)

| Nr. | Klasse | Beschreibung |
|---|---|---|
| 1. | M | Für die Personenbeförderung ausgelegte und gebaute Kraftfahrzeuge mit mindestens vier Rädern; Untergruppierungen M1 bis M3 entsprechend der Anzahl der Sitze und der zulässigen Gesamtmasse. |
| 2. | N | Für die Güterbeförderung ausgelegte und gebaute Kraftfahrzeuge mit mindestens vier Rädern; Untergruppierungen N1 bis N3 entsprechend der zulässigen Gesamtmasse. |
| 3. | O | Anhänger (einschließlich Sattelanhänger); Untergruppierungen O1 bis O4 entsprechend der zulässigen Gesamtmasse |
| 4. | M*G<br>N*G | Geländefahrzeuge; Fahrzeuge der Klasse M oder N, wenn sie bestimmte festgelegte Anforderungen erfüllen |
| 5. | | Fahrzeuge mit besonderer Zweckbestimmung: Fahrzeuge der Klasse M, N oder O zur Personen- oder Güterbeförderung mit einer speziellen Funktion, für die der Aufbau bzw. die Ausrüstung entsprechend angepasst werden muss (Wohnmobil, beschussgeschützte Fahrzeuge, Krankenwagen, Leichenwagen, Wohnanhänger und Mobilkrane). |
| 6. | L | Zwei-, drei- und vierrädrige Kraftfahrzeuge; Untergruppierungen L1e bis L7e entsprechend der Radzahl, des Hubraums, der bauartbedingten Höchstgeschwindigkeit und der Leermasse. |
| 7. | T | Land- oder forstwirtschaftliche Zugmaschinen auf Rädern mit einer bauartbedingten Höchstgeschwindigkeit von mindestens 6 km/h; Untergruppierungen T1 bis T5 entsprechend der Spurweite, der Bodenfreiheit, der bauartbedingten Höchstgeschwindigkeit und der Leermasse. |
| 8. | C | Land- oder forstwirtschaftliche Zugmaschinen auf Gleisketten mit einer bauartbedingten Höchstgeschwindigkeit von mindestens 6 km/h; Untergruppierungen C1 bis C5 entsprechend der Spurweite, der Bodenfreiheit, der bauartbedingten Höchstgeschwindigkeit und der Leermasse. |
| 9. | R | Land- oder forstwirtschaftliche Anhänger; Untergruppierungen R1 bis R4 entsprechend der zulässigen Gesamtmasse. Zusätzlich Buchstabe „a“ für Anhänger mit einer bauartbedingten Höchstgeschwindigkeit kleiner oder gleich 40 km/h bzw. Buchstabe „b“ für Anhänger mit einer bauartbedingten Höchstgeschwindigkeit über 40 km/h. |
| 10. | S | Gezogene auswechselbare land- oder forstwirtschaftliche Maschinen; Untergruppierungen S1 und S2 entsprechend der zulässigen Gesamtmasse. Zusätzlich Buchstabe „a“ für Maschinen mit einer bauartbedingten Höchstgeschwindigkeit kleiner oder gleich 40 km/h bzw. Buchstabe „b“ für Maschinen mit einer bauartbedingten Höchstgeschwindigkeit über 40 km/h. |

## Ausrüstung von Dieselmotoren für Traktoren bei der Ermittlung der Motorleistung[1)]

| Nr. | Die nachfolgend aufgeführten Ausrüstungsteile sind bei der Prüfung entsprechend den nebenstehenden Normen einzubeziehen (x) oder nicht einzubeziehen (–).<br><br>Grundsätzlich sollte der Prüfmotor serienmäßig ausgerüstet sein. | DIN 70020 | ISO TR 14396<br>ECE[2)] R120 | EG 97/68[3)]<br>2000/25/EG[4)] | ECE[2)] R 24 |
|---|---|---|---|---|---|
| 1 | Ansaugsystem | | | | |
| | – Luftfilter | x | x | x | x |
| | – Ansauggeräuschdämpfer | x | x | x | x |
| | – Ansaugkrümmer | x | x | x | x |
| | – Kurbelgehäuseentlüftung | x | x | x | x |
| 2 | Auspuffanlage | | | | |
| | – Abgaskrümmer | x | x | x | x |
| | – Verbindungsrohre | x | x | x | x |
| | – Schalldämpfer | x | x | x | x |
| | – Auspuffendrohr | x | x | x | x |
| 3 | Ausrüstung für die Kraftstoffeinspritzung: | | | | |
| | – Filter | x | x | x | x |
| | – Pumpe | x | x | x | x |
| | – Hochdruckleitungen | x | x | x | x |
| | – Regler/Steuersystem | x | x | x | x |
| 4 | Flüssigkeitskühlung: | | | | |
| | – Kühler | x | – | – | x |
| | – Lüfter | x | – | – | x[5)] |
| | – Lüfterabdeckung | x | – | – | x |
| | – Kühlmittelpumpe | x | x | x | x |
| | – Thermostat | x | x | x | x |
| 5 | Luftkühlung: | | | | |
| | – Abdeckung | x | – | – | x |
| | – Lüfter oder Gebläse | x | – | – | x[5)] |
| | – Einrichtung zur Temperaturregelung | x | – | – | x |
| 6 | Generator:<br>belastet mit der Strommenge, die zum Betrieb motorspezifischer elektrischer/elektronischer Bauteile erforderlich ist | x | x | x | x |
| 7 | Einrichtung zur Aufladung | | | | |
| | – Verdichter | x | x | x | x |
| | – Ladeluftkühler | x | x | x | x |
| 8 | Schmierölpumpe | x | x | x | x |

1) Hilfseinrichtungen zum Betrieb des Fahrzeugs, wie z. B. Klimaanlage, Kompressor für Druckluftbremsanlage oder Hilfskrafteinrichtungen der Lenkanlage, müssen bei der Leistungsprüfung abgebaut werden.
2) ECE = Economic Commission for Europe (engl.): Wirtschaftskommission für Europa der Vereinten Nationen
3) Leistungsmessung für die Abgasstufe EurEst II
4) Leistungsmessung für die Abgasstufe EurEst III
5) ein abschaltbarer Lüfter oder ein abschaltbares Gebläse werden bei dieser Messung ausgeschaltet; ein regelbarer Lüfter oder ein regelbares Gebläse werden bei dieser Messung mit maximalem Schlupf betrieben.

## Europäische Emissionsstufen (EurESt) für Traktoren

| Bezeichnung | | EurESt II | EurESt III A | EurESt III B | EurESt IV |
|---|---|---|---|---|---|
| Leistungsbereich 37 kW bis 75 kW | | | | | |
| | Markteinführung | bis 31.12.2007 | 1.1.2008 | 1.1.2013 | – |
| Kohlenmonoxid | CO | 5,0 g/kWh | 5,0 g/kWh | 5,0 g/kWh | – |
| Kohlenwasserstoff | HC | 1,3 g/kWh | – | – | – |
| Stickoxid | $NO_x$ | 7,0 g/kWh | – | – | – |
| HC und $NO_x$ | | – | 4,7 g/kWh | 4,7 g/kWh | – |
| Partikel | PT | 0,4 g/kWh | 0,6 g/kWh | 0,025 g/kWh | – |
| Leistungsbereich 75 kW bis 130 kW | | | | | |
| | Markteinführung | bis 31.12.2006 | 1.1.2007 | 1.1.2012 | 1.10.2014 |
| Kohlenmonoxid | CO | 5,0 g/kWh | 5,0 g/kWh | 5,0 g/kWh | 5,0 g/kWh |
| Kohlenwasserstoff | HC | 1,0 g/kWh | – | 0,19 g/kWh | 0,19 g/kWh |
| Stickoxid | $NO_x$ | 6,0 g/kWh | – | 3,3 g/kWh | 0,4 g/kWh |
| HC und $NO_x$ | | – | 4,0 g/kWh | – | – |
| Partikel | PT | 0,3 g/kWh | 0,3 g/kWh | 0,025 g/kWh | 0,025 g/kWh |
| Leistungsbereich ab 130 kW | | | | | |
| | Markteinführung | bis 31.12.2005 | 1.1.2006 | 1.1.2011 | 1.10.2014 |
| Kohlenmonoxid | CO | 3,5 g/kWh | 3,5 g/kWh | 3,5 g/kWh | 3,5 g/kWh |
| Kohlenwasserstoff | HC | 1,0 g/kWh | – | 0,19 g/kWh | 0,19 g/kWh |
| Stickoxid | $NO_x$ | 6,0 g/kWh | – | 2,0 g/kWh | 0,4 g/kWh |
| HC und $NO_x$ | | – | 4,0 g/kWh | – | – |
| Partikel | PT | 0,2 g/kWh | 0,2 g/kWh | 0,025 g/kWh | 0,025 g/kWh |

# Daten von Traktoren

## DLG-Datenblatt eines Traktors

**Motor:** Hersteller X, Typ Y, Nennleistung 110 kW bei 2300 $min^{-1}$, Turbolader, 6 Zylinder, Hubraum 6234 $cm^3$, Bohrung 105 mm, Hub 120 mm, wassergekühlt mit Viscolüfter, Arbeitsdruck 9,2 $daN/cm^2$, Tankinhalt 210 l

**Messungen an der Zapfwelle**

| | Nenndrehzahl 2300 $min^{-1}$ | Höchstleistungs-drehzahl 2200 $min^{-1}$ |
|---|---|---|
| **Leistung** | 99,4 kW | 100,3 kW |
| **Verbrauch** | 30,4 l/h | 29,7 l/h |
| **spezifisch** | 256 g/kWh | 249 g/kWh |

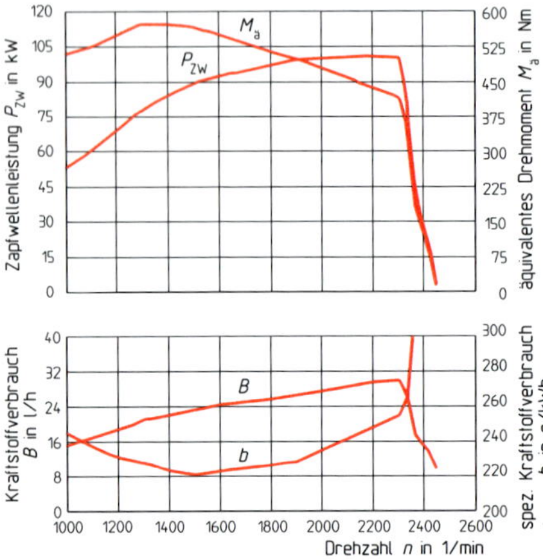


**Druchschnittsverbrauch** der 6 Messpunkte auf der Abregelkurve 19,9 l/h, 316 g/kWh.

**Äquivalentes Drehmoment**: max. Drehmoment 574 Nm bei 1300 $min^{-1}$, Drehmomentanstieg 39% bei Drehzahlabfall 43%.

**Anfahrdrehmoment** 124% bei Motordrehzahl 1000 $min^{-1}$ bezogen auf das Drehmoment bei Nenndrehzahl.

**Zapfwelle**: nasse Lamellenkupplung, elektro-hydraulisch betätigt, 1 Zapfwelle hinten, Form 1, 4fach schaltbar.

| **Normdrehzahl 1/min** | 540 | 540E [1] | 1000 | 1000E [1] |
|---|---|---|---|---|
| **Motordrehzahl 1/min** | 2073 | 1578 | 2100 | 1600 |

[1]) Energiesparfunktion

**Massen, Achsmassen:**

| Masse | des Testschleppers | zul. Gesamtmasse |
|---|---|---|
| **vorn** | 2630 kg | 4500 kg |
| **hinten** | 3496 kg | 7000 kg |
| **gesamt** | 6125 kg | 9500 kg |
| Leistungsgewicht 56 kg/kW | | |

**Maße:** Breite 2530 mm, Länge 4930 mm, Höhe Auspuff 2830 mm, Kabine 2830 mm, Radstand 2620 mm, Anhängekupplung hinter Zapfwelle 210 mm, Ackerschiene hinter Zapfwelle 733 mm

**Getriebe:** Turbokupplung und nasse Lamellenkupplung, 44 vorw./44 rückw., Wechselgetriebe mit 4 lastschaltbaren Gängen, 1. Gruppengetriebe mit 6 Gängen, synchronisiert, 2. Gruppengetriebe mit 2 Gruppen, synchronisiert, 6. Gang gesperrt bei 1 Gruppe, Wendegetriebe, synchronisiert mit Vorwahl, 1 Schalthebel, 3 Schalter

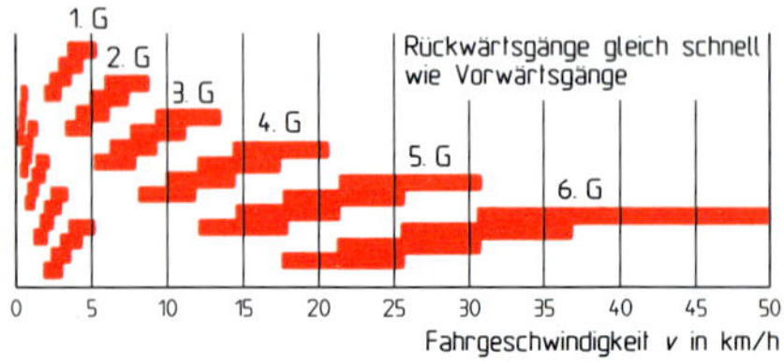


Geschwindigkeitsschema geordnet nach Gruppen, für jeden Gang in dem Geschwindigkeitsbereich von der Drehzahl bei max. Drehmoment bis Nenndrehzahl.

**Zugleistung:** max. Leistung 85,3 kW bei 7,3 km/h und Motordrehzahl 2200 1/min, dabei 291 g/kWh, bei Nenndrehzahl 83,8 kW bei 7,7 km/h, dabei 304 g/kWh.

**Fahrwerk:** Allradantrieb, seitliche Gelenkwelle, nasse Lamellenkupplung, elektro-hydraulisch betätigt, Lamellenselbstsperrdifferential vorn, zusätzlich Lamellendifferentialsperre mit Hinterachse sperrbar, Lamellendifferentialsperre hinten, elektro-hydraulisch betätigt mit Teilautomatik, hydro-pneumatisch gefederte Vorderachse
Vorn: Reifen 480/70 R 28 Hinten: Reifen 580/70 R 38
Wendekreis: 13,5 m links, 13,3 m rechts

**Bremsen:** hydraulisch betätigt, trockene Vollscheibenbremsen in der Hinterachse, Sattelscheibenbremse am Abtrieb zur Vorderachsantriebswelle, max. mittlere Verzögerung 5,0 $m/s^2$ bei 45 daN Pedalkraft

**Kabine:** Hersteller X, Typ Y, OECD-Nr. CSS 0235, 2 Türen, Front-, Heckscheibe, Seitenscheiben und Dachluke ausstellbar, Warmwasserheizung, Klimaanlage

| Geräusch am Fahrer-Ohr | ohne Last | mit Last |
|---|---|---|
| **im 7,5 km/h Gang, Kabine geschlossen** | 73,5 dB(A) | 75,5 dB(A) |
| **offen** | 81,0 dB(A) | 87,0 dB(A) |
| **im lautesten Gang, Kabine geschlossen** | | 75,5 dB(A) |

**Hydrauliksystem:** druck- und stromgeregelt, Heckkraftheber Kategorie 3, zwei Zylinder mit 80 mm und 90 mm Durchmesser, elektronische Unterlenkerregelung, Frontkraftheber

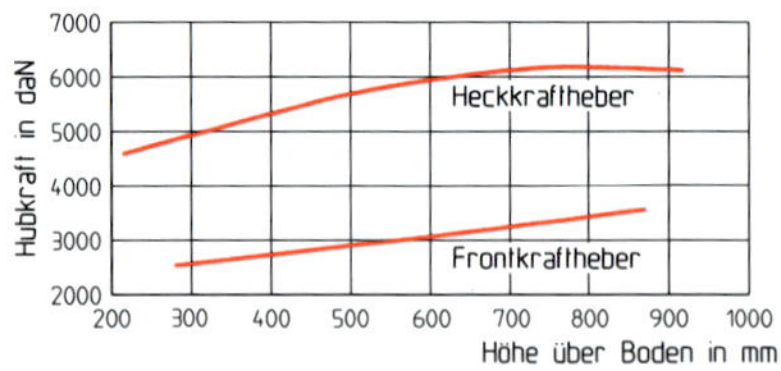


**Ölzapfstelle:** max. 103,9 l/min, max. Leistung 25,4 kW bei 170 bar und 93,0 l/min, maximaler Druck 205 bar, separater Hydrauliköltank mit 45 l Inhalt, entnehmbar 35 l

# OECD-Prüfung eines Traktors



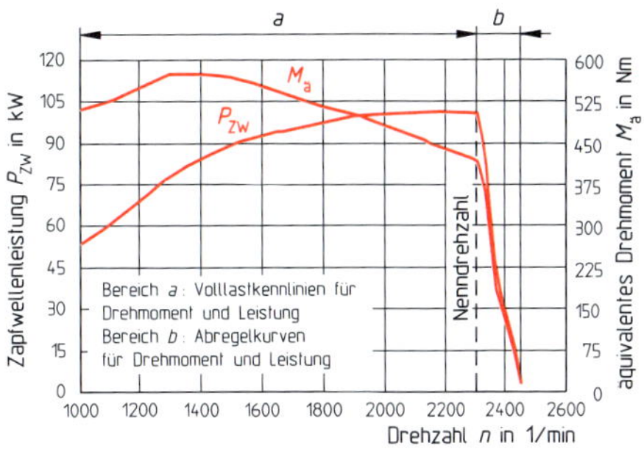


1 Kennlinien für Drehmoment und Leistung

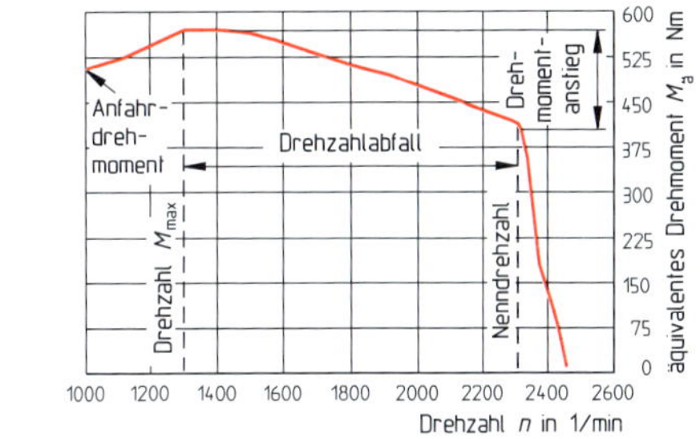


2 Drehmomentkennlinie

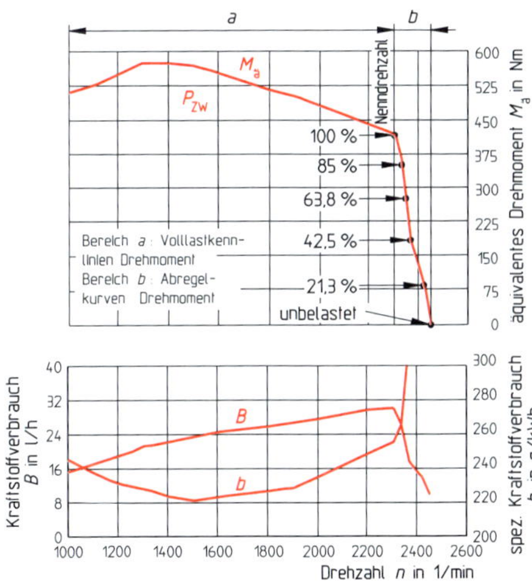


3 Kraftstoffverbrauch

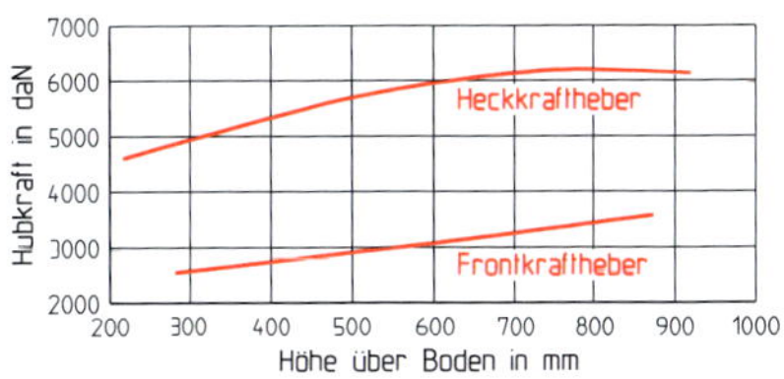


4 Hubkraft

| Begriffe | Erläuterung |
|---|---|
| OECD[1])-Prüfung (siehe S. 10) | Weltweit festgelegtes Verfahren zur Prüfung von Traktoren. Ermittelt werden folgende Größen:<br>1. Leistung an der Zapfwelle<br>2. Hydraulische Leistung und Hubkraft<br>3. Zugleistung mit und ohne Ballast, einschließlich eines 10-Stunden-Dauertests<br>4. Wendekreis und Spurkreis<br>5. Lage des Schwerpunkts<br>6. Bremswirkung<br>7. Geräuschmessung |
| Äquivalentes Drehmoment $M_ä$ (Bilder 1 ... 3) | Mithilfe eines Prüfstandes, der an der Zapfwelle des Traktors angeschlossen wird (=Zapfwellenbremse), wird das Drehmoment an der Zapfwelle bei unterschiedlichen Motordrehzahlen ermittelt. Dazu wird der Motor bei Vollgasstellung des Gaspedals (=Volllast) mit Hilfe des Prüfstandes auf die jeweilige Drehzahl „abgebremst". Das „Bremsmoment" entspricht dem Drehmoment an der Zapfwelle. Das äquivalente Drehmoment wird durch Division der jeweils gemessenen Drehmomentwerte durch die Gesamtübersetzung des Zapfwellengetriebes errechnet. Da bei dieser Berechnung der Wirkungsgrad des Zapfwellengetriebes ($\eta$ = 0,88 bis 0,95) unberücksichtigt bleibt, liegt das Motordrehmoment (gemessen an der Schwungscheibe des ausgebauten Motors) 5 % bis 12 % über dem äquivalenten Drehmoment. |
| Zapfwellenleistung $P_{ZW}$ (Bild 1) | Mithilfe der Leistungsformel (siehe Seite 112) wird die Zapfwellenleistung anhand der Werte für das äquivalente Drehmoment und der zugehörigen Motordrehzahl berechnet. Dass die tatsächliche Motorleistung an der Schwungscheibe 5 % bis 12 % höher liegt, ist für die Beurteilung in der Praxis unbedeutend, da die Leistung zum Antrieb von Maschinen auch an der Zapfwelle abgenommen wird. |
| Zugleistung | Der Traktor muss einen Messwagen mit einer Masse von 18 t, der über eine Wirbelstrombremse stufenlos abgebremst werden kann, über die Prüfbahn ziehen. Anhand der ermittelten Zugkraft und der Fahrgeschwindigkeit wird die Leistung errechnet (siehe Seite 102). |
| Drehzahlabfall (Bild 2) | Nenndrehzahl des Motors (Drehzahl bei maximaler Leistung = 100 %) minus Drehzahl bei maximalem Drehmoment. Der maximale Drehzahlabfall sollte 40 % nicht übersteigen. |
| Drehmomentanstieg (Bild 2) | Maximales Drehmoment minus Drehmoment bei Nennleistung (siehe Seite 113). In der Praxis liegen die Werte für den Drehmomentanstieg zwischen 20 % und 40 %. |
| Anfahr-Drehmoment Bild 2) | Drehmoment bei einer Motordrehzahl von 1000 1/min. Das Anfahrdrehmoment sollte größer sein als das Drehmoment bei Nennleistung. |
| Kraftstoffverbrauch (Bild 3) | Anhand des stündlichen Kraftstoffverbrauchs und der Motorleistung bei den verschiedenen Drehzahlen (= Volllastkennlinie) wird der spezifische Kraftstoffverbrauch als Vergleichsgröße berechnet (siehe Seite 113). Bei sparsamen Motoren liegt dieser etwa bei Nenndrehzahl 240 g/kWh. Bild 3 zeigt ferner die 6 Betriebspunkte auf der Vollgas-Abregelkennlinie, die für die Ermittlung des Durchschnittsverbrauchs herangezogen werden. |
| Hubkraft (Bild 4) | Ermittlung am Unterlenkerkupplungspunkt bei maximalem Öldruck in unterschiedlichen Höhen über dem Boden. |

[1]) OECD: Organisation für wirtschaftliche Zusammenarbeit und Entwicklung

## Grundbegriffe

**DIN EN ISO 12100-1 : 2004-04, -2 : 2004-04**

### Sicherheitsmaßnahmen

**Konstrukteur** (s. DIN EN ISO 12100-2 und Vorgaben im Bereich VSG 2.1 bis VSG 2.8 der Unfallverhütungsvorschriften)

- → **Risikominderung durch Konstruktion,** z. B. Vermeidung von scharfen Kanten und Ecken an Blechen, Vermeidung vorstehender Teile
- → **Technische Schutzmaßnahmen,** z. B. Schutzeinrichtungen für bewegliche Kraftübertragungselemente ↔ Beachtung und Kontrolle der vorgesehenen Schutzeinrichtungen, ggf. Benutzung persönlicher Schutzausrüstungen
- → **Benutzerinformation,** z. B. schriftliche Warnhinweise an der Maschine (siehe Seiten 11 und 12), Betriebsanleitung ↔ Beachtung der Warnhinweise und der Betriebsanleitung, Beachtung allgemeiner Unfallverhütungsvorschriften (siehe unten)
- → **Zusätzliche Vorsichtsmaßnahmen,** z. B. Not-Aus-Einrichtung (Notschalter)

**Benutzer** (siehe Unfallverhütungsvorschriften der zuständigen Berufsgenossenschaften) → Beachtung und Kontrolle der vorgesehenen Schutzeinrichtungen, ggf. Benutzung persönlicher Schutzausrüstungen; → Beachtung der Warnhinweise und der Betriebsanleitung, Beachtung allgemeiner Unfallverhütungsvorschriften (siehe unten)

## Vorschriften für Sicherheit und Gesundheitsschutz[1]) (VSG) für Land- und Forstwirtschaft bzw. Landmaschinentechnik: 2000-01

1.1 Allgemeine Vorschriften für Sicherheit u. Gesundheitsschutz (VSG 1.1)

1.2 Sicherheitstechnische und arbeitsmedizinische Betreuung und spezielle arbeitsmedizinische Vorsorge bei besonderer Gesundheitsgefährdung am Arbeitsplatz (VSG 1.2)

1.3 Erste Hilfe (VSG 1.3)

1.4 Elektrische Anlagen und Betriebsmittel (VSG 1.4)

1.5 Sicherheits- und Gesundheitsschutzkennzeichnung (VSG 1.5)

- 2.1 Arbeitsstätten, bauliche Anlagen und Einrichtungen (VSG 2.1)
- 2.2 Lagerstätten (VSG 2.2)
- 2.3 Leitern und Tritte (VSG 2.3)
- 2.4 Gärräume (VSG 2.4)
- 2.5 Weinberganlagen (VSG 2.5)
- 2.6 Gewächshäuser (VSG 2.6)
- 2.8 Güllelagerung, Gruben, Kanäle und Brunnen (VSG 2.8)

- 3.1 Technische Arbeitsmittel (VSG 3.1)

- 4.1 Tierhaltung (VSG 4.1)
- 4.2 Gartenbau, Obstbau und Parkanlagen (VSG 4.2)
- 4.3 Forsten (VSG 4.3)
- 4.4 Jagd (VSG 4.4)
- 4.5 Gefahrstoffe (VSG 4.5)
- 4.6 Werkstätten und Reparaturarbeiten (VSG 4.6)

[1]) Bezugsquelle: zuständige Berufsgenossenschaft (z. B. Landwirtschaft oder Metall-/Maschinenbau)

# Sicherheitskennzeichnung zur Unfallverhütung

## Warnbildzeichen (Auswahl) ISO 11684 : 1995-01

Vor Inbetriebnahme die Betriebsanleitung und die Sicherheitshinweise lesen und beachten.

Nicht im Bereich einer angehobenen ungesicherten Last aufhalten.

Während des Betriebes nicht im Knickbereich aufhalten.

Schutzeinrichtung bei laufendem Motor nicht öffnen oder entfernen.

Der Aufenthalt im Gefahrenbereich ist nur bei eingelegter Hubzylindersicherung zulässig.

Der Aufenthalt im Gefahrenbereich ist nur bei eingelegter Sicherheitsverriegelung zulässig.

Ausreichend Abstand zu drehenden Maschinenteilen halten.

Niemals in den Quetschgefahrenbereich greifen, solange sich dort Teile bewegen können.

Niemals bei laufendem Motor in den Korntank fassen oder einsteigen.

Ladefläche niemals bei eingeschaltetem Antrieb und laufendem Motor betreten.

Bei Betätigung des Krafthebers außerhalb des Hubbereichs der Dreipunktaufhängung bleiben.

Während des Betriebes nicht im Schwenkbereich der Heckklappe aufhalten.

Nicht unter die angehobene Heckklappe treten, bevor Sicherung angelegt ist.

Der Aufenthalt im Gefahrenbereich ist nur bei eingelegter Sicherheitsstütze zulässig.

Anhänger-Ladefläche niemals auf weichem Untergrund oder in Schräglage kippen.

Niemals in die sich drehende Schnecke greifen.

Niemals in den Nadel- oder Knotenbereich greifen, solange der Traktormotor bei angeschlossener Zapfwelle läuft.

Bei laufendem Motor niemals Schutzeinrichtungen öffnen oder entfernen.

Maschinenteile nur dann berühren, wenn sie vollständig zum Stillstand gekommen sind.

Bei eingeschaltetem Antrieb und laufendem Traktormotor ausreichend Abstand zum Mähmesser halten.

# Sicherheitskennzeichnung zur Unfallverhütung

**Warnbildzeichen (Auswahl)** **ISO 11684 : 1995-01**

| | | | |
|---|---|---|---|
|  | Gefahr durch fortschleudernde Teile bei laufendem Motor – Sicherheitsabstand halten. |  | Vor Wartungs- und Reparaturarbeiten Motor abstellen und Schlüssel abziehen. |
|  | Motor nur vom Fahrersitz aus starten. |  | Das Mitfahren von Personen ist nur zulässig, wenn ein Beifahrersitz vorhanden ist und die Sicht des Fahrers nicht beeinträchtigt wird. |
|  | Die Mitfahrt auf Trittflächen oder Plattform ist nicht gestattet. |  | Vorsicht bei austretender Hochdruckflüssigkeit. Hinweis im technischen Handbuch beachten. |
|  | Genügend Abstand von heißen Flächen halten. | 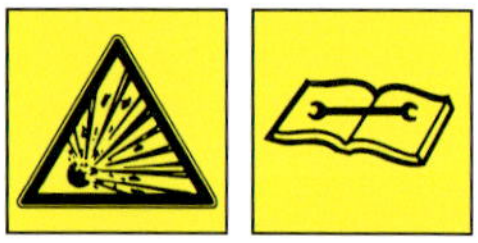 | Druckspeicher steht unter Gas- und Öldruck. Ausbau und Reparatur nur nach Anweisung im technischen Handbuch vornehmen. |
|   | Um Augenverletzungen zu vermeiden, nicht direkt auf die Oberfläche des eingeschalteten Radarsensors blicken. |  | Niemals in den Gefahrenbereich zwischen Vorsatzgerät und Maschine treten. |
|  | Vor Reparatur-, Wartungs- und Reinigungsarbeiten Motor abstellen und Zündkerzenstecker ziehen. |  | Vor Reparatur-, Wartungs- und Reinigungsarbeiten Motor abstellen und Netzstecker ziehen. |
|  | Vergiftungsgefahr – Niemals in den Behälter steigen. |  | Sich nicht im Schwenkbereich von Geräten aufhalten. |
|  | Maschine vor dem Abkoppeln oder Abstellen mit Unterlegkeil vor unbeabsichtigtem Wegrollen sichern. |  | Nicht auf die Maschine steigen, solange der Motor läuft. |
|  | Aufenthalt im Abkippbereich bei angehobener Ladefläche verboten. |  | Schutzeinrichtungen vor Inbetriebnahme der Maschine schließen. |
|   | Inbetriebnahme der Maschine nur mit geeignetem Feuerlöscher erlaubt. |  | Sich nicht im Bereich der Antriebswelle aufhalten. Verletzungsgefahr! |

## Begriffe für Einzelteile von Kraftfahrzeugen und deren Anhängefahrzeugen

### Betätigungseinrichtungen, Anzeige und Kontrollgeräte — DIN 70024-1 : 1977-11

| Begriff | Erläuterung | Beispiele |
|---|---|---|
| **Betätigungseinrichtung** | Einrichtung, mit der der Fahrzeugführer oder eine andere Person Veränderungen des Zustands oder der Funktion von Systemen des Fahrzeugs hervorrufen kann. | Lenkrad<br>Schalthebel<br>Pedale<br>Schalter |
| **Anzeiger** | Einrichtung, die optisch einen Zustand oder eine Zustandsänderung des Fahrzeugs oder seiner Einrichtungen anzeigt. Es können auch Bereiche von Betriebszuständen angezeigt werden. | Batterieladung<br>Kraftstoffvorrat<br>Temperatur des Motors<br>Druck<br>Geschwindigkeit<br>Drehzahl |
| **Kontrollgeräte** | Einrichtungen, die optische oder akustische Signale über nur zwei Betriebszustände des Fahrzeugs oder einer seiner Einrichtungen angeben. | Kontrollleuchten<br>Summer<br>Hupe |

### Bildzeichen für Bedienelemente und sonstige Anzeigeeinrichtungen (Auswahl) — ISO 3767-1 : 1998-12

(gültig für Traktoren, Land- und Forstmaschinen, motorgetriebene Rasen- und Gartengeräte)

| | | | | | | | |
|---|---|---|---|---|---|---|---|
| **Allgemeine Bildzeichen** | | | | | | | |
|  Hupe | 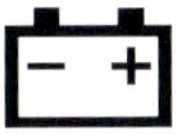 Batterieladezustand |  Uhr/ Zeitschalter/ Zeitgeber |  Betriebsstundenzähler |  Fettschmierstelle |  Ölschmierstelle |  Ablauf/ Entleeren |  Schnell |
|  Langsam |  Stufenlos – linear |  Stufenlos – drehend |  Bedienhebel-Betätigungsrichtung – in 2 Richtungen |  Drehung im Uhrzeigersinn |  Drehung entgegen dem Uhrzeigersinn | | |
| **Motor-Bildzeichen** | | | | | | | |
|  Motorschmieröldruck |  Motorschmierölfilter |  Motorschmieröltemperatur |  Motorkühlmitteltemperatur |  Motor-Halt |  Motorausfall/Funktionsstörung |  Motordrehzahl |  elektrische Vorheizung (Starthilfe) |
| **Getriebe-Bildzeichen** | | | | **Hydraulik-Bildzeichen** | | | |
|  Getriebeöldruck |  Getriebeölfüllstand |  Getriebeölfilter |  Getriebeöltemperatur |  Hydrauliköldruck |  Hydraulikölfüllstand |  Hydraulikölfilter |  Hydrauliköltemperatur |

# Begriffe für Einzelteile von Kraftfahrzeugen und deren Anhängefahrzeugen

**Bildzeichen für Bedienelemente und sonstige Anzeigeeinrichtungen** (Auswahl) **ISO 3767-2 AMD 1-2 : 1998-12**

(gültig für Traktoren, Land- und Forstmaschinen, motorgetriebene Rasen- und Gartengeräte)

### Bildzeichen für Bremse / Kraftstoff-Bildzeichen

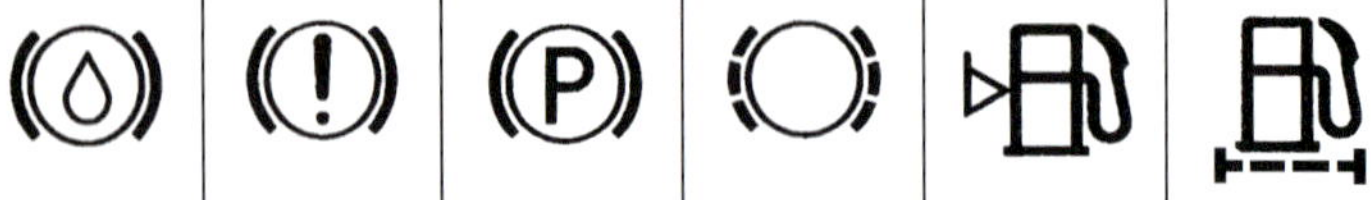


| Bildzeichen für Bremse | | | | Kraftstoff-Bildzeichen | |
|---|---|---|---|---|---|
| Bremsflüssigkeit | Bremssystemausfall/ Funktionsstörung | Feststellbremse | abgenutzte Bremsbeläge | Kraftstoff-Füllstand | Kraftstofffilter |

### Beleuchtungs-Bildzeichen

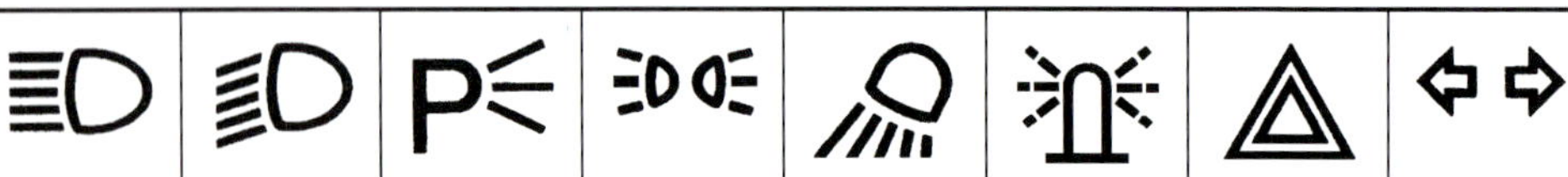


| | | | | | | | |
|---|---|---|---|---|---|---|---|
| Frontscheinwerfer – Fernlicht | Frontscheinwerfer – Abblendlicht | Standlicht | Positionsleuchten | Arbeitsscheinwerfer | Rundumleuchte | Warnblinkleuchten | Fahrtrichtungsanzeiger |

### Bildzeichen für Windschutzscheibe / Bildzeichen für Bedienelemente der Klimaanlage

| Bildzeichen für Windschutzscheibe | | Bildzeichen für Bedienelemente der Klimaanlage | | |
|---|---|---|---|---|
| Scheibenwischer | Scheibenwaschanlage | Heizung/Innenheizung | Kühlung/Klimaanlage | Lüftung/Umluftgebläse |

### Bildzeichen für Landwirtschaftstraktoren / Bildzeichen für Erntemaschinen und Ausrüstungsteile

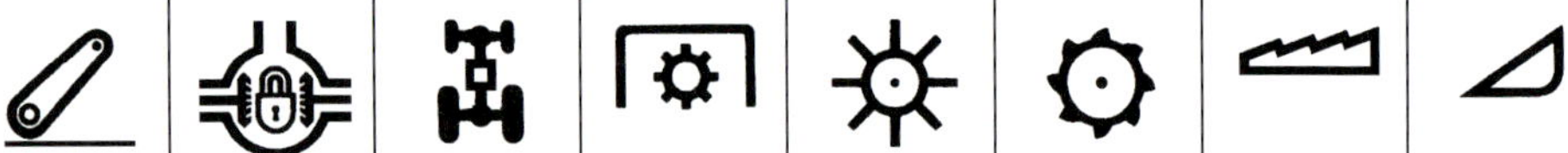

| Bildzeichen für Landwirtschaftstraktoren | | | | Bildzeichen für Erntemaschinen und Ausrüstungsteile | | | |
|---|---|---|---|---|---|---|---|
| Schwingwelle – Grundbildzeichen | Differenzialsperre | Vierradantrieb | Zapfwellenantrieb | Häcksler | Dreschtrommel | Strohschüttler | Schneidwerk od. Schneidwerksantrieb |

### Bildzeichen für Erntemaschinen und Ausrüstungsteile

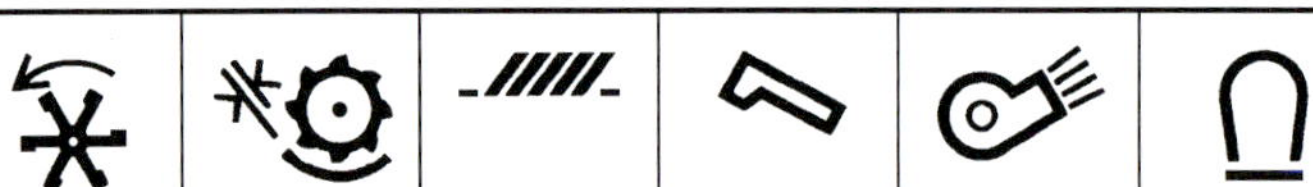

| | | | | | |
|---|---|---|---|---|---|
| Haspel oder Haspelantrieb | Korbverstellung | Siebverstellung | Entleerungsvorrichtung | Reinigungsgebläse | Magnet-Metallsuchgerät |

### Ladeschaufel-Bildzeichen für Lader

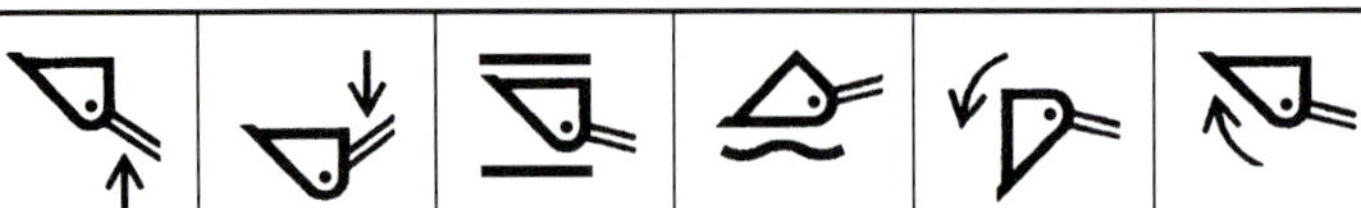

| | | | | | |
|---|---|---|---|---|---|
| Ladeschaufel – Heben | Ladeschaufel – Senken | Ladeschaufel – Halten | Ladeschaufel – Schleppen | Ladeschaufel – Auskippen | Ladeschaufel – Zurückschwenken |

## Elektrischer Stromlaufplan

Bild 1 zeigt die Batterie (G2), den Generator (G1), den Fahrt-Start-Schalter (S1), die Arbeitsscheinwerfer (E1) und die Bremsleuchten (P15, P16) mit den zugehörigen Schaltern (S3, S11) und Sicherungen (F2, F13) in bildlicher Darstellung. Diese Darstellungsform wird benutzt zur Verdeutlichung von Funktionszusammenhängen.

In den Werkstatt-Handbüchern und teilweise auch in den Bedienungsanleitungen der Hersteller wird die Schaltung der elektrischen und elektronischen Bauelemente der Traktoren bzw. Arbeitsmaschinen meistens als Stromlaufplan angegeben (siehe Bild 2).

Oben befinden sich die Leitungen für Dauerplus (Kl. 30) und geschaltetes Plus (Kl. 15), während unten eine Masseleitung (Kl. 31) gezeichnet wird.

Die einzelnen Bauteile, z. B. Spannungsquellen (G1, G2), Schalter (S1, S3 und S11), Sicherungen (F2, F13), Leuchten (P6, P15, P16) und Scheinwerfer (E1), werden zwischen den oberen und der unteren Leitung in Form von Symbolen dargestellt. Die elektrischen Verbindungen zwischen den einzelnen Bauteilen werden als Volllinie gezeichnet. Verbindungsstellen zwischen den einzelnen Leitungen werden mit einem Punkt gekennzeichnet. Schalter und Relais werden im Stromlaufplan immer unbetätigt eingezeichnet. Auf die Darstellung der Innenschaltung der Bauteile, z. B. der Spannungsquellen (G1, G2), wird in der Regel verzichtet. Für die Erstellung entsprechender elektrischer Schaltpläne gelten folgende Normen:

| | |
|---|---|
| DIN EN 81346-2 | Kennzeichnung der Geräte |
| DIN EN 60617-2 ... -8 | Schaltzeichen |
| DIN 72552 | Klemmenbezeichnungen |

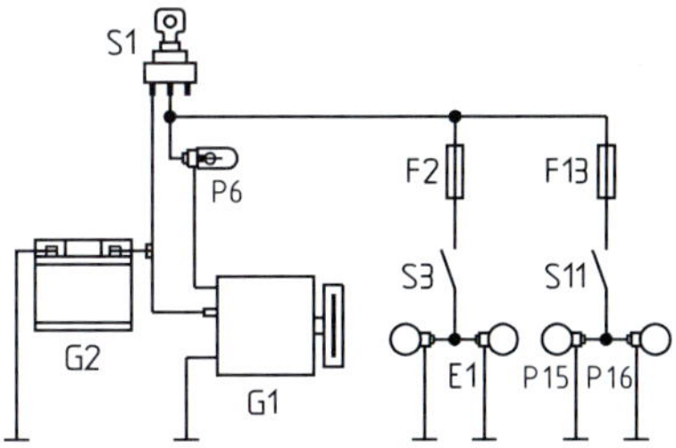


**1 Bildliche Gerätedarstellung ausgewählter Bauteile der Kraftfahrzeugelektrik**

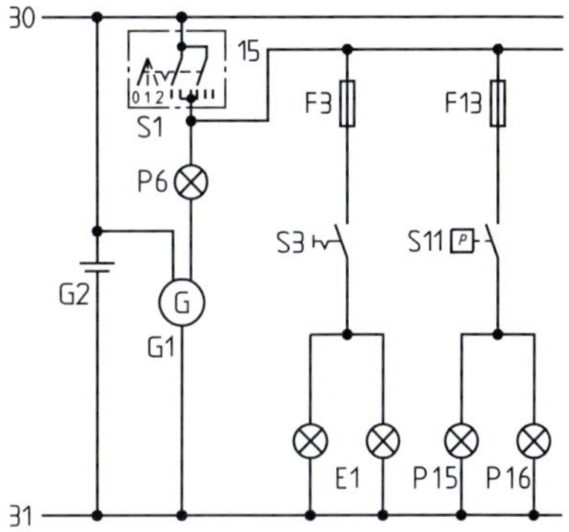


**2 Stromlaufplandarstellung ausgewählter Bauteile der Kraftfahrzeugelektrik**

## Kennzeichnung der Geräte

**DIN EN 81346-2 : 2010-05**

| Kennbuchstabe | Zweck/Aufgabe des Objekts | Beispiele für typische elektrische (elektronische) Komponenten |
|---|---|---|
| A | Zwei oder mehr Zwecke bzw. Aufgaben | Schaltgerät, Steuergerät |
| B | Umwandlung einer Eingangsvariablen (physikalische Größe) in ein zur Weiterbearbeitung bestimmtes Signal | Sensoren für Drehzahl, Druck, Temperatur |
| C | Speichern von Energie, Informationen oder Material | Kondensator, Festplatte, Arbeitsspeicher |
| E | Liefern von Strahlungs- oder Wärmeenergie | Glühlampen, Leuchte, Heizelemente |
| F | selbsttätiger Schutz eines Energie- oder Signalflusses | Sicherung |
| G | Initiieren eines Energie- oder Materialflusses | Batterie, Generator, Solarzelle |
| K | Verarbeitung von Signalen oder Informationen | Relais, Transistor²), Prozessor, Regler, Magnetventil⁴) |
| M | Bereitstellung von mechanischer Energie | Elektromotoren |
| P | Darstellung von Informationen | Signallampe (Kontrollleuchte)¹), LED²), Messgeräte, Uhr, Lautsprecher |
| Q | kontrolliertes Schalten oder Variieren eines Energie-, Signal- oder Materialflusses | Leistungstransistor²), Thyristor²) |
| R | Begrenzung oder Stabilisierung von Bewegung oder eines Flusses von Energie, Information oder Material | Widerstand, Spule⁴), Diode²) |
| S | Umwandeln einer manuellen Betätigung in ein zur Weiterverarbeitung bestimmtes Signal | Schalter, Maus, Tastatur, Sollwerteinsteller |
| T | Umwandlung von Energie unter Beibehaltung der Energieart bzw. Umwandlung eines Signals unter Beibehaltung des Informationsgehalts | Ladegerät, Netzgerät, Transformator, Gleichrichter, Verstärker, Antenne |
| W | Leiten oder Führen von Energie, Signalen oder Materialien von einem Ort zu einem anderen | Kabel, Leiter, Datenbus |
| X | Verbinden von Objekten | Klemmen, Steckdosen, Steckverbindungen |

In Anlehnung an die nicht mehr gültige Norm DIN 40 719-2 wird in Stromlaufplänen häufig noch folgende Buchstaben eingesetzt: ¹) H, ²) V, ³) L und ⁴) Y

## Schaltzeichen für elektrische Stromlaufpläne (Auswahl) DIN EN 60617-2…-5 : 1997-08

| Schaltzeichen/Symbol | Beschreibung |
|---|---|
| **Allgemeine Anwendungen** | |
| | Objekt, z. B. Gerät, Funktionseinheit, Komponente |
| | Begrenzung einer Gruppe von Objekten |
| | Gleichstrom |
| | Wechselstrom |
| | Positiver-Impuls |
| | Negativer-Impuls |
| | Welchselstrom-Impuls |
| + | Positive Polarität |
| – | Negatie Polarität |
| | Masse |
| | Einstellbarkeit, allgemein |
| | Veränderbarkeit, allgemein |
| | Raste, nicht selbstständiger Rückgang |
| | Handantrieb, allgemein |
| | Betätigung durch Ziehen |
| | Betätigung durch Drehen |
| | Betätigung durch Drücken |
| | Betätigung durch Pedal |
| | Betätigung durch Hebel |
| | Betätigung durch Elektromotor |
| | Kraftantrieb allgemein |
| | ausgelöst durch elektromagnetischen Effekt |
| | Umsetzer, Umformer, Umrichter, allgemein |

| Schaltzeichen/Symbol | Beschreibung |
|---|---|
| **Leiter und Verbinder** | |
| | Verbindungen (Leitung, Übertragung) |
| | Leiter, geschirmt |
| | zwei Verbindungen verdrillt |
| | Verbindungspunkt |
| | Buchse, z. B. einer Steckdose, einer Steckverbindung |
| | Stecker, z. B. einer Steckdose, einer Steckverbindung |
| | Buchse und Stecker |
| **Passive Bauelemente** | |
| | Widerstand, allgemein |
| | Widerstand, veränderbar |
| | Potenziometer |
| | Heizelement |
| | Kondensator, allgemein |
| | Induktivität, Spule, Wicklung, Drossel |
| | Induktivität mit Magnetkern |
| **Halbleiter und Elektronenröhren** | |
| | Halbleiterdiode, allgemein |
| | Leuchtdiode (LED), allgemein |
| | Z-Diode |
| | PNP-Transistor |
| | NPN-Transistor |
| | Hall-Generator mit vier Anschlüssen |

## Schaltzeichen für elektrische Stromlaufpläne (Auswahl) DIN EN 60617-6...-8 : 1997-08

| Schaltzeichen/Symbol | Beschreibung |
|---|---|
| **Erzeugung und Umwandlung elektrischer Energie** | |
|  | Generator, allgemein |
|  | Elektromotor, allgemein |
|  | Regler<br>* muss ersetzt werden durch<br>– Zeichen für die zu regelnde Größe, z. B. U, I oder<br>– graphisches Kennzeichen |
| **Schalt- und Schutzeinrichtungen** | |
|  | Schließer |
|  | Öffner |
|  | Wechsler mit Unterbrechung |
|  | Wechsler mit Mittelstellung aus |
| 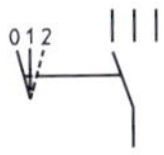 | Mehrstellungsschalter mit Schaltstellungsdiagramm |
|  | Elektromechanischer Antrieb, allgemein Relaisspule, allgemein |
| 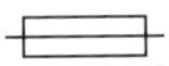 | Sicherung |
|  | Funkenstrecke |

| Schaltzeichen/Symbol | Beschreibung |
|---|---|
| **Mess-, Melde- und Signaleinrichtungen** | |
|  | Messgerät, anzeigend |
|  | Messgerät, aufzeichnend<br>* muss ersetzt werden durch<br>– Zeichen für die Einheit der zu messenden Größe, z. B. V, A oder<br>– graphisches Kennzeichen |
|  | Signalumformer, allgemein |
|  | Uhr |
|  | Lampe, allgemein<br><br>Neben dem Symbol kann die Farbe wie folgt angegeben werden:<br>RD = rot, YE = gelb,<br>GN = grün, BU = blau,<br>WH = weiß.<br><br>Zur Kennzeichnung der Lampenart darf neben dem Symbol folgende zusätzliche Angabe benutzt werden:<br>z. B. Xe = Xenon,<br>IN = Glühfaden,<br>LED = Leuchtdiode |
| 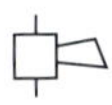 | Horn, Hupe |
|  | Summer, Schnarre |

## Elektrischer Stromlaufplan eines Traktors mit Dieselmotor

Schaltzeichen **DIN EN 60617-2...-8**, Kennzeichnung der Geräte **DIN EN 81346-2**, Klemmenbezeichnungen **DIN 72552**

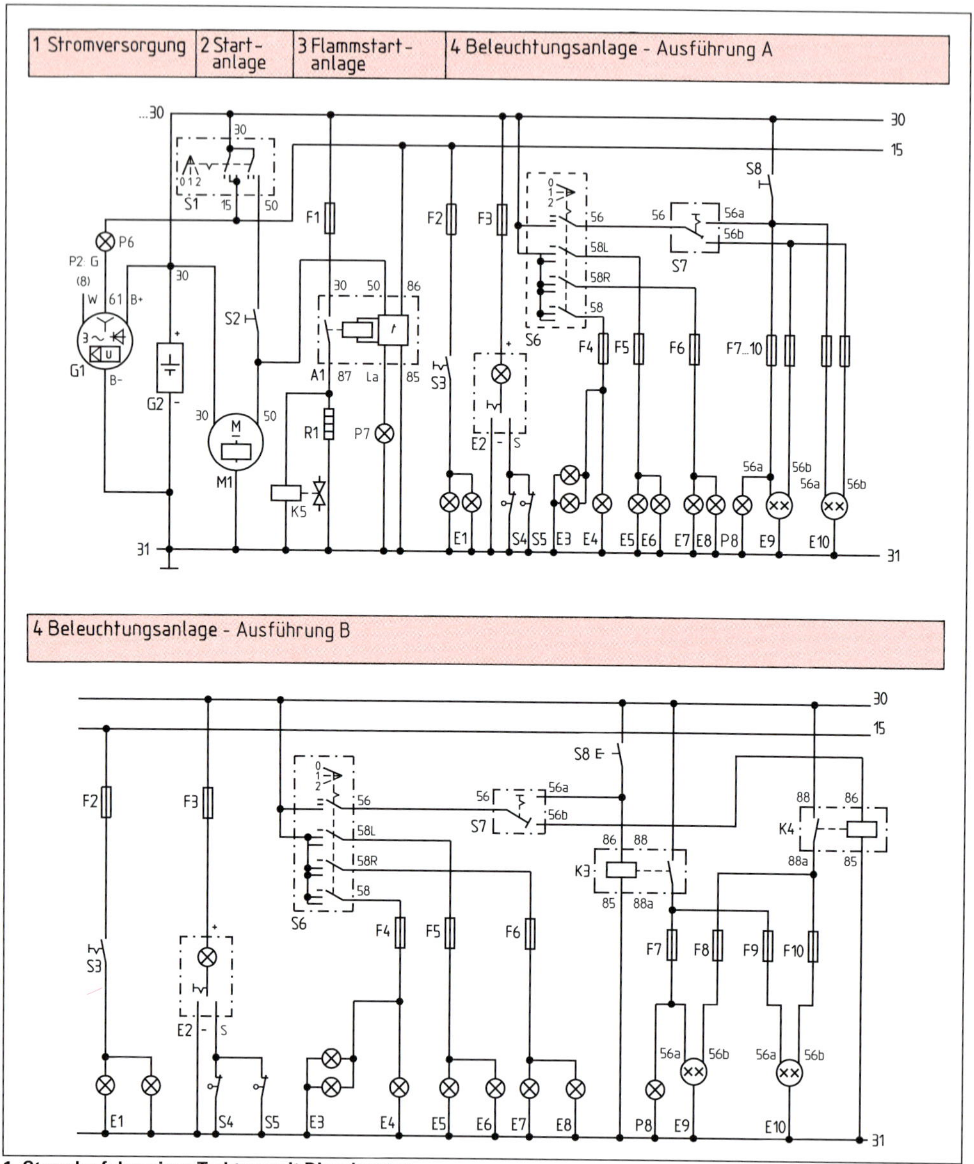


**1 Stromlaufplan eines Traktors mit Dieselmotor**

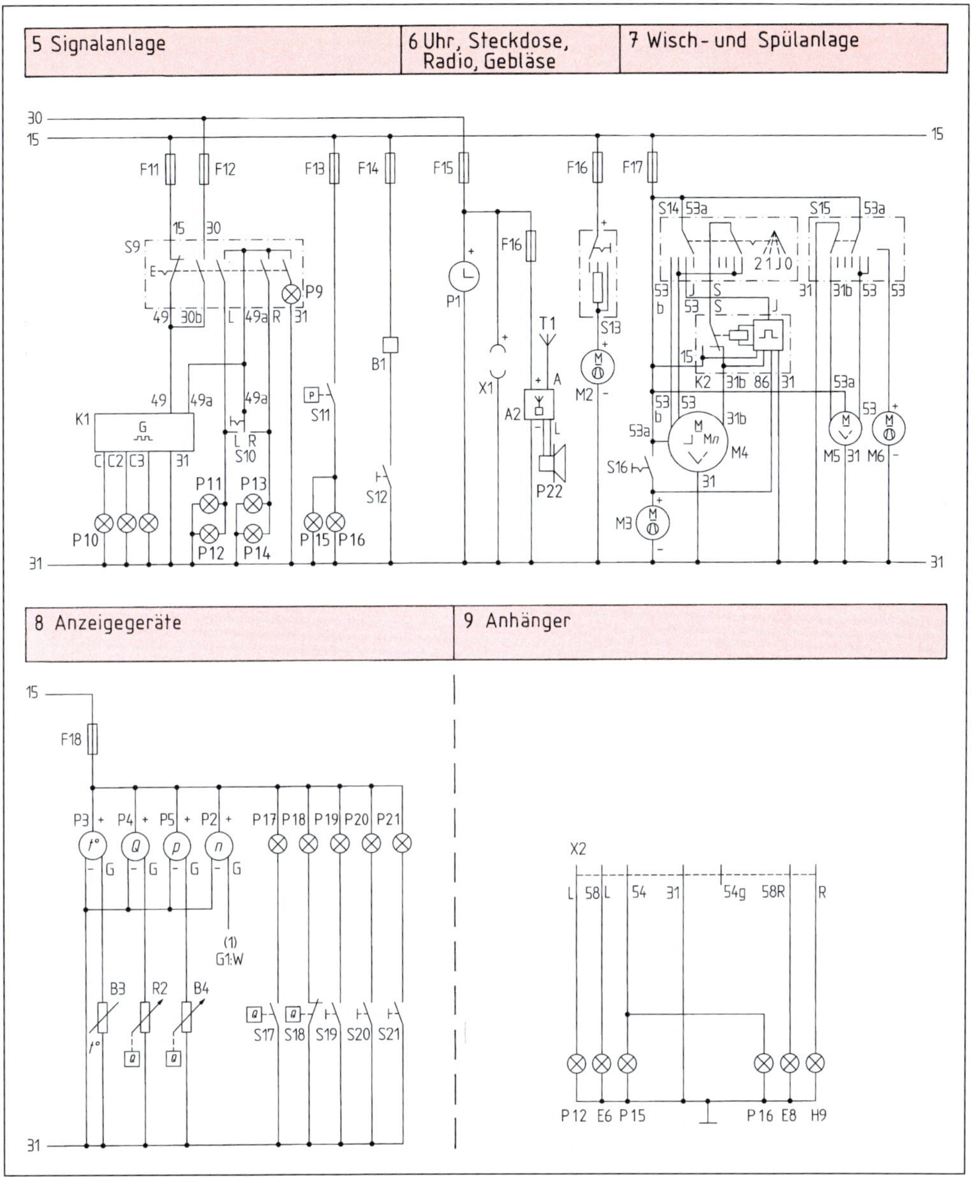


**1 Stromlaufplan eines Traktors mit Dieselmotor (Fortsetzung zu Bild 1, Seite 20)**

## Kennzeichnung der elektrischen Geräte

**DIN EN 81346-1 : 2010-05**

siehe elektrischer Stromlaufplan eines Traktors mit Dieselmotor Seite 20.

| Kenn-zeichen | Gerät | Ab-schnitt |
|---|---|---|
| A1 | Glühzeitsteuergerät | 3 |
| A2 | Fahrzeugradio | 6 |
| B1 | Signalhorn | 5 |
| B3 | Fühler Kühlwasser-, Motor-temperatur | 8 |
| B4 | Öldruckgeber | 8 |
| E1 | Arbeitsscheinwerfer hinten | 4 |
| E2 | Innenleuchte mit Schalter | 4 |
| E3 | Instrumentenbeleuchtung | 4 |
| E4 | Kennzeichenleuchte | 4 |
| E5 | Begrenzungsleuchte L | 4 |
| E6 | Schlussleuchte L | 4 |
| E7 | Begrenzungsleuchte R | 4 |
| E8 | Schlussleuchte R | 4, 9 |
| E9 | Fern-Abblendscheinwerfer L | 4 |
| E10 | Fern-Abblendscheinwerfer R | 4 |
| F1 ... | Sicherungen | – |
| G1 | Generator mit Regler | 1 |
| G2 | Batterie | 1 |
| K1 | Blinkgeber | 5 |
| K2 | Wischintervallrelais | 7 |
| K3 | Relais Fernlicht | 4 |
| K4 | Relais Abblendlicht | 4 |
| K5 | Magnetventil für Flammkerze | 3 |
| M1 | Startermotor | 2 |
| M2 | Frischluftgebläsemotor | 6 |
| M3 | Scheibenspülermotor | 7 |
| M4 | Wischermotor | 7 |
| M5 | Heckwischermotor | 7 |
| M6 | Heckscheiben-Spülermotor | 7 |
| P1 | Zeituhr | 6 |
| P2 | Drehzahlmesser | 8 |
| P3 | Kühlwassertemperaturanzeige | 8 |
| P4 | Kraftstoffstandanzeige | 8 |
| P5 | Öldruckanzeige | 8 |
| P6 | Generatorkontrollleuchte | 1 |
| P7 | Startbereitschafts-Anzeigeleuchte | 3 |
| P8 | Fernlichtanzeigeleuchte | 4 |
| P9 | Warnlicht-Anzeigeleuchte | 5 |

| Kenn-zeichen | Gerät | Ab-schnitt |
|---|---|---|
| P10 | Blinkkontroll-Anzeigeleuchten | 5 |
| P11 | Blinkleuchte L vorn | 5 |
| P12 | Blinkleuchte L hinten | 5, 9 |
| P13 | Blinkleuchte R vorn | 5 |
| P14 | Blinkleuchte R hinten | 5, 9 |
| P15 | Bremsleuchte L | 5, 9 |
| P16 | Bremsleuchte R | 5, 9 |
| P17 | Luftfilterwarnleuchte | 8 |
| P18 | Öldruckwarnleuchte | 8 |
| P19 | Warnleuchte Handbremse | 8 |
| P20 | Warnleuchte Differenzialsperre | 8 |
| P21 | Kontrollleuchte Allradantrieb | 8 |
| P22 | Lautsprecher | 6 |
| R1 | Flammkerze | 3 |
| R2 | Kraftstoffstandgeber | 8 |
| S1 | Fahrt-Start-Schalter | 1, 2 |
| S2 | Startsperrschalter | 2 |
| S3 | Schalter Arbeitsscheinwerfer | 4 |
| S4 | Türkontaktschalter Innen-leuchte links | 4 |
| S5 | Türkontaktschalter Innen-leuchte rechts | 4 |
| S6 | Lichtschalter | 4 |
| S7 | Abblendschalter | 4 |
| S8 | Lichthupentaster | 4 |
| S9 | Warnlichtschalter | 5 |
| S10 | Blinkerschalter | 5 |
| S11 | Bremslichtschalter | 5 |
| S12 | Horntaster | 5 |
| S13 | Gebläseschalter | 6 |
| S14 | Wischerschalter | 7 |
| S15 | Heckwischer-Spülerschalter | 7 |
| S16 | Spüler-(Wascher-)Schalter | 7 |
| S17 | Luftfilterüberwachungsschalter | 8 |
| S18 | Öldruckschalter | 8 |
| S19 | Schalter Handbremse | 8 |
| S20 | Schalter Differenzial | 8 |
| S21 | Schalter Allrad | 8 |
| T1 | Fahrzeugantenne | 6 |
| X1 | Steckdose innen | 6 |
| X2 | Anhängerstecker | 9 |

## Klemmenbezeichnung in elektrischen Schaltungen DIN 72552-1 ... -4 : 1971-03

siehe elektrischer Stromlaufplan eines Traktors mit Dieselmotor Seite 20, 21. Mehrfachsteckverbindungen, wie sie beispielsweise an elektronischen Steuergeräten verwendet werden, tragen keine Klemmenbezeichnungen, sondern fortlaufende Zahlen oder Buchstaben.

| Klemmen-bezeichnung | Bedeutung | Klemmen-bezeichnung | Bedeutung |
|---|---|---|---|
| 1 | Zündspule, Zündverteiler Niederspannung | 54 g | Druckluftventil für Dauerbremse im Anhänger, elektromagnetisch betätigt |
| 2 | Kurzschlussklemme Magnetzündung | 56 | Scheinwerferlicht |
| 4 | Zündspule, Zündverteiler Hochspannung | 56 a | Fernlicht und Fernlichtkontrolle |
| 15 | Geschaltetes Plus hinter Batterie | 56 b | Abblendlicht |
| 17 | Glühstartschalter, Starten | 56 d | Lichthupenkontakt |
| 19 | Glühstartschalter, Vorglühen | 58 | Begrenzungs-, Schluss-, Kennzeichen- und Instrumentenleuchten |
| 30 | Eingang von Batterie Plus, direkt | 58 L<br>58 R | Begrenzungs- und Schlussleuchte links<br>Begrenzungs- und Schlussleuchte rechts |
| 31 | Rückleitung an Batterie Minus, Masse | B+<br>B− | Generator: Batterie Plus<br>Generator: Batterie Minus |
| 31 b | Masse | D+, D−, DF | Generatorregler<br>Dynamo: Plus, Minus, Feld |
| 49 | Blinkgeber, Impulsgeber Eingang | 61 | Generatorkontrolle |
| 49 a | Blinkgeber, Impulsgeber Ausgang | 86<br>85 | Schaltrelais, Steuerstromkreis Eingang<br>Schaltrelais, Steuerstromkreis Ausgang |
| C, C 2, C 3 | Kontrolllampen, Fahrtrichtungsanzeige | 87 | Eingang Arbeitsstromkreis Relais Öffner und Wechsler |
| L<br>R | Blinkleuchten links<br>Blinkleuchten rechts | 88 | Eingang Arbeitsstromkreis Relais Schließer |
| 50 | Startsteuerung, direkt | | Ausgang Arbeitsstromkreis Relais: |
| 53 | Wischermotor Eingang Plus | 88 a<br>87 a | Schließerseite<br>Öffnerseite |
| 53 a | Wischermotor Plus, Endabstellung | | |
| 54 | Bremslicht | | |

## Elektrische Steckvorrichtungen zwischen Zug- und Anhängefahrzeugen

**DIN EN ISO 11446 : 2004-09**

### Kontaktbelegung

| Kontakt-Nr. | Stromkreis | Kontakt-Nr. | Stromkreis |
|---|---|---|---|
| 1 | Fahrtrichtungsanzeiger links | 8 | Rückfahrleuchte |
| 2 | Nebelschlussleuchte | 9 | Stromversorgung (Dauerplus) |
| 3 | Masse für Stromkreise Kontakte 1, 2, 4 bis 8 | 10 | Stromversorgung (Kl. 15) |
| 4 | Fahrtrichtungsanzeiger rechts | 11 | Masse für Stromkreis des Kontaktes 10 |
| 5 | Rechte Schlussleuchte, Umrissleuchte, Begrenzungsleuchte und Kennzeichenbeleuchtung [1]) | 12 | noch nicht zugeteilt |
| 6 | Bremsleuchten | 13 | Masse für Stromkreis des Kontaktes 9 |
| 7 | Linke Schlussleuchte, Umrissleuchte, Begrenzungsleuchte und Kennzeichenbeleuchtung [1]) | | |

[1]) Eine Lampe der Kennzeichenbeleuchtung darf nicht gleichzeitig mit Kontakt 5 und 7 verbunden sein

### Steckvorrichtungen

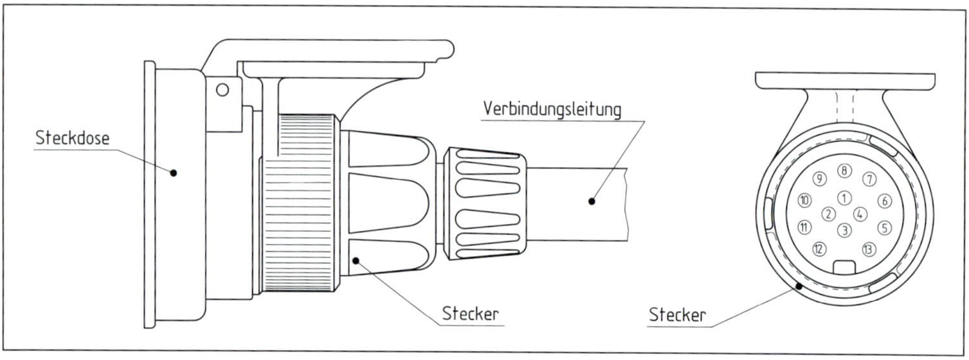

## Landwirtschaftliches BUS-System (ISOBUS) ISO 11 783-1 : 2007-06



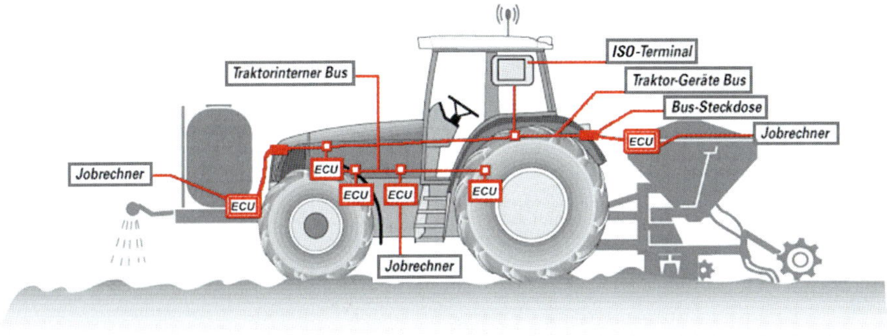


ECU: Electronic Control Unit

**1 Komponenten ISOBUS** (Beispiel)

| Begriff | Erläuterung |
|---|---|
| ISOBUS | Dezentral aufgebautes Prozessführungssystem zur Kopplung von mehreren elektronischen Geräten (Jobrechner) zum Messen, Steuern und Regeln auf Traktoren und Geräten. |
| BUS | Gemeinsames Leitungssystem zur Übertragung von binären Daten zwischen mehreren Teilnehmern (z. B. Traktor, Gerät 1 und Gerät 2) |
| BUS-Protokoll | Datenübergang nach dem CAN-Protokoll (ISO 11 898) |
| CAN | **C**ontroller-**A**rea-**N**etwork: Kommunikations- und Datenübertragungssystem zwischen mehreren Steuergeräten (siehe Seite 26). Das System beinhaltet eine Fehlerkennung, -lokalisation und -behandlung. |
| Benutzerstation | Funktionseinheit für den Informationsaustausch des Benutzers (z. B. Soll-Ist-Vergleich der Geräteeinstellungen (siehe Seite 27). |
| Jobrechner | Funktionseinheit zur Steuerung bzw. Regelung der Arbeit eines Gerätes (z. B. Traktor, Gerät 1 oder Gerät 2). |

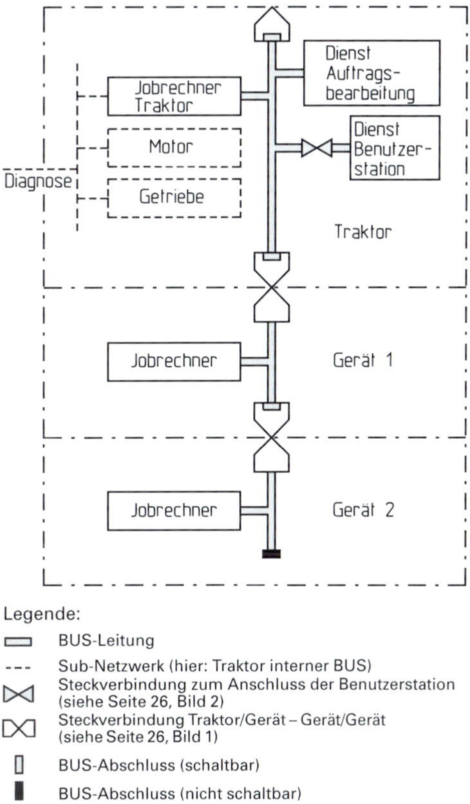


**2 Schematische Darstellung des Aufbaus eines ISOBUS** (Beispiel)

## Steckverbindungen ISOBUS

**ISO 11 783-2 : 2007-06**

**Pin-Belegung der ISOBUS-Steckverbindung gemäß Bild 1:**

| Pin | Name | Farbe | Erläuterung |
|---|---|---|---|
| 1 | GND | Schwarz | Fahrzeugmasse über Karosserie, z. B. für Licht, Motoren |
| 2 | ECU_GND | Schwarz | Elektronikmasse (muss isoliert bis zu einem batterienahen Punkt geführt werden) |
| 3 | PWR | Rot | Plus für Verbraucher mit hohem Strombedarf, z. B. für Licht, Motoren... |
| 4 | ECU_PWR | Rot | Plus für Geräteelektronik |
| 5 | TBC_DIS[1] | | Steueranschluss zur automatischen Kontrolle, ob sich ein Stecker in der Steckdose befindet |
| 6 | TBC_PWR[1,2] | Rot | Plusleitung parallel zur Datenleitung von Abschluss (Terminator) zu Abschluss (Terminator); darf nicht für andere Zwecke genutzt werden |
| 7 | TBC_RTN[1,2] | Schwarz | Minusleitung parallel zur Datenleitung von Abschluss (Terminator) zu Abschluss (Terminator); darf nicht für andere Zwecke genutzt werden |
| 8 | CAN_H[2] | Gelb | CAN_High: Grundpegel 2,5 V + 1 V Signal im dominanten Zustand |
| 9 | CAN_L[2] | Grün | CAN_Low: Grundpegel 2,5 V – 1 V Signal im dominanten Zustand; Spiegelbild Signal CAN_H |

[1] TBC = terminating basic circuit
[2] Diese Leitungen werden miteinander verdrillt (= twisted quad cable)

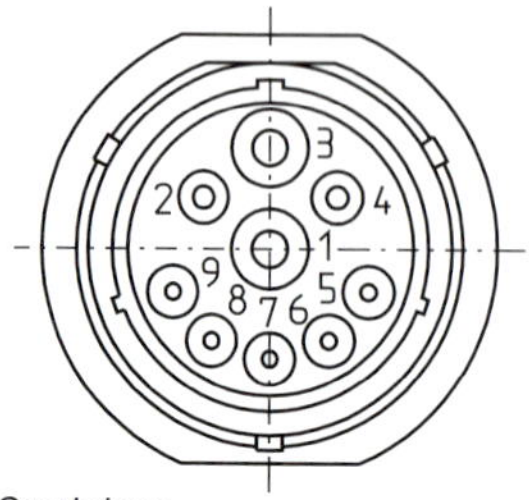

a) Steckdose

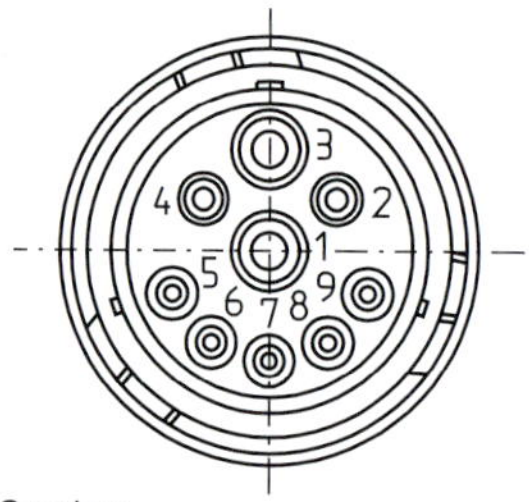

b) Stecker

**1 ISOBUS-Steckverbindung Jobrechner (Traktor/Gerät – Gerät/Gerät)**

**Pin-Belegung der ISOBUS-Steckverbindung gemäß Bild 2:**

| Pin | Erläuterung |
|---|---|
| 1 | nicht belegt |
| 2 | CAN_L Eingang |
| 3 | CAN_L Ausgang |
| 4 | CAN_H Eingang |
| 5 | CAN_H Ausgang |
| 6 | CAN_EN (Signal zum Ein- und Ausschalten der Benutzerstation: Zündung ein – Benutzerstation an; Zündung aus – Benutzerstation Ruhezustand) |
| 7 | Versorgung für angeschlossenes Gerät (Batteriespannung, Belastung max. 5 A |
| 8 | CAN_GND (Masse CAN) |
| 9 | Masse für angeschlossenes Gerät |

Hinweis: Bei Nichtbenutzung der Steckdose muss eine Brückung Pin 2/3 und 4/5 möglich sein.

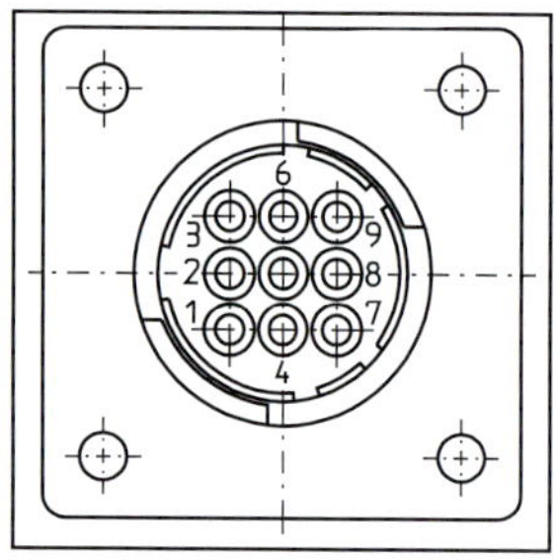

a) Steckdose

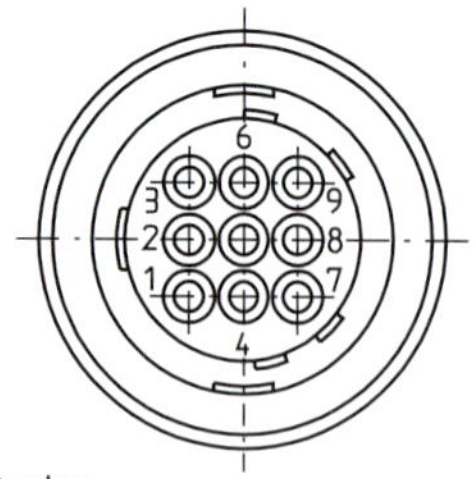

b) Stecker

**2 ISOBUS-Steckverbindung Benutzerstation**

# Hubkolben-Verbrennungsmotoren



## Einteilung

DIN 1940 : 1976-12

| Einteilung der **Hubkolben-Verbrennungsmotoren** mit innerer Verbrennung | Als Verbrennungsmotoren mit innerer Verbrennung werden Motoren bezeichnet, die durch die Verbrennung eines Kraftstoff-Luftgemisches in einem oder mehreren Arbeitszylindern mechanische Energie erzeugen (= Wärmekraftmaschine). Bei den meisten Kraftfahrzeugmotoren wirkt der Verbrennungsdruck auf einen Kolben, der sich zwischen dem oberen Totpunkt (OT) und dem unteren Totpunkt (UT) hin und her bewegt (= Hubkolbenmotor) |
|---|---|

### Gemischbildung, Kraftstoff und Zündung

| **Dieselmotor** | **Ottomotor** |
|---|---|
| Der gegen Ende des Verdichtungstaktes in den Brennraum eingespritzte Diesel-Kraftstoff (= innere Gemischbildung) entzündet sich aufgrund der hohen Gemischtemperatur von selbst (= Selbstzündung).<br>Bauarten:<br>• Dieselmotor mit direkter Einspritzung<br>• Dieselmotor mit indirekter Einspritzung (Vorkammer, Wirbelkammer) | Das angesaugte Kraftstoff-Luftgemisch (= äußere Gemischbildung) wird gegen Ende des Verdichtungstaktes mithilfe eines Zündfunkens entzündet (= Fremdzündung). Als Kraftstoff wird Ottokraftstoff benötigt.<br>Bauarten:<br>• Vergaser-Ottomotor<br>• Einspritz-Ottomotor |

### Arbeitsspiel

| **Viertaktmotor** | **Zweitaktmotor** |
|---|---|
| Für ein Arbeitsspiel bestehend aus den Takten „Ansaugen", „Verdichten", „Arbeiten" und „Ausstoßen" benötigt diese Motorenbauart zwei Kurbelwellenumdrehungen (= 4 Hübe des Kolbens). | Für ein Arbeitsspiel bestehend aus den Takten „Ansaugen", „Verdichten", „Arbeiten" und „Ausstoßen" benötigt diese Motorenbauart eine Kurbelwellenumdrehungen (= 2 Hübe des Kolbens). |

### Ladung

| **Saugmotor** | **Ladermotor** |
|---|---|
| Beim Ansaugtakt bewegt sich der Kolben von OT nach UT. Die durch diese Raumvergrößerung erzeugte Druckdifferenz zwischen dem Zylinderinnenraum und der Atmosphäre bewirkt ein Einströmen der Frischladung (= Selbstansaugen). | Durch Vorverdichtung (z. B. mithilfe eines Abgasturboladers) wird die beim Ansaugtakt in den Zylinder strömende Ladungsmenge vergrößert. |

### Zylinderanordnung

| **Reihenmotor** | **V-Motor** |
|---|---|
| Anordnung der Zylinder in einer Ebene mit der Kurbelwellenachse (siehe Seite 29) | Anordnung der Zylinder in zwei Ebenen, die in einem vom Konstrukteur festgelegten Winkel zueinander stehen und deren Schnittlinie durch die Kurbelwellenachse geht (siehe Seite 29) |

### Lage der Steuereinrichtung

| **Oben gesteuerter Motor** | | **Unten gesteuerter Motor** | |
|---|---|---|---|
| Die Schließbewegung der Ventile erfolgt gleichsinnig mit der Kolbenbewegung in Richtung OT. Bei dieser Bauart werden hängende Ventile eingesetzt. | 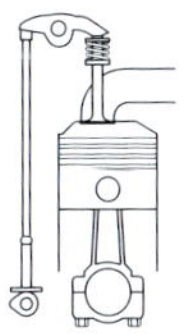 | Die Schließbewegung der Ventile erfolgt gleichsinnig mit der Kolbenbewegung in Richtung UT. Bei dieser Bauart werden stehende Ventile eingesetzt. | 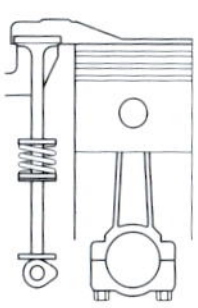 |

## Bezeichnung der Drehrichtung und der Zylinder von Kraftfahrzeugmotoren

**DIN 73021 : 1953-06**

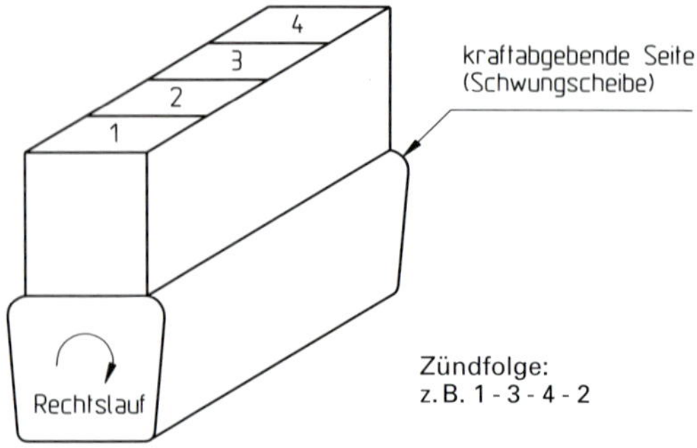


Zündfolge:
z. B. 1 - 3 - 4 - 2

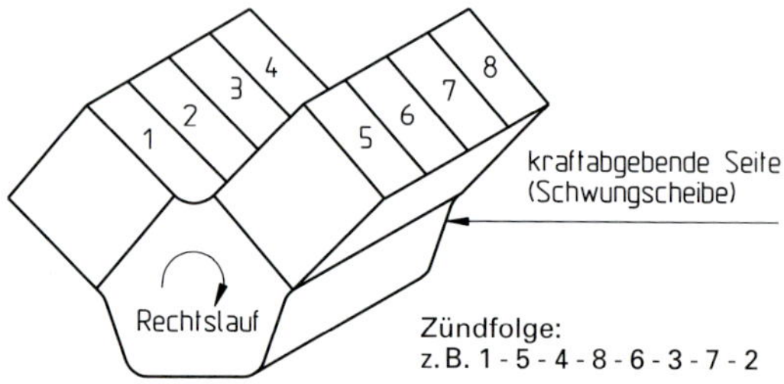


Zündfolge:
z. B. 1 - 5 - 4 - 8 - 6 - 3 - 7 - 2

## Zünd- und Taktfolgen eines 4-Zylinder-Reihenmotors

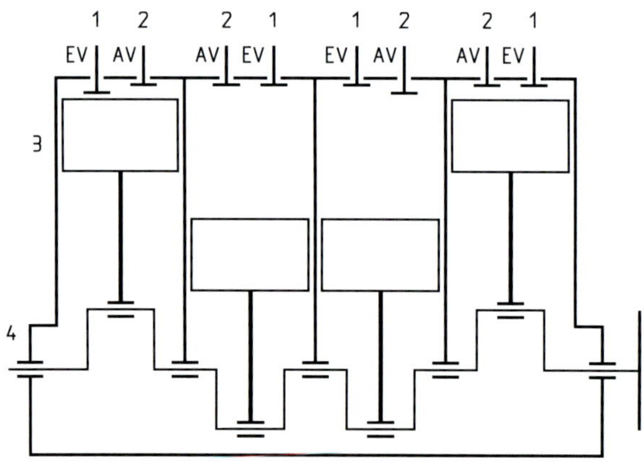


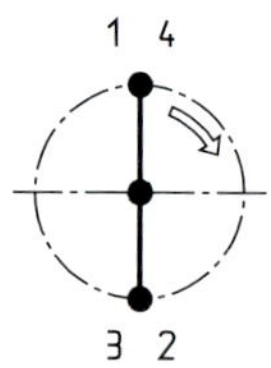


| Kurbelwinkel | Zylinder 1 | Zylinder 2 | Zylinder 3 | Zylinder 4 |
|---|---|---|---|---|
| 0° – 180° | Ansaugen | Verdichten | Ausstoßen | Arbeiten |
| 180° – 360° | Verdichten | Arbeiten | Ansaugen | Ausstoßen |
| 360° – 540° | Arbeiten | Ausstoßen | Verdichten | Ansaugen |
| 540° – 720° | Ausstoßen | Ansaugen | Arbeiten | Verdichten |

EV Einlassventil [1]  AV Auslassventil [1]

[1]) Bei den in der schematischen Darstellung eingezeichneten Ventilstellungen wurden die üblichen Steuerzeiten eines Dieselmotors (siehe Seite 35 und 36) berücksichtigt.

## Benennung der Bauteile und Systeme

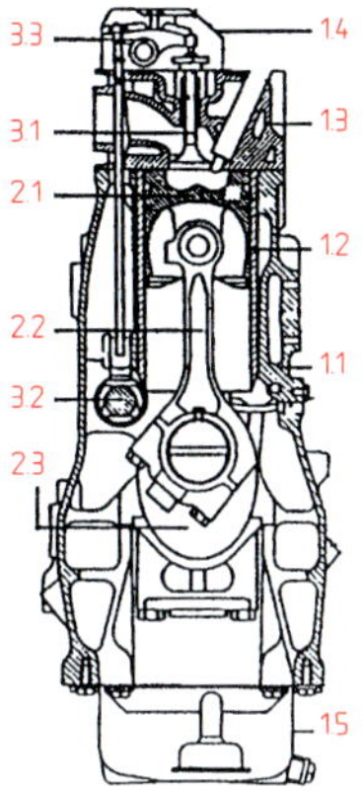


**1 Bauteile Motor**

| Äußerer Aufbau | | |
|---|---|---|
| **Nr.** | **Bezeichnung** | **Erläuterung** |
| **1.1** | Zylinderkurbelgehäuse (Motorblock) | Kurbelgehäuse mit angegossenem Zylinder oder Zylindermantel. Das Kurbelgehäuse umschließt teilweise den Kurbelraum mit den Lagern für die Kurbelwelle. |
| **1.2** | Zylinder | Bauteil, in dem ein Kolben wirkt. Die Zylinder können über Laufbuchsen verfügen. Zwei oder mehr zusammengegossene Zylinder werden als Zylinderblock bezeichnet. |
| **1.3** | Zylinderkopf | Bauteil, das den Verbrennungsraum nach oben abschließt. Im bzw. am Zylinderkopf werden in der Regel die Bauteile für den Ladungswechsel untergebracht. |
| **1.4** | Ventilantriebshaube | Bauteil zum Schutz beweglicher Teile |
| **1.5** | Ölwanne | Bauteil, das den Kurbelraum nach unten abschließt. Es enthält keine Lager für die Kurbelwelle. |

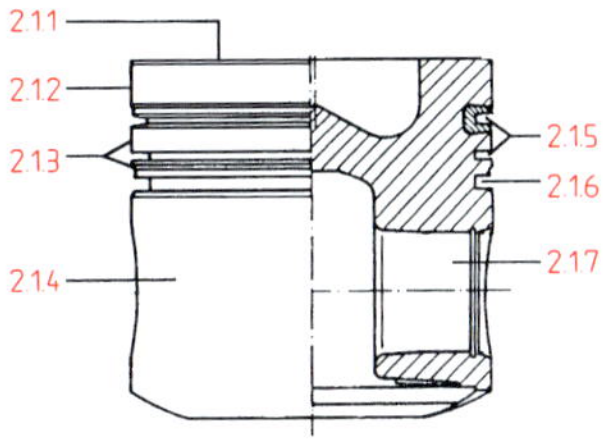


Kolben

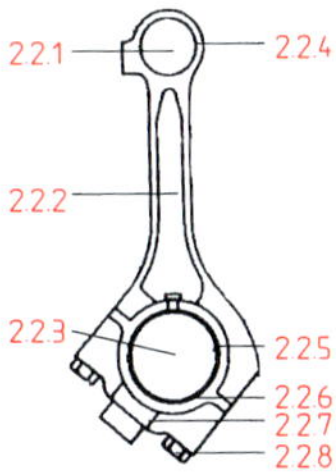


Pleuelstange

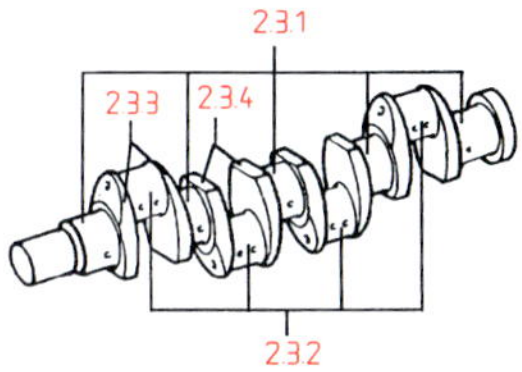


Kurbelwelle

**2 Bauteile Triebwerk**

| Triebwerk | | | |
|---|---|---|---|
| **Nr.** | **Bezeichnung** | **Erläuterung** | Einzelheiten |
| **2.1** | Kolben | Bauteil, das sich im Motorzylinder zwischen dem oberen Totpunkt (OT) und dem unteren Totpunkt (UT) hin und her bewegt. Auf dieses Bauteil wirkt der Gasdruck. | 2.1.1 Kolbenboden<br>2.1.2 Feuersteg<br>2.1.3 Kolbenring-Stegpartie<br>2.1.4 Kolbenhemd<br>2.1.5 Nut für Verdichtungsring [1]<br>2.1.6 Nut für Ölabstreifring [1]<br>2.1.7 Bohrung für Kolbenbolzen |
| **2.2** | Pleuelstange | Bauteil, das über Lager den Kolben mit der Kurbelwelle verbindet und die hin und her gehende Kolbenbewegung in drehende Kurbelwellenbewegung umwandelt. | 2.2.1 Pleuelauge (oberes Ende)<br>2.2.2 Pleuelschaft<br>2.2.3 Pleuelkopf (unteres Ende, geteilt)<br>2.2.4 Bohrung zur Aufnahme der Lagerbuchse<br>2.2.5 Pleuellagerschale oben<br>2.2.6 Pleuellagerschale unten<br>2.2.7 Pleuellagerdeckel<br>2.2.8 Schraube (Pleuelschraube) |
| **2.3** | Kurbelwelle | Welle mit Kröpfungen, auf die von der hin und her gehenden Kolbenbewegung über Pleuelstangen eine Drehbewegung übertragen wird. | 2.3.1 Wellenzapfen<br>2.3.2 Kurbelzapfen<br>2.3.3 Kurbelwange<br>2.3.4 Befestigungsmöglichkeit für Gegengewichte (teilweise integraler Bestandteil der Kurbelwange) |
| | Schwungrad | Masse, die an der Kurbelwelle befestigt ist und die zur Erhöhung des Trägheitsmomentes dient. | |

[1]) Benennungen und Definitionen der Kolbenringe – siehe DIN ISO 6621-1

# Hubkolben-Verbrennungsmotoren

## Benennung der Bauteile und Systeme

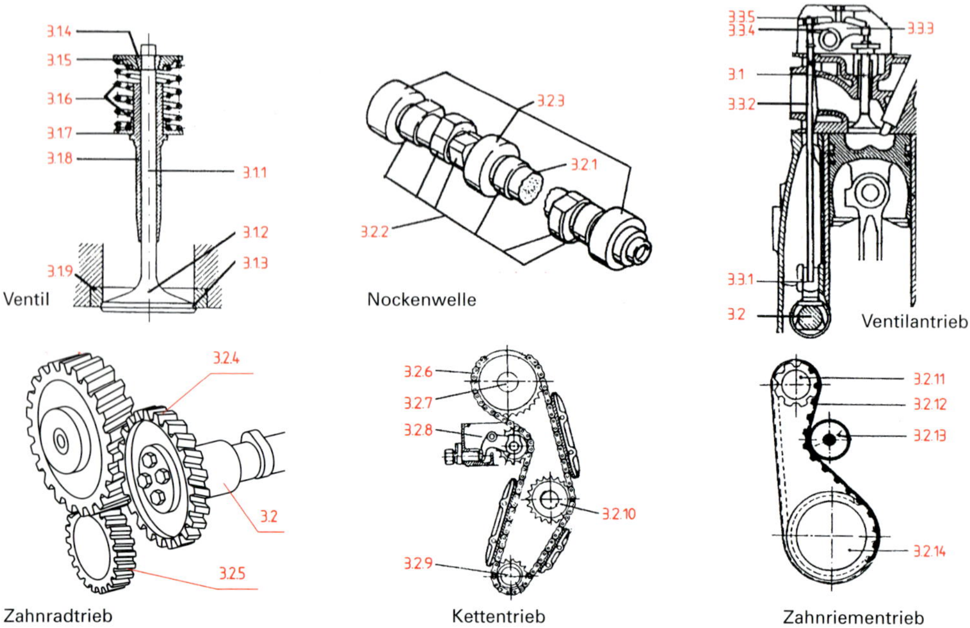


**1 Bauteile Motorsteuerung**

| Ventile, Nockenwellenantrieb und Ventilantriebe | | | |
|---|---|---|---|
| **Nr.** | **Bezeichnung** | **Erläuterung** | Einzelheiten (siehe Bild 1) |
| **3.1** | Ventil | Bauteil zum Öffnen und Schließen der Öffnungen des Verbrennungsraumes für den Ladungswechsel | 3.1.1 Ventilschaft<br>3.1.2 Ventilteller<br>3.1.3 Dichtfläche<br>3.1.4 Ventilklemmkegel<br>3.1.5 Federteller<br>3.1.6 Ventilfeder<br>3.1.7 Ventilfederscheibe<br>3.1.8 Ventilführung<br>3.1.9 Ventilsitzring |
| **3.2** | Nockenwelle | Welle mit Nocken zur Steuerung der Vorgänge des Kreisprozesses (z. B. Ventilsteuerung, Einspritzung oder Zündung) | 3.2.1 Welle<br>3.2.2 Einlass- bzw. Auslassnocken<br>3.2.3 Lagerstellen |
| | Nockenwellenantrieb | Mechanismus zur Erzeugung der Drehbewegung der Nockenwelle | Zahnradtrieb:<br>3.2.4 Zahnrad Nockenwelle<br>3.2.5 Zahnrad Kurbelwelle<br>Kettentrieb:<br>3.2.6 Steuerkette<br>3.2.7 Kettenrad Nockenwelle<br>3.2.8 Kettenspanner<br>3.2.9 Kettenrad Kurbelwelle<br>3.2.10 Führungsrad<br>Zahnriementrieb:<br>3.2.11 Zahnriemenrad Kurbelwelle<br>3.2.12 Steuerzahnriemen<br>3.2.13 Riemenspanner<br>3.2.14 Zahnriemenrad Nockenwelle |
| **3.3** | Ventilantrieb | Bauteile zur Umwandlung der Drehbewegung des Nockens in eine hin und her gehende Bewegung der Ventile | 3.3.1 Stößel<br>3.3.2 Stoßstange<br>3.3.3 Kipphebel<br>3.3.4 Kipphebelachse<br>3.3.5 Ventileinstellschraube |

## Leittechnik

**DIN IEC 60 050-351 : 2009-06**

**Steuerkette**

**Steuern:** Vorgang in einem System[1], bei dem eine oder mehrere Eingangsgrößen (=Zielgrößen) andere Größen als Ausgangsgrößen (=Aufgabengrößen) aufgrund der systembedingten Gesetzmäßigkeiten beeinflussen. Steuerungen haben im Regelfall einen offenen Wirkungsweg.

**Steuerkette:** Anordnung von Systemen, die in Reihenstruktur aufeinander wirken (siehe Wirkungsplan einer Steuerung)

| Funktions-einheiten | Erläuterung | Größen | Erläuterung |
|---|---|---|---|
| **Steuer-einrichtung** | Ein oder mehrere Bauteile eines Systems, die die Steuerstrecke entsprechend der Aufgabenstellung beeinflussen. | **Zielgröße *c*** | Eingangsgröße, die von außen auf die Steuereinrichtung wirkt und der die Ausgangsgröße der Steuerstrecke in der festgelegten Abhängigkeit folgen soll. Die Zielgröße selbst wird von der Steuerung nicht verändert. |
| **Steuerstrecke** | Bauteil eines Systems, das entsprechend der Aufgabenstellung beeinflusst werden soll. | **Stellgröße *y*** | Ausgangsgröße der Steuereinrichtung und gleichzeitig Eingangsgröße der Steuerstrecke. Mithilfe dieser Größe wird die Wirkung der Steuereinrichtung auf die Steuerstrecke übertragen. |
| | | **Aufgabengröße *q*** | Größe, die durch die Steuerung beeinflusst werden soll (=Ausgangsgröße) |
| | | **Störgröße *z*** | Größe, die von außen auf die Steuerstrecke einwirkt und die beabsichtigte Beeinflussung beeinträchtigt. |

### Wirkungsplan einer Steuerung

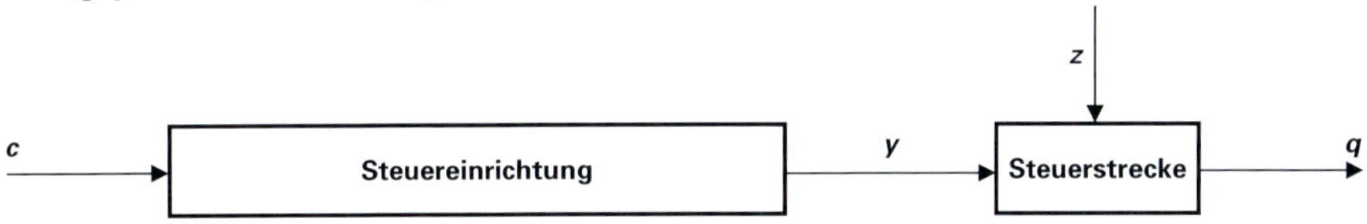


**Erläuterung am Beispiel der Motorsteuerung**

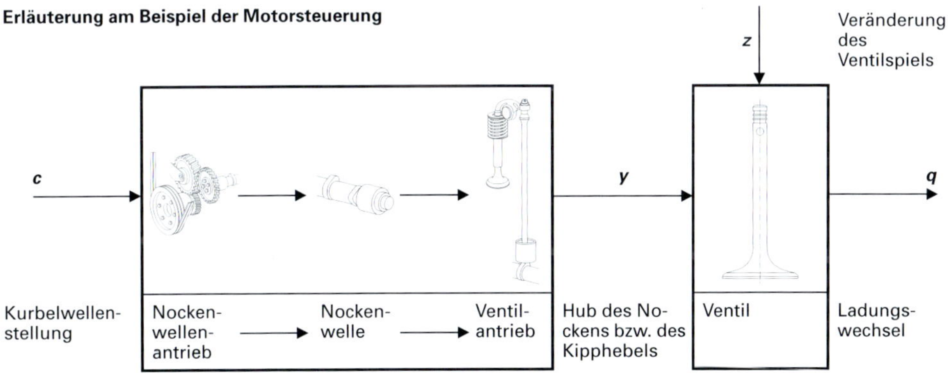


[1]) Ein System ist eine in einem betrachteten Zusammenhang gegebene Anordnung von Gebilden, die miteinander in Beziehung stehen.

## Einspritzsysteme für Dieselmotoren

| Bezeichnung | Reiheneinspritzpumpe | Verteilereinspritzpumpe Axialkolbenbauweise | Verteilereinspritzpumpe Radialkolbenbauweise | Einzelpumpensystem: Pumpe – Leitung – Düse Pumpe – Düse | Speichereinspritzsystem (Common Rail) |
|---|---|---|---|---|---|
| schematische Darstellung der Hochdruckpumpe | 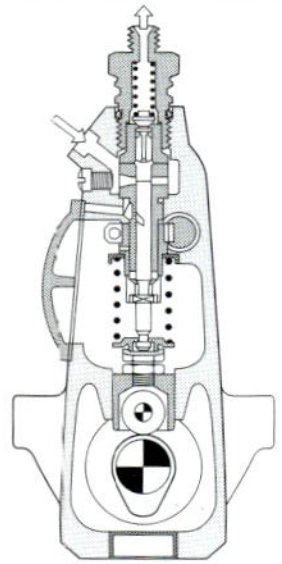 | 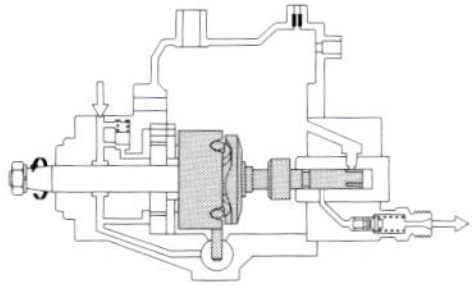 | 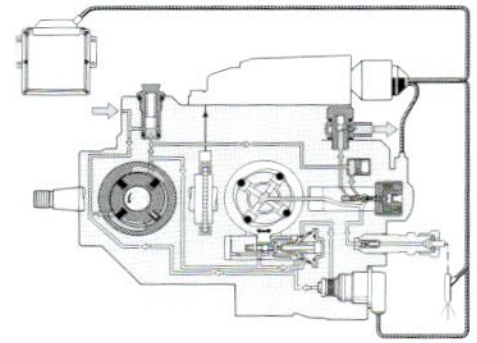 Hochdruckpumpe (1) um 90° gedreht | 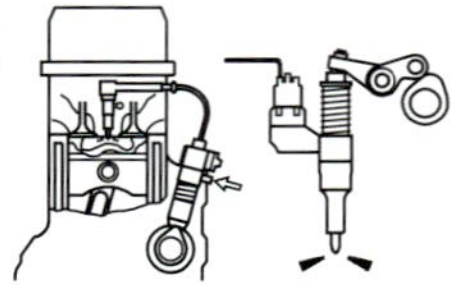 | 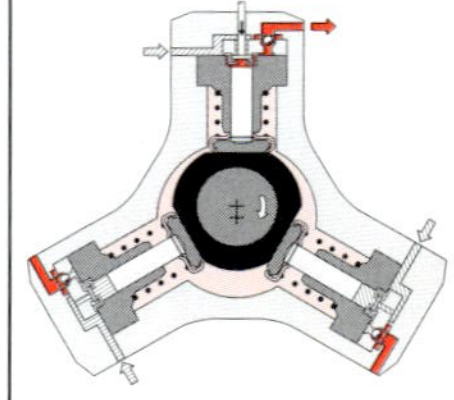 |
| Bewegung Pumpenkolben | Hubbewegung durch die Nockenwelle der Pumpe | axiale Hubbewegung durch die Hubscheibe der Pumpe | radiale Hubbewegung durch den Nockenring der Pumpe | Hubbewegung über Nockenwelle bzw. Nockenwelle und Kipphebel | Hubbewegung über Exzenterwelle |
| Kraftstoffdruck der Hochdruckpumpe in bar | 750 ... 1300 | 1200 ... 1400 | 1700 | 1600 ... 2200 | 1350 ... 1600 |
| Steuerung der Einspritzmenge | Steuerkante des Kolbens (mechanische Verstellung) | Steuerschieber (mechanische oder elektromagnetische Verstellung) | Magnetventil | Magnetventil | Magnetventil |
| Steuerung des Einspritzzeitpunktes | Fliehkraft | hydraulisch | elektronisch (Steuergerät) | elektronisch (Steuergerät) | elektronisch (Steuergerät) |
| Voreinspritzung (VE) Nacheinspritzung (NE) | nicht möglich | nicht möglich | nicht möglich | VE möglich NE nicht möglich | VE möglich NE möglich |

## Leittechnik

**DIN IEC 60 050-351 : 2009-06**



### Regelkreis

**Regeln:** Vorgang in einem System[1]), bei dem eine zu regelnde Ausgangsgröße (= Regelgröße) fortlaufend erfasst, mit der Eingangsgröße (= Zielgröße) verglichen und im Sinne einer Angleichung an die Zielgröße aufgrund der systembedingten Gesetzmäßigkeiten beeinflusst wird. Regelungen haben einen geschlossenen Wirkungsweg.

**Regelkreis:** Anordnung von Systemen, die in Kreisstruktur aufeinander wirken (siehe Wirkungsplan einer Regelung)

| Funktionseinheiten | Erläuterung | Größen | Erläuterung |
|---|---|---|---|
| **Regeleinrichtung** | Ein oder mehrere Bauteile eines Systems, die die Regelstrecke entsprechend der Aufgabenstellung beeinflussen. Die Regeleinrichtung besteht aus den Funktionseinheiten Regeleinrichtung und Steller. Zur Regeleinrichtung gehört ein Vergleichsglied, das die Differenz zwischen der Zielgröße und der Rückführgröße ermittelt (Soll-Ist-Vergleich) und ein Regelglied, das mithilfe des Stellers die Stellgröße zur Betätigung des Stellgliedes am Eingang der Regelstrecke bildet. Dabei wird angestrebt, dass trotz auftretender Störgrößen die Abweichungen zwischen dem Sollwert und dem Istwert möglichst klein gehalten werden. | **Zielgröße** $c$ | Eingangsgröße, die von außen auf die Regeleinrichtung wirkt und der die Ausgangsgröße der Regelstrecke in der festgelegten Abhängigkeit folgen soll (= Sollwert der Rückführgröße). |
| | | **Stellgröße** $y$ | Ausgangsgröße der Regeleinrichtung und gleichzeitig Eingangsgröße der Regelstrecke. Mithilfe dieser Größe wird die Wirkung der Regeleinrichtung auf die Regelstrecke übertragen. |
| | | **Rückführgröße** $r$ | Größe, die an der Regelstrecke erfasst und über eine Messeinrichtung der Regeleinrichtung zugeführt wird (= Istwert). |
| | | **Aufgabengröße** $x_A$ | Größe, die durch die Regelung beeinflusst werden soll (= Ausgangsgröße). |
| **Stelleinrichtung** | Funktionseinheit, bestehend aus Steller und Stellglied. Dabei ist zu beachten, dass der Steller der Regeleinrichtung und das Stellglied der Regelstrecke zugeordnet wird. | **Störgröße** $z$ | Größe, die von außen auf die Regelstrecke einwirkt und die beabsichtigte Beeinflussung beeinträchtigt. |
| **Regelstrecke** | Bauteil eines Systems, das entsprechend der Aufgabenstellung beeinflusst werden soll. | | |

## Wirkungsplan einer Regelung

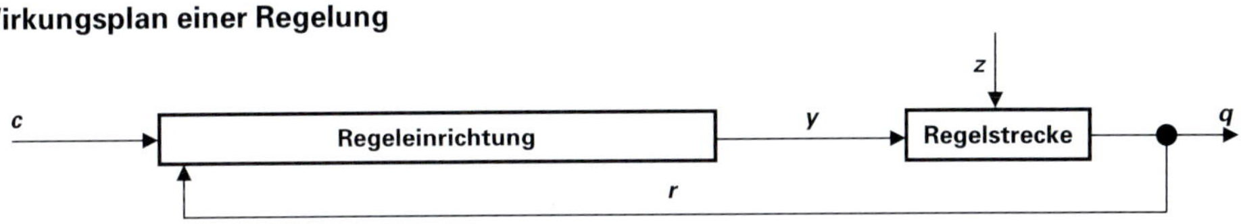


**Erläuterung am Beispiel der mechanischen Drehzahlregelung eines Dieselmotors**

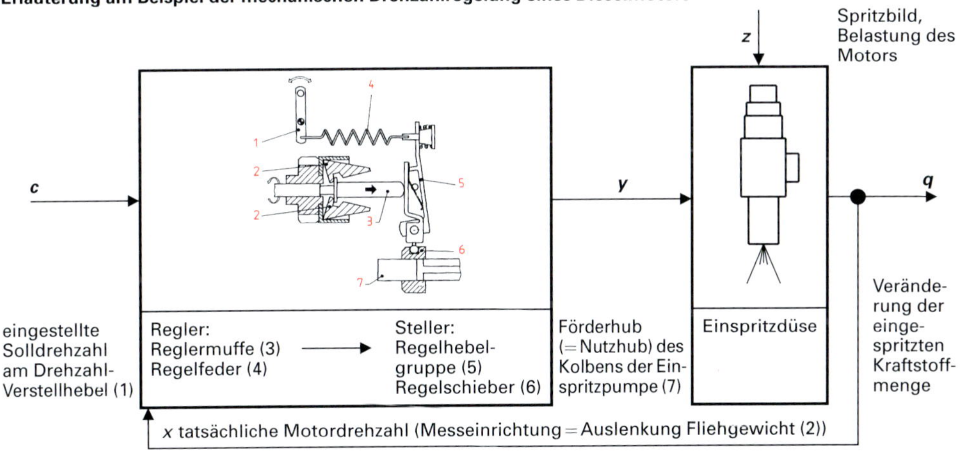


[1]) Ein System ist eine gegebene Anordnung von Gebilden, die miteinander in Beziehung stehen. Die Systemfestlegung (zugehörige Bauteile) ist nicht feststehend, sondern wird vom jeweiligen Betrachter festgelegt.

# Hubkolben-Verbrennungsmotoren

## Wirkungsplan der elektronischen Drehzahlregelung eines Dieselmotors

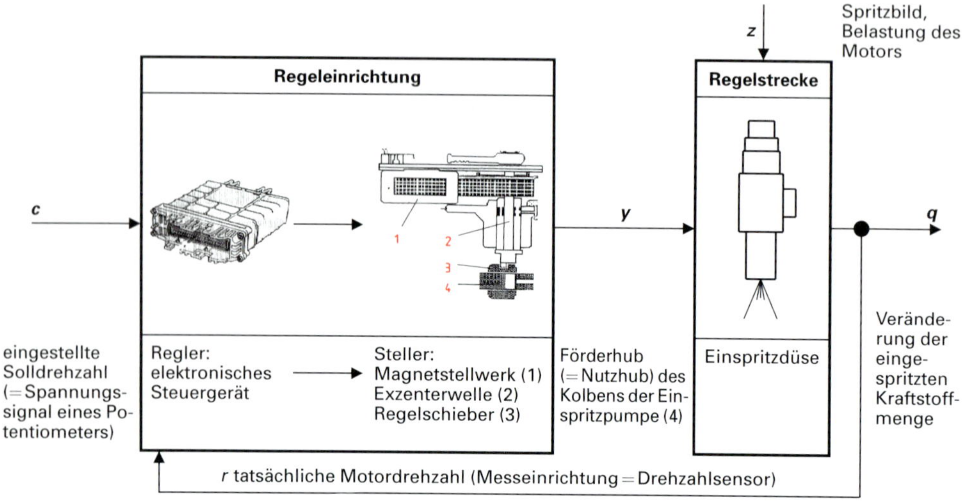


**Signalfluss** zwischen den an der Regelung beteiligten Komponenten (E-V-A-Prinzip)

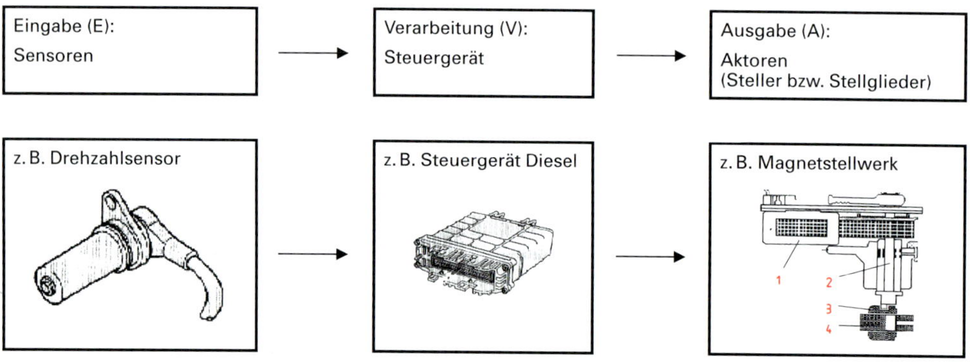


**Elektrische Schaltung** der an der Regelung beteiligten Komponenten

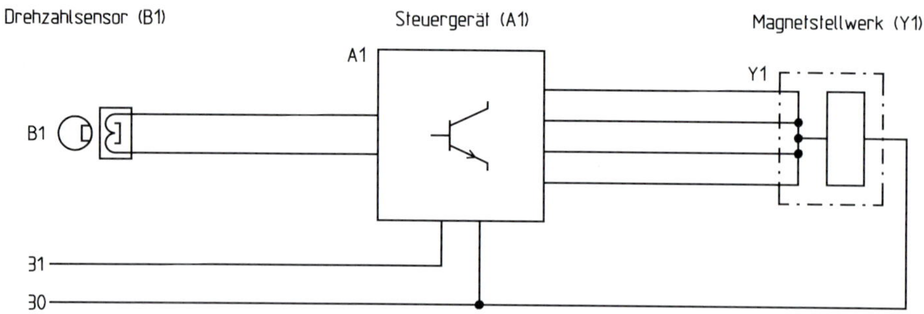

## Technische Daten verschiedener Dieselmotoren

| Allgemeiner Aufbau Motor | | | | | |
|---|---|---|---|---|---|
| Bezeichnung | Einheit | Motor A | Motor B | Motor C | Motor D |
| Einspritzung/Turbolader | | direkt/nein | direkt/ja | direkt/nein | direkt/ja |
| Bohrungs-∅ | mm | 106,5 | 105 | 100 | 94 |
| Hub | mm | 110 | 120 | 127 | 115 |
| Zylinderzahl | | 4 | 4 | 4 | 4 |
| Gesamthubraum | $mm^3$ | 3 919 609 | 4 156 336 | 3 989 832 | 3 192 305 |
| Verdichtungsverhältnis | | 16,8 : 1 | 15,5 ± 0,5 | 16 : 1 | 17,5 : 1 |
| Nenndrehzahl | $min^{-1}$ | 2350 | 2250 | 2600 | 1900…2300 |
| Leistung bei Nenndrehzahl | kW | 48 | 63 | 65,5 | 70 |
| spez. Kraftstoffverbrauch | g/kWh | 267 | 245 | 240 | 200 |
| Abregeldrehzahl | $min^{-1}$ | 2460 ± 50 | 2350 | 2860 ± 30 | 2500 |
| Leerlaufdrehzahl | $min^{-1}$ | 800 ± 50 | 650 ± 30 | 750 ± 30 | 600 |
| Zündfolge | | 1 – 3 – 4 – 2 | 1 – 3 – 4 – 2 | 1 – 3 – 4 – 2 | 1 – 3 – 4 – 2 |
| Kompressionsdruck | bar | ≥ 21 | ≥ 20 | ≥ 22 | 28…33 |
| Zylinderlaufbuchsen:<br>Durchmesser<br>max. zul. Verschleiß<br>Vorstehmaß | <br>mm<br>mm<br>mm | <br>106,48…106,52<br>0,25<br>0,01…0,10 | <br>105,00…105,022<br>0,228<br>keine Angabe | <br>100,0…100,3<br>0,25<br>0,0…0,1 | <br>94…94,02<br>0,08…0,1<br>keine Angabe |
| **Triebwerk** | | | | | |
| Kolbendurchmesser | mm | 106,38…106,40 | 105 | 99,8 | 94 |
| Stoßspiel Kolbenringe | mm | keine Angabe | 0,4…0,65 | 0,40…0,84 | 0,8…1,5 |
| Höhenspiel Kolbenringe | mm | max. 0,2 | max. 0,2 | 0,04…0,011 | 0,10…0,17 |
| Kolbenbolzendurchmesser | mm | 44,92…34,93 | 34,994…35,000 | 34,920…34,925 | 34,000…34,006 |
| Kolbenbolzenspiel im Pleuel | mm | 0,02…0,04 | 0,03…0,086 | 0,003…0,014 | max. 0,08 |
| Pleuellager Kurbelwelle:<br>Durchmesser Kurbelzapfen<br>Durchmesser Pleuellager<br>Pleuelzapfenbreite<br>Grundbohrungs-∅ Pleuel | <br>mm<br>mm<br>mm<br>mm | <br>69,800…69,825<br>69,850…69,900<br>38,82…39,08<br>73,660…73,686 | <br>62,951…62,970<br>keine Angabe<br>keine Angabe<br>keine Angabe | <br>63,470…63,490<br>63,526…63,550<br>31,62…31,88<br>67,21…67,22 | <br>57,998…58,000<br>58,030…58,070<br>keine Angabe<br>61,60…61,62 |
| Kurbelwellenlager:<br>Durchmesser Lagerzapfen<br>Radialspiel<br>Passlager:<br>Breite Lagerzapfen<br>Breite des Lagers<br>Axialspiel der Kurbelwelle | <br>mm<br>mm<br><br>mm<br>mm<br>mm | <br>79,324…79,350<br>0,040…0,116<br><br>38,900…39,000<br>38,800…38,850<br>0,05…0,20 | <br>69,951…69,970<br>0,021…0,050<br><br>36,00…36,05<br>35,75…35,80<br>0,25 | <br>76,160…76,180<br>0,040<br><br>36,930…37,690<br>36,320…36,700<br>0,05…0,38 | <br>73,998…74,000<br>max. 0,25<br><br>36,00…36,04<br>35,74…35,90<br>0,10…0,30 |
| **Ventile, Nockenwellenantrieb und Ventilantriebe** | | | | | |
| Ventilspiel (Motor kalt):<br>Einlass/Auslass | <br>mm | <br>0,35/0,45 | <br>0,20/0,30 | <br>0,20/0,45 | <br>0,30/0,50 |
| Ventilsitzflächenwinkel:<br>Einlass/Auslass | <br>° | <br>45/45 | <br>45/45 | <br>46/46 | <br>30/45 |
| Ventilsitzbreite<br>Einlass/Auslass | <br>mm | <br>1,50/2,0 | <br>1,4/2,7 | <br>keine Angabe | <br>max. 2,1/2,7 |
| Durchmesser Ventilteller:<br>Einlass<br>Auslass | <br>mm<br>mm | <br>44,88…45,13<br>39,88…40,13 | <br>47<br>43 | <br>44,86…45,11<br>37,26…37,52 | <br>41,6…41,8<br>35,8…36,0 |
| Durchmesser Ventilschaft:<br>Einlass<br>Auslass | <br>mm<br>mm | <br>9,43…9,46<br>9,43…9,46 | <br>8,952…8,970<br>8,952…8,970 | <br>9,46…9,49<br>9,43…9,46 | <br>7,965…7,980<br>7,945…7,960 |
| Durchmesser Ventilführung<br>Einlass/Auslass | <br>mm | <br>9,51…9,53 | <br>9,000…9,015 | <br>9,51…9,56 | <br>max. 8,065…8,080 |
| Ventilsteuerzeiten:<br>Einlass öffnet v. OT<br>Einlass schließt n. UT<br>Auslass öffnet v. UT<br>Auslass schließt n. OT | <br>°KW<br>°KW<br>°KW<br>°KW | keine Angabe | <br>1 ± 3<br>25 ± 3<br>33 ± 3<br>1 ± 3 | <br>19<br>33<br>52<br>16 | <br>46<br>56<br>96<br>50 |
| Nockenwelle:<br>Durchmesser<br>Aufnahmebohrungs-∅<br>Axialspiel | <br>mm<br>mm<br>mm | <br>55,87…55,90<br>55,98…56,01<br>0,05…0,23 | <br>46,940…46,960<br>46,990…47,045<br>0,4 | <br>50,71…50,74<br>50,79…50,85<br>0,10…0,53 | <br>keine Angabe<br>60,000…60,054<br>keine Angabe |

## Technische Daten verschiedener Dieselmotoren

| Allgemeiner Aufbau Motor | | | | | |
|---|---|---|---|---|---|
| Bezeichnung | Einheit | Motor E | Motor F | Motor G | Motor H |
| Einspritzung/Turbolader | | direkt/ja | direkt/ja | direkt/ja | direkt/ja |
| Bohrungs-∅ | mm | 102 | 108 | 108 | 116,6 |
| Hub | mm | 120 | 120 | 125 | 135,9 |
| Zylinderzahl | | 6 | 6 | 6 | 6 |
| Gesamthubraum | $mm^3$ | 5883337 | 6595852 | 6870679 | 8706803 |
| Verdichtungsverhältnis | | 17,5:1 | 16,5:1 | 17:1 | 15,9:1 |
| Nenndrehzahl | $min^{-1}$ | 2200 | 2200 | 2200 | 2200 |
| Leistung bei Nenndrehzahl | kW | 74 | 92 | 121 | 168 |
| spez. Kraftstoffverbrauch | g/kWh | 194 | 271 | 197 | keine Angabe |
| Abregeldrehzahl | $min^{-1}$ | 2400 ± 30 | 2400 | 2530 ± 20 | 2475 ± 20 |
| Leerlaufdrehzahl | $min^{-1}$ | 950 ± 50 | 750 | 760 ± 30 | 650 ± 30 |
| Zündfolge | | 1–5–3–6–2–4 | 1–5–3–6–2–4 | 1–5–3–6–2–4 | 1–5–3–6–2–4 |
| Kompressionsdruck | bar | ≥ 22 | ≥ 24 | 27...30 | ≥ 22 |
| Zylinderlaufbuchsen:<br>Durchmesser<br>max. zul. Verschleiß<br>Vorstehmaß | <br>mm<br>mm<br>mm | <br>102,00...102,04<br>0,112<br>keine Angabe | <br>108,000...108,022<br>keine Angabe<br>0,030...0,080 | <br>108,0...108,2<br>0,1<br>0,01...0,06 | <br>116,60...116,63<br>0,1<br>0,05...0,13 |
| **Triebwerk** | | | | | |
| Kolbendurchmesser | mm | 101,873...101,887 | 107,873...107,887 | 107,85...107,87 | 116,4 |
| Stoßspiel Kolbenringe | mm | 0,25...0,55 | 0,30...0,80 | 0,30...0,60 | 1,65 |
| Höhenspiel Kolbenringe | mm | 0,075...0,120 | max. 0,15 | keine Angabe | 0,040...0,066 |
| Kolbenbolzendurchmesser | mm | 39,997...40,003 | 39,991...40,000 | 39,994...40,000 | 46,30 |
| Kolbenbolzenspiel im Pleuel | mm | 0,050...0,070 | 0,003...0,018 | 0,041...0,063 | 0,011...0,080 |
| Pleuellager Kurbelwelle:<br>Durchmesser Kurbelzapfen<br>Durchmesser Pleuellager<br>Pleuelzapfenbreite<br>Grundbohrungs-∅ Pleuel | <br>mm<br>mm<br>mm<br>mm | <br>68,987...69,013<br>69,051...69,103<br>38,950...39,050<br>72,987...73,013 | <br>67,981...68,000<br>68,046...68,079<br>40,000...40,160<br>71,730...71749 | <br>64,981...65,000<br>65,026...65,065<br>39,0...39,1<br>69,000...69,019 | <br>79,989...80,011<br>80,000...80,100<br>35,1<br>85,000...85,300 |
| Kurbelwellenlager:<br>Durchmesser Lagerzapfen<br>Radialspiel<br>Passlager:<br>Breite Lagerzapfen<br>Breite des Lagers<br>Axialspiel der Kurbelwelle | <br>mm<br>mm<br><br>mm<br>mm<br>mm | <br>82,987...83,013<br>0,041...0,119<br><br>37,475...37,525<br>37,261...37,338<br>0,137...0,264 | <br>84,985...85,020<br>0,050...0,127<br><br>45,000...45,080<br>44,700...44,900<br>0,10...0,38 | <br>76,981...77,000<br>0,040<br><br>34,000...34,062<br>33,780...33,850<br>0,15...0,28 | <br>89,689...89,711<br>0,046<br><br>52,400...52,600<br>52,200...52,400<br>0,025 |
| **Ventile, Nockenwellenantrieb und Ventilantriebe** | | | | | |
| Ventilspiel (Motor kalt):<br>Einlass/Auslass | <br>mm | <br>0,25/0,5 | <br>0,35/0,35 | <br>0,50/0,50 | <br>0,40/0,50 |
| Ventilsitzflächenwinkel:<br>Einlass/Auslass | <br>° | <br>30/45 | <br>35/45 | <br>60/40 | <br>30/45 |
| Ventilsitzbreite<br>Einlass/Auslass | <br>mm | <br>1,32/2,07 | <br>1,3/2,9 | <br>keine Angabe | <br>keine Angabe |
| Durchmesser Ventilteller:<br>Einlass<br>Auslass | <br>mm<br>mm | <br>44,87...45,13<br>41,87...42,13 | <br>48<br>41 | <br>48,9...49,1<br>41,9...42,2 | <br>50,838...51,168<br>41,364...41,694 |
| Durchmesser Ventilschaft:<br>Einlass<br>Auslass | <br>mm<br>mm | <br>7,960...7,980<br>7,960...7,980 | <br>8,960...8,975<br>8,925...8,940 | <br>9,965...9,980<br>9,950...9,965 | <br>7,920...7,938<br>7,899...7,917 |
| Durchmesser Ventilführung<br>Einlass/Auslass | <br>mm | <br>8,019...8,039 | <br>9,000...9,015 | <br>10,000...10,015 | <br>7,976...8,019 |
| Ventilsteuerzeiten:<br>Einlass öffnet v. OT<br>Einlass schließt n. UT<br>Auslass öffnet v. UT<br>Auslass schließt n. OT | <br>°KW<br>°KW<br>°KW<br>°KW | keine Angabe | <br>0 ± 2<br>16 ± 2<br>39 ± 2<br>1 ± 2 | <br>18<br>32<br>63<br>29 | <br>17<br>31<br>66<br>18 |
| Nockenwelle:<br>Durchmesser<br>Aufnahmebohrungs-∅<br>Axialspiel | <br>mm<br>mm<br>mm | <br>53,987...54,013<br>54,107...54,133<br>0,130...0,340 | <br>49,865...49,890<br>50,000...50,025<br>0,50...1,00 | <br>50,91...50,94<br>51,00...51,03<br>0,14...0,27 | <br>57,948...57,976<br>58,026...58,115<br>0,18...0,20 |

## Hydraulischer Schaltplan

Das Zusammenwirken der hydraulischen oder pneumatischen Bauteile des Traktors bzw. der Arbeitsmaschinen wird von den Herstellern in Form von Schaltplänen dargestellt. Die einzelnen Bauteile werden als Symbol gezeichnet. Das entsprechende Aussehen ist in der Norm DIN ISO 1219-1 festgelegt.

Bild 1 zeigt die Bauteile einer hydraulischen Anlage, dargestellt in schematischer Form bzw. als hydraulischen Schaltplan.

Die hydraulischen Verbindungen zwischen den einzelnen Bauteilen werden als Volllinie gezeichnet. Verbindungsstellen zwischen den einzelnen Leitungen werden mit einem Punkt gekennzeichnet.

Ventile werden in Ruhestellung (Position „0") dargestellt. Das handbetätigte Steuerventil in Bild 1 trägt die Bezeichnung „4/3-Wegeventil". Die 1. Zahl gibt die Anzahl der Anschlüsse (P, R, A, B) an. Die 2. Zahl gibt die Anzahl der Schaltstellungen (0, 1, 2) an. Zeichnerisch werden diese in Form von Quadraten dargestellt. Die Innenschaltung wird ebenfalls symbolisch angegeben.

Die am Wegeventil angeschlossenen Leitungen werden wie folgt gekennzeichnet (alte, in der Praxis übliche Angabe; neue Kennzeichnung siehe Seite 39).

| | |
|---|---|
| P | Druckleitung |
| R | Rücklaufleitung |
| A, B... | Arbeitsleitung |
| x, y, z | Steuerleitung |

Hydraulische Schaltpläne unterscheiden sich von pneumatischen im Wesentlichen in der Darstellung der Pumpe (=Kompressor, Dreieck wird ausgefüllt) und des Behälters (Behälter in pneumatischen Anlagen sind geschlossen und stehen unter Druck), vgl. Seiten 39, 44 und 45.

Um Fehler in der hydraulischen Anlage eines Fahrzeugs zu finden oder zu reparieren, muss der Mechaniker anhand des Schaltplanes die hydraulische Ansteuerung der Bauteile erkennen. Dieses soll am Beispiel von Bild 1 verdeutlicht werden:
Befindet sich das Wegeventil in der Schaltposition 1, gelangt der Ölstrom von der Pumpe über die Anschlüsse „P" und „A" des Ventils zum Drosselventil. Von dort kann die unter Druck stehende Hydraulikflüssigkeit dann in den Zylinder bzw. Hydromotor strömen. Auf diese Weise entsteht eine geradlinige bzw. drehende Bewegung in Pfeilrichtung. Über die Anschlüsse „B" und „R" am Wegeventil und über den Filter erfolgt der Rücklauf vom Zylinder (verdrängte Flüssigkeitsmenge auf der rechten Seite) bzw. des Hydromotors.

In der Schaltposition 2 des Wegeventils wird eine gegenläufige Bewegung des Zylinders bzw. des Hydromotors erzeugt.

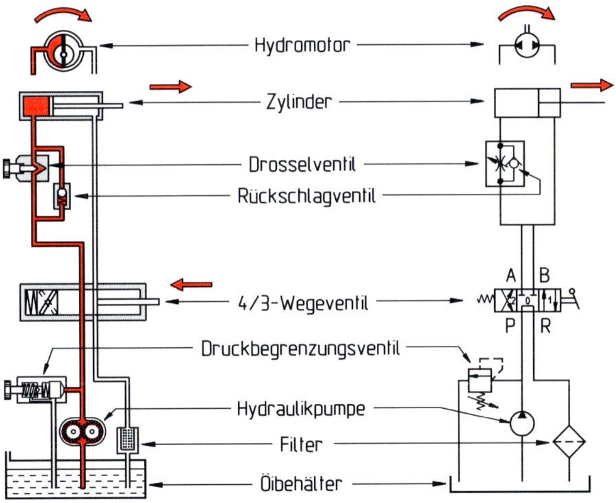


a) Schematische Darstellung

b) Hydraulischer Schaltplan
Schaltzeichen (DIN ISO 1219-1)

**1 Hydraulikanlage**

## Schaltzeichen der Fluidtechnik — DIN ISO 1219-1 : 2007-12

### Funktionssymbole

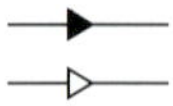
Hydrostrom
Luftstrom

Anzeige der Richtung

Anzeige der Drehrichtung

Anzeige einer Verstellbarkeit

### Energieübertragung

Hydraulik-Energiequelle
Pneumatik-Energiequelle

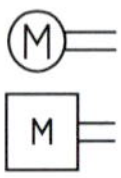

Elektromotor
nichtelektrischer Antrieb, Motor

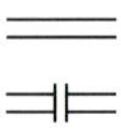
Welle, Stange
Kupplung für Wellen

Arbeitsleitung Rücklaufleitung

Steuerleitung und Leckölleitung

flexible Leitung

elektrische Leitung

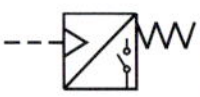
Druckschalter (pneumatisch)

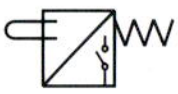
Grenzschalter

Leitungsverbindung

nicht verbundene Leitungskreuzung

Anschluss verschlossen

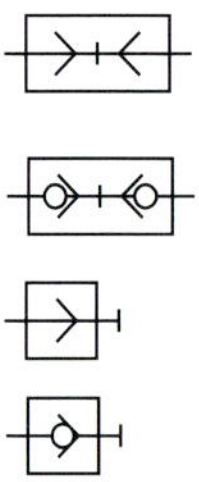
Schnell-Kupplungen:
- verbunden, ohne mechanisch öffnendes Rückschlagventil
- verbunden, mit mechanisch öffnenden Rückschlagventilen
- entkuppelt, mit offenem Anschluss
- entkuppelt, durch federloses Rückschlagventil gesperrter Anschluss, automatisch dichtend

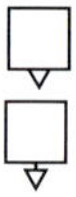
Luftauslassöffnung:
- ohne Vorrichtung für einen Anschluss
- z. B. mit Gewinde für einen Anschluss

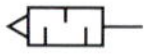
Schalldämpfer (Pneumatik)

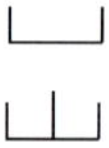
Behälter:
- offen, mit der Atmosphäre verbunden
- separate Rücklaufleitung

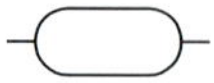
Luftbehälter

Hydrospeicher mit Gasvorspannung (nur senkrecht)

Filter, Sieb

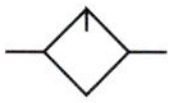
Öler

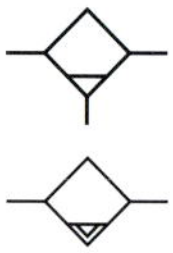
Wasserabscheider:
- handbetätigt
- automatisch entwässernd

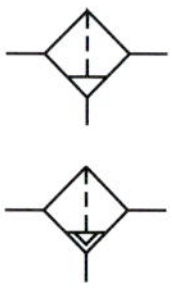
Filter mit Wasserabscheider:
- handbetätigt
- automatisch entwässernd

Kühler

Temperaturregler

Vorwärmer, Heizer

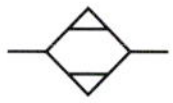
Lufttrockner

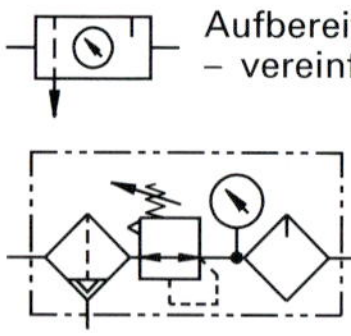
Aufbereitungseinheit:
- vereinfachtes Symbol
- ausführliches Symbol

bestehend aus Filter mit Abscheider, Druckreduzierventil, Manometer, Öler

### Motoren und Pumpen

Hydropumpe — Hydromotor

eine Drehrichtung, konstantes Förder- bzw. Schluckvolumen bei konstanter Antriebsdrehfrequenz, bei Darstellung von Kompressor bzw. Pneumatikmotor ▲ durch △ ersetzen

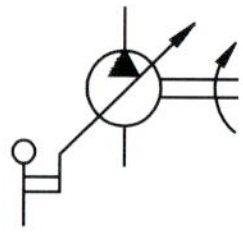
Hydropumpe: 1 Drehrichtung, verstellbares Fördervolumen, Verstellung mit Muskelkraft (Hebel)

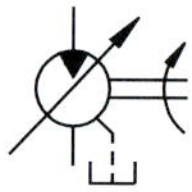
Hydromotor: 1 Drehrichtung, Schluckvolumen verstellbar, keine Angaben zu Verstelleinrichtung, externe Leckölabfuhr

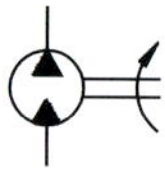
Hydropumpe oder -motor: 1 Drehrichtung, konstantes Förder- bzw. Schluckvolumen

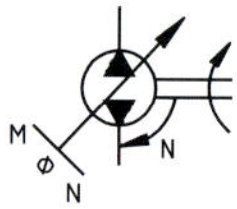

Hydropumpe: 1 Drehrichtung, Fördervolumen verstellbar, Nullförderung bei ∅. Förderrichtungswechsel

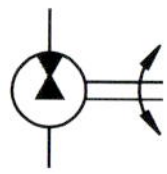
Pumpe/Motor: 2 Drehrichtungen, Wechsel von Pumpe auf Motor ändert die Drehrichtung

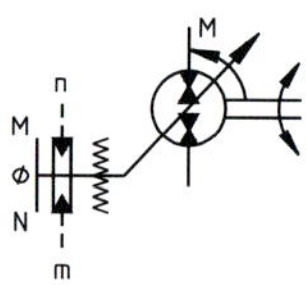

Pumpe/Motor: in jeder Drehrichtung sowohl Pumpe als auch Motor möglich, Förder- bzw. Schluckvolumen stufenlos einstellbar. Nullstellung (∅) mit Nullförderung bzw. Nullschluckvolumen über Federn erzwungen, Verstellung hydraulisch, Öldruck bei m verursacht Verstellung nach M

Kompaktgetriebe

## Schaltzeichen der Fluidtechnik (Fortsetzung)

**DIN ISO 1219-1 : 2007-12**

### Zylinder

**ausführlich** **vereinfacht**

- **Einfachwirkender Zylinder:**
  - Vorhub durch Feder

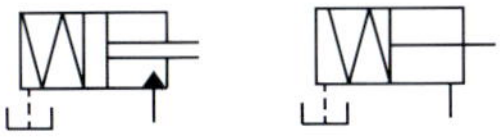

  - Rückhub durch Feder

- **Doppelwirkender Zylinder:**
  - mit einseitiger Kolbenstange

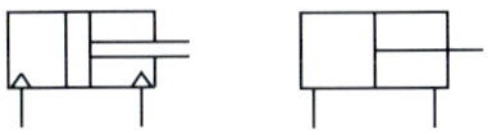

  - mit zweiseitiger Kolbenstange

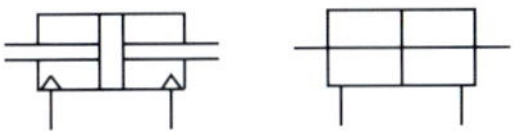

  - mit Endlagendämpfung beidseitig stufenlos einstellbar

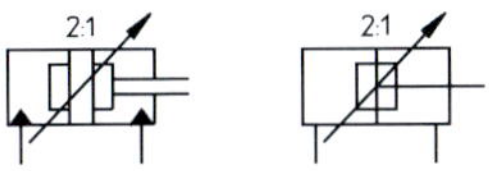


bei Hydrozylindern Angabe des Flächenverhältnisses (Bodenfläche zu Ringfläche Stangenseite) möglich, im Beispiel 2:1. Die Dreiecke können weggelassen werden.

### Ventile

**Sperrventile**

Rückschlagventile:

– unbelastet

– federbelastet

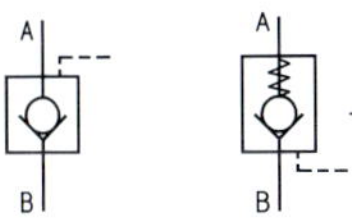


– entsperrbar

Schließen ohne / Öffnen gegen Rückstellfeder

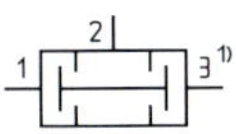


Zweidruckventil **UND**-Funktion

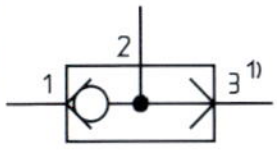


Wechselventil **ODER**-Funktion

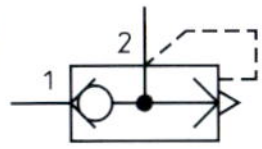


Schnellentlüftungsventil

Nummerierung entsprechend den Bsp. nach DIN ISO 1219-2

[1)] Kennzeichnung auch mit 1 möglich

**Stromventile**

feste Drossel

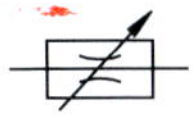

verstellbare Drossel

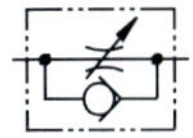

Drosselrückschlagventil

Stromregelventil (2 Wege)

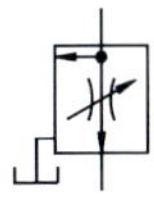

Stromregelventil (3 Wege) mit Überlastschutzventil

**Druckventile**

externer / interner Steuerkanal

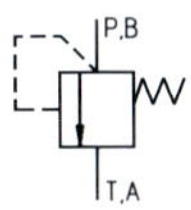


einstufiges (direktwirkendes) Druckbegrenzungsventil

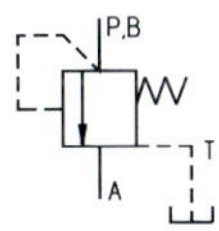


Folgeventil: Auslassanschluss kann Druck halten, externer Leckstromanschluss

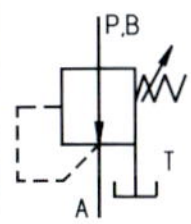


Druckreduzierventil: Leckölabfuhr intern (Druckminderventil; Druckregelventil)

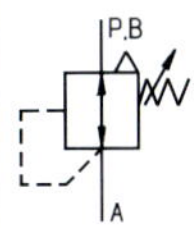


Druckreduzierventil (3 Wege): bei Auslassdruck > eingestellter Druck Anschluss zur Atmosphäre bzw. Tank geöffnet

### Wegeventile

Darstellung durch Quadrate mit inneren Linien und mit Anschlüssen; Zahl der Quadrate = Zahl der Schaltstellungen, Zahl der Anschlüsse wird ohne die Steueranschlüsse angegeben

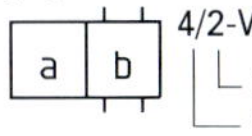


4/2-Wegeventil
└ zwei Schaltstellungen
└ vier Anschlüsse

Die einzelnen Stellungen werden bezeichnet mit a, b, c, … Nur bei erzwungener Ruhestellung (z. B. durch eine Feder) im ausgebauten Zustand wird diese mit 0 (Null) bezeichnet

Schaltstellungen:

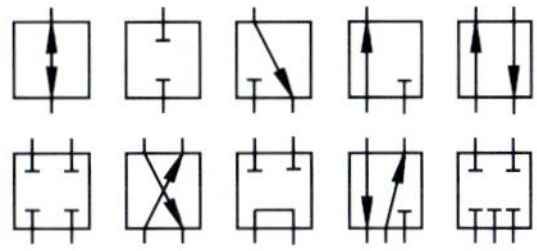

Beispiele:

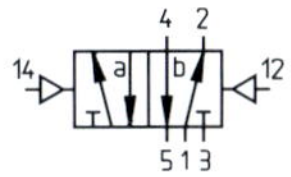


5/2-Wegeventil

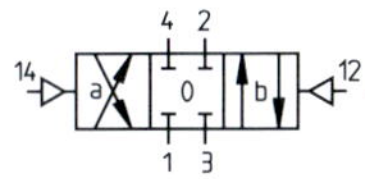


4/3-Wegeventil

Bezeichnung der Anschlüsse:

| | neu | veraltet |
|---|---|---|
| Druckversorgung | 1 | P |
| Arbeitsleitungen | 2, 4, … | A, B, … |
| Rückleitungen | 3, 5, … | R, S, T |
| Steuerleitungen | 12, 14 | z, y, x |

(Aktivierung des Steueranschlusses 14 bewirkt Schaltstellung zur Verbindung der Anschlüsse 1 mit 2)

Sperrruhestellung / Durchflussruhestellung

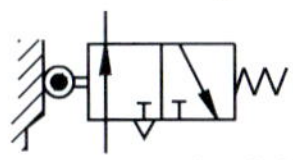

Ventil in betätigter Stellung (Ausgangszustand) (entspricht betätigtem Schließer)

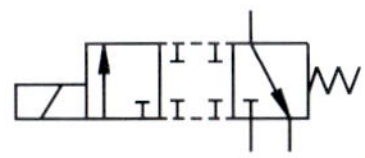

3/2 Wegeventil mit dargestellter Übergangsstellung.

Die Übergangsstellung ist nicht schalt- bzw. einstellbar, wird beim Umschalten überfahren. Sie kann, muss nicht gezeichnet werden (Darstellung zeigt überschneidungsfreies Ventil)

## Schaltzeichen der Fluidtechnik – Betätigungsarten DIN ISO 1219-1 : 2007-12

Die Symbole für die Betätigung werden an der Seite der Elemente angebracht. Die Höhenlage ist freigestellt.

### Muskelkraftbetätigung

- allgemein
- Hebel
- Zugknopf
- Druckknopf
- Zug-Druck-knopf
- Pedal nur eine Richtung
- Pedal zwei Richtungen

### Mechanische Betätigung

- Stößel
- Stößel, Hubbegrenzung
- Rollenstößel
- Rollenhebel
- Feder

### Elektrische Betätigung

- Magnet, eine Wicklung
- Magnet, Wicklungen gegeneinander
- Magnet, stufenlos
- Elektromotor

### Druckbetätigung

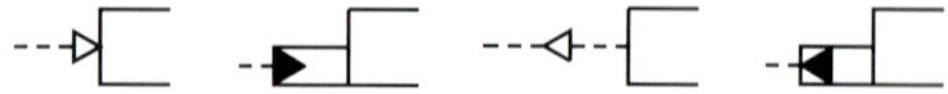

Druckbeaufschlagung ohne und mit Vorsteuerung, pneumatisch oder hydraulisch — Druckentlastung

Vorsteuerung: Betätigung zusätzlich mit einem Druckmedium, das mit einem Vorsteuerventil auf das Hauptventil gegeben wird. Druckquelle ist das Hauptventil selbst (intern) oder gesondert (extern).

interne Energiequelle interne Leckölabfuhr

externe Energiequelle externe Leckölabfuhr el. Vorsteuerung

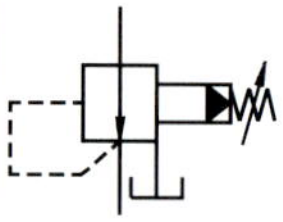

Beispiel: Druckventil mit Vorsteuerung, interne Ölversorgung des Vorsteuerventils und externe Leckölabfuhr, keine Ansteuerung des Vorsteuerventils

### Magnetische Betätigung

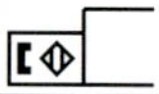

Näherungsschalter

### Kombinierte Betätigungen

**ODER**-Betätigung, parallele Betätigung Beispiel: mit Taster oder Elektromagnet

**UND**-Betätigung, serielle Betätigung Beispiel: mit Vorsteuerventil und Taster gesteuert

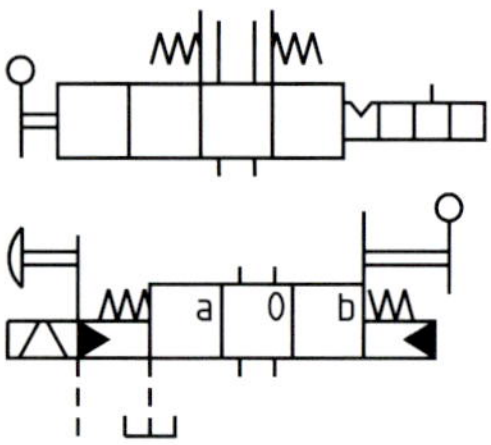


Begrenzungslinien der Schaltstellungen können nach oben oder unten verlängert und die Betätigungssymbole angebracht werden

Beispiel: federzentrierte Mittelstellung; Stellung a mit externem Druckanschluss an Vorsteuerventil, Vorsteuerventil betätigt mit Elektromagnet oder Taster; Stellung b mit elektromagnetisch betätigtem Vorsteuerventil oder nur mit Hebel allein, externe Leckölabfuhr

### Proportionalventile

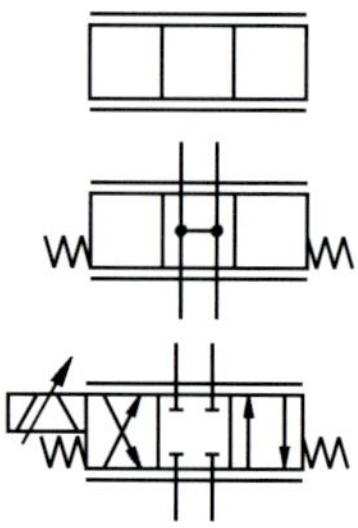

Wegeventil mit einer beliebigen Anzahl Zwischenstellungen für unterschiedliche Drosselungen

Mittelstellung offen (alle Anschlüsse verbunden), damit negative Überdeckung, federzentriert

Mittelstellung geschlossen, damit positive Überdeckung, federzentriert

Proportional-Wegeventil mit 2 Stellungen entspricht einem Druckventil: vereinfachte Darstellung

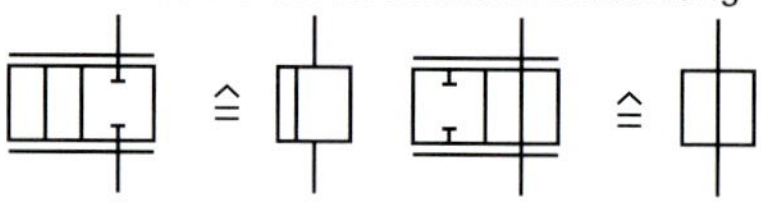

Beispiel

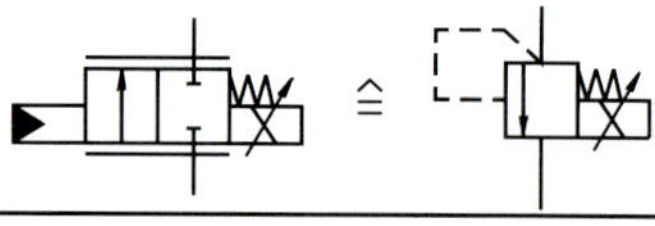

## Funktionsdiagramm (Weg-Schritt-Diagramm)

**Begriffe bei Funktionsdiagrammen**

**Ruhestellung:** Die Anlage ist energielos, die Bauteile nehmen eine zwangsläufige Stellung ein (z. B. durch eine eingebaute Feder, Stellung 0).

**Grundstellung:** Nach Einschalten der Energie nehmen die Bauglieder festgelegte Zustände ein, können durch „Richten" erzwungen werden.

**Ausgangsstellung:** Einschalten der Energieversorgung und Erfüllung der Einschaltbedingungen bzw. der Startvoraussetzungen. Bei Startsignal Beginn mit dem ersten Schritt.

**Schritt:** Der Bereich zwischen zwei aufeinander folgenden Zustandsänderungen (meist bezogen auf die Antriebsglieder). Er wird eingeleitet bzw. beendet z. B. durch Schalten eines Ventils. Begonnen wird mit dem Schritt 1, dann wird durchgezählt.

**Zustand:** Es gibt bei den Baugliedern den Zustand der Lage und der Bewegung, wobei jedem Zustand ein Schritt entspricht. Ein Bauglied kann mehrere Lagezustände haben, z. B. Kolben EIN-AUS (oder 1–2), ein Ventil 0 (Ruhe) und a (geschaltet) bzw. 0, a und b (Dreistellungsventil). Beim Bewegungszustand zählt das Fahren eines Kolbens mit konstanter Geschwindigkeit als ein Zustand; wird während des Fahrens die Geschwindigkeit geändert, ist das ein neuer Zustand und ein neuer Schritt.

**Startvoraussetzung:** Erforderliche Schritte, um von der Grund- in die Ausgangsstellung zu kommen. Jede Schalterbetätigung zählt als Schritt.

**Zeit:** Im Zustandsdiagramm können die Schritte durch Zeitangaben ergänzt werden. Das Diagramm kann auch mit linearem Zeitmaßstab gezeichnet werden. Schaltzeiten von Ventilen und Schützen werden nicht dargestellt.

## Weg-Schritt-Diagramm

Das nachfolgende Weg-Schritt-Diagramm erläutert die Funktions- und Bewegungsabläufe in den einzelnen Bauteilen einer hydraulischen Anlage (siehe Darstellung Seite 37).

| Hydraulikgerät | Zustand | |
|---|---|---|
| **Benennung** | **Funktion** | **Lage** |
| Doppelt wirkender Zylinder | Heben/Senken | Aus<br>Ruhe<br>Ein |
| 4/3 Wegeventil | Umlaufsteuerung | 1<br>0<br>2 |
| Druckbegrenzungsventil | Druckbegrenzung | Druck<br>0 |
| Hydropumpe | Energieumwandlung | Ein<br>Aus |
| Filter | Filterung | Ein<br>Aus |

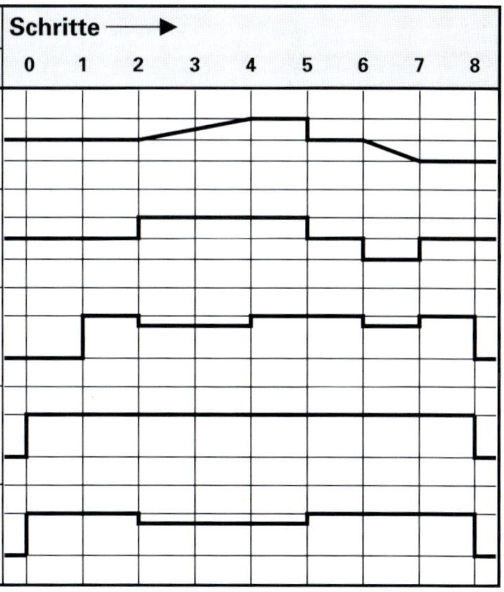

## Hydraulikplan eines Radladers (Beispiel)

## Schaltzeichen DIN ISO 1219-1 : 2007-12

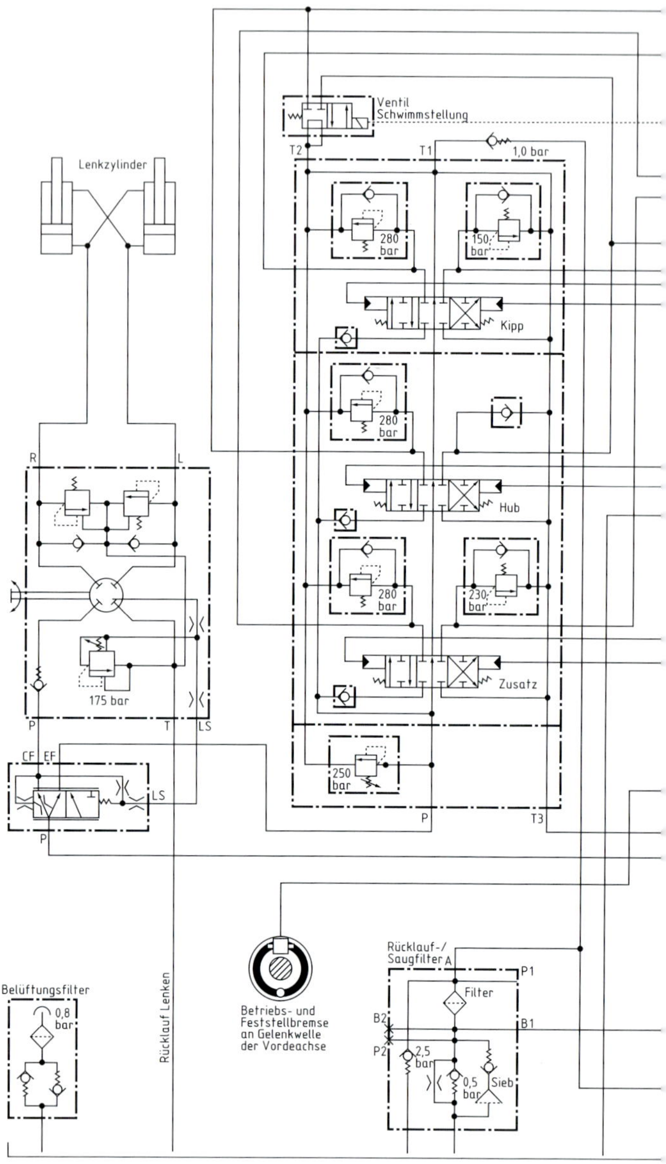

## Hydraulikplan eines Radladers (Beispiel)

## Schaltzeichen DIN ISO 1219-1 : 2007-12



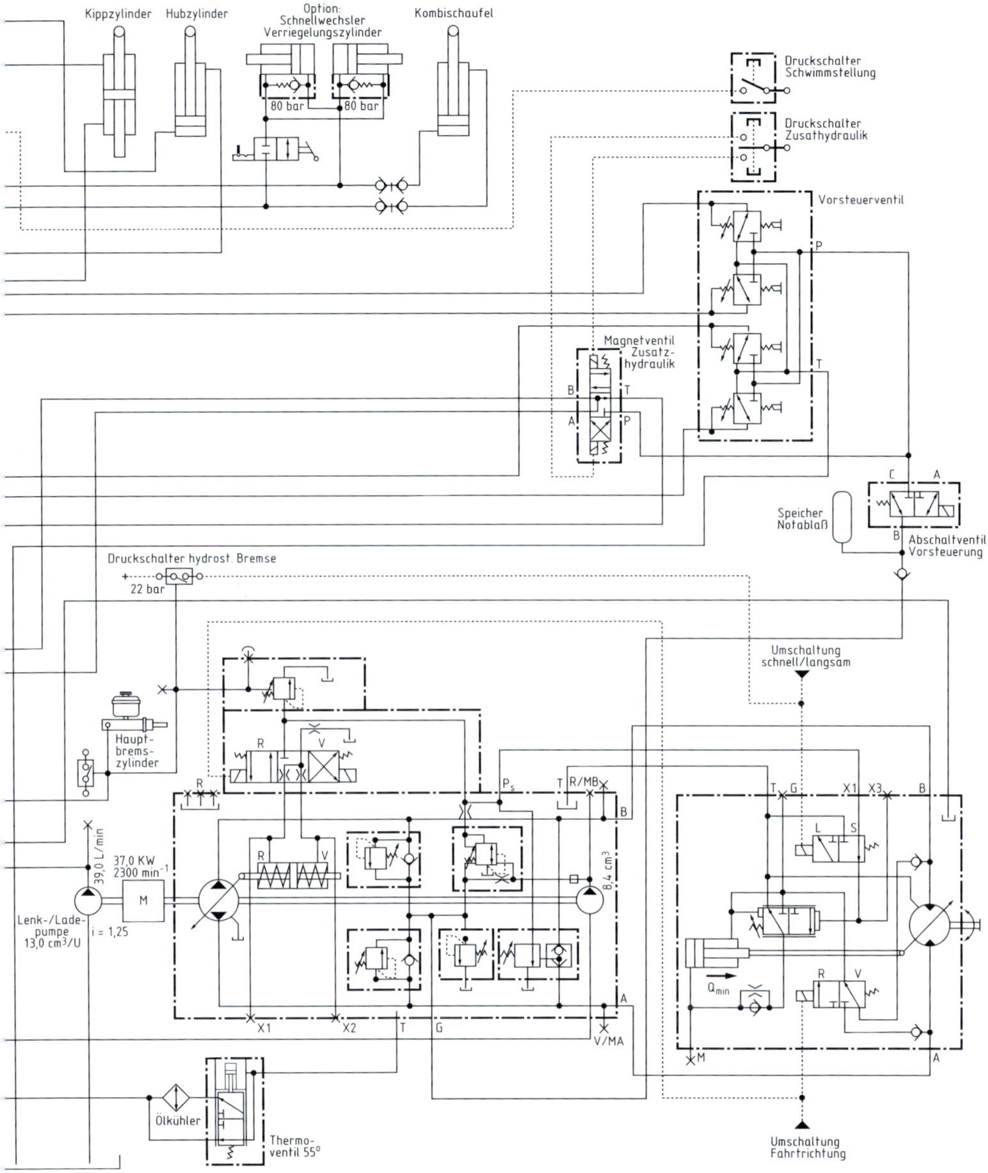

## Hydraulischer Schaltplan eines Traktors (Beispiel A)

**Schaltzeichen DIN ISO 1219-1 : 2007-12**

Der Schaltplan zeigt beispielhaft eine Ausführungsform der hydraulischen Anlage eines Traktors. Die Bauteile der Lenkungs- bzw. Getriebehydraulik sind nicht im Plan enthalten. Die Blöcke 3 bis 7 des Steuergeräts sind in Reihe geschaltet, d.h. wenn beispielsweise Bauteil (16) in Block (7) in Position „1" gebracht wird, erhalten die nachgeschalteten Blöcke während dieses Vorgangs keinen Systemdruck.

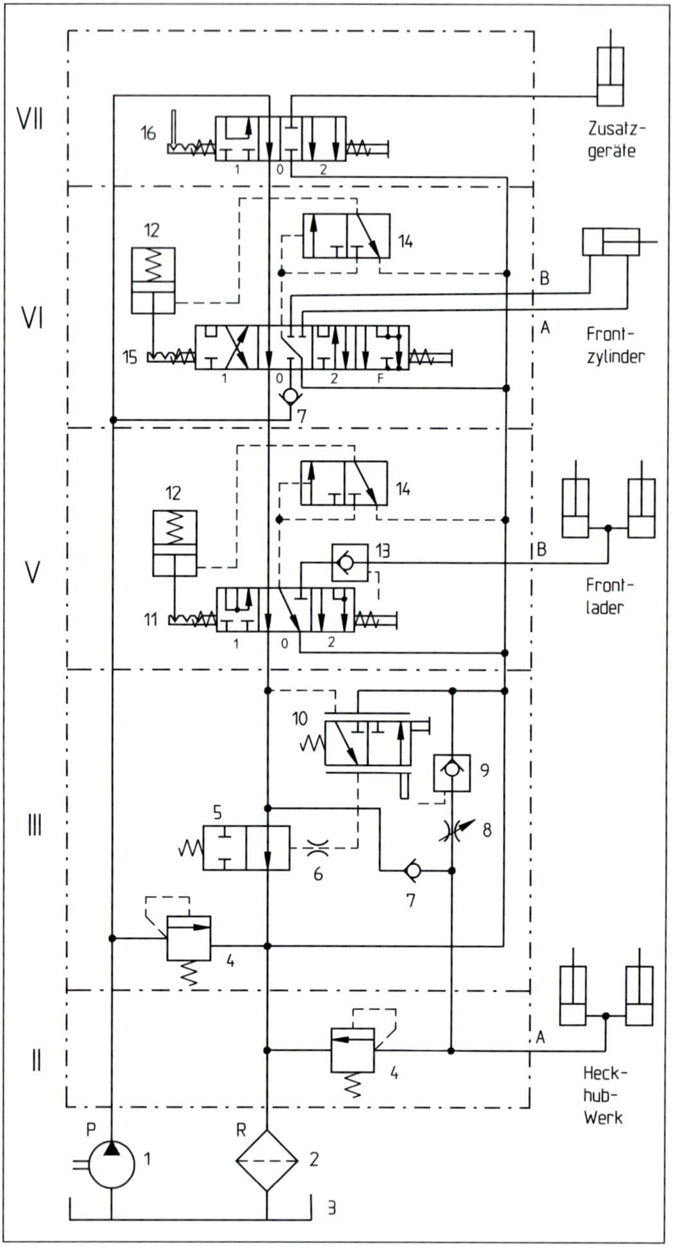


### Benennung der Bauteile:

| Pos.-Nr. | Bezeichnung |
|---|---|
| 1 | Hydraulikpumpe |
| 2 | Ölfilter in Rücklaufleitung |
| 3 | Ölbehälter |
| 4 | Druckbegrenzungsventil |
| 5 | 2/2-Wegeventil |
| 6 | Drosselventil |
| 7 | Rückschlagventil |
| 8 | einstellbares Drosselventil |
| 9 | entsperrbares Rückschlagventil |
| 10 | 3/2-Wegeventil |
| 11 | 5/3-Wegeventil |
| 12 | hydraulische Rastung |
| 13 | entsperrbares Rückschlagventil |
| 14 | 3/2-Wegeventil |
| 15 | 7/4-Wegeventil |
| 16 | 4/3-Wegeventil |

## Hydraulischer Schaltplan eines Traktors (Beispiel B)

## Schaltzeichen DIN ISO 1219-1 : 2007-12

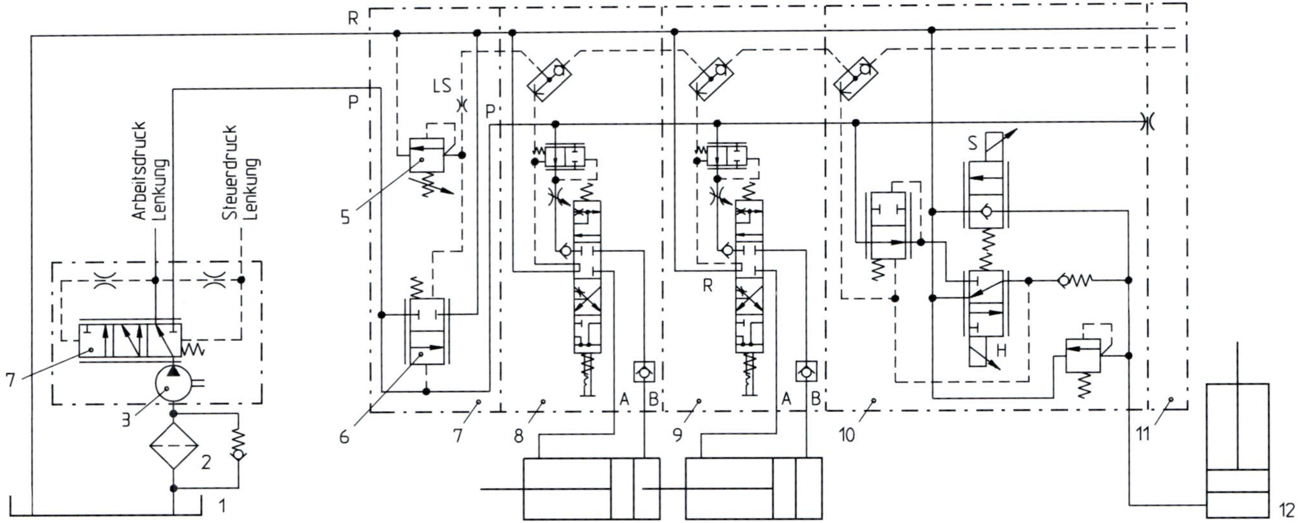


**Benennungen und Bauteile**

1 Ölbehälter
2 Saugfilter mit Bypassventil
3 Hydraulikpumpe
4 Prioritätsventil (Lenkung/Arbeitshydraulik)
5 Druckbegrenzungsventil
6 Druckwaage (Load Sensing)
7 Anschlussplatte Steuerblock
8 Zusatzsteuergerät (Load Sensing)
9 Zusatzsteuergerät (Load Sensing)
10 Regelventil elektrohydraulische Hubwerksregelung (Load Sensing)[1]
11 Endplatte
12 Hubzylinder Kraftheber

LS Load-Sensing-Druck
Load Sensing = lastdruckabhängige Steuerung

[1]) Die elektrische Ansteuerung des Regelventils und die dafür notwendigen Komponenten zeigt der Stromlaufplan der Seite 46.

## Elektrohydraulische Hubwerksregelung

### Stromlaufplan EHR-D, Baugruppe 10, Seite 45

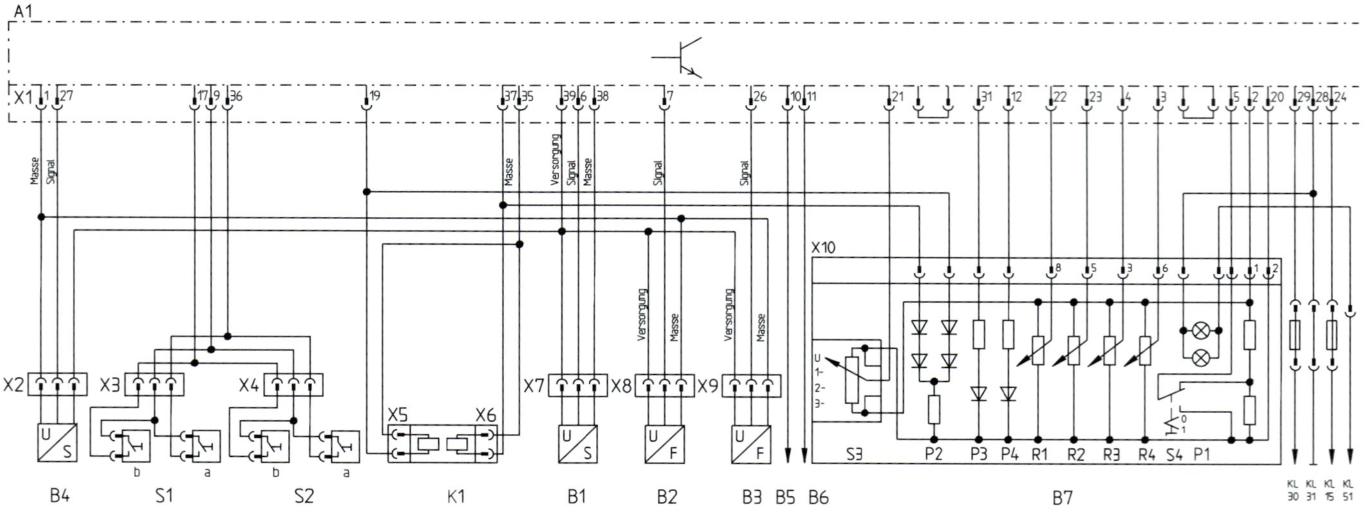


A1 Steuergerät EHR-D
B1 Lagesensor
B2 Kraftmessbolzen links
B3 Kraftmessbolzen rechts
B4 Externer Lagesensor
B5 Radarsensor ($v_{tatsächl.}$)
B6 Getriebesensor ($v_{theoret.}$)
B7 Bedienteil

K1 EHR-Regelventil,
a = Senken
b = Heben
P1 Beleuchtung Bedienpult
P2 Leuchtdioden Heben/Senken
P3 Leuchtdiode Diagnose
P4 Leuchtdiode Schlupfregelung

R1 Sollwertsteller
R2 Senkgeschwindigkeitssteller
R3 Systemwähler
R4 Hubhöhenbegrenzer
S1 Fernbedienung links
S2 Fernbedienung rechts

S3 Arbeitshebel 0 Schnelleinzug
1 Senken
2 Stop
3 Heben
S4 Schlupfschalter 0 Regelung ein
1 Regelung aus
X1 ... X10 Steckverbindungen

## Heck-Dreipunktanbau

**Kategorien** landwirtschaftlicher Traktoren für die Zuordnung der Abmessungen und Anforderungen des Dreipunktanbaus:
Kategorie 1: bis 48 kW Leistung der Zapfwelle bei Nenndrehzahl des Motors
Kategorie 2: bis 92 kW Leistung der Zapfwelle bei Nenndrehzahl des Motors
Kategorie 3: 80 kW bis 185 kW Leistung der Zapfwelle bei Nenndrehzahl des Motors
Kategorie 4: 150 kW bis 350 kW Leistung der Zapfwelle bei Nenndrehzahl des Motors

In Abhängigkeit von der Position der Zapfwelle zur Hinterachswelle wurde die Kategorie 4 in die Bereiche 4L (unterhalb) und 4H (oberhalb) unterteilt.

**Abmessungen der traktorseitigen Kupplungspunkte**

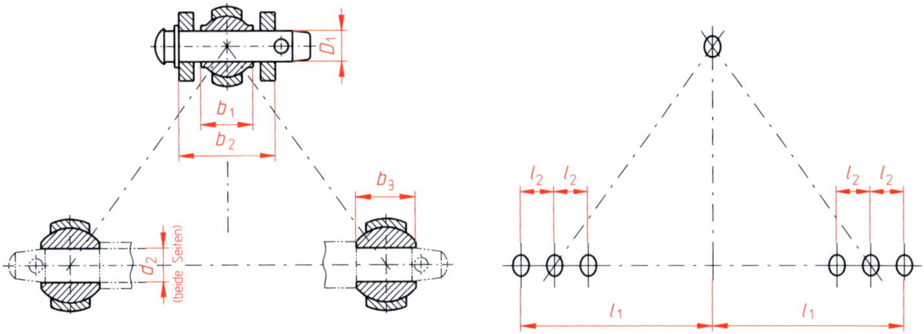


a) Kupplungspunkte

b) Kupplungsdreieck

Maße in Millimeter

| Abmessung | Beschreibung | Kategorie 1 | Kategorie 2 | Kategorie 3 | Kategorie 4L | Kategorie 4H |
|---|---|---|---|---|---|---|
| **Obere Kupplungspunkte** | | | | | | |
| $D_1$ | Durchmesser des Oberlenkerbolzens | $19^{\ 0}_{-0,08}$ | $25,5^{\ 0}_{-0,13}$ | $31,75^{\ 0}_{-0,2}$ | $45^{\ 0}_{-0,8}$ | $45^{\ 0}_{-0,8}$ |
| $b_1$ | Breite der Kugel | 44 max. | 51 max | 51 max. | 64 max. | 64 max. |
| $b_2$ | Abstand der Bohrung für Klappstecker | 76 min. | 93 min. | 102 min. | 140 min. | 140 min. |
| **Untere Kupplungspunkte** | | | | | | |
| $d_2$ | Durchmesser der Bohrung für den Unterlenkerbolzen | $22,4^{+0,25}_{\ 0}$ | $28,7^{+0,3}_{\ 0}$ | $37,4^{+0,35}_{\ 0}$ | $51^{+0,5}_{\ 0}$ | $51^{+0,5}_{\ 0}$ |
| $b_3$ | Breite der Kugel | $35^{\ 0}_{-0,2}$ | $45^{\ 0}_{-0,2}$ | $45^{\ 0}_{-0,2}$ | $57,5^{\ 0}_{-0,5}$ | $57,5^{\ 0}_{-0,5}$ |
| $l_1$ | Seitlicher Abstand des unteren Kupplungspunktes zur Längsmittelebene des Traktors [1] | 359 | 435 | 505 | 610 oder 612 | 610 oder 612 |
| $l_2$ | Seitliche Beweglichkeit des unteren Kupplungspunktes | 100 min. | 125 min. | 125 min. | 130 min. | 130 min. |
| $L$ | Abstand vom Zapfwellenende zum Mittelpunkt des unteren Kupplungspunktes bei horizontalem Unterlenker [2] [3] | 500 bis 575 | 550 bis 625 | 575 bis 675 | 575 bis 675 | 610 bis 670 |

[1]) Es ist möglich, diese Abmessungen für spezielle Geräte zu verändern. Wenn ein geringerer Abstand zwischen den unteren Kupplungspunkten notwendig ist, sind die folgenden Werte zu bevorzugen:
218 mm für Kategorie 1; 364 mm für Kategorie 2; 435 mm für Kategorie 3; 489 mm für Kategorie 4.

[2]) Wenn ein Dreipunkt-Kuppler verwendet wird, kann die Abmessung $L$ entsprechend verringert werden, sodass der Abstand zwischen Zapfwelle und der Antriebswelle gleich bleibt.

[3]) Die Abmessungen werden nur angewandt bei Gelenkwellen mit 35 mm Nenndurchmesser und sollen um 100 mm erhöht werden, wenn eine Gelenkwelle mit 45 mm Nenndurchmesser verwendet wird.

## Heck-Dreipunktanbau

**Bewegungsbereich und Höheneinstellung der Hubeinrichtung**

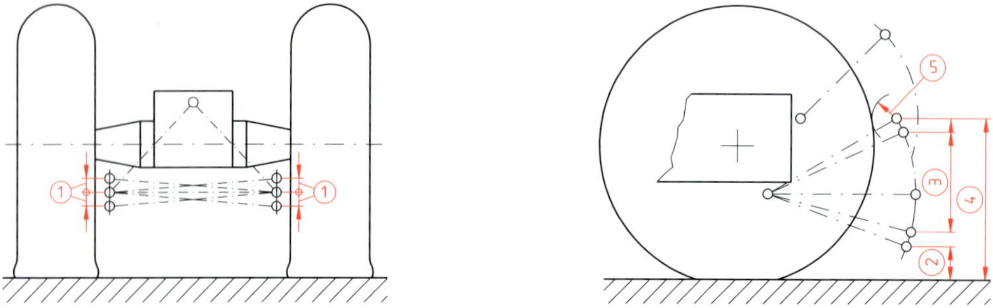


Maße in Millimeter

| Definition | Maß | Kategorie[1]) 1 | 2 | 3 | 4 L | 4 H |
|---|---|---|---|---|---|---|
| Höhe unterer Kupplungspunkt | ② | 200 max. | 200 max. | 230 max. | 230 max. | 230 max. |
| Höheneinstellung | ① | 100 min. | 100 min. | 125 min. | 150 min. | 150 min. |
| Bewegungsbereich | ③ | 610 min. | 650 min.[2]) | 735 min. | 760 min. | 900 min. |
| Transporthöhe (bei horizontaler Achse zwischen den unteren Kupplungspunkten) | ④ | 820 min. | 950 min. | 1065 min. | 1200 min. | 1200 min. |
| Freiraum des unteren Kupplungspunktes | ⑤ | 100 min. | 100 min. | 100 min. | 100 min. | 100 min. |
| Masteinstellung[3]) | | | | | | |
| höchste Position unterer Kupplungspunkt | | 508 min. | 610 min. | 660 min. | 710 min. | 710 min. |
| tiefste Position unterer Kupplungspunkt | | 200 max. | 200 max. | 230 max. | 255 max. | 255 max. |

1) Kategorien siehe Seite 47
2) Für Traktoren mit Zapfwellenleistung über 65 kW muss dieses Maß 700 mm min. sein.
3) Gebräuchlicher Bereich des Anstellwinkels des Mastes aus einer vertikalen Ebene. Die Messung erfolgt am höchsten und tiefsten Punkt des unteren Kupplungspunktes, dabei muss der Mast in einer Neigung von +5 bis −5 Grad von der Senkrechten eingestellt werden können.

## Heckzapfwelle

| Zapfwellenform | Wellenprofil | Zahnform | Zähnezahl | Nenndurchmesser in mm | Nenndrehzahl in 1/min | Lage der Zapfwelle am Traktor: Senkrechte Mittelachse des Schleppers | Höhe über Boden in mm |
|---|---|---|---|---|---|---|---|
| **1** | 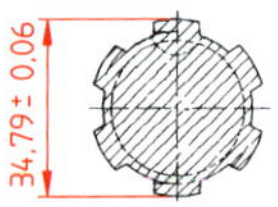  | Keil | 6 | 35 | 540 | Abweichung max. 50 mm nach rechts oder links | 450 bis 675 |
| **2** | 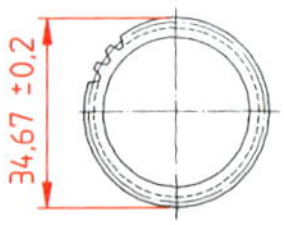  | Evolvente | 21 | 35 | 1000 | Abweichung max. 50 mm nach rechts oder links | 550 bis 775 |
| **3** | 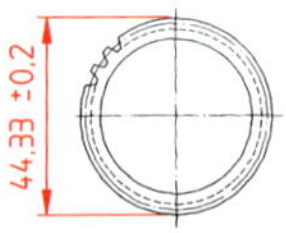  | Evolvente | 20 | 45 | 1000 | Abweichung max. 50 mm nach rechts oder links | 650 bis 875 |

## Heck-Dreipunktanbau

### Abmessungen der geräteseitigen Kupplungspunkte

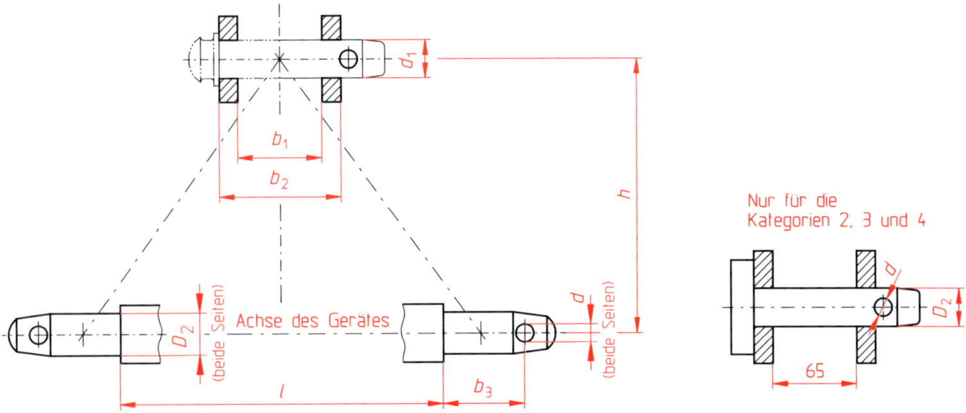


a) Freier Zapfen

b) Gestützter Zapfen

Maße in Millimeter

| Abmessung | Beschreibung | Kategorie[1] | | | | |
|---|---|---|---|---|---|---|
| | | 1 | 2 | 3 | 4L | 4H |
| **Obere Kupplungspunkte** | | | | | | |
| $d_1$ | Durchmesser der Bohrung für den Oberlenkerbolzen | $19{,}3^{+0{,}2}_{0}$ | $25{,}7^{+0{,}2}_{0}$ | $32^{+0{,}25}_{0}$ | $45{,}2^{+0{,}3}_{0}$ | $45{,}2^{+0{,}3}_{0}$ |
| $b_1$ | Lichte Weite des Jochs | 44,5 min. | 52 min. | 52 min. | 65 min. | 65 min. |
| $b_2$ | Äußere Breite des Jochs | 69 max. | 86 max. | 95 max. | 132 max. | 132 max. |
| **Untere Kupplungspunkte** | | | | | | |
| $D_2$ | Durchmesser Unterlenkerbolzen | $22^{\ 0}_{-0{,}2}$ | $28^{\ 0}_{-0{,}2}$ | $36{,}6^{\ 0}_{-0{,}2}$ | $50{,}8^{\ 0}_{-1{,}1}$ | $50{,}8^{\ 0}_{-1{,}1}$ |
| $b_3$ | Abstand der Bohrung für den Klappstecker | 39 min. | 49 min. | 52 min. | 68 min. | 68 min. |
| $l$ | Spannweite (Spreizmaß) für die Unterlenker[2] | 683 ± 1,5 | 825 ± 1,5 | 965 ± 1,5 | 1166,5 ± 1,5 | 1166,5 ± 1,5 |
| **Andere Abmessungen** | | | | | | |
| $d$ | Durchmesser der Bohrung für den Klappstecker<br>Oberlenkerbolzen | 12 min. | 12 min. | 12 min. | 17,5 min. | 17,5 min. |
| | Unterlenkerbolzen | 12 min. | 12 min. | 17 min. | 17,5 min. | 17,5 min. |
| $h$ | Masthöhe[3] | 460 ± 1,5 | 610 ± 1,5 | 685 ± 1,5 | 685 ± 1,5 | 1100 ± 1,5 |

[1]) Kategorien siehe Seite 47

[2]) Es ist möglich, diese Abmessungen für spezielle Geräte zu verändern. Wenn ein geringerer Abstand zwischen den unteren Kupplungspunkten notwendig ist, sind die folgenden Werte zu bevorzugen: 400 mm für Kategorie 1; 683 mm für Kategorie 2; 825 mm für Kategorie 3; 920 mm für Kategorie 4.

[3]) Es können zusätzliche Masthöhen für spezielle Geräte und U-Rahmen-Kuppler nach anderen Normen (z. B. 483 mm für Kategorie 2 und 559 mm für Kategorie 3 nach SAE J 715 vorgesehen werden. Diese zusätzlichen Masthöhen sollen in einem Bereich von +200 mm der in der Tabelle angegebenen Masthöhe liegen.

## Frontanbau

**DIN ISO 8759-1 : 1999-10**

**Abmessungen der traktorseitigen Kupplungspunkte**

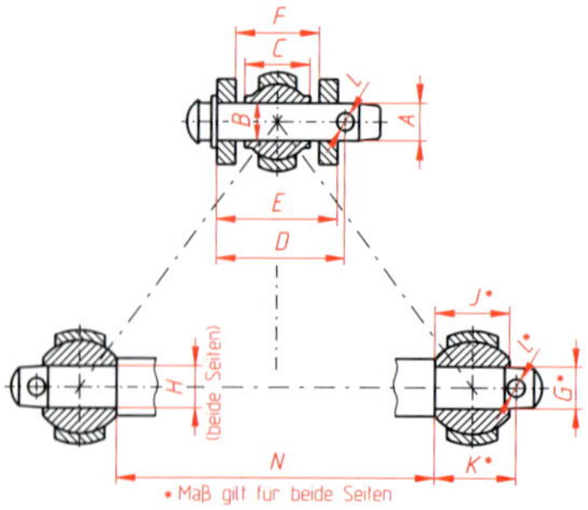


a) Kupplungspunkte

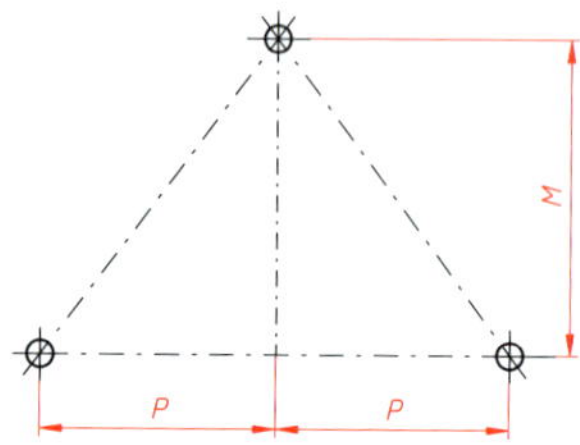


b) Kupplungsdreieck

**1 Anschlussmaße der Kupplungspunkte**

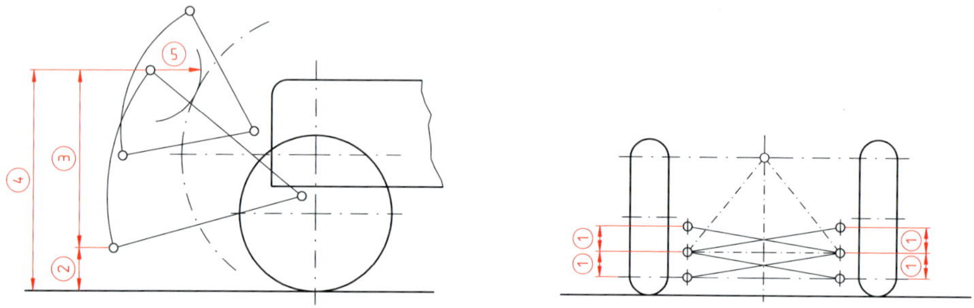


**2 Bewegungsbereich der Fronthubeinrichtung**

| Abmessung | Beschreibung | Maß in mm min. | Maß in mm max. |
|---|---|---|---|
| | **Oberer Kupplungspunkt** | | |
| ***A*** | Kuppelbolzen-Durchmesser | 25,27 | 25,4 |
| ***B*** | Bohrungsdurchmesser | 25,7 | 25,91 |
| ***C*** | Kugelbreite | – | 51 |
| ***D*** | Lochabstand für Klappstecker | 93 | – |
| ***E*** | Oberlenkerbreite | – | 86 |
| ***F*** | Oberlenkerweite | 52 | – |
| | **Untere Kupplungspunkte** | | |
| ***G*** | Kupplungsbolzen-Durchmesser | 27,79 | 28 |
| ***H*** | Bohrungsdurchmesser | 28,7 | 29,03 |
| ***J*** | Kugelbreite | 44,80 | 45,0 |
| ***K*** | Lochabstand für Klappstecker | 49 | – |
| | **Durchmesser des Klappsteckerloches** | | |
| ***L*** | Für oberen Kupplungspunkt | 12 | – |
| | Für untere Kupplungspunkte | 12 | – |
| ***M*** | Masthöhe | 510 | 660 |
| ***N*** | Abstand zwischen den unteren Kupplungspunkten | 825 ± 1,5 *) | |
| ***P*** | Seitlicher Abstand der unteren Kupplungspunkte zur Traktorlängsachse | 435 *) | |

*) Bei Spezialgeräten kann es erforderlich werden, diese Anschlussmaße zu variieren. Wenn kürzere Abstände zwischen den unteren Kupplungspunkten erforderlich sind, ist für $N = 683$ mm und für $P = 364$ mm zu bevorzugen.

**Anschlussmaße der Kupplungspunkte** (siehe Bild 1)

| Abmessung | Beschreibung | Maß in mm |
|---|---|---|
| ② | Höhe der unteren Kupplungspunkte über der Standfläche | 200 max. |
| ① | Neigungs-Einstellbereich | 100 min. |
| ③ | Arbeitsbereich | 600 min. |
| ④ | Höhe in Transportstellung [1] (Unterlenker waagerecht) | 890 min. |
| ⑤ | Freiraum der unteren Kupplungspunkte | 100 min. |

[1]) Die Maße gelten bei Standardbereifung.

**Hub und Hubhöhenbereich** (siehe Bild 2)

# Grafische Symbole



## Stirnräder

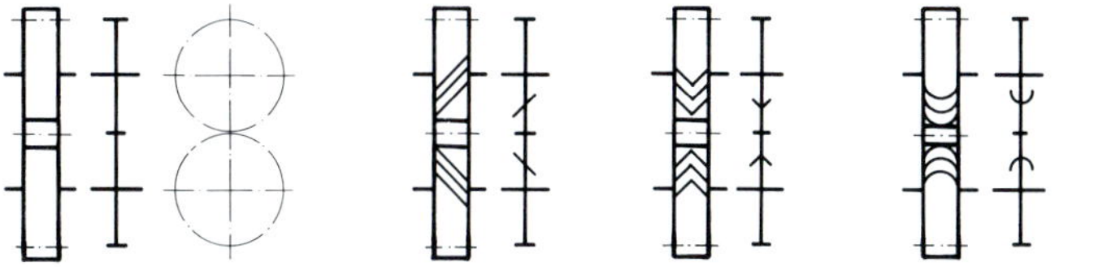

geradverzahnt | schrägverzahnt | pfeilverzahnt | bogenverzahnt

## Schraubenräder

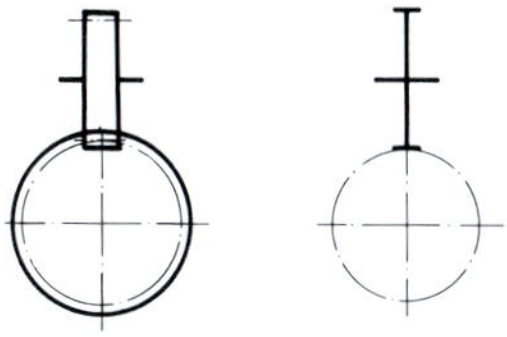

## Kegelräder

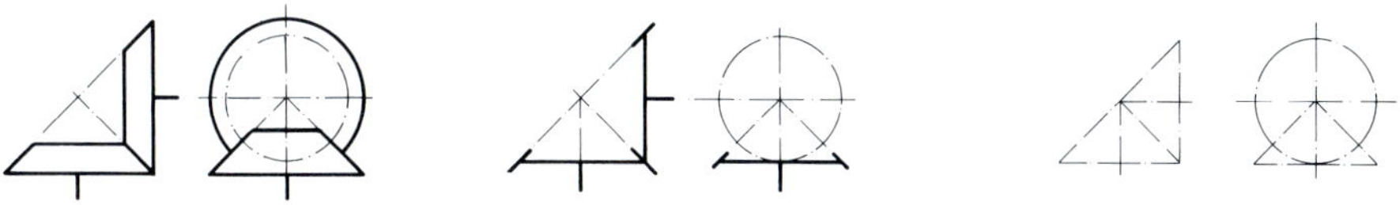

## Schneckenräder

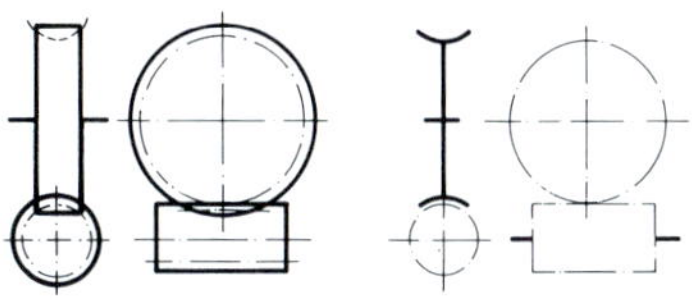

## Zahnstangentrieb

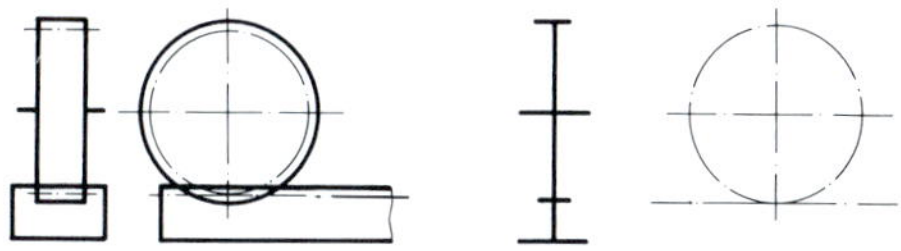

## Räderbefestigungen

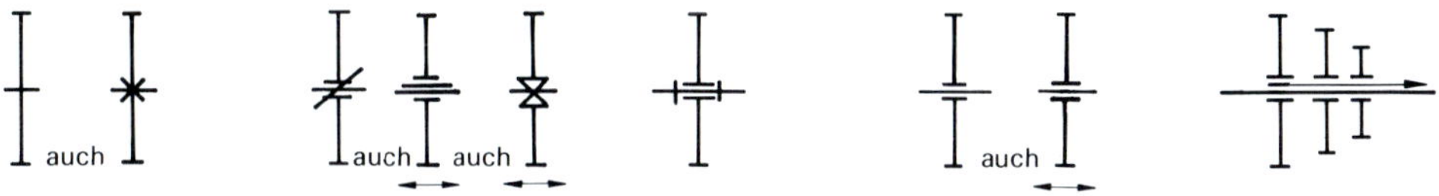


drehfest
axial gesichert

drehfest
axial verschiebbar

lose
axial gesichert

lose
axial verschiebbar

Ziehkeilgetriebe

## Verbindungen

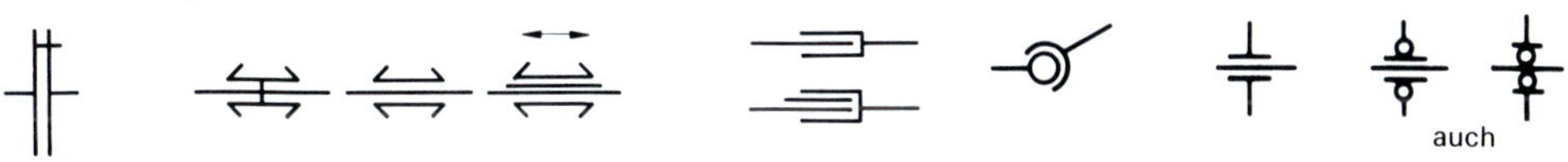


Mitnehmer | drehfest | lose | verschiebbar | Wellen | Kugelgelenk | Lager allg. | Wälzlager

## Kupplungen

### Reibungskupplungen

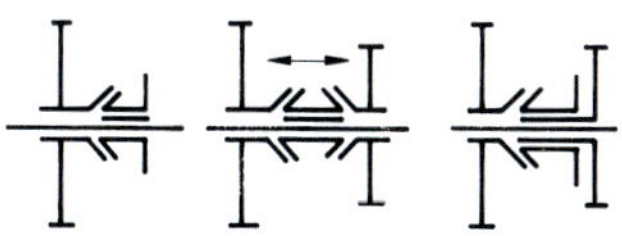

Rad mit Welle | Rad mit Rad

### Zahnkupplung

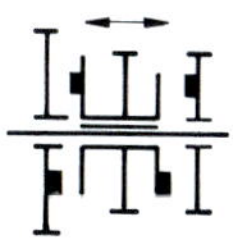

Rad mit Rad und
Welle mit Rad

### elektromagnetische Kupplung

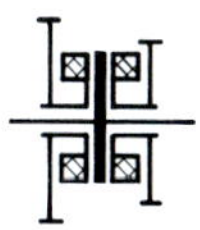

### Bremse

## Fahrwerksmaße

**DIN 70020-1 : 1993-02**

| Benennung | Bild | Definition |
|---|---|---|
| **Radstand** |  | Geometrischer Abstand zwischen den Radmitten der Vorder- und Hinterräder |
| **Spurweite vorn**<br><br>**Spurweite hinten** | 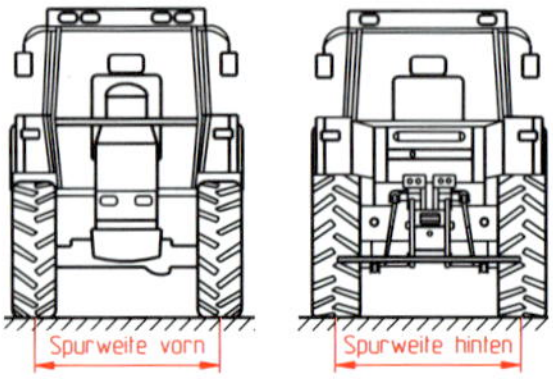  | Abstand der Vorderräder von Radmitte zu Radmitte gemessen auf der Standebene<br><br>Abstand der Hinterräder von Radmitte zu Radmitte gemessen auf der Standebene |
| **Sturz** | 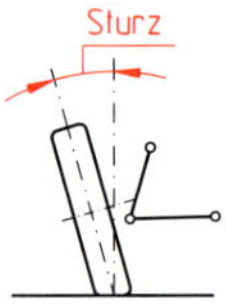  | Winkel zwischen der Radebene und einer Ebene, die senkrecht zur Standebene des Fahrzeugs und parallel zu dessen Längsachse verläuft.<br><br>Hinweis: In der Abbildung wird ein positiver Sturz dargestellt (= Räder oben nach außen geneigt). Bei einem negativen Sturz sind die Räder oben nach innen geneigt. |
| **Spreizung** | 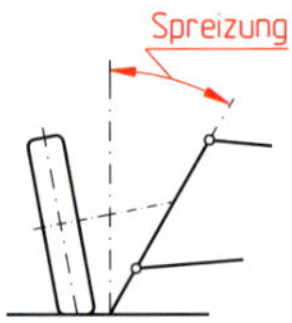  | Winkel zwischen der Lenkachse (Achsschenkelbolzen) und einer Ebene, die senkrecht zur Standebene des Fahrzeugs und parallel zu dessen Längsachse verläuft. |
| **Lenkrollhalbmesser** | 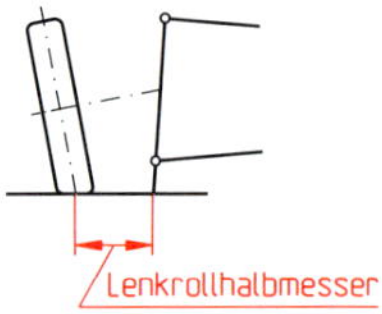  | Abstand des Schnittpunktes der Lenkachse mit der Standebene von der Schnittlinie der Radmittelebene mit der Standebene.<br><br>Hinweis: In der Abbildung wird ein positiver Lenkrollhalbmesser dargestellt (= der Schnittpunkt der Lenkachse mit der Standebene liegt innerhalb der Spurweite). Bei einem negativen Lenkrollhalbmesser liegt der Schnittpunkt der Lenkachse mit der Standebene außerhalb der Spurweite. |
| **Vorspur / Nachspur** | 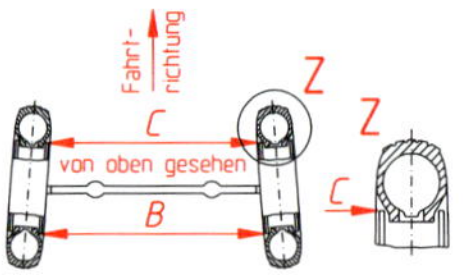  | Differenz des Abstandes der Felgenhörner (*B* – *C*), gemessen in der Höhe der Radmitten.<br><br>Vorspur: *C* < *B*<br><br>Nachspur: *C* > *B* |
| **Vorlaufstrecke / Nachlaufstrecke** | 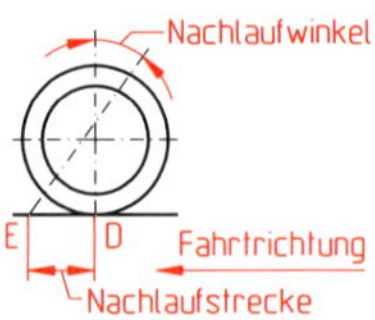  | Abstand des Schnittpunktes der Lenkachse mit der Standebene (E) und des Schnittpunktes der Senkrechten durch die Radmitte mit der Standebene (D).<br><br>Hinweis: In der Abbildung wird die Nachlaufstrecke dargestellt (= Punkt E liegt in Fahrtrichtung betrachtet vor Punkt D). Bei einer Vorlaufstrecke liegt Punkt E in Fahrtrichtung betrachtet hinter Punkt D. |

## Maße am Rad

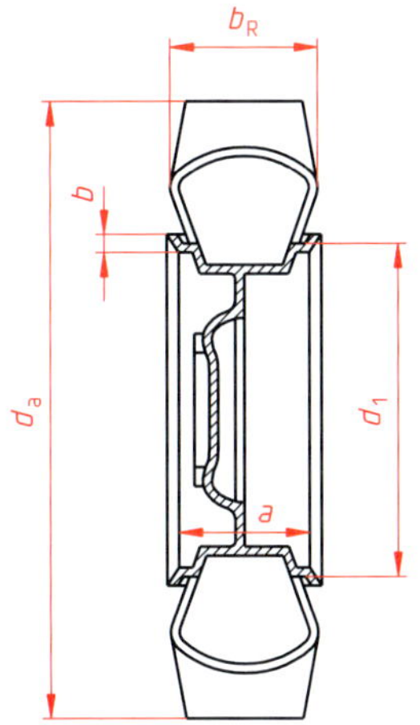


$d_a$ Außendurchmesser: größter Durchmesser in der Mitte der Lauffläche eines unbelasteten Rades

$b_R$ Querschnittsbreite des Reifens (= Reifen-Nennbreite): Breite eines Neureifens bezogen auf die glatte Seitenwand ohne Scheuerleisten, Zierrippen und Beschriftung; wird als 1. Zahlengruppe in der Reifenbezeichnung (siehe Seite 54) angegeben

$d_1$ Felgendurchmesser: Codezahl zur Bezeichnung des Durchmessers der Felge, von Horn zu Horn gemessen; Bestandteil der Felgenbezeichnung (siehe Tab. 2) und der Reifenbezeichnung (siehe S. 54)

*a* Maulweite: Breite der Felge, von Sitz zu Sitz gemessen; Bestandteil der Felgenbezeichnung (siehe Tab. 1)

*b* Hornhöhe: Höhe des Felgenhorns, zwischen Sitz und äußerer Hornkontur gemessen

## Breitfelgen für Traktoren

Felgenmaße:

Breitfelge W 6 bis W 13 und W 14 L und W 18 L

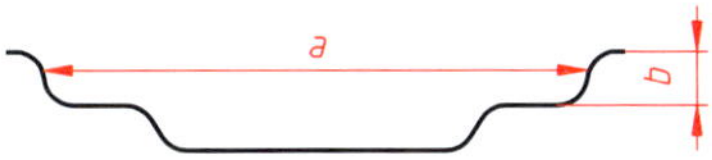


Breitfelge DW 12 bis DW 25

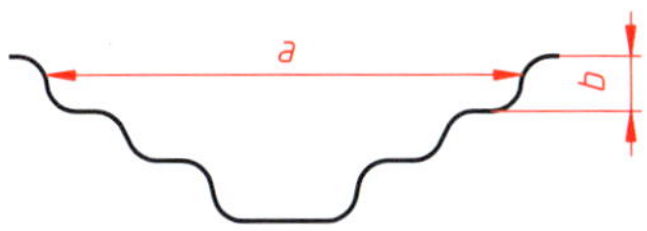


Maße Felgenprofil (Tab. 1)

| Felgenprofil-bezeichnung | Maulweite *a* in mm | Maulweite Zul. Abw. in mm | Hornhöhe *b* in mm +1,2 −0,4 |
|---|---|---|---|
| W 6 | 152,4 | ±2,4 | 22,2 |
| W 7 | 177,8 | | |
| W 8 | 203,2 | | |
| W 9 | 228,6 | | 25,4 |
| W 10 | 254 | | |
| W 11 | 279,4 | | |
| W 12 | 304,8 | | |
| W 13 | 330,2 | | |
| W 14 L | 355,6 | ±4,7 | |
| W 15 L | 381 | | |
| W 16 L | 406,4 | | |
| W 18 L | 457,2 | | |
| DW 12 | 304,8 | ±2,4 | |
| DW 14 | 355,6 | ±4,7 | 28,6 |
| DW 16 | 406,4 | ±6,4 | |
| DW 20 | 508 | | |
| DW 25 | 635 | | |

Felgendurchmesser $d_1$ in mm (Tab. 2)

| | Felgendurchmesserbezeichnung in Zoll | | | | | | | | | | |
|---|---|---|---|---|---|---|---|---|---|---|---|
| | 16 | 20 | 24 | 26 | 28 | 30 | 32 | 34 | 36 | 38 | 42 |
| $d_1$ | 405,6 | 512,8 | 614,4 | 665,2 | 716 | 766,8 | 817,6 | 868,4 | 919,2 | 970 | 1071,6 |

## Reifenmaße: Begriffe DIN 70 020-5 : 1986-12

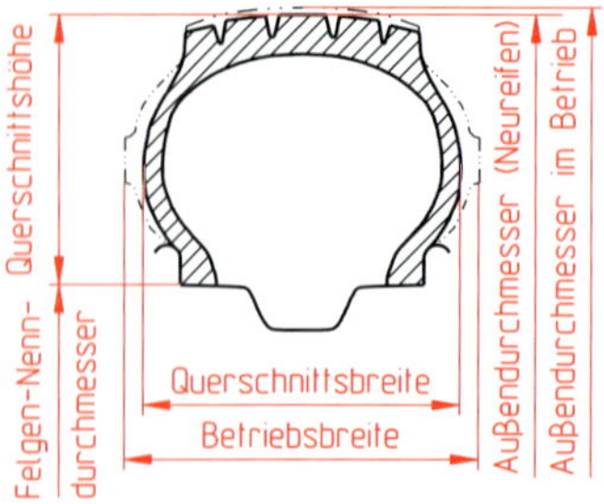


**Außendurchmesser (Neureifen):**

größter Durchmesser in der Mitte der Lauffläche eines Reifens (Konstruktionsmaß)

**Außendurchmesser im Betrieb:**

größter Durchmesser in der Mitte der Lauffläche eines Reifens unter Einschluss des bleibenden Reifenwachstums im Laufe des Gebrauchs (Betriebsmaß, siehe Seite 55)

**Querschnittsbreite (= Reifen-Nennbreite)**

Breite eines Neureifens bezogen auf die glatte Seitenwand ohne Scheuerleisten, Zierrippen und Beschriftung (Konstruktionsmaß)

**Betriebsbreite:**

Breite des Reifens einschließlich Scheuerleisten, Zierrippen und Beschriftung sowie des Wachstums im Laufe des Gebrauchs (Betriebsmaß, siehe Seite 55)

**Querschnittshöhe:**

halbe Differenz zwischen dem Außendurchmesser (Neureifen) und dem Felgen-Nenndurchmesser (Konstruktionsmaß)

**Geschwindigkeitskennbuchstaben SSY**
(SI-Speed-Index)

| SSY | Geschwindigkeit in $\frac{km}{h}$ | SSY | Geschwindigkeit in $\frac{km}{h}$ |
|---|---|---|---|
| A 1 | 5 | B | 50 |
| A 2 | 10 | C | 60 |
| A 3 | 15 | D | 65 |
| A 4 | 20 | E | 70 |
| A 5 | 25 | F | 80 |
| A 6 | 30 | G | 90 |
| A 7 | 35 | | |
| A 8 | 40 | | |

## Reifentragfähigkeit DIN 7807 : 1995-02

| Reifengröße | Tragfähigkeitskennzahl LI | Reifentragfähigkeit kg | Reifenluftdruck bar[1]) |
|---|---|---|---|
| 9.5 R 24 | 107 | 975 | 1,6 |
| R 28 | 109 | 1030 | |
| 11.2 R 20 | 111 | 1090 | 1,6 |
| R 24 | 114 | 1180 | |
| R 28 | 116 | 1250 | |
| R 36 | 120 | 1400 | |
| R 38 | 121 | 1450 | |
| 12.4 R 20 | 116 | 1250 | 1,6 |
| R 24 | 119 | 1360 | |
| R 28 | 121 | 1450 | |
| R 32 | 122 | 1500 | |
| R 36 | 124 | 1600 | |
| R 38 | 125 | 1650 | |
| 13.6 R 24 | 121 | 1450 | 1,6 |
| R 24 | 128 | 1800 | 2,4 |
| R 28 | 123 | 1550 | 1,6 |
| R 36 | 127 | 1750 | |
| R 38 | 128 | 1800 | |
| 14.9 R 24 | 126 | 1700 | 1,6 |
| R 26 | 127 | 1750 | |
| R 28 | 128 | 1800 | |
| R 30 | 129 | 1850 | |
| R 38 | 133 | 2060 | |
| 16.9 R 24 | 134 | 2120 | 1,6 |
| R 24 | 141 | 2575 | 2,4 |
| R 26 | 135 | 2180 | 1,6 |
| R 28 | 136 | 2240 | |
| R 30 | 137 | 2300 | |
| R 34 | 139 | 2430 | |
| R 38 | 141 | 2575 | |
| R 42 | 143 | 2725 | |
| 18.4 R 24 | 139 | 2430 | 1,6 |
| R 26 | 140 | 2500 | |
| R 26 | 147 | 3075 | 2,4 |
| R 26 | 153 | 3650 | 3,2 |
| R 28 | 141 | 2575 | 1,6 |
| R 30 | 142 | 2650 | |
| R 30 | 155 | 3875 | 3,2 |
| R 34 | 144 | 2800 | 1,6 |
| R 34 | 157 | 4125 | 3,2 |
| R 38 | 146 | 3000 | 1,6 |
| R 42 | 148 | 3150 | |
| 20.8 R 34 | 151 | 3450 | 1,6 |
| R 38 | 153 | 3650 | |
| R 42 | 155 | 3875 | |
| 23.1 R 26 | 153 | 3650 | 1,6 |
| R 30 | 155 | 3875 | |
| R 34 | 157 | 4125 | |
| 24.5 R 32 | 159 | 4375 | 1,6 |
| 30.5 LR 32 | 167 | 5450 | 1,6 |

[1]) Die anderen Reifenluftdrücke sind Mindestluftdrücke. Bei abweichenden Reifentragfähigkeiten ist der Luftdruck nach Angaben des Reifenherstellers zu wählen.

**Betriebsmaße** **DIN 7807 : 1995-02**

| Reifen-größe | Zulässige Felgen[1] | Betriebsmaße Betriebs-breite[2] max. | Betriebsmaße Außen-durch-messer[2][3] max. |
|---|---|---|---|
| **9.5 R 24** | W 7×24<br>W 8×24 | 249<br>260 | 1060 |
| **9.5 R 28** | W 7×28<br>W 8×28 | 246<br>260 | 1160 |
| **11.2 R 20** | W 9×20<br>W 10×20 | 296<br>307 | 1015 |
| **11.2 R 24** | W 9×24<br>W 10×24 | 296<br>307 | 1115 |
| **11.2 R 28** | W 9×28<br>W 10×24 | 296<br>307 | 1220 |
| **11.2 R 36** | W 9×36<br>W 10×36 | 296<br>307 | 1420 |
| **11.2 R 38** | W 9×38<br>W 10×38 | 296<br>307 | 1475 |
| **12.4 R 20** | W 9×20<br>W 10×20<br>W 11×20 | 318<br>329<br>340 | 1070 |
| **12.4 R 24** | W 9×24<br>W 10×24<br>W 11×24 | 318<br>329<br>340 | 1170 |
| **12.4 R 28** | W 9×28<br>W 10×28<br>W 11×28 | 318<br>329<br>340 | 1275 |
| **12.4 R 32** | W 9×32<br>W 10×32<br>W 11×32 | 318<br>329<br>340 | 1375 |
| **12.4 R 36** | W 9×36<br>W 10×36<br>W 11×36 | 318<br>329<br>340 | 1475 |
| **12.4 R 38** | W 9×38<br>W 10×38<br>W 11×38 | 318<br>329<br>340 | 1525 |
| **13.6 R 24** | W 11×24<br>W 12×24 | 362<br>373 | 1215 |
| **13.6 R 28** | W 11×28<br>W 12×28 | 362<br>373 | 1320 |
| **13.6 R 36** | W 11×36<br>W 12×36 | 362<br>373 | 1525 |
| **13.6 R 38** | W 11×38<br>W 12×38 | 362<br>373 | 1575 |
| **14.9 R 24** | W 11×24<br>W 12×24<br>W 13×24 | 386<br>397<br>408 | 1275 |
| **14.9 R 26** | W 11×26<br>W 12×26<br>W 13×26 | 386<br>397<br>408 | 1325 |
| **14.9 R 28** | W 11×28<br>W 12×28<br>W 13×28 | 386<br>397<br>408 | 1380 |

| Reifen-größe | Zulässige Felgen[1] | Betriebsmaße Betriebs-breite[2] max. | Betriebsmaße Außen-durch-messer[2][3] max. |
|---|---|---|---|
| **14.9 R 30** | W 11×30<br>W 12×30<br>W 13×30 | 386<br>397<br>408 | 1430 |
| **14.9 R 38** | W 11×38<br>W 12×38<br>W 13×38 | 386<br>397<br>408 | 1630 |
| **16.9 R 24** | W 14 L×24<br>W 15 L×24 | 452<br>463 | 1350 |
| **16.9 R 26** | W 14 L×26<br>W 15 L×26 | 452<br>463 | 1400 |
| **16.9 R 28** | W 14 L×28<br>W 15 L×28 | 452<br>463 | 1450 |
| **16.9 R 30** | W 14 L×30<br>W 15 L×30 | 452<br>463 | 1505 |
| **16.9 R 34** | W 14 L×34<br>W 15 L×34 | 452<br>463 | 1605 |
| **16.9 R 38** | W 14 L×38<br>W 15 L×38 | 452<br>463 | 1705 |
| **16.9 R 42** | W 14 L×42<br>W 15 L×42 | 452<br>463 | 1805 |
| **18.4 R 24** | W 15 L×24<br>W 16 L×24 | 493<br>504 | 1425 |
| **18.4 R 26** | W 15 L×26<br>W 16 L×26 | 493<br>504 | 1475 |
| **18.4 R 28** | W 15 L×28<br>W 16 L×28 | 493<br>504 | 1520 |
| **18.4 R 30** | W 15 L×30<br>W 16 L×30 | 493<br>504 | 1575 |
| **18.4 R 34** | W 15 L×34<br>W 16 L×34 | 493<br>504 | 1680 |
| **18.4 R 38** | W 15 L×38<br>W 16 L×38 | 493<br>504 | 1780 |
| **18.4 R 42** | W 15 L×42<br>W 16 L×42 | 493<br>504 | 1880 |
| **20.8 R 34** | W 16 L×34<br>W 18 L×34 | 548<br>570 | 1770 |
| **20.8 R 38** | W 16 L×38<br>W 18 L×38 | 548<br>570 | 1870 |
| **20.8 R 42** | W 16 L×42<br>W 18 L×42 | 548<br>570 | 1970 |
| **23.1 R 26** | DW 20 A×26 | 637 | 1645 |
| **23.1 R 30** | DW 20 A×30 | | 1740 |
| **23.1 R 34** | DW 20 A×34 | | 1840 |
| **24.5 R 32** | DW 20 A×32<br>DW 21 A×32 | 661<br>672 | 1840 |
| **30.5 LR 32** | DH 27×32[4]<br>DW 27 A×32 | 837 | 1860 |

[1]) Anstelle der Felgenprofile W 20 bis W 13 und W 14 L bis W 18 L können auch größengleiche Felgen mit dem Kennbuchstaben DW eingesetzt werden.
Es ist darauf zu achten, dass die verwendeten Felgen den Betriebsbedingungen des Reifens (Radlast, Reifenluftdruck, Geschwindigkeit) entsprechen.
[2]) Begriffe siehe DIN 70020-5.
[3]) Die Werte für den Außendurchmesser gelten für Reifen mit regulärem Profil. Bei Reifen mit anderen Profilen ist der Reifenhersteller zu befragen.
[4]) Maße nach ETRTO (EUROPEAN TYRE AND RIM TECHNICAL ORGANISATION).

## Betriebsmaße nach ETRTO[1])

| Reifengröße[2]) | Tragfähigkeit Load-Index LI | Tragfähigkeit kg | Druck bar | Felge[3]) | Betriebsmaße[4]) Breite max. | Betriebsmaße[4]) Durchmesser max. | Reifengröße[2]) | Tragfähigkeit Load-Index LI | Tragfähigkeit kg | Druck bar | Felge[3]) | Betriebsmaße[4]) Breite max. | Betriebsmaße[4]) Durchmesser max. |
|---|---|---|---|---|---|---|---|---|---|---|---|---|---|
| **1050/50 R 32** | 174 | 6700 | 1,6 | 36.0VA | 1134 | 1905 | **400/70 R 24** | 127 | 1750 | 1,6 | W 13 | 424 | 1192 |
| **800/60 R 32** | 165 | 5150 | 1,6 | DH 27 A | 838 | 1811 | **420/70 R 24** | 136 | 2240 | 2,4 | W 13 | 439 | 1222 |
| **320/65 R 16** | 107 | 975 | 1,6 | W 10 | 335 | 839 | **420/70 R 28** | 139 | 2430 | 2,4 | W 13 | 439 | 1323 |
| **320/65 R 18** | 109 | 1030 | 1,6 | W 10 | 335 | 890 | **420/70 R 30** | 134 | 2120 | 1,6 | W 13 | 439 | 1374 |
| **340/65 R 18** | 113 | 1150 | 1,6 | W 11 | 360 | 917 | **460/70 R 24** | 135 | 2180 | 1,6 | W 15 L | 478 | 1280 |
| **420/65 R 20** | 119 | 1360 | 1,2 | W 10 | 439 | 1360 | **480/70 R 24** | 143 | 2725 | 2,4 | W 15 L | 503 | 1309 |
| **440/65 R 24** | 122 | 1500 | 1,2 | W 14 L | 463 | 1204 | **480/70 R 26** | 139 | 2430 | 1,6 | W 15 L | 503 | 1358 |
| **440/65 R 28** | 131 | 1950 | 1,6 | W 14 L | 463 | 1306 | **480/70 R 28** | 151 | 3450 | 3,2 | W 15 L | 503 | 1409 |
| **480/65 R 24** | 133 | 2060 | 1,6 | W 15 L | 503 | 1259 | **480/70 R 30** | 147 | 3075 | 2,4 | W 15 L | 503 | 1460 |
| **480/65 R 28** | 136 | 2240 | 1,6 | W 15 L | 503 | 1360 | **480/70 R 34** | 143 | 2725 | 1,6 | W 15 L | 503 | 1562 |
| **540/65 R 24** | 146 | 3000 | 2,4 | W 16 L | 578 | 1340 | **480/70 R 38** | 145 | 2900 | 1,6 | W 15 L | 503 | 1663 |
| **540/65 R 26** | 136 | 2240 | 1,2 | W 16 L | 578 | 1390 | **500/70 R 34** | 145 | 2900 | 1,6 | W 16 L | 528 | 1592 |
| **540/65 R 28** | 142 | 2650 | 1,6 | W 16 L | 578 | 1441 | **520/70 R 26** | 143 | 2725 | 1,6 | W 16 L | 542 | 1427 |
| **540/65 R 30** | 143 | 2725 | 1,6 | W 16 L | 578 | 1492 | **520/70 R 30** | 151 | 3450 | 2,4 | W 16 L | 542 | 1520 |
| **540/65 R 34** | 140 | 2500 | 1,2 | W 16 L | 578 | 1594 | **520/70 R 34** | 148 | 3150 | 1,6 | W 16 L | 542 | 1622 |
| **540/65 R 38** | 147 | 3075 | 1,6 | W 16 L | 578 | 1695 | **520/70 R 38** | 150 | 3350 | 1,6 | W 16 L | 542 | 1723 |
| **600/65 R 28** | 147 | 3075 | 1,6 | DW 20 A | 621 | 1522 | **540/70 R 34** | 150 | 3350 | 1,6 | W 18 L | 578 | 1650 |
| **600/65 R 32** | 144 | 2800 | 1,2 | DW 20 A | 621 | 1624 | **580/70 R 26** | 145 | 2900 | 1,6 | DW 18 L | 606 | 1504 |
| **600/65 R 34** | 151 | 3450 | 1,6 | DW 20 A | 621 | 1675 | **580/70 R 38** | 155 | 3875 | 1,6 | W 18 L | 606 | 1809 |
| **600/65 R 38** | 153 | 3650 | 1,6 | DW 20 A | 621 | 1776 | **580/70 R 42** | 158 | 4250 | 1,6 | W 18 L | 606 | 1911 |
| **650/65 R 38** | 157 | 4125 | 1,6 | DW 20 A | 677 | 1845 | **600/70 R 30** | 152 | 3550 | 1,6 | DW 20 A | 621 | 1636 |
| **650/65 R 42** | 170 | 6000 | 3,2 | DW 20 A | 677 | 1947 | **620/70 R 26** | 148 | 3150 | 1,6 | DW 20 A | 656 | 1562 |
| **750/65 R 26** | 166 | 5300 | 2,4 | DW 25 A | 792 | 1675 | **620/70 R 38** | 170 | 6000 | 3,2 | DW 20 A | 656 | 1867 |
| **800/65 R 32** | 172 | 6300 | 2,4 | DW 27 A | 838 | 1895 | **620/70 R 42** | 172 | 6300 | 3,2 | DW 20 A | 656 | 1970 |
| **200/70 R 16** | 94 | 670 | 2,4 | W 6 | 207 | 697 | **650/70 R 26** | 156 | 4000 | 1,6 | DW 21 A | 677 | 1606 |
| **240/70 R 16** | 104 | 900 | 2,4 | W 8 | 256 | 756 | **650/70 R 30** | 157 | 4125 | 1,6 | DW 21 A | 677 | 1708 |
| **260/70 R 16** | 109 | 1030 | 2,4 | W 8 | 271 | 784 | **680/70 R 32** | 161 | 4625 | 1,6 | DW 21 A | 710 | 1803 |
| **260/70 R 18** | 111 | 1090 | 2,4 | W 9 | 271 | 835 | **680/70 R 34** | 162 | 4750 | 1,6 | DW 21 A | 710 | 1854 |
| **260/70 R 20** | 113 | 1150 | 2,4 | W 9 | 271 | 887 | **710/70 R 38** | 166 | 5300 | 1,6 | DW 23 A | 752 | 1999 |
| **280/70 R 16** | 112 | 1120 | 2,4 | W 9 | 296 | 814 | **340/75 R 20** | 117 | 1285 | 1,6 | W 11 | 360 | 1038 |
| **280/70 R 18** | 114 | 1180 | 2,4 | W 9 | 296 | 865 | **380/75 R 20** | 121 | 1450 | 1,6 | W 12 | 399 | 1100 |
| **280/70 R 20** | 116 | 1250 | 2,4 | W 9 | 296 | 916 | **400/75 R 38** | 138 | 2360 | 1,6 | W 13 | 424 | 1589 |
| **300/70 R 16** | 106 | 950 | 1,6 | W 9 | 310 | 843 | **620/75 R 26** | 166 | 5300 | 3,2 | DW 20 A | 656 | 1627 |
| **300/70 R 18** | 108 | 1000 | 1,6 | W 9 | 310 | 894 | **620/75 R 30** | 168 | 5600 | 3,2 | DW 20 A | 656 | 1729 |
| **300/70 R 20** | 110 | 1060 | 1,6 | W 9 | 310 | 944 | **620/75 R 34** | 170 | 6000 | 3,2 | DW 20 A | 656 | 1831 |
| **320/70 R 20** | 113 | 1150 | 1,6 | W 10 | 335 | 974 | **650/75 R 32** | 167 | 5450 | 2,4 | DW 21 A | 677 | 1829 |
| **320/70 R 24** | 116 | 1250 | 1,6 | W 10 | 335 | 1076 | **650/75 R 34** | 162 | 4750 | 1,6 | DW 21 A | 677 | 1879 |
| **320/70 R 28** | 119 | 1360 | 1,6 | W 10 | 335 | 1177 | **680/75 R 32** | 164 | 5000 | 1,6 | DW 21 A | 710 | 1874 |
| **360/70 R 20** | 120 | 1400 | 1,6 | W 11 | 375 | 1032 | **710/75 R 34** | 168 | 5600 | 1,6 | DW 23 A | 752 | 1972 |
| **360/70 R 24** | 127 | 1750 | 2,4 | W 11 | 375 | 1134 | **210/80 R 16** | 94 | 670 | 1,6 | W 7 | 225 | 755 |
| **360/70 R 28** | 130 | 1900 | 2,4 | W 11 | 375 | 1235 | **250/80 R 16** | 100 | 800 | 1,6 | W 8 | 264 | 822 |
| **380/70 R 20** | 122 | 1500 | 1,6 | W 12 | 399 | 1062 | **250/80 R 18** | 102 | 850 | 1,6 | W 8 | 264 | 873 |
| **380/70 R 24** | 130 | 1900 | 2,4 | W 12 | 399 | 1164 | **260/80 R 20** | 106 | 950 | 1,6 | W 8 | 271 | 940 |
| **380/70 R 28** | 133 | 2060 | 2,4 | W 12 | 399 | 1265 | **340/80 R 20** | 121 | 1450 | 1,6 | W 11 | 360 | 1074 |

1) Standards Manual 1998, European Tyre and Rim Technical Organisation, Brüssel (Belgien)
2) Geschwindigkeitskennzeichnung A 8 oder D
3) Bei der aufgeführten Felge (=Standardfelge) muss jeweils der in der Reifengröße angegebene Durchmesser verwendet werden.
4) Maßangaben in mm

## Bauarten Reibungsbremsen

DIN 70024-3 : 1990-07

| Benennung | Definition |
|---|---|
| **Trommelbremse** | Sammelbegriff für eine Bauart der Reibungsbremse, bei der die Reibungskräfte an einer Bremstrommel mittels Bremsbelägen erzeugt werden, die auf Bremsbacken (= Backenbremse) oder Bremsbändern (= Bandbremse) befestigt sind. |
| **Bauarten:** | |
| **Simplexbremse (Bild 1)** | Bauform einer Backenbremse, bei der in jeder Richtung eine auf- und eine ablaufende Bremsbacke von nur einer Spanneinrichtung betätigt werden. |
| **Duplexbremse (Bild 2)** | Bauform einer Backenbremse mit 2 auflaufenden Bremsbacken in nur einer Drehrichtung und je einer Spanneinrichtung je Bremsbacke. |
| **Servobremse (Bild 3)** | Bauform einer Backenbremse, bei der die beiden Bremsbacken sich nur in einer Drehrichtung aufeinander abstützen und die nur eine Spanneinrichtung besitzt. |

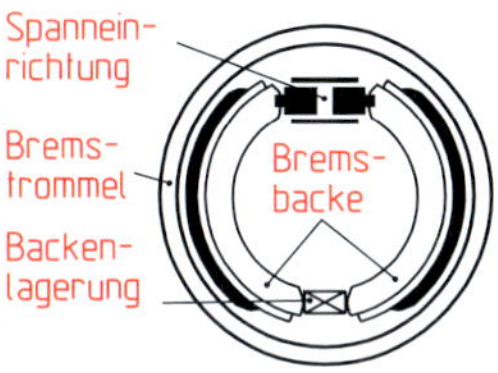


Bild 1

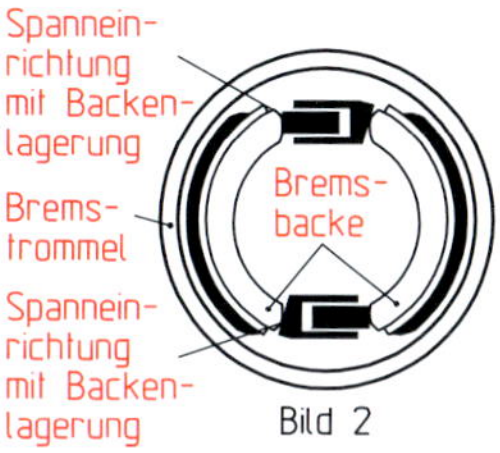


Bild 2

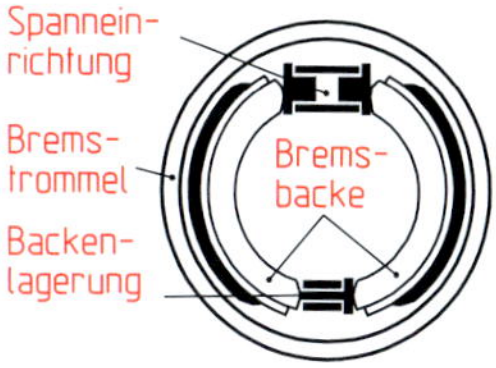


Bild 3

| Benennung | Definition |
|---|---|
| **Scheibenbremse** | Sammelbegriff für eine Bauart der Reibungsbremse, bei der die Reibungskräfte an einer Bremsscheibe mittels Bremsbelägen erzeugt werden. Bei der abgebildeten Festsattelbremse nimmt der Festsattel, der fest am Bremsträger montiert ist, die Bremsbeläge auf, die hydraulisch, pneumatisch oder mechanisch von beiden Seiten gleichzeitig gegen die Bremsscheibe gedrückt werden. |

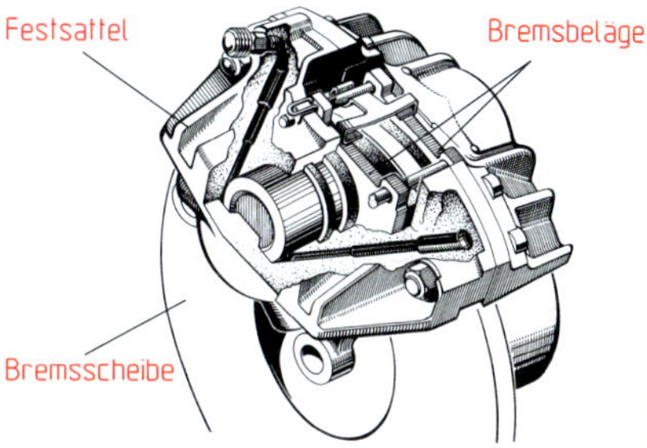


## Bremsenkennwert C*

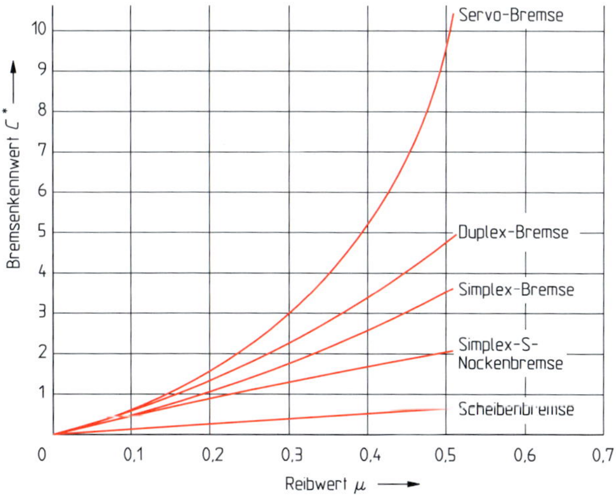

## Drucklufterzeugungsanlage eines Traktors

**Schematische Darstellung**

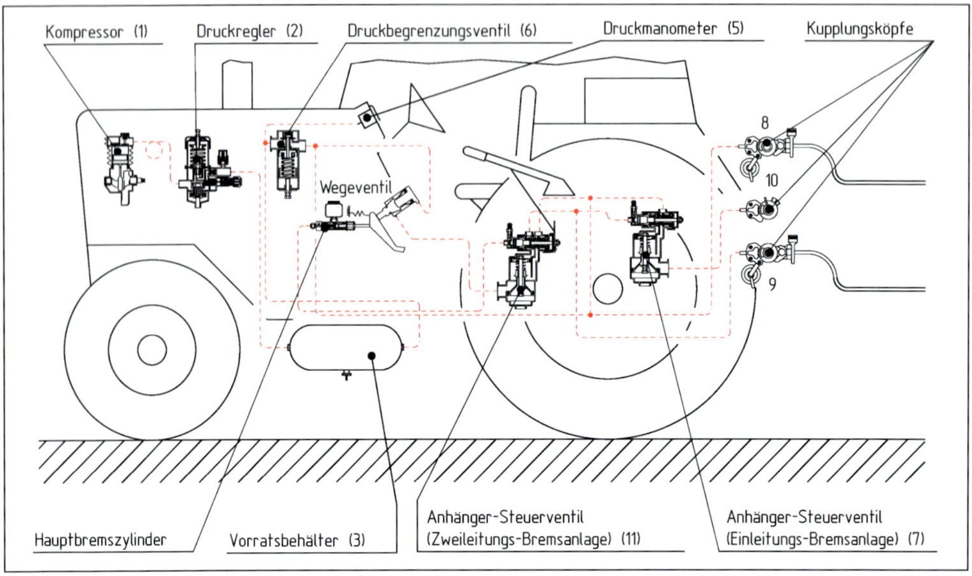


## Pneumatischer Schaltplan

Schaltzeichen (DIN 74253), Kennzeichnung der Anschlüsse (DIN ISO 6786)

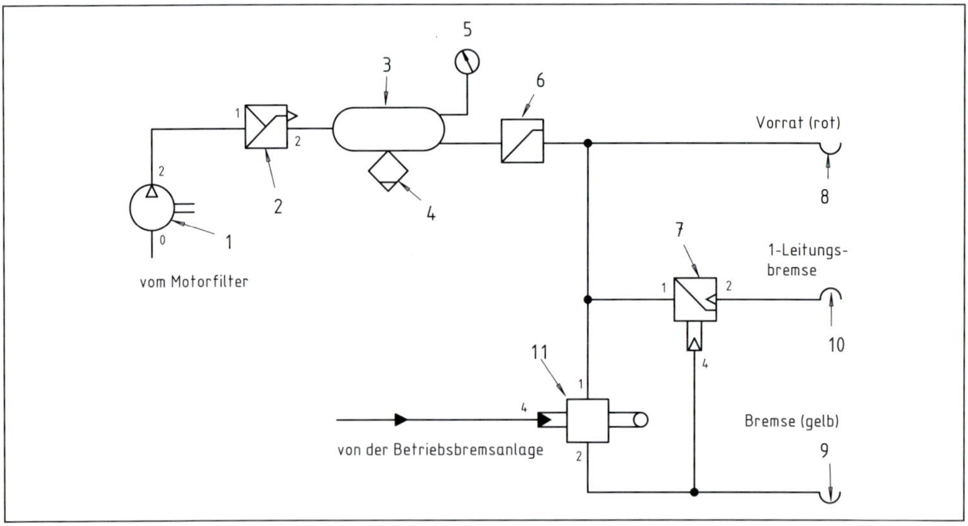


## Kennzeichnung der Anschlüsse **DIN ISO 6786 : 1981-12**

1. Ziffer 0 Ansauganschluss 1 Energiezufluss 2 Energieabfluss (nicht in die Atmosphäre)
3 Anschluss Atmosphäre 4 Steueranschluss (Eingang am Gerät) 7 Gefrierschutzmittelanschluss
8 Schmierölanschluss Kompressor 9 Kühlflüssigkeitsanschluss Kompressor

2. Ziffer zur Unterscheidung gleichartiger Anschlüsse; in Kombination mit den 1. Ziffern 7…9
1 Zufluss 2 Abfluss

## Zweileitungs-Druckluftbremsanlage für Anhänger

**Schematische Darstellung**

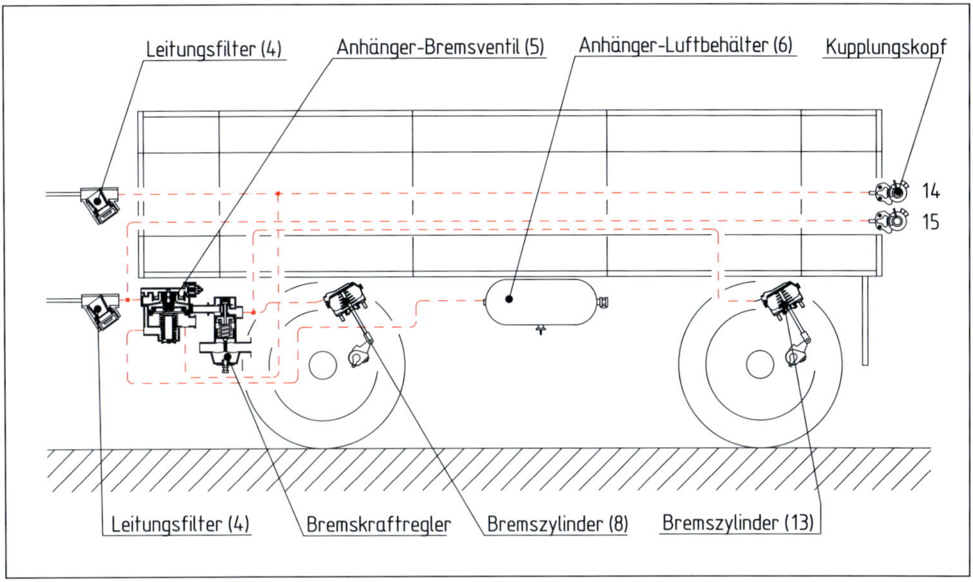


## Pneumatischer Schaltplan

Schaltzeichen (DIN 74253), Kennzeichnung der Anschlüsse (DIN ISO 6786)

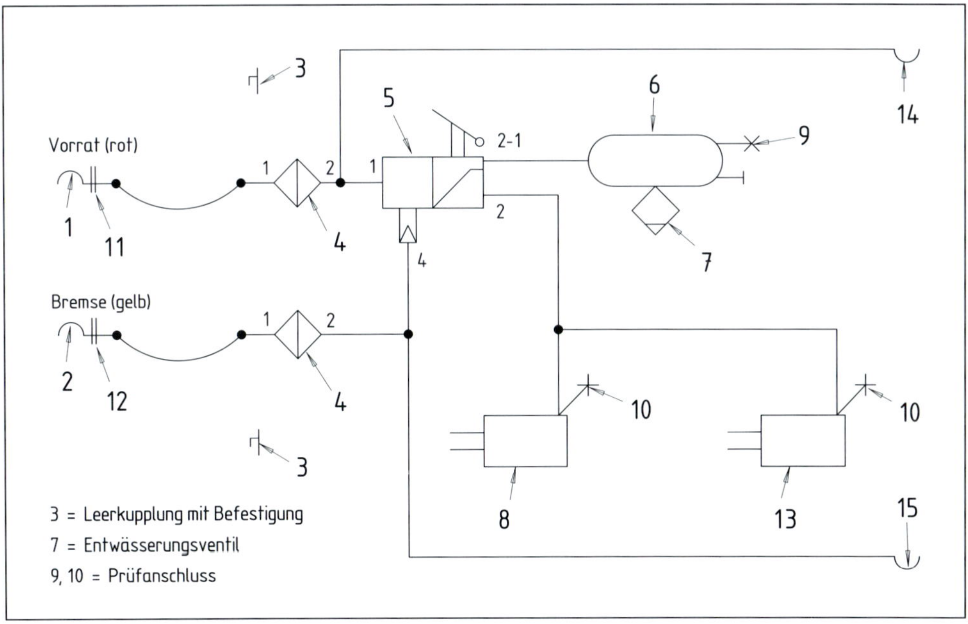

# Landmaschinen

## Verfahrenstechnik

**DIN 11040 : 1989-03**

| Benennung | Definition |
|---|---|
| **Arbeitsgang** | Bezeichnung für eine in sich geschlossene Teilaufgabe (= Teilbereich) eines Arbeitsverfahrens, die nur einem Zweck dient (z. B. Pflügen eines Feldes). |
| **Arbeitsverfahren** | Bezeichnung für die Organisationsform und das Zusammenwirken von technischen Betriebsmitteln und menschlichen Arbeitskräften (z. B. Getreideanbau). Es besteht aus mehreren Arbeitsgängen (z. B. Pflügen, Saatbettbereitung und Aussaat). |
| **Produktionsverfahren** | Bezeichnung für das Zusammenwirken von menschlichen Arbeitskräften, technischen und biologischen Produktionsfaktoren, die im Rahmen eines Betriebszweiges (z. B. Produktion von Weizen) erforderlich sind. Es besteht aus mehreren Arbeitsverfahren (z. B. Pflügen, Saatbettbereitung, Aussaat, Düngung, Pflege, Ernte, Trocknung und Lagerung). |

## Gerätetechnik

**DIN 11040 : 1989-03**

| Benennung | Bild | Erläuterung |
|---|---|---|
| **Vielfachgerät** | 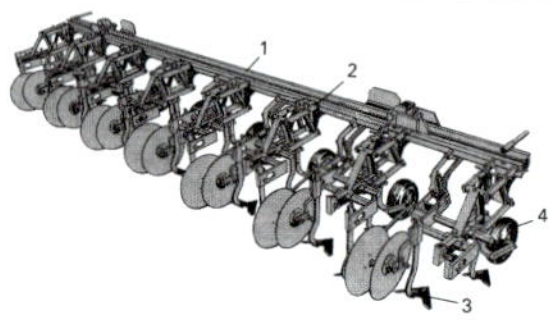 | Bezeichnung eines Geräts, das aus einem Grundrahmen (Bauteil 1) besteht, an dem auswechselbare Werkzeuge (Bauteile 2–4) für verschiedene Arbeitsgänge bei einer oder mehreren Fruchtarten angebracht werden können. |
| **Gerätekombination** | 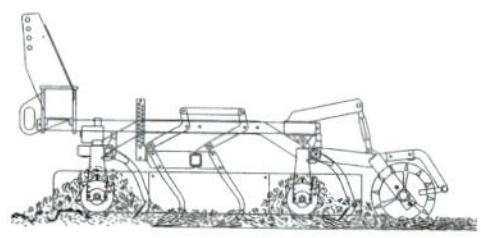 | Bezeichnung einer Kombination aus 2 oder mehreren Einzelgeräten, die für einen Arbeitsgang (z. B. Saatbettbereitung) eingesetzt werden. Die Verbindung der Einzelgeräte kann über spezielle Verbindungsteile bzw. genormte Anschlüsse erfolgen oder die Einzelgeräte bilden eine bauliche Einheit. |
| **Gerätereihe** | Drillmaschine 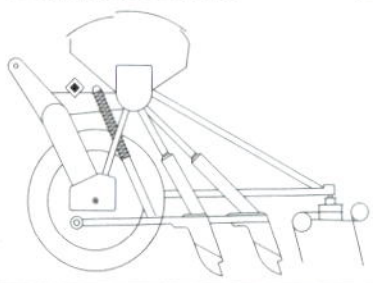 Düngerstreuer  | Bezeichnung einer Anzahl von Einzelgeräten oder Gerätekombinationen, die für spezielle nacheinander ablaufende Arbeitsgänge eingesetzt werden (z. B. Saatbettbereitung, Aussaat, Düngung, Pflege). Die Funktionen der Geräte einer Baureihe sollten aufeinander abgestimmt sein (z. B. Fahrgassenschaltung der Drillmaschine und Arbeitsbreite Düngerstreuer bzw. Pflanzenschutzgeräte). |

## Allgemeine Sicherheitskennzeichnung von Maschinen und Geräten

| Benennung | Zeichen | Erläuterung |
|---|---|---|
| **CE-Kennzeichnung** | | Kennzeichnung gemäß Richtlinie 89/392 EWG. Hersteller bestätigen damit die Einhaltung der in der Richtlinie festgelegten Sicherheits- und Gesundheitsanforderungen. Mit dieser Erklärung ist jedoch keine Prüfung der Einhaltung der entsprechenden Anforderungen durch eine neutrale Stelle verbunden. |
| **GS-Prüfzeichen** | | Dieses Zeichen wird erteilt, wenn die Maschine die Sicherheitsprüfung einer neutralen Stelle bestanden hat. Hersteller können diese Prüfung auf freiwilliger Basis durchführen lassen. |
| **DLG-Anerkannt-Zeichen** | | Dieses Zeichen wird erteilt, wenn die Maschine die Gebrauchswert- und Sicherheitsprüfung der DLG bestanden hat. Hersteller können diese Prüfung auf freiwilliger Basis durchführen lassen. |

## DLG [1])-Gebrauchswert- und Sicherheitsprüfung ausgewählter Landmaschinen

**Allgemeine Prüfmerkmale und Daten:**

- Arbeits- und Betriebssicherheit [2])
- Eignung bzw. Einsatzbereich
- Masse
- Haltbarkeit bzw. Störanfälligkeit
- Handhabung
- Hauptabmessungen (Länge, Breite, Höhe)
- Verkehrssicherheit
- Wartung (Schmierstellen, Zeitaufwand)
- Zugkraftbedarf (erforderl. Schlepperleistung)

[1]) Deutsche Landwirtschaftsgesellschaft e. V. (DLG) Fachbereich Landtechnik – Prüfungsabteilung, Frankfurt am Main
[2]) siehe Allgemeine Sicherheitskennzeichnung von Maschinen und Geräten, DIN 11000 und DIN 11001

## DLG-Gebrauchswert- und Sicherheitsprüfung ausgewählter Landmaschinen

**Maschinenbezogene Prüfmerkmale und Daten**

| Maschinen (Auswahl) | Prüfmerkmale (Hauptpunkte) | Daten (Auswahl) |
|---|---|---|
| **Drillmaschinen** | Quer- und Längsverteilung verschiedener Sorten Saatgut, ermittelt im Prüfstand- und Feldversuch, Arbeitsgeschwindigkeit und Flächenleistung | Bereifung, Spurweite, Anzahl der Saatgutreihen, Anordnung und Bauart der Schare, Reihenabstand, Arbeitsbreite, Behältervolumen, Einfüllhöhe |
| **Düngerstreuer** | Quer- und Längsverteilung verschiedener Sorten Mineraldünger, ermittelt im Prüfstand- und Feldversuch, Streumengeneinstellung, Arbeitsgeschwindigkeit und Flächenleistung | Fassungsvermögen Behälter, Arbeitsbreite, Wurfbreite, Überlappung, Bauteile zur Düngerverteilung, Art der Streumengeneinstellung |
| **Einzelkornsämaschinen** | Ablage (= Längsverteilung) verschiedener Sorten Saatgut, ermittelt im Prüfstand- und Feldversuch, Arbeitsgeschwindigkeit und Flächenleistung | Bereifung, Spurweite, Reihenabstand, Arbeitsbreite, Abmessungen der Säeinrichtung (z. B. Behältervolumen, Fallhöhe der Körner, Durchmesser der Lochscheibe und deren Löcher) |
| **Feldhäcksler** | Aufnahme von Erntegut aus dem Schwad und Aufnahme von Silomais (= stehendes Erntegut), Häckselqualität und Leistung (= Durchsatz) bei verschiedenen Erntegütern | Anzahl der Messer/Schlegel, Einstellung und Größe der Häcksellänge, Angaben in Abhängigkeit von der Bauart (Exakt- bzw. Schlegelhäcksler; angebaut, gezogen oder selbstfahrend) |
| **Freischneidegeräte** | Schnittleistung in Abhängigkeit von der Drehzahl, maximaler Trenndurchmesser, Geräuschentwicklung, Kraftstoffverbrauch, Vibrationen | Motor: Arbeitsverfahren, Kühlung, Zylinderzahl, Leistung, Hubraum, Bohrung, Hub, Kraftstoffqualität, Zündkerzentyp; Abmessungen des Antriebs und der Arbeitswerkzeuge |
| **Gülletankwagen** | Befüllen, Durchmischen im Tank, Fahrverhalten, Ausbringen (Quer- und Längsverteilung, Windeinfluss), Einstellung der Ausbringmenge, Reinigung | Abmessungen der Saugleitungen, des Tanks, des Verteilers und des Fahrwerks (Bereifung, Spurweite) |
| **Kartoffellegemaschinen** | Knollenablage, Zudeckarbeit, Legeleistung bei unterschiedlichen Knollenabmessungen, Flächenleistung | Bereifung, Spurweite, Anzahl der Reihen, Reihenabstand, Arbeitsbreite, Behältervolumen, Einfüllhöhe, Einstellung des Legeabstands |
| **Kartoffelsammelroder** | Dammaufnahme und Tiefenführung, Siebleistung, Trennung von Kraut und Beimengungen, Knollenbeschädigungen und -verluste | Bereifung, Spurweite, Maulweite der Rodeorgane, Trenn- und Fördereinrichtungen (Anzahl, Aufbau, Abmessungen, Einstellung), Behältervolumen |
| **Kompost- und Stalldungstreuer** | Beladen, Fahrverhalten, Quer- und Längsverteilung von Kompost, Stapelmist und Tiefstallmist | Abmessungen der Bauteile des Kratzbodens, des Stauschiebers, des Streuwerks, des Laderaumes und des Fahrwerks (Bereifung, Spurweite), Nutzmasse |
| **Kreiseleggen mit Zusatzwerkzeugen** | Arbeitsqualität, Feldergebnisse (Krümelung, Rückverfestigung und Oberflächenrauigkeit), Arbeitsgeschwindigkeit und Flächenleistung | Arbeitsbreite, Zapfwellendrehzahl, Abmessungen und Drehzahl der Rotoren, Getriebeübersetzung, Abmessungen der Zusatzwerkzeuge (z. B. Packerwalze) |
| **Ladewagen** | Aufnahme des Ernteguts, Futterverschmutzung, Schnittqualität und Ladeleistung | Abmessungen Pick-Up; Anzahl und Abstand der Messer, Laderaum (z. B. Länge, Breite, Höhe), Lademassen, Fahrwerk (Bereifung, Spurweite) |
| **Mähdrescher** | Einsatzverhalten und Kraftstoffverbrauch des Motors, Druschergebnisse bei unterschiedlichen Getreidesorten (Fahrgeschwindigkeit, Stroh- und Körnerdurchsatz, Körnerverluste, Bruchkornanteil) und Fahrerkabine (Ausstattung und Schallpegel) | Motorkenndaten (Arbeitsverfahren, Kühlung, Zylinder, Leistung, Hubraum), Fahrantrieb (Art, Geschwindigkeitsabstufung), Fahrwerk (Bereifung, Spurweite, Radstand), Aufbau und Abmessungen des Schneidwerks, des Dreschwerks, des Schüttlers, der Reinigung und des Korntanks |
| **Motorkettensäge** | Schnittleistung in Abhängigkeit von der Drehzahl, maximaler Trenndurchmesser, Geräuschentwicklung, Kraftstoffverbrauch, Vibrationen | Motor: Arbeitsverfahren, Kühlung, Zylinderzahl, Leistung, Hubraum, Bohrung, Hub, Kraftstoffqualität, Zündkerzentyp; Abmessungen der Schneidgarnitur |
| **Saatbettkombinationen** | Arbeitsqualität (Einhaltung Arbeitstiefe, Lockerung Boden und Schlepperspur, Krümelung, Einebnung der Bodenoberfläche, Rückverfestigung) und Flächenleistung | Arbeitsbreite, Aufbau und Abmessungen der Funktionseinheiten (z. B. Spurlockerer, Krümelwalzen, Planierschienen, Zinkenfeld, Striegel), Fahrwerk (Bereifung, Spurweite) |
| **Sammelpressen** | Aufnehmen, Pressen, Binden von Anwelkgut und Stroh | Abmessungen Pick-Up; Anzahl und Abstand der Messer, Pressraum (z. B. Länge, Breite, Höhe), Ballendichte, Fahrwerk (Bereifung, Spurweite, Bremsanlage) |

## Schlepperpflüge

DIN 11051 : 1966-02

**Scharpflüge:**

Pflüge mit Scharen und Streichblechen

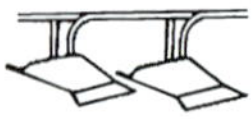

**Scheibenpflüge:**

Pflüge mit drehbaren Hohlscheiben

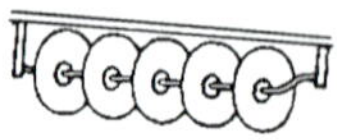

Die Schar- und die Scheibenpflüge werden aufgrund ihrer Verbindung zum Traktor wie folgt unterteilt:

**Anhängepflüge:**

Pflüge, die auf eigenen Rädern rollend an den Traktor angehängt werden; z. B.

Anhängepflug

Anhänge-scheiben-pflug

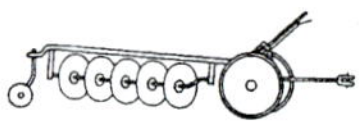

**Aufsattelpflüge:**

Pflüge, die am Traktor angebaut sind und deren Masse beim Transport teilweise vom Traktor getragen wird; z. B.

Aufsattelpflug

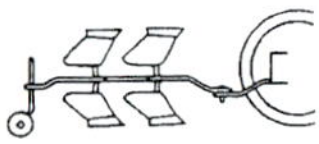

Aufsattel-scheiben-pflug

**Anbaupflüge:**

Pflüge, die am Traktor angebaut sind und deren Masse beim Transport ganz vom Traktor getragen wird; z. B.

Anbaupflug

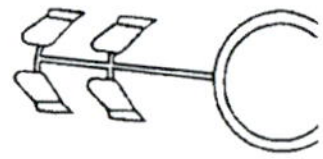

Anbau-scheiben-pflug

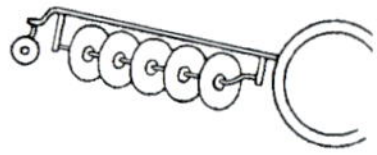

Die Schar- und Scheibenpflüge werden in der Ausführung als Anhänge-, Aufsattel- oder Anbaupflug aufgrund ihrer Arbeitsrichtung wie folgt unterteilt:

**Beetpflüge:**

Bauart, die in Fahrtrichtung gesehen den Furchenbalken [1]) nur nach einer Seite wendet; z. B.

Beetpflug

Scheibenbeet-pflug

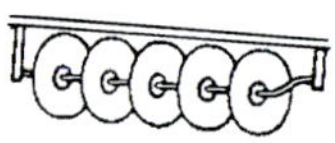

**Kehrpflüge:**

Bauart, die in Fahrtrichtung gesehen den Furchenbalken [1]) wahlweise nach rechts oder links wendet; z. B.

Volldrehpflug

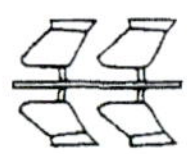

Scheibenschwenk-pflug

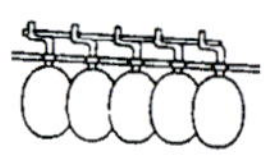

[1]) Zusätzlich muss zur Benennung die Anzahl der Furchen (ein- bzw. mehrfurchig) angegeben werden, die bei einem Arbeitsgang gepflügt werden.

## Pflugkörper

**DIN 11118 : 1976-12**

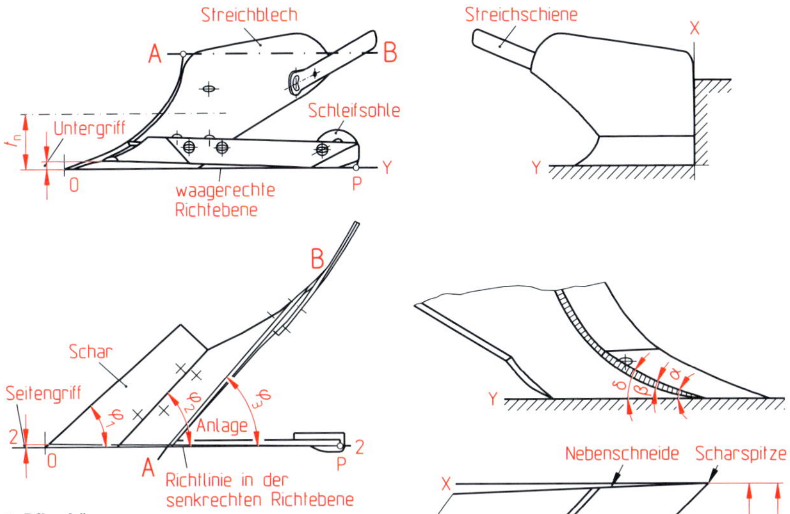


**1 Pflugkörper**

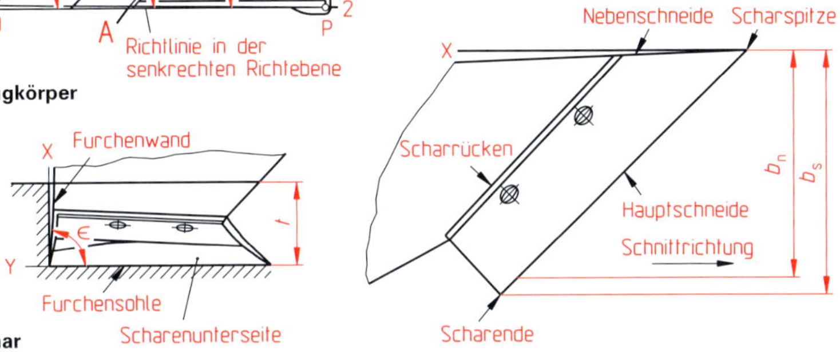


**2 Schar**

| Begriffe | Erläuterung |
|---|---|
| **Arbeitsbreite $b_n$** | beträgt je nach Scharform 92% … 95% der Schnittbreite (siehe Bild 2) und entspricht der Furchenbreite |
| **Arbeitsquerschnitt** | rechteckiger Querschnitt eines Pflugkörpers = Arbeitsbreite $b_n$ × Arbeitstiefe $t_n$ |
| **Arbeitstiefe $t_n$** | günstigste Furchentiefe für das Arbeiten mit einem bestimmten Pflugkörper (siehe Bild 1) |
| **Freiwinkel $\alpha$** | Winkel zwischen der Richtebene Y und der Scharunterseite (siehe Bild 2) |
| **Furchenbreite $b$** | siehe Arbeitsbreite $b_n$ |
| **Furchenquerschnitt** | Furchenbreite $b$ × Furchentiefe $t$ |
| **Furchentiefe $t$** | Tiefe zwischen der unbearbeiteten Ackeroberfläche und der Furchensohle (siehe Bild 2) |
| **Furchenwinkel $\varepsilon$** | Winkel zwischen Furchensohle und Furchenwand (siehe Bild 2) |
| **Keilwinkel $\beta$** | Winkel zwischen der Scharunterseite und der Arbeitsfläche des Schares (siehe Bild 2) |
| **Richtebene X** | senkrechte Bezugsebene; entspricht annähernd der Furchenwand (siehe Bild 2) |
| **Richtebene Y** | waagerechte Bezugsebene; entspricht der Furchensohle (siehe Bilder 1 und 2) |
| **Richtlinie** | Verbindungslinie zwischen Scharspitze und Anlagenendpunkt P (siehe Bild 1) |
| **Scharrückenwinkel $\varphi_2$** | Anstellwinkel des Scharrückens = Winkel zwischen Scharrücken und Richtebene X (siehe Bild 1) |
| **Scharschneidenwinkel $\varphi_1$** | Anstellwinkel der Scharschneide = Winkel zwischen Scharschneide und Richtebene X (siehe Bild 1) |
| **Schnittbreite $b_s$** | Abstand zwischen Scharende und Richtlinie (siehe Bild 2) |
| **Schnittwinkel $\delta$** | Winkel zwischen Richtebene Y und Arbeitsfläche des Schares (siehe Bild 2); $\delta = \alpha + \beta$ |
| **Seitengriff** | Abstand zwischen der Scharspitze und der nach vorn verlängerten Seitenfläche der Anlage (siehe Bild 1) |
| **Streichblechwinkel $\varphi_3$** | Winkel zwischen der Linie A-B und der Richtebene X (siehe Bild 1) |
| **Untergriff** | Abstand zwischen der Scharspitze und der nach vorn verlängerten Unterkante der Anlage (siehe Bild 1) |

## Walzen

**DIN 11075 : 1986-07**

| Benennung | Bild (Beispiel) | Definition | Außendurchmesser in mm |
|---|---|---|---|
| **Glattwalze** | 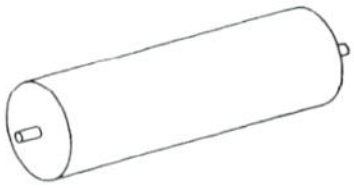 | Walze mit einem zylindrischen Walzenkörper, der eine glatte Mantelfläche hat | Ackerwalzen bis 800; Wiesenwalzen bis 1250 |
| **Ringelwalze** |  | Walze mit einem zylindrischen Walzenkörper, der aus scharfkantigen Ringen nach DIN 11070 besteht | |
| **Sternwalze** |  | Walze mit einem zylindrischen Walzenkörper, der aus radial gerippten fräserähnlichen Sternen, die auf einer Welle lose gelagert sind, besteht | 270 bis 400 |
| **Cambridgewalze** |  | Walze mit einem zylindrischen Walzenkörper, der aus abwechselnd nebeneinander angeordneten Ringen und Sternen nach DIN 11071 besteht | |
| **Coskillwalze** | 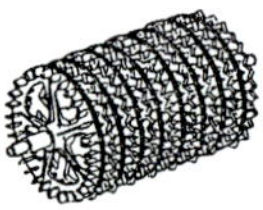 | Walze mit einem zylindrischen Walzenkörper, der aus abwechselnd nebeneinander angeordneten Ringen mit beiderseitigen Nocken und aus auf den Naben der Ringe lose gelagerten grob gezahnten Scheiben besteht | 350 bis 500 |
| **Zahnwalze** | 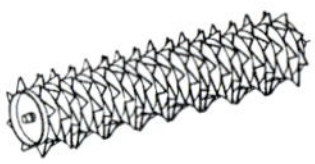 | Walze mit einem zylindrischen Walzenkörper, dessen Mantel aus einem Rohr, auf dem in regelmäßigen Abständen Zähne oder Stacheln befestigt sind, besteht | 400 bis 500 |
| **Stabwalze** | 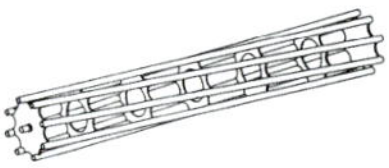 | Walze mit einem zylindrischen Walzenkörper, dessen Mantel aus auf Zwischenraum gesetzten Stäben oder Rohren besteht | 400 bis 600 |

## Krümler

**DIN 11075 : 1986-07**

| Benennung | Bild (Beispiel) | Definition | Außendurchmesser in mm |
|---|---|---|---|
| **Drahtkrümler** | 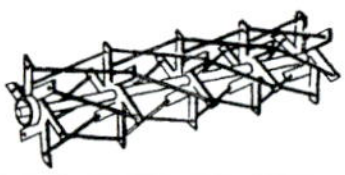 | Krümler mit einem zylindrischen Körper, dessen Mantel aus wendelförmig gespannten Stahldrähten besteht | 230 bis 350 |
| **Stabkrümler** | 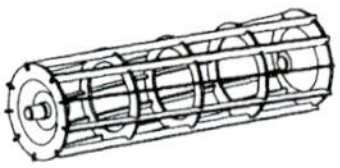 | Krümler mit einem zylindrischen Körper, dessen Mantel aus auf Zwischenraum gesetzten Stäben besteht | 230 bis 350 |
| **Zahnkrümler** | 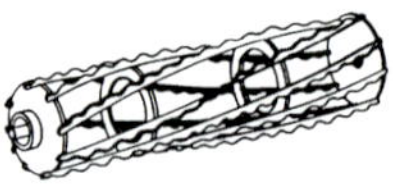 | Krümler mit einem zylindrischen Körper, dessen Mantel aus auf Zwischenraum gesetzten gezackten Stäben besteht | 230 bis 350 |
| **Wendelkrümler** | 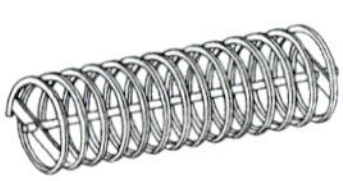 | Krümler mit einem zylindrischen Körper, der aus einem wendelförmig gebogenen Stab besteht | 230 bis 350 |

## Packer

DIN 11075 : 1986-07

| Benennung | Bild (Beispiel) | Definition | Außendurch-messer in mm |
|---|---|---|---|
| Wendelpacker | 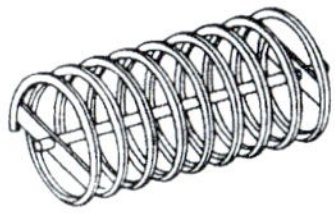 | Packer mit einem zylindrischen Körper, der aus einem wendelförmig gebogenen Stab besteht | 400 bis 500 |
| Keilringpacker | 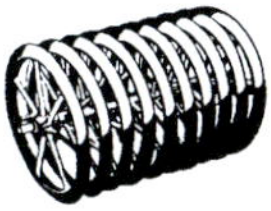 | Packer mit einem zylindrischen Körper, der aus nebeneinander auf einer Achse angeordneten keilförmigen Ringen besteht | 600 bis 900 (Ringabstand 140 bis 180 mm) |
| Doppelpacker | 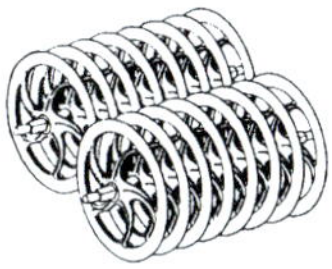 | Keilringpacker mit zwei hintereinander angeordneten Achsen | 600 bis 900 (Ringabstand ca. 180 mm) |
| Scheibenpacker | 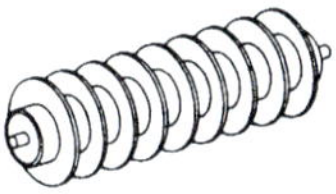 | Packer mit einem zylindrischen Körper, dessen Mantel aus einem Rohr, auf dem in Abständen von 120 mm bis 140 mm Scheiben oder Hohlscheiben befestigt sind, besteht | 400 bis 550 |
| Wendepacker | 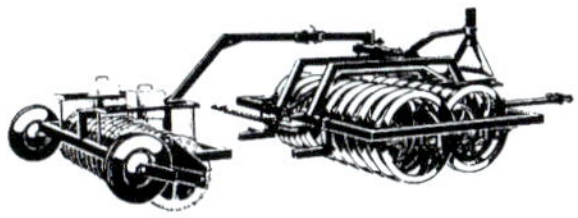 | Kombination aus Packer mit Walze oder Krümler; während der Packer hin und her gezogen wird, wendet sich der Krümler oder die Walze immer in eine Position hinter dem Packer | |

## Zinkeneggen

DIN 11085-1 : 1986-07

| Benennung | Bild (Beispiel) | Definition |
|---|---|---|
| Starregge |  | Egge, die aus einem Eggenfeld mit starrem Rahmen besteht, an dem starre oder federnde Eggenzinken angebracht sind; die Eggenfelder sind an Zugketten, Aufhängeketten oder Ringen befestigt und bei der Arbeit frei beweglich |
| Gliederegge | 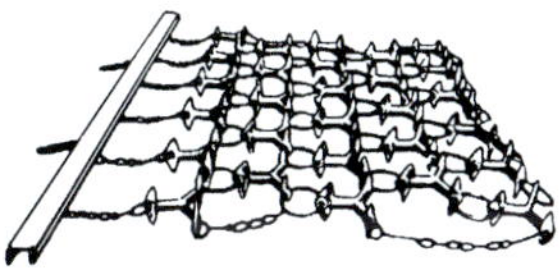 | Egge, die aus einer Vielzahl von Einzelgliedern mit Zinken besteht, die beweglich miteinander verbunden sind; die Glieder der Querreihen sind gegeneinander versetzt |
| Netzegge | 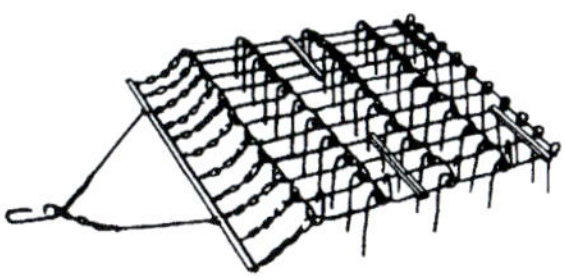 | Egge, die aus einem Netzwerk gelenkig verflochtener, allseitig beweglicher Stahldrahtglieder besteht |

## Wälzeggen

**DIN 11085-1 : 1986-07**

| Benennung | Bild (Beispiel) | Definition |
|---|---|---|
| **Sternwälzegge** | 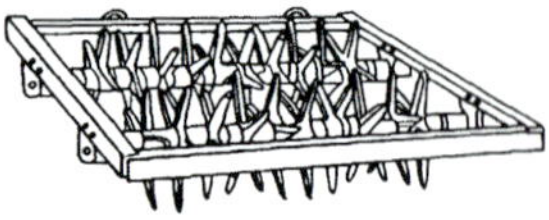 | Egge, bei der sternförmige Werkzeuge auf mehreren waagerechten Wellen hintereinander in einem Rahmen gelagert sind; der übliche Sterndurchmesser beträgt 270 mm bis 300 mm |
| **Stachelwälzegge** | 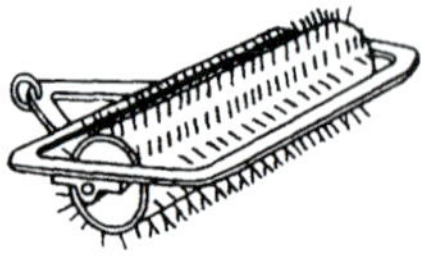 | Egge, die aus einem zylindrischen Mantel besteht, der rundum mit Stacheln besetzt ist; der übliche Zylinderdurchmesser beträgt 200 mm bis 300 mm; die übliche Stachellänge beträgt 40 mm bis 50 mm |
| **Spatenrollenegge** | 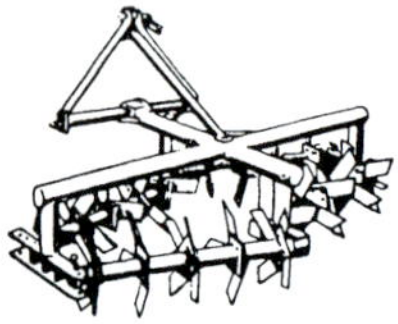 | Egge, bei der in gleichmäßigen Abständen Werkzeuge in Form von Messerkreuzen an schräg zur Fahrtrichtung angeordneten waagerechten Wellen befestigt sind; der übliche Messerkreuzdurchmesser beträgt 300 mm bis 400 mm |
| **Scheibenegge** | 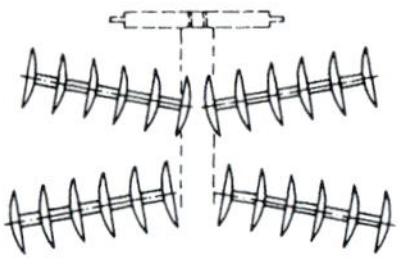 | Egge, bei der in gleichmäßigen Abständen Werkzeuge in Form von gewölbten Scheiben an schräg zur Fahrtrichtung angeordneten waagerechten Wellen befestigt sind; der übliche Scheibendurchmesser beträgt 300 mm bis 800 mm |

## Zapfwellengetriebene Eggen

**DIN 11085-2 : 1986-07**

| Benennung | Bild (Beispiel) | Definition |
|---|---|---|
| **Rüttelegge** |  | Egge, deren Werkzeuge, bestehend aus Trägern mit Zinken, an einem Rahmen quer zur Fachrichtung befestigt sind; die Träger werden über Zapfwellenantrieb und Antriebsmechanismus hin und her bewegt |
| **Taumelegge** | 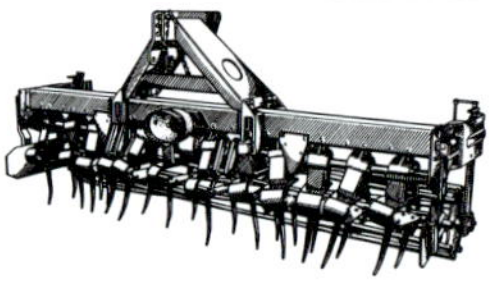 | Egge, deren Werkzeuge aus auf Abstand gesetzten Taumelkörpern mit Zinken auf einer waagerechten Welle bestehen, die an einem Rahmen quer zur Fahrtrichtung befestigt ist; die Zinken werden über Zapfwellenantrieb und Getriebe in eine schwingende Seitenbewegung versetzt |
| **Kreiselegge** | 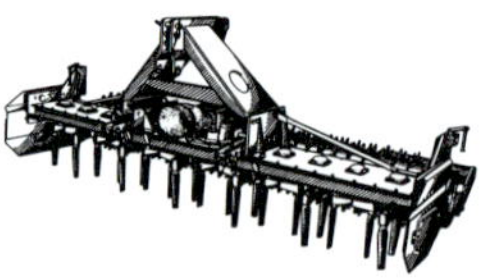 | Egge, deren Werkzeuge, bestehend aus senkrechten Wellen mit Zinken oder Messern (= Kreisel), an einem Rahmen quer zur Fahrtrichtung in Abständen befestigt sind; die Kreisel werden über Zapfwellenantrieb und Getriebe in Drehbewegung versetzt |
| **Zinkenrotor** | 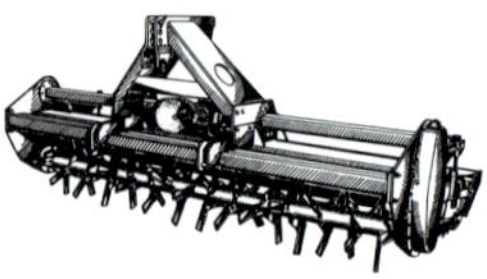 | Egge, deren Werkzeuge, bestehend aus einer waagerechten Welle mit Zinken, an einem Rahmen quer zur Fahrtrichtung befestigt sind; die Welle wird über Zapfwellenantrieb und Getriebe in Drehbewegung versetzt |

## Arbeits- und Schnittbreiten für Futtererntemaschinen — DIN 11220 : 1991-01

| Futterernte-maschine | Bild | Begriff | Definition |
|---|---|---|---|
| **Kreisel-mähwerk** | 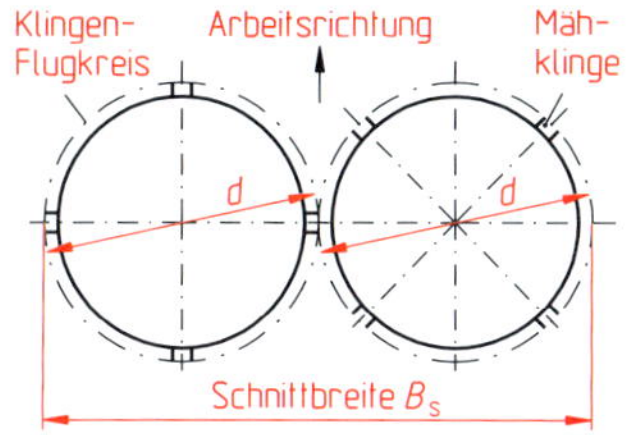 | Schnittbreite $B_S$ | $B_S = d \cdot n$<br>$d$ ∅ Klingenflugkreis<br>$n$ Anzahl der Kreisel |
| **Kreisel-rechen mit Mitten-ablage** | 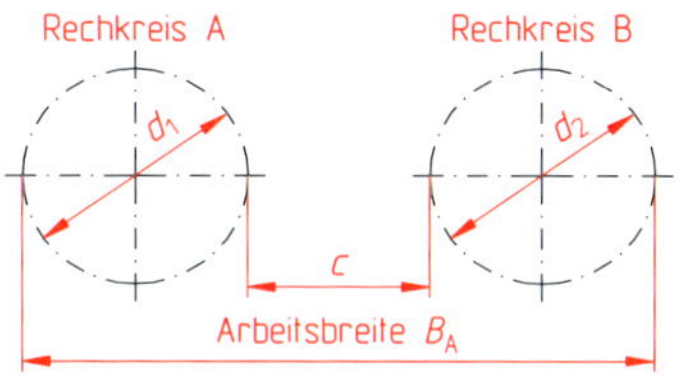 | Arbeitsbreite $B_A$ | $B_A = d_1 + d_2 + c$<br>$d_1$ ∅ Rechkreis A<br>$d_2$ ∅ Rechkreis B<br>$c$ kleinster Abstand der Rechkreise |
| **Kreisel-rechen mit Seiten-ablage** | 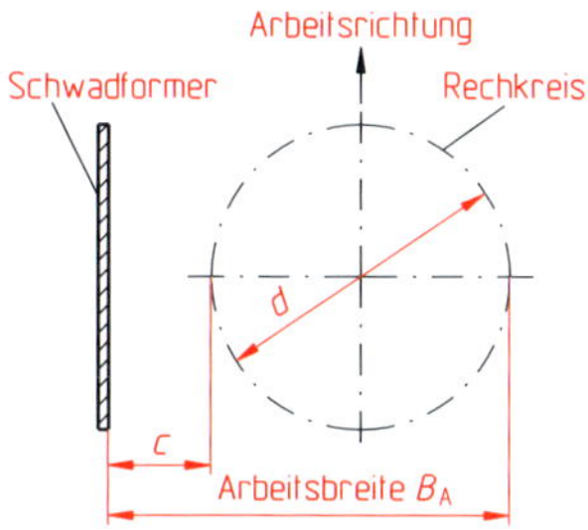 | Arbeitsbreite $B_A$ | $B_A = d + c$<br>$d$ ∅ Rechkreis<br>$c$ kleinster Abstand Schwadformer – Rechkreis |
| **Kreiselzett-wender** | 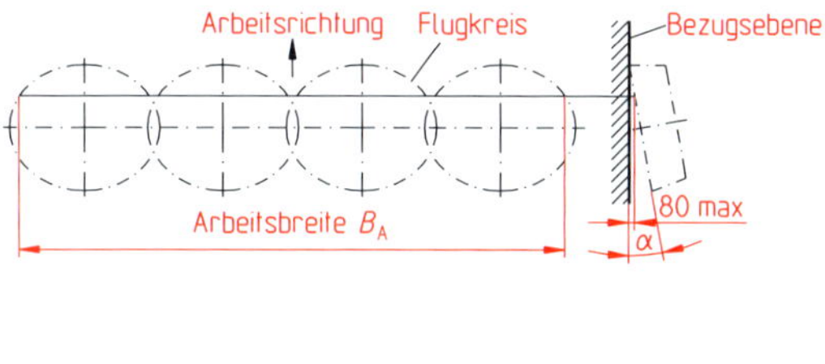 | Arbeitsbreite $B_A$ | horizontaler Abstand zwischen den äußeren Zinken-Flugkreisen; der Abstand wird rechtwinklig zur Arbeitsrichtung an der Stelle gemessen, an der sich die Zinken-Flugkreise maximal 80 mm über der Bezugsebene befinden |
| **Pickup-Trommel** | 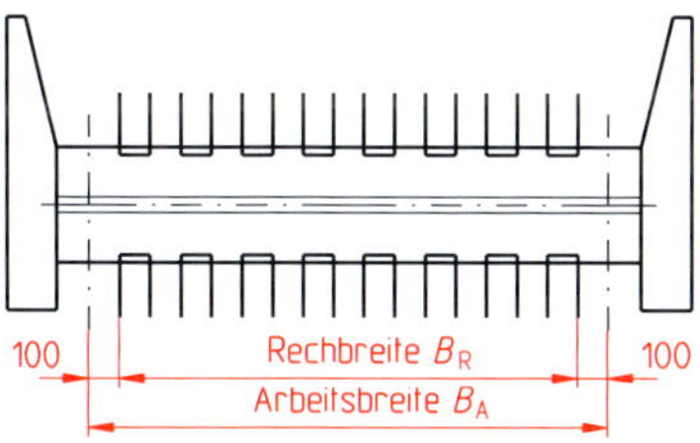 | Rechbreite $B_R$<br><br>Arbeitsbreite $B_A$ | horizontaler Abstand zwischen den äußeren Zinken<br><br>$B_A = B_R + 200$ mm |

## Maschinen für die Heuwerbung [1]

**DIN 11366 : 1984-10**

| Benennung | Bild (Beispiel) | Hauptanwendung | Benennung | Bild (Beispiel) | Hauptanwendung |
|---|---|---|---|---|---|
| **Zetter** | | | **Rechwender** | | |
| **Knickzetter** | 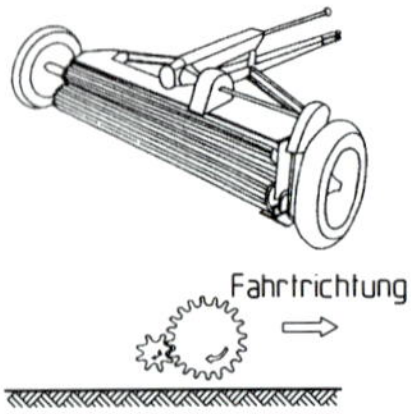  | Knicken<br>Zetten | **Bandrechwender** | 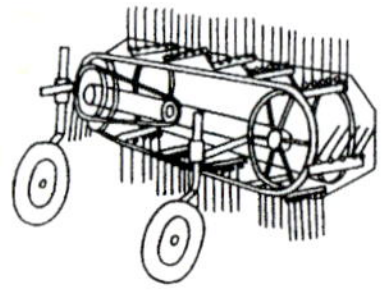 | Zetten<br>Breitwenden<br>Schwaden<br>Schwadwenden<br>Schwadstreuen |
| **Überkopf-Knickzetter** | 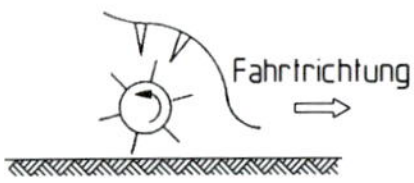  | Knicken<br>Zetten | **Kreiselrechwender** | 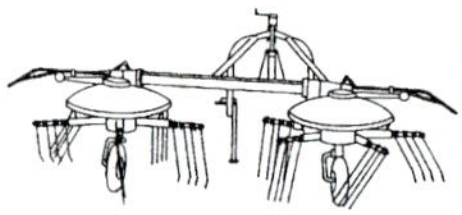 | Zetten<br>Breitwenden<br>Schwaden<br>Schwadwenden<br>Schwadstreuen |
| **Quetschzetter** | 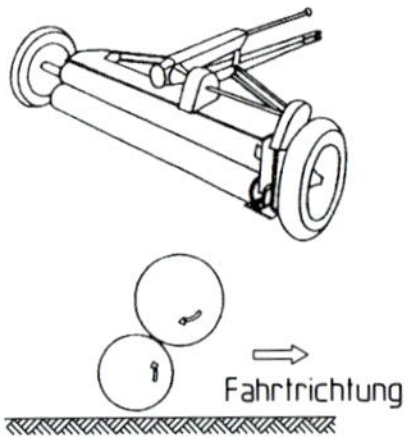  | Quetschen<br>Zetten | **Radrechwender** | 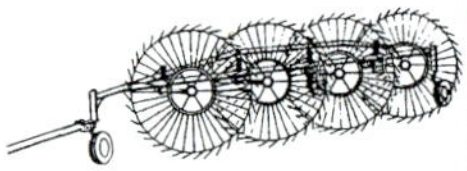 | Breitwenden<br>Schwaden<br>Schwadwenden |
| **Trommelzetter** | 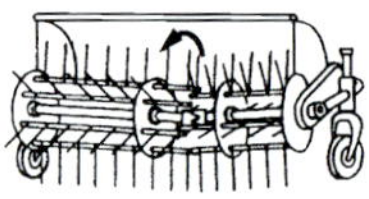 | Zetten | **Schubrechwender** |  | Breitwenden<br>Schwaden<br>Schwadwenden<br>Schwadstreuen<br>Schwadlüften |
| **Zettwender** | | | **Schwader** | | |
| **Kreiselzettwender** | 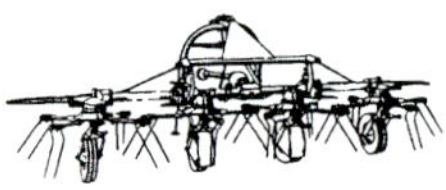 | Zetten<br>Breitwenden<br>Schwadstreuen | **Kreiselschwader** | 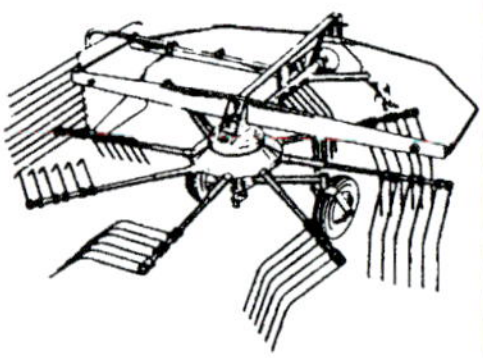 | Schwaden<br>Schwadversetzen |
| **Trommelzettwender** | 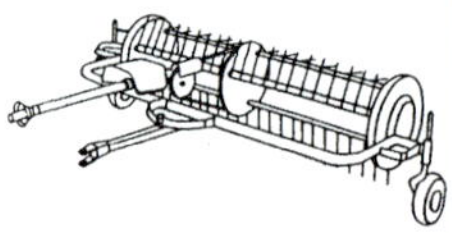 | Zetten<br>Breitwenden<br>Schwadstreuen | | | |

[1]) Zur Heuwerbung gehören alle Maßnahmen zur Gewinnung des Heues, die sich an das Schneiden des Grases oder des Klees anschließen. Die dazu eingesetzten Maschinen (= Heuwerbungsmaschinen) sollen das Trocknen des gemähten Gutes auf dem Felde beschleunigen.

## Garnknüpfer

DIN 11368 : 1983-01

| Benennung | Bild (Beispiel): System | | Benennung | Bild (Beispiel): System | |
|---|---|---|---|---|---|
| | Deering | Mc Cormick | | Deering | Mc Cormick |
| Knüpferrahmen | 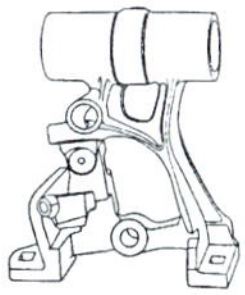 | 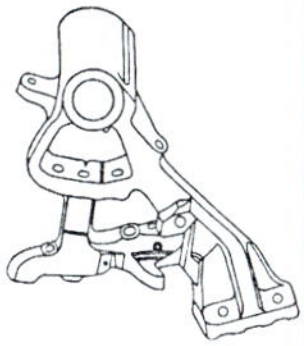 | Garnklemmplatte | – | 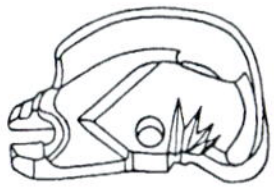 |
| Knüpferhaken |  | | Feder zum Garnhalter |  | – |
| Knüpferzunge |  | | Feder zur Garnklemmplatte | – |  |
| Rolle zur Knüpferzunge |  | | Bügel zur Garnklemmplatte | – |  |
| Kegelrad zum Knüpferhaken |  |  | Reiniger für Garnmitnehmer | 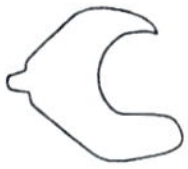 | – |
| Druckdaumen zur Knüpferzunge |  | 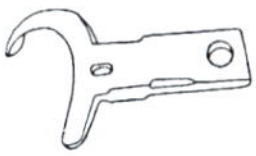 | Schneckenrad zum Garnmitnehmer |  | – |
| Schraube zum Druckdaumen | nach DIN EN ISO 4016 |  | Schneckenwelle zum Garnmitnehmer |  | – |
| Feder zum Druckdaumen |  | | Kegelrad zur Schneckenwelle (Deering) bzw. zur Garnmitnehmerwelle (Mc Cormick) |  |  |
| Stift zum Druckdaumen |  | – | Messerarm | 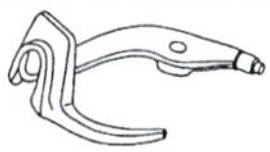 | – |
| Garnmitnehmer | 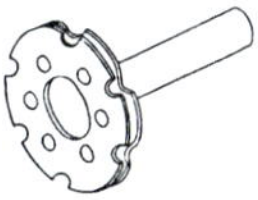 | 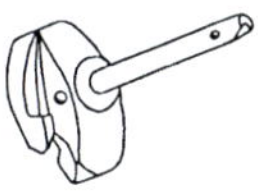 | Rolle zum Messerarm |  | – |
| Garnmitnehmerscheibe | – | 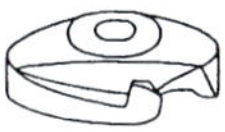 | Bolzen zum Messerarm | 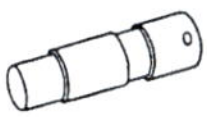 | – |
| Garnmitnehmerwelle | 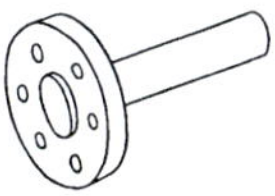 |  | Garnmesser |  |  |
| Garnhalter |  | – | | | |

## Kartoffellegemaschinen [1]) — DIN 11 172 : 1986-07

| Kartoffelhandlegemaschinen | | |
|---|---|---|
| **Benennung** | **Bild (Beispiel)** | **Definition** |
| **Fallrohrlegemaschine** |  | Die Kartoffeln werden einzeln von Hand aus einem Vorratsbehälter genommen und in ein Fallrohr gelegt. |
| **Zellenradlegemaschine** | | Die Kartoffeln werden einzeln von Hand aus einem Vorratsbehälter genommen und in ein sich drehendes Zellenrad gelegt. |
| **Becherlegemaschine** | | Die Kartoffeln werden einzeln von Hand aus einem Vorratsbehälter genommen und in die Becher einer umlaufenden Becherkette gelegt. |
| **Kartoffellegeautomaten** | | |
| **Schöpfwerk-Legeautomat** | 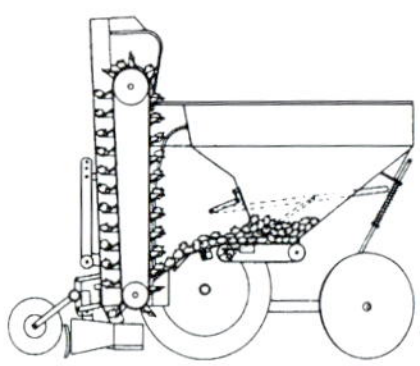 | Die Kartoffeln werden einzeln von Bechern, die an umlaufenden Ketten, Bändern oder Riemen befestigt sind, aus dem Vorrat geschöpft. |
| **Greiferlegeautomat** | 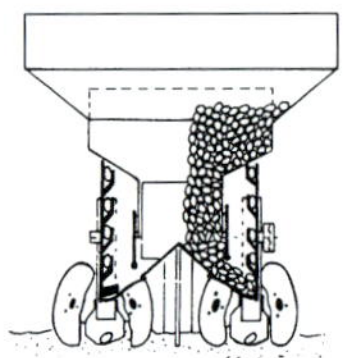 | Die Kartoffeln werden einzeln von Greifern, die die Kartoffeln unter Federdruck festhalten, aus dem Vorrat entnommen. Zum anschließendem Ablegen öffnen die Greifer selbsttätig. |
| **Aufspießlegeautomat** | 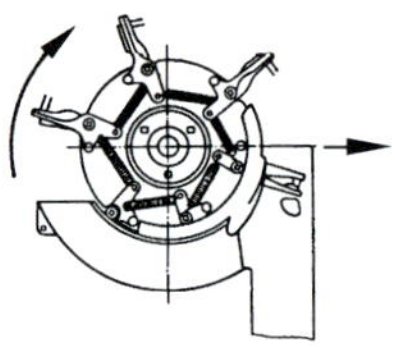 | Die Kartoffeln werden einzeln von Nadeln, die sich an den Armen des Legerades befinden, aus dem Vorrat aufgespießt. |
| **Förderrinnen-Legeautomat** | 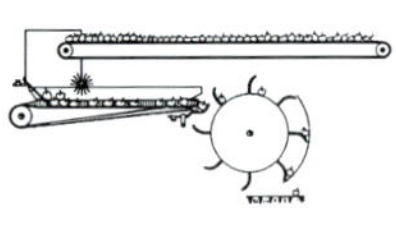 | Die Kartoffeln werden mittels einer Rinne, die aus umlaufenden Bändern oder Riemen besteht, zu einer abstandslosen Reihe geordnet. Am Ende der Rinne fallen die Kartoffeln einzeln in ein Zellenrad. |

1) Maschinen, die Kartoffeln in vorgewählten Abständen in parallelen Reihen und in gewünschter Tiefe in den Boden legen und zudecken. Die einzelnen Bauarten werden nach der Art der Vereinzelung der Kartoffeln unterschieden.

## Kartoffelerntemaschinen

**DIN 11367-1 : 1984-05**

| Benennung | Bild (Beispiel) | Definition |
|---|---|---|
| **Kartoffelkraut-entferner** | 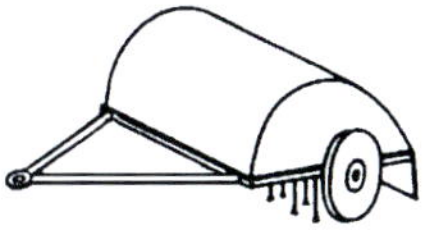 | Maschine zum Abtrennen und Zerkleinern des Kartoffelkrautes |
| **Kartoffelvorrats-roder** |  | Ein- oder mehrreihige Maschine, die die Kartoffeln rodet und in Reihen auf dem Feld ablegt; bei der nächsten Umfahrt werden die abgelegten Reihen nicht zugedeckt |
| **Kartoffelkippbunker-roder** [1]) |  | Maschine mit Trenn- und Verleseeinrichtung zum Roden und Sammeln der Kartoffeln in einem Kippbunker (= auf der Maschine angebrachter Großbehälter zum Sammeln und Umladen des Erntegutes) |
| **Kartoffelladeroder** [1]) | 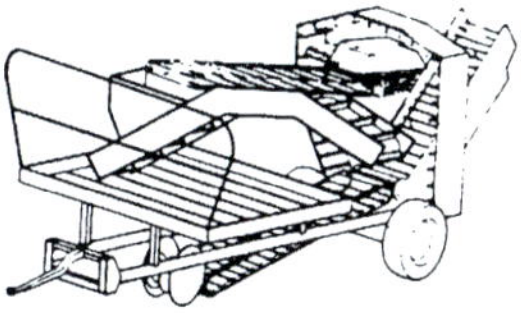 | Maschine mit Trenn- und Verleseeinrichtung zum Roden und Sammeln der Kartoffeln; dabei werden die Kartoffeln ohne weitere Umladung direkt auf einen mitfahrenden Wagen geladen |
| **Kartoffelplattform-roder** [1]) | 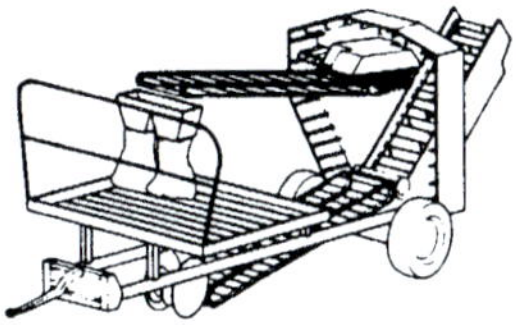 | Maschine mit Trenn- und Verleseeinrichtung zum Roden und Sammeln der Kartoffeln; dabei werden die Kartoffeln in tragbaren Behältern oder Säcken, die auf der Plattform abgestellt werden, gesammelt |
| **Kartoffelrollboden-bunkerroder** [1]) |  | Maschine mit Trenn- und Verleseeinrichtung zum Roden und Sammeln der Kartoffeln in einem Rollbodenbunker (= auf der Maschine angebrachter Großbehälter zum Sammeln und Umladen des Erntegutes) |

[1]) Oberbegriff: Kartoffelsammelroder

## Mähdrescher

**DIN 11389 : 1988-04**



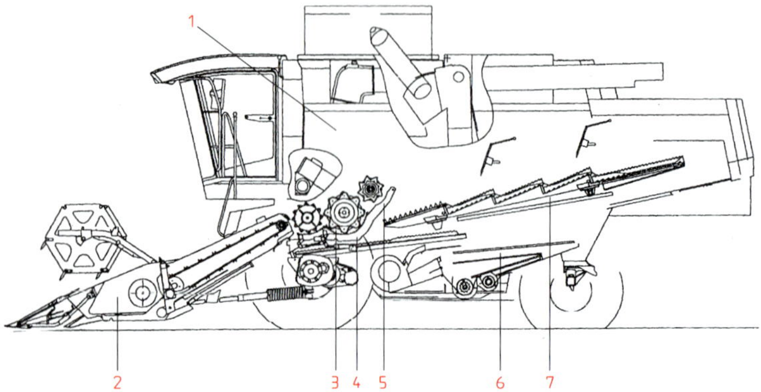


**1 Mähdrescher**

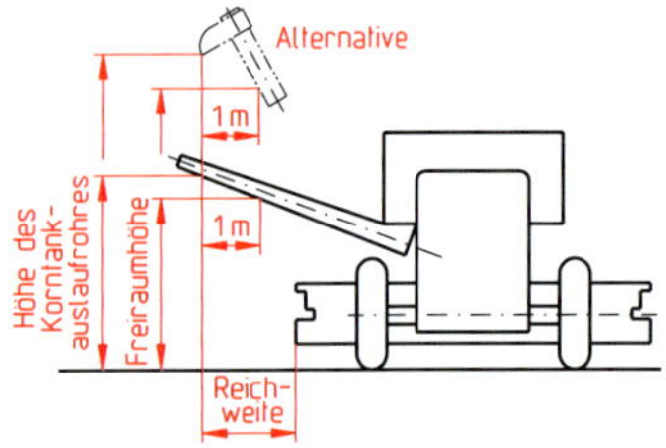


**2 Maße Korntankauslaufrohr**

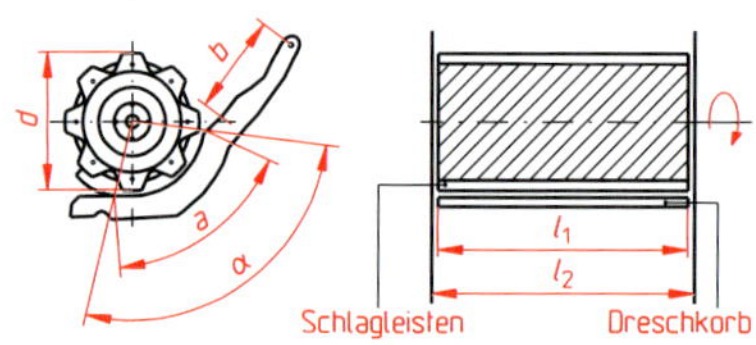


**3 Maße Dreschtrommel und -korb**

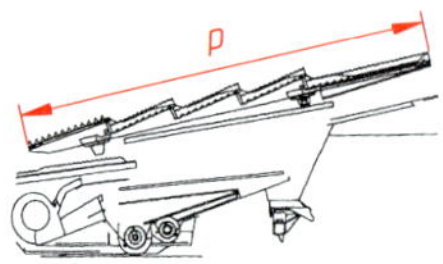


**4 Maße Schüttlersystem**

| Pos.-Nr. | Begriffe (Bild 1) | Erläuterung | Kerngrößen |
|---|---|---|---|
| 1 | Mähdrescher | selbstfahrende Erntemaschine für Halmfrüchte mit folgenden Funktionsbereichen: Schneiden, Zuführen, Dreschen, Abscheiden, Reinigen, Überkehr und Antrieb | Masse (Straßenfahrt, Feldeinsatz), Länge, Breite, Höhe, Motorleistung, Bodenfreiheit, Wendekreisdurchmesser, Maße Korntankauslaufrohr (Bild 2) |
| 2 | Schneidwerk | Funktionseinheit des Mähdreschers zum Erfassen und Abschneiden des Erntegutes | Arbeits- und Schnittbreite in m; min. und max. Schnitthöhe in mm, Messerhub in mm, Antriebsdrehzahl in 1/min |
| 3 | Dreschtrommel | ausgewuchteter zylindrischer Körper, an dessen Mantel Reibplatten, Schlagleisten oder Stifte zum Dreschen und Fördern des Erntegutes befestigt sind | Durchmesser $d$ in mm und Länge $l_1$ in mm (Bild 3) |
| 4 | Dreschkorb | korbförmiges Gitter, das die Dreschtrommel teilweise umschlingt und das gemeinsam mit der Dreschtrommel zum Lösen der Körner aus dem Fruchtstand dient | Länge $l_2$ in mm, Umschlingungswinkel $\alpha$ in °, Länge des Dreschkorbbogens (= Bogenmaß) $a$ in mm und Dreschkorbfläche ($= l_2 \times a$) in m² (Bild 3) |
| 5 | Dreschkorb-verlängerung | Bauteil (= Korbrechen), das den Übergang von einer Dreschtrommel/-korbeinheit zur nächsten oder zum Schüttler bildet | Fläche der Dreschkorbverlängerung ($= l_2 \times b$) in m² (Bild 3) |
| 6 | Reinigungs-einrichtung (Siebkasten) | Funktionseinheit des Mähdreschers zum Trennen des Dreschgutes (Körner oder Samen von Kurzstroh, Spreu …) durch schwingende Siebe und durch Wind | Fläche der Teilsiebe in m² und Gesamtsiebfläche in m² |
| 7 | Abscheide-einrichtung | Funktionseinheit des Mähdreschers, bestehend aus durchlässigen Trennvorrichtungen (z. B. Schüttler) mit Ausnahme des Siebkastens | Fläche des Schüttlersystems ($= p \times b$[1]) in m² (Bild 3). |

[1]) lichte Weite zwischen den Seitenwänden des Schüttlergehäuses

## Mähdrescher

DIN 11389 : 1988-04



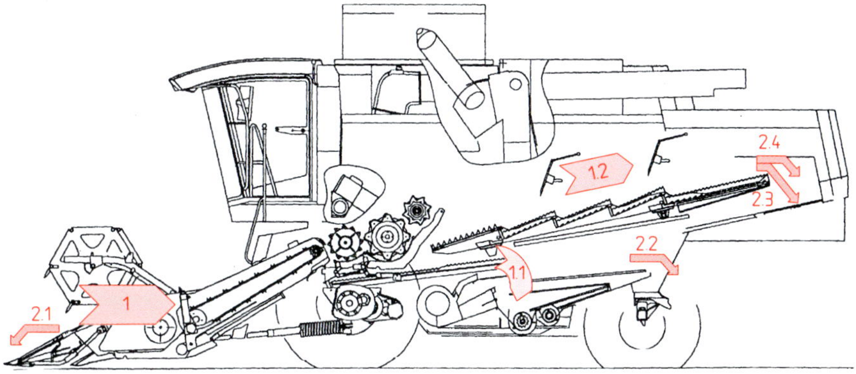


**1 Durchsätze und Verluste des Mähdreschers**

### Durchsätze

| | |
|---|---|
| **Gesamtdurchsatz** (Bild 1, Pfeil 1) | Summe aus Körner- und Strohdurchsatz (Einheit: t/h); zusätzlich muss das Verhältnis aus Korndurchsatz und Strohdurchsatz (Korn/Strohverhältnis) angegeben werden |
| **Körnerdurchsatz** (Bild 1, Pfeil 1.1) | Körnermasse einschließlich der Gesamtverluste (siehe unten, Verluste), die den Mähdrescher je Zeiteinheit durchläuft (Einheit: t/h) |
| **Strohdurchsatz** (Bild 1, Pfeil 1.2) | Masse des Erntegutes ohne die ausgedroschene Frucht, die den Mähdrescher je Zeiteinheit durchläuft (Einheit: t/h) |

### Verluste

| | |
|---|---|
| **Körnerverluste** | Fruchtverluste, die durch den Mähdrescher entstanden sind |
| **Aufsammelverluste** (Bild 1, Pfeil 2.1) | Körnermasse je Zeiteinheit, die vom Schneidwerk nicht aufgenommen oder fallengelassen wurde; Angabe in Prozent vom Körnerdurchsatz |
| **Gesamtverluste** | Verluste an Körnermasse, die bei der Verarbeitung je Zeiteinheit entstehen; Angabe in Prozent vom Körnerdurchsatz |
| **Reinigungsverluste** (Bild 1, Pfeil 2.2) | lose Körner in der Spreu |
| **Schüttler- oder Trennverluste** (Bild 1, Pfeil 2.3) | lose Körner im Stroh |
| **Ausdreschverluste** (Bild 1, Pfeil 2.4) | Körner in unausgedroschenen Fruchtständen |

**Daten zur Berechnung der Körnerverluste in Prozent vom Körnerdurchsatz**

| Fruchtart | Körner je kg | Tausendkornmasse [1]) in g |
|---|---|---|
| **Körnerfrüchte** | | |
| Gerste | 21280 | 40… 55 |
| Hafer | 29730 | 30… 45 |
| Mais | 1660 | 200…1000 |
| Roggen | 28570 | 30… 40 |
| Weizen | 21280 | 40… 55 |
| **Gräser** | | |
| Lieschgras | 2000000 | 0,50 |
| Wiesenrispe | 4000000 | 0,25 |
| Weißes Straußgras | 20000000 | 0,25 |

[1]) Masse von 1000 Körnern (Früchte, Samen) einer Pflanze

## Feldhäcksler

DIN ISO 8909-1 : 2000-10

| Feldhäcksler |
|---|
| Maschine für die Ernte oder das Einsammeln von Erntegut, das Schneiden von Erntegut auf kurze parallele Längen und das Fördern des Häckselgutes in Container oder separate Fahrzeuge. |

| Exakt-Feldhäcksler | Halb-Exakt-Feldhäcksler | Zufallsschnitt-Feldhäcksler (Schlegel-Feldhäcksler) |
|---|---|---|
| Das Einzugsorgan dieser Häckslerbauart besteht aus mindestens vier Einzugswalzen. Diese dienen dazu, das Erntegut teilweise auszurichten und in gleichmäßiger Geschwindigkeit in die Schneid- oder Quetscheinrichtung zu leiten.<br>Das Häckselgut hat die kürzeste Länge und einen gleichmäßigen Schnitt. | Das Einzugsorgan dieser Häckslerbauart besteht aus weniger als vier Einzugswalzen oder beispielsweise einer Schnecke. Es dient dazu, das Erntegut in die Schneid- oder Quetscheinrichtung zu leiten.<br>Die Häckselgutaufbereitung liegt zwischen Exakt- bzw. Zufallschnitt-Feldhäcksler | Diese Häckslerbauart besitzt kein besonderes Einzugsorgan. Zum Schneiden und Zerkleinern des Erntegutes werden üblicherweise Schlegel eingesetzt.<br>Das Häckselgut hat die größte Länge und einen ungleichmäßigen Schnitt. |

### Funktionelle Bauteile eines Exakt-Feldhäckslers

| Erntevorsatz | Zuführwalzen | Schneidrotor | Körner-Quetschwalzen | Auswurfeinrichtung |
|---|---|---|---|---|
| Abnehmbare Einrichtung zum Aufnehmen des Erntegutes | Einziehen, Pressen und Weiterschieben des Erntegutes | Schneiden des Erntegutes in kurze Stücke (Schnittlänge einstellbar) | Anschlagen von ganzen Körnern, z. B. bei der Maisernte | Transport des Häckselgutes durch einen Kanal bzw. Krümmer |
| Bauarten:<br>– Vorsatzgerät für Reihenkulturen<br>– Maisvorsatzgerät<br>– Pick-up-Vorsatzgerät<br>– Direktschnitt-Vorsatzgerät | Aufbau:<br>mindestens vier zylindrische Walzen mit unterschiedlichem Durchmesser | Bauarten:<br>– Trommelrotor mit Gegenschneide<br>– Scheibenrotor mit Gegenschneide | Aufbau:<br>zwei angetriebene gegenläufig drehende Walzen | Bauarten:<br>– Zylindergebläse<br>– Schwungradgebläse |

## Melkanlagen

DIN ISO 3918 : 2010-01

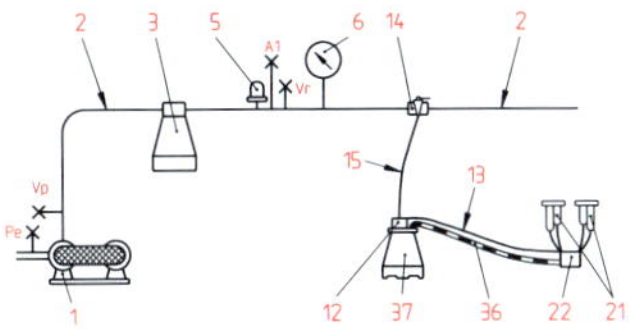

**Eimer- oder Kannenmelkanlage**

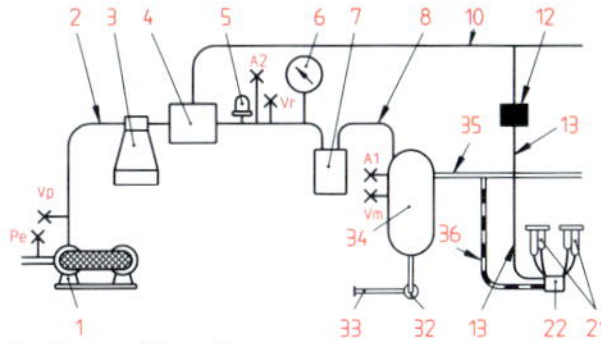

**Rohrmelkanlage**

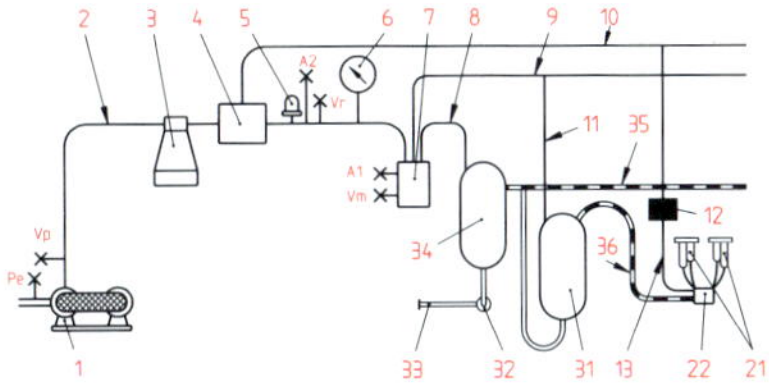

**Messbehältermelkanlage**

| | |
|---|---|
| A1 | Anschlussstelle für das Luftdurchflussmessgerät |
| Vr, Vp, Vm | Anschlussstelle für die Vakuummessung |
| Pe | Anschlussstelle für die Messung des Staudruckes in der Abluftleitung |

**Funktionsgruppen und Bauteile verschiedener Melkanlagentypen**

| Pos.-Nr. | Bezeichnung | Erläuterung |
|---|---|---|
| **Vakuum- und Pulssystem** | | |
| **1** | Vakuumpumpe | Luft fördernde Pumpe zur Erzeugung des Vakuums |
| **2** | (Haupt-)Luftleitung | Luft führende Rohrleitung |
| **3** | Vakuumtank | Auffangbehälter direkt vor der Pumpe, um das Eindringen von Flüssigkeit oder Fremdkörpern in die Pumpe zu verhindern |
| **4** | Ausgleichsbehälter (optional) | Behälter zur Verteilung der Vakuumleitungen zwischen Vakuumtank und Überlaufsicherung |
| **5** | Regeleinheit | automatisches Ventil, das für ein konstantes Vakuum in der Anlage sorgt |
| **6** | Vakuummeter | Differenzdruckmessgerät |
| **7** | Überlaufsicherung | Behälter zwischen Vakuum- und Milchsystem, der den Übertritt von Flüssigkeit von einem System zum anderen verhindern soll |
| **8** | Milchabscheider-Luftleitung | Luft führende Verbindungsleitung zwischen Milchabscheider und Überlaufsicherung |
| **9** | Melkvakuumleitung | Luft führende Leitung zwischen Überlaufsicherung und Melkeinheiten der Messbehältermelkanlage |
| **10** | Pulsatorluftleitung | Luft führende Rohrleitung für das Pulssystem |
| **11** | Melkvakuumschlauch | Luft führende Rohrleitung für das Melk- und Milchsystem |
| **12** | Pulsator | Vorrichtung zur Erzeugung zyklischer Druckwechsel |
| **13** | langer Pulsschlauch | Verbindungsschlauch zwischen dem Pulsator und dem Sammelstück des Melkzeuges |
| **14** | Vakuumanschluss | Verbindungselement (Ventil) zwischen Luftleitung und Vakuumschlauch |
| **15** | Vakuumschlauch | Verbindungsschlauch zwischen der Luftleitung und dem Milchsammelbehälter |
| **Melkzeug** | | |
| **21** | Zitzenbecher | zu jedem der 4 Zitzenbecher gehören eine Hülse, ein Zitzengummi, ein kurzer Pulsschlauch, ein kurzer Milchschlauch und ein Anschlussstück oder ein Schauglas |
| **22** | Sammelstück | es werden sowohl die kurzen Milch- und Pulsschläuche als auch der lange Milch- und Pulsschlauch angeschlossen |
| **Melksystem** | | |
| **31** | Messbehälter | Behälter zur Messung der Milchmenge eines Tieres |
| **32** | Milchschleusenpumpe | Pumpe zum Ausschleusen der Milch aus dem Vakuum in atmosphärischen Druck |
| **33** | Milchdruckleitung | Milch führende Leitung zwischen Milchschleuse und Sammel- oder Lagerbehälter |
| **34** | Milchabscheider | Behälter zur Aufnahme der Milch aus dem Messbehälter oder den Melkleitungen |
| **35** | Melkleitung | Luft und Milch führende Rohrleitung |
| **36** | langer Milchschlauch | Verbindungsschlauch zwischen dem Milchsystem und dem Sammelstück des Melkzeuges |
| **37** | Eimer (oder Transportkanne) | Milchsammelbehälter |

## Erdbaumaschinen – Grundtypen – Identifizierung und Begriffe DIN EN ISO 6165 : 2006-12

Zur Gruppe der Erdbaumaschinen zählen selbstfahrende oder gezogene Maschinen auf Rädern, Raupen oder Stützbeinen, die mit Arbeitswerkzeugen ausgerüstet sind zum Graben, Laden, Transportieren, Bohren, Verteilen, Verdichten oder Fräsen von Erde, Gestein und ähnlichen Materialen.

**Maschinenfamilien**

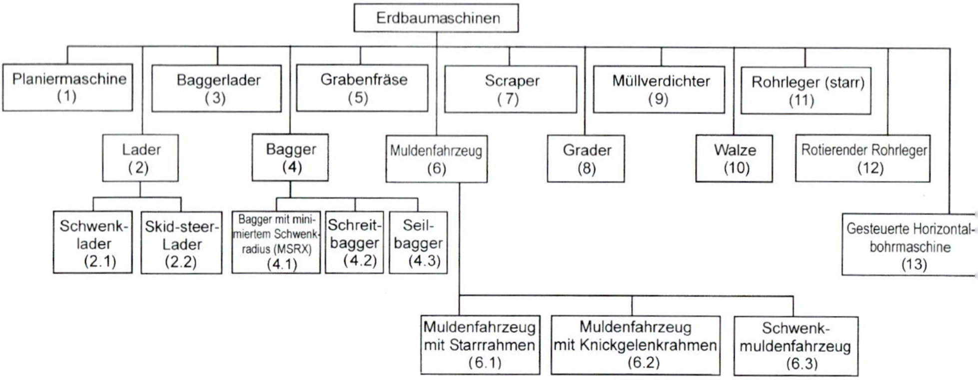


**Art der Steuerung**

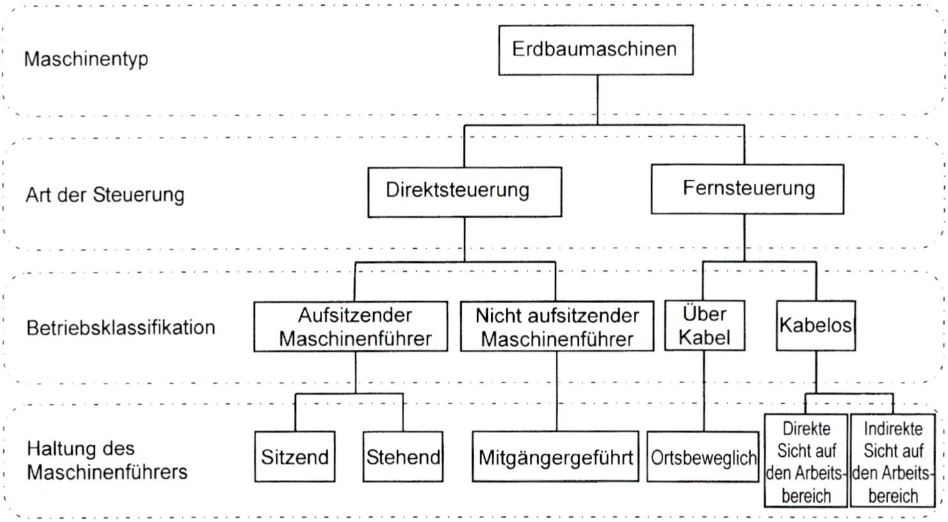

Begriffe zur Kennzeichnung der gebräuchlichen Bauarten von Baggern

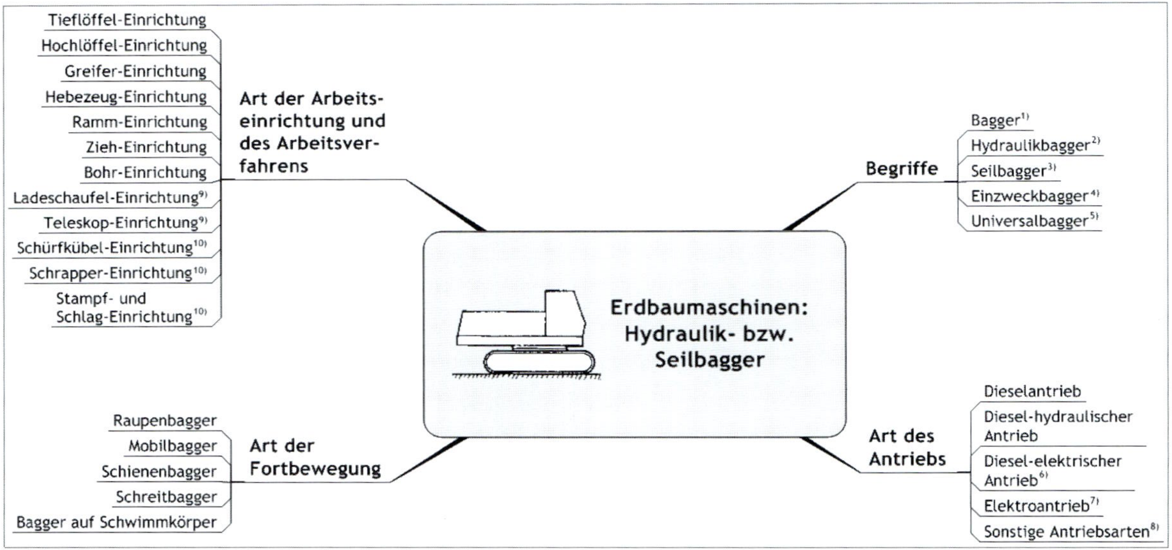


[1)] Maschinen mit Einrichtungen zum Lösen, Aufnehmen, Transportieren und Abschütten von Erdreich, Gestein und anderen Materialien. Diese Maschinen sind nicht an einen festen Ort gebunden.
[2)] Bei dieser Baggerbauart wird die Antriebsleistung auf die Arbeitseinrichtungen vorwiegend durch hydrostatische Antriebe übertragen.
[3)] Bei dieser Baggerbauart wird die Antriebsleistung auf die Arbeitseinrichtungen vorwiegend durch Seiltriebe übertragen.
[4)] Hydraulik- oder Seilbagger, an denen nur bestimmte Arbeitseinrichtungen eingesetzt werden können.
[5)] Hydraulik- oder Seilbagger, an denen verschiedene Arbeitseinrichtungen eingesetzt werden können.
[6)] Einzelne oder mehrere Dieselmotoren treiben eine Generatoranlage an. Diese gibt die elektrische Energie an mehrere einzeln steuerbare Elektromotoren ab (Leonardschaltung).
[7)] Einmotor-Elektroantrieb, Mehrmotoren-Elektroantrieb oder Elektro-hydraulischer Antrieb
[8)] z. B. Benzinmotor, Dampfmaschine, Druckluft.
[9)] Diese Arbeitseinrichtungen werden laut Norm ausschließlich Hydraulikbaggern zugeordnet.
[10)] Diese Arbeitseinrichtungen werden laut Norm ausschließlich Seilbaggern zugeordnet.

**Einflüsse und Maschinendaten zur Ermittlung der Leistung von Erdbaumaschinen DIN ISO 9245 Bbl. 1 : 1995-01**

| Einflussart/ Maschinendaten | Auswirkungen auf: | | | | | | | | | | |
|---|---|---|---|---|---|---|---|---|---|---|---|
| | | Bagger | | Lader | | Planier-maschinen | | Scraper | | Mulden-fahrzeuge | |
| | $f_E$[1] | $f_L$[2] | $t$[3] | $f_L$[2] | $t$[2] | $f_L$[2] | $t$[3] | $f_L$[2] | $t$[3] | $f_L$[2] | $t$[3] |
| **1 Maschine** | | | | | | | | | | | |
| 1.1 Typ, Baujahr (sind anzugeben) | | | | | | | | | | | |
| 1.2 Motorleistung | | | • | | • | | • | | • | | • |
| 1.3 Einsatzgewicht | | | • | | • | | • | | • | | • |
| 1.4 Antriebsart | | | • | | • | | • | | • | | • |
| 1.5 Fahrwerksart | | | | | • | | • | | • | | • |
| 1.6 Lenkungsart | | | | | • | | • | | • | | • |
| 1.7 Arbeitseinrichtung | | | | | | | | | | | |
| 1.7.1 Gefäßart und -nenninhalt | | • | • | • | • | • | • | • | • | • | • |
| 1.7.2 Arbeitsausrüstung (Ausleger u. Ä.) | | • | • | | | | | | | | |
| 1.8 Technischer Zustand | • | | | | | | | | | | |
| **2 Maschinenführer** | • | | | | | | | | | | |
| **3 Material (Boden)** | | | | | | | | | | | |
| 3.1 Bodengruppe nach DIN 18196 | | • | • | • | • | • | • | • | • | • | • |
| 3.2 Bodenklasse nach DIN 18300 | | • | • | • | • | • | • | • | • | • | |
| 3.3 Feuchtigkeitsgehalt | | • | • | • | • | • | • | • | • | • | • |
| 3.4 Dichte | | • | • | • | • | • | • | • | • | • | • |
| 3.5 Bodenzustand (fest oder lose) | | • | • | • | • | • | • | • | • | • | |
| 3.6 Auflockerungsfaktor | | • | | • | | • | | • | | • | |
| **4 Einsatz** | | | | | | | | | | | |
| 4.1 Einsatzart (z.B. Grabenaushub, Laden von Haufwerk, Flachabtrag) | | • | • | • | • | • | • | • | • | | |
| 4.2 Einsatzbedingungen | | | | | | | | | | | |
| 4.2.1 Abbauhöhe | | • | • | • | • | | | | | | |
| 4.2.2 Grabtiefe | | • | • | | | | | | | | |
| 4.2.3 Abtragsdicke | | | | | | | • | | • | | |
| 4.2.4 Einbaudicke | | | | | | | • | | • | | |
| 4.2.5 Schwenkwinkel | | | • | | | | | | | | |
| 4.2.6 Räumliche Begrenzung des Arbeitsraumes | | | • | | • | | • | | • | | • |
| 4.2.7 Gezieltes Laden | | | • | | • | | | | | | |
| 4.2.8 Arbeitsweg | | | | | • | | • | | • | | |
| 4.2.9 Transportweg | | | | | • | | • | | • | | • |
| 4.2.10 Arbeitsgenauigkeit | | | • | | • | | • | | • | | • |
| 4.2.11 Geodätische Höhe des Einsatzortes | | | • | | • | | • | | • | | • |
| **5 Baustellen-Organisation** | | | | | | | | | | | |
| 5.1 Betriebsbedingte Unterbrechungen | • | | | | | | | | | | |
| 5.2 Art und Zustand der Transportwege | • | | | | | | | | | | |
| 5.3 Wartung und Reparatur der Maschinen | • | | | | | | | | | | |
| 5.4 Verteilzeiten | • | | | | | | | | | | |
| 5.5 Erholungszeiten | • | | | | | | | | | | |
| **6 Wetter** | | | | | | | | | | | |
| 6.1 Temperatur | • | | | | | | | | | | |
| 6.2 Luftfeuchte | • | | | | | | | | | | |
| 6.3 Niederschläge (Regen, Hagel, Schnee) | • | | | | | | | | | | |
| 6.4 Sicht | • | | | | | | | | | | |
| 6.5 Frost | • | | | | | | | | | | |
| **7 Datum** (ist anzugeben) | | | | | | | | | | | |

[1]) $f_E$: Nutzleistungsfaktor (Berechnung siehe Seite 120) [2]) $f_L$: Ladefaktor (Berechnung siehe Seite 120)

[3]) $t$: Spielzeit = Zeit in Minuten, die für die Ausführung eines Arbeitsspiels erforderlich ist. Dabei wird der Ablauf bestimmter Vorgänge (z. B. beim Radlader: Füllen, Heben, Fahren, Entleeren, Rückfahrt, Senken) als Arbeitsspiel bezeichnet. Bei Muldenfahrzeugen und Scrapern wird für den Begriff „Spielzeit" der Begriff „Umlaufzeit" (Summe aus Belade-, Fahr- und Entleerzeit) benutzt.

| Bauart | Erklärung | Weitere Unterteilungen |
|---|---|---|
| Laufkatzen<br>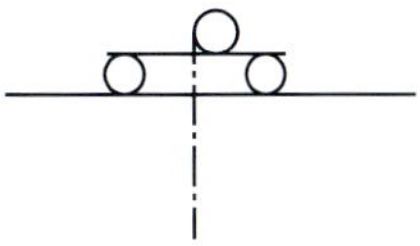 | Wagen mit eingebautem oder anhängbarem Hubwerk, der auf Schienen oder am Unterflansch von Trägern fährt. | 1. Einschienenkatze<br>2. Zweischienenkatze<br>2.1 einfache Laufkatze<br>2.2 Drehscheibenkatze<br>2.3 überkragende Katze<br>2.4 Auslegerkatze<br>2.5 Drehlaufkatze<br>2.6 Winkelkatze<br>2.7 Traversenkatze<br>2.8 Greiferkatze_ |
| Auslegerkrane und Drehkrane<br>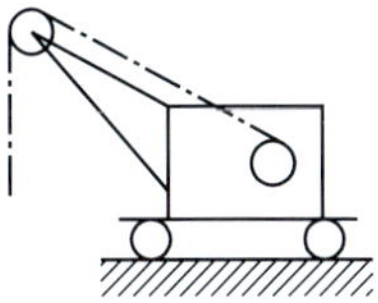 | Krane, die über einen Ausleger verfügen. Dieser ragt meistens über die Standfläche des Kranes hinaus. Die Ausleger werden nach ihrer Bauart wie folgt unterteilt:<br>1. feste Ausleger<br>2. Einstellausleger<br>3. Einziehausleger<br>4. Wippausleger<br>5. Ausleger mit Zwischenstücken<br>6. Teleskopausleger<br>7. Katzausleger<br>8. Spitzenausleger | 1. Auslegerkran<br>1.1 ortsfest<br>1.2 fahrbar i.d.R. auf Schienen<br>2. Drehkrane<br>2.1 ortsfest<br>2.2 fahrbar auf Schienen<br>3. Derrickkrane<br>3.1 ortsfest<br>3.2 fahrbar auf Fahrgestell<br>4. Einschienendrehkran |
| Brückenkrane<br>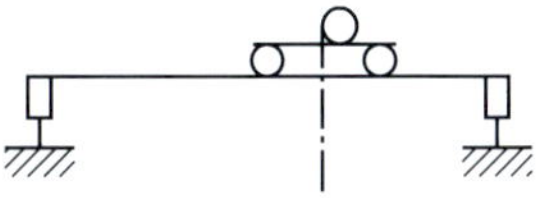 | Kranbahnen in Brückenkonstruktion, an denen sich die Krane bewegen. | 1. Brückenkrane mit...<br>1.1 Laufkatze<br>1.2 Drehscheibenkatze<br>1.3 überkragender Katze<br>1.4 Auslegerkatze<br>1.5 Drehlaufkatze<br>1.6 Traversenkatze<br>1.7 Greiferkatze<br>2. Hängekran (Deckenkran) |
| Portalkrane<br>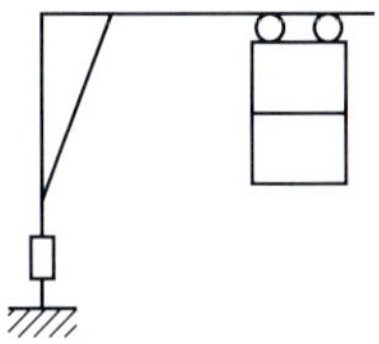 | Krane mit portalartigem Traggerüst. | 1. Halbportalkran mit Katzbahn (Laufkatze oder Drehlaufkatze)<br>2. Halbportalkran ohne Katzbahn (Ausleger- oder Drehkran)<br>3. Vollportalkran mit Katzbahn (Laufkatze oder Drehlaufkatze)<br>4. Vollportalkran ohne Katzbahn (Ausleger- oder Drehkran)<br>5. Schrägbahnentlader (Halb- oder Vollportal) |

[1]) Ein Kran ist ein Fördermittel, bei dem die an einem Tragmittel (z. B. Seil oder Kette) hängende Last gehoben, waagerecht in einer oder mehreren Richtungen bewegt und gesenkt werden kann.

Fortsetzung siehe Seite 80

| Bauart | Erklärung | Weitere Unterteilungen |
|---|---|---|
| Wandlaufkrane 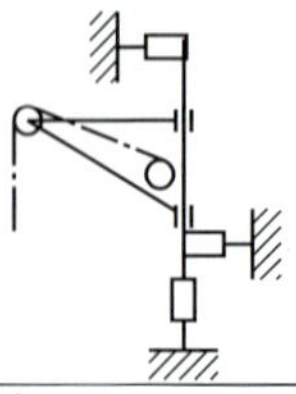 | Die Kranbahn dieser Bauart ist senkrecht an einer Wand angeordnet. | 1. Auslegerwandlaufkran<br>2. Drehwandlaufkran |
| Turmdrehkrane 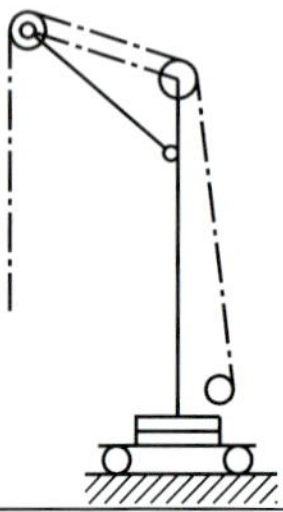 | Turmartige Drehkrane mit hoch angelenktem Ausleger | 1. fahrbar<br>1.1 Schienenturmdrehkran<br>1.2 Turmdrehkran auf luftbereiftem Unterwagen<br>1.3 Mobilturmdrehkran<br>1.4 Autoturmdrehkran<br>1.5 Raupenturmdrehkran<br>2. ortsfest<br>2.1 Turmkletterkran<br>2.2 Stockwerkkletterkran |
| Fahrzeugkrane  | Ausleger- oder Drehkrane auf Fahrzeugen | 1. Schienendrehkran<br>2. Raupenkran<br>3. Mobilkran<br>4. Autokran<br>5. Anhängerkran<br>6. Sattelkran |
| Schwimmkrane | Ausleger oder Drehkrane auf Schwimmkörpern | |
| Kabelkrane 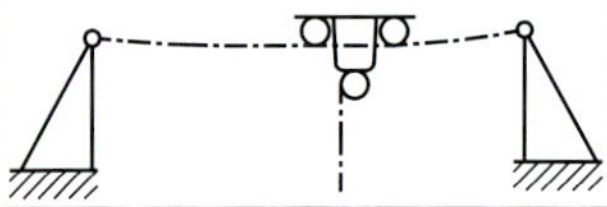 | Die Kranbahn dieser Bauart besteht aus einem oder mehreren Tragseilen, auf denen sich die Laufkatze bewegt. | 1. ortsfest mit fest stehenden oder schwenkbaren Stützen<br>2. mit fahrbaren Stützen oder Wagen<br>3. Portalkabelkran |

**Krane: Begriffe, Einteilung nach der Verwendung** **DIN 15 001-2 : 1975-07**

Neben der Bauart ist zur weiteren Charakterisierung von Kranen die Angabe des Verwendungszweckes notwendig. Krane können entsprechend dem Verwendungszweck wie folgt unterteilt werden:

| | | | |
|---|---|---|---|
| Werkstattkrane | Maschinenhauskrane | Lagerkrane | Hüttenwerkskrane |
| Walzwerkskrane | Schmiedekrane | Vergütekrane | Baukrane |
| Montagekrane | Hafenkrane | Werftkrane | Schiffskrane |
| Lkw-Ladekrane | Bergungskrane | Containerkran | Krane für sonstige Aufgaben |

**Krane: Lastaufnahmeeinrichtungen**

| Benennung | Erklärung |
|---|---|
| **Tragmittel** | Hubeinrichtung mit den zugehörigen Seil- oder Kettentrieben zum Aufnehmen der Last. Die Hubeinrichtung wird dem Hebezeug zugeordnet. |
| **Lastaufnahmemittel** | Einrichtung zum Aufnehmen der Nutzlast, die ohne besondere Umbau- oder Einbaumaßnahme mit dem Tragmittel verbunden werden kann. Das Lastaufnahmemittel gehört nicht zum Hebezeug. |
| **Anschlagmittel** | Einrichtung zur Verbindung der Nutzlast mit dem Tragmittel. Dieses kann mit oder ohne Zwischenschaltung eines Lastaufnahmemittels geschehen. Das Anschlagmittel gehört nicht zum Hebezeug. |

Beispiele:

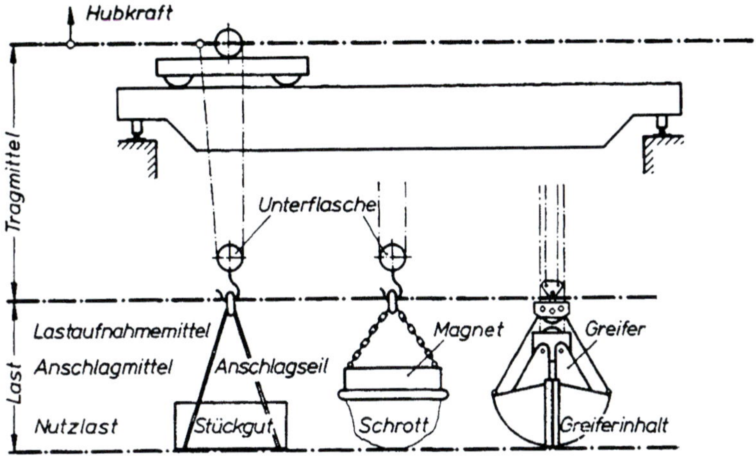


| | | | | | |
|---|---|---|---|---|---|
| Last | Gewicht (Masse) von | Lastaufnahmemittel | – | z. B. Lasthebemagnet | z. B. Greifer |
| | | Anschlagmittel | z. B. Anschlagseil Anschlagkette Anschlagband | – | – |
| | | Nutzlast | Stückgut | Schrott | Greiferinhalt |

**a) Brückenkrane**

Fortsetzung Seite 82

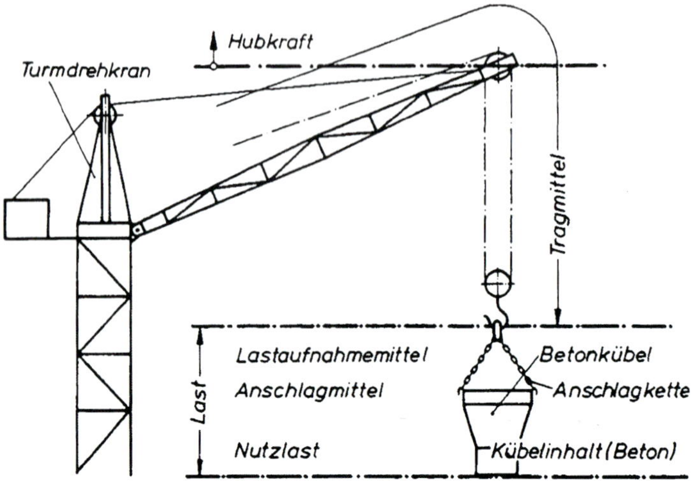


| | | | |
|---|---|---|---|
| Last | Gewicht (Masse) von | Lastaufnahmemittel | z. B. Betonkübel |
| | | Anschlagmittel | z. B. Anschlagkette |
| | | Nutzlast | Beton |

**b) Ausleger- und Drehkrane**

Beispiel zu Seite 81

**Lastaufnahmeeinrichtungen: Benennungen** **DIN 15 002 : 1980-04**

| Gruppe | Ausführungsformen |
|---|---|
| **Tragmittel und Lastaufnahmemittel für Stückgüter** | Lasthaken, Hakenvorläufer und –geschirr, Unterflaschen, Haftgeräte, Klemmen, Klauen, Zangen, Körbe, Brooken (Ladenetze), Palettengeschirr, Containergeschirr (Spreader), Traversen, Gehänge |
| **Lastaufnahmemittel für Massen- und Schüttgüter** | Greifer, Kübel, Mulden, Pfannen, Kokillen, Kästen, Plattformen |
| **Anschlagmittel** | Anschlagketten, Anschlagseile, Hebebänder, Ausgleicher |

## Lastaufnahmeeinrichtungen, Lasten und Kräfte — DIN 15 003 : 1970-02

### Krane: Lasten und Kräfte

| Benennung | Einheit | Erklärung |
|---|---|---|
| **Tragfähigkeit** (Traglast) | kg, t | Masse, die höchstens aufgenommen werden darf. Die Angabe kann auf das Hebezeug, das Tragmittel, das Lastaufnahmemittel oder auf das Anschlagmittel bezogen sein. |
| **Nennlast** | kg, t | Die Tragfähigkeit, die bei der Auslegung von Hebezeugen, Tragmitteln, Lastaufnahmemitteln oder Anschlagmitteln zugrunde gelegt werden. |
| **Nutzlast** | kg, t | Nutzbare Last von Trag-, Lastaufnahme- oder Anschlagmittel. Nutzlast = Tragfähigkeit – Masse der Lastaufnahme- oder Anschlagmittel |
| **Prüflast** | kg, t | Last zum Prüfen von Hebezeugen, Tragmitteln, Lastaufnahmemitteln oder Anschlagmitteln:Prüflast = Tragfähigkeit • Prüflastfaktor Prüflastfaktor 1 |
| **Hubkraft** | N, kN | Summe der Kräfte von Last und Tragmittelanteil zwischen Last und Tragwerk. |
| **Trommelzugkraft** | N, kN | Zugkraft, die von einer Trommel auf das Tragmittel wirkt. |

Beispiele:

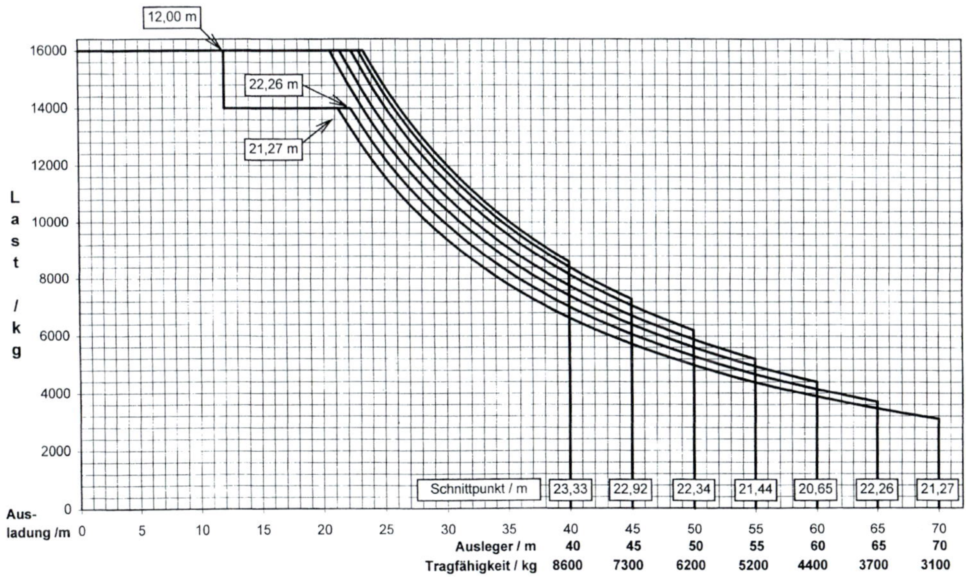


Traglast Turmdrehkran, Tabelle siehe Seite 84

| Ausleger | 70,0 m | 65,0 m | 60,0 m | 55,0 m | 50,0 m | 45,0 m | 40,0 m |
|---|---|---|---|---|---|---|---|
| Ausladung (m) | Tragfähigkeit, kg (zweisträngig) | | | | | | |
| **70,00** | **3100** | | | | | | |
| 69,00 | 3168 | | | | | | |
| 68,00 | 3238 | | | | | | |
| 67,00 | 3310 | | | | | | |
| 66,00 | 3385 | | | | | | |
| **65,00** | 3461 | **3700** | | | | | |
| 64,00 | 3540 | 3783 | | | | | |
| 63,00 | 3622 | 3868 | | | | | |
| 62,00 | 3706 | 3956 | | | | | |
| 61,00 | 3793 | 4048 | | | | | |
| **60,00** | 3883 | 4142 | **4400** | | | | |
| 59,00 | 3976 | 4239 | 4502 | | | | |
| 58,00 | 4072 | 4340 | 4607 | | | | |
| 57,00 | 4172 | 4444 | 4716 | | | | |
| 56,00 | 4275 | 4553 | 4829 | | | | |
| **55,00** | 4382 | 4665 | 4946 | **5200** | | | |
| 54,00 | 4493 | 4781 | 5068 | 5326 | | | |
| 53,00 | 4608 | 4902 | 5194 | 5457 | | | |
| 52,00 | 4728 | 5027 | 5325 | 5593 | | | |
| 51,00 | 4852 | 5157 | 5461 | 5735 | | | |
| **50,00** | 4982 | 5293 | 5603 | 5882 | **6200** | | |
| 49,00 | 5116 | 5434 | 5751 | 6036 | 6360 | | |
| 48,00 | 5257 | 5581 | 5904 | 6195 | 6526 | | |
| 47,00 | 5403 | 5734 | 6065 | 6362 | 6700 | | |
| 46,00 | 5556 | 5895 | 6232 | 6536 | 6881 | | |
| **45,00** | 5716 | 6062 | 6407 | 6717 | 7071 | **7300** | |
| 44,00 | 5883 | 6237 | 6590 | 6908 | 7269 | 7503 | |
| 43,00 | 6058 | 6420 | 6781 | 7106 | 7477 | 7716 | |
| 42,00 | 6241 | 6612 | 6982 | 7315 | 7694 | 7940 | |
| 41,00 | 6434 | 6814 | 7193 | 7534 | 7922 | 8174 | |
| **40,00** | 6636 | 7025 | 7414 | 7764 | 8162 | 8420 | **8600** |
| 39,00 | 6848 | 7248 | 7647 | 8006 | 8414 | 8679 | 8863 |
| 38,00 | 7072 | 7482 | 7892 | 8260 | 8680 | 8951 | 9141 |
| 37,00 | 7308 | 7730 | 8150 | 8529 | 8960 | 9239 | 9434 |
| 36,00 | 7557 | 7991 | 8423 | 8812 | 9255 | 9542 | 9743 |
| 35,00 | 7821 | 8267 | 8712 | 9113 | 9568 | 9864 | 10070 |
| 34,00 | 8101 | 8560 | 9018 | 9431 | 9900 | 10204 | 10416 |
| 33,00 | 8397 | 8871 | 9343 | 9768 | 10252 | 10565 | 10784 |
| 32,00 | 8713 | 9201 | 9689 | 10127 | 10626 | 10949 | 11175 |
| 31,00 | 9049 | 9553 | 10057 | 10509 | 11025 | 11359 | 11592 |
| 30,00 | 9408 | 9929 | 10449 | 10917 | 11450 | 11795 | 12037 |
| 29,00 | 9792 | 10331 | 10870 | 11354 | 11906 | 12263 | 12513 |
| 28,00 | 10203 | 10763 | 11321 | 11822 | 12394 | 12764 | 13023 |
| 27,00 | 10646 | 11226 | 11805 | 12326 | 12919 | 13303 | 13572 |
| 26,00 | 11123 | 11726 | 12328 | 12869 | 13485 | 13885 | 14164 |
| 25,00 | 11639 | 12267 | 12893 | 13456 | 14098 | 14513 | 14804 |
| 24,00 | 12199 | 12853 | 13506 | 14093 | 14762 | 15195 | 15498 |
| 23,00 | 12809 | 13492 | 14174 | 14787 | 15485 | 15937 | **16000** |
| 22,00 | 13475 | **14000** | 14903 | 15545 | **16000** | **16000** | 16000 |
| 21,00 | **14000** | 14000 | 15703 | **16000** | 16000 | 16000 | 16000 |
| 20,00 | 14000 | 14000 | **16000** | 16000 | 16000 | 16000 | 16000 |
| 19,00 | 14000 | 14000 | 16000 | 16000 | 16000 | 16000 | 16000 |
| 18,00 | 14000 | 14000 | 16000 | 16000 | 16000 | 16000 | 16000 |
| 17,00 | 14000 | 14000 | 16000 | 16000 | 16000 | 16000 | 16000 |
| 16,00 | 14000 | 14000 | 16000 | 16000 | 16000 | 16000 | 16000 |
| 15,00 | 14000 | 14000 | 16000 | 16000 | 16000 | 16000 | 16000 |
| 14,00 | 14000 | 14000 | 16000 | 16000 | 16000 | 16000 | 16000 |
| 13,00 | 14000 | 14000 | 16000 | 16000 | 16000 | 16000 | 16000 |
| 12,00 | **16000** | **16000** | 16000 | 16000 | 16000 | 16000 | 16000 |
| 11,00 | 16000 | 16000 | 16000 | 16000 | 16000 | 16000 | 16000 |
| 10,00 | 16000 | 16000 | 16000 | 16000 | 16000 | 16000 | 16000 |
| **Schnittpunkt:** | **21,27 m** | **22,26 m** | **20,65 m** | **21,44 m** | **22,34 m** | **22,92 m** | **23,33 m** |

Traglasttabelle zu Beispiel Seite 83

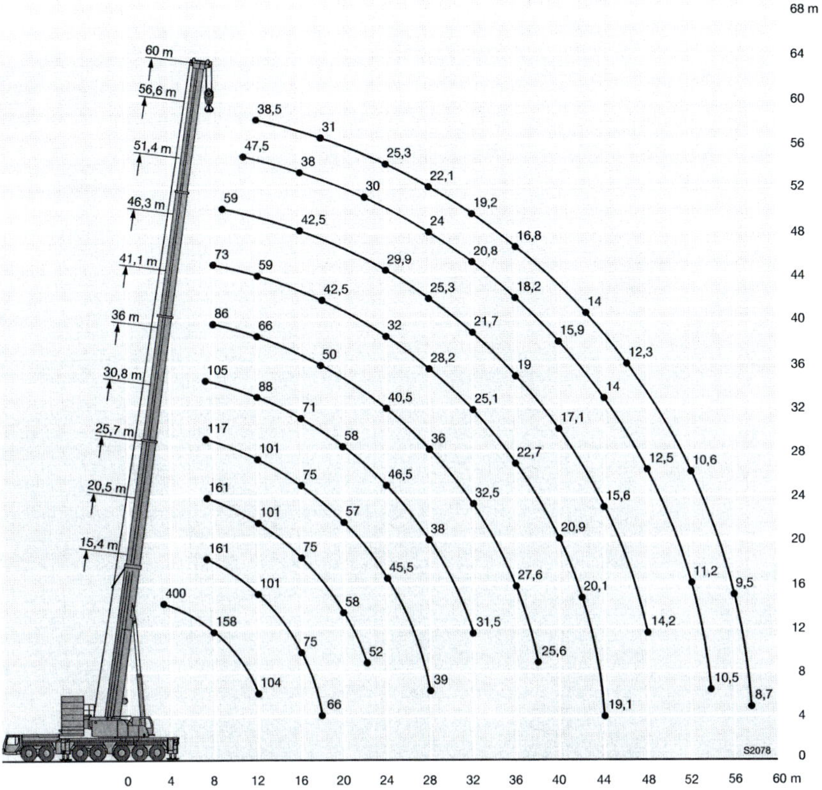

| m | 15,4 m | 15,4 m * | 20,5 m | 25,7 m | 30,8 m | 36 m | 41,1 m | 46,3 m | 51,4 m | 56,6 m | 60 m | m |
|---|---|---|---|---|---|---|---|---|---|---|---|---|
| 3 | 400 | 233 | | | | | | | | | | 3 |
| 3,5 | 270 | 225 | 202 | | | | | | | | | 3,5 |
| 4 | 240 | 218 | 202 | 202 | | | | | | | | 4 |
| 4,5 | 227 | 210 | 202 | 202 | 172 | | | | | | | 4,5 |
| 5 | 215 | 199 | 197 | 198 | 171 | | | | | | | 5 |
| 6 | 193 | 177 | 177 | 176 | 160 | 131 | | | | | | 6 |
| 7 | 171 | 158 | 158 | 157 | 148 | 122 | 93 | | | | | 7 |
| 8 | 150 | 142 | 142 | 141 | 137 | 113 | 86 | 73 | | | | 8 |
| 9 | 133 | 128 | 128 | 127 | 127 | 106 | 80 | 69 | 59 | | | 9 |
| 10 | 119 | 116 | 116 | 115 | 116 | 99 | 75 | 65 | 56 | 47,5 | | 10 |
| 12 | 98 | 97 | 98 | 96 | 97 | 88 | 66 | 59 | 51 | 44 | 38,5 | 12 |
| 14 | | | 82 | 82 | 81 | 79 | 59 | 53 | 46,5 | 41 | 36 | 14 |
| 16 | | | 71 | 70 | 69 | 71 | 54 | 47 | 42,5 | 38 | 33,5 | 16 |
| 18 | | | 62 | 61 | 60 | 61 | 50 | 42,5 | 39 | 35,5 | 31 | 18 |
| 20 | | | | 53 | 54 | 53 | 46,5 | 38,5 | 35,5 | 32,5 | 29,2 | 20 |
| 22 | | | | 48,5 | 48 | 47 | 43,5 | 35 | 32,5 | 30 | 27,2 | 22 |
| 24 | | | | | 43 | 42 | 40,5 | 32 | 29,9 | 27,7 | 25,3 | 24 |
| 26 | | | | | 38,5 | 37,5 | 38 | 29,9 | 27,5 | 25,8 | 23,5 | 26 |
| 28 | | | | | 34,5 | 33,5 | 34,5 | 28,2 | 25,3 | 24 | 22,1 | 28 |
| 30 | | | | | | 31 | 31 | 26,6 | 23,3 | 22,4 | 20,6 | 30 |
| 32 | | | | | | 29,3 | 28,3 | 25,1 | 21,7 | 20,8 | 19,2 | 32 |
| 34 | | | | | | | 25,9 | 23,7 | 20,2 | 19,5 | 17,9 | 34 |
| 36 | | | | | | | 23,7 | 22,7 | 19 | 18,2 | 16,8 | 36 |
| 38 | | | | | | | 21,9 | 21,8 | 17,9 | 17 | 15,8 | 38 |
| 40 | | | | | | | | 20,4 | 17,1 | 15,9 | 14,9 | 40 |
| 42 | | | | | | | | 18,9 | 16,3 | 14,8 | 14 | 42 |
| 44 | | | | | | | | 17,7 | 15,6 | 14 | 13,1 | 44 |
| 46 | | | | | | | | | 14,9 | 13,3 | 12,3 | 46 |
| 48 | | | | | | | | | 14,2 | 12,5 | 11,8 | 48 |
| 50 | | | | | | | | | | 11,8 | 11,2 | 50 |
| 52 | | | | | | | | | | 11,2 | 10,6 | 52 |
| 54 | | | | | | | | | | 10,5 | 10 | 54 |
| 56 | | | | | | | | | | | 9,5 | 56 |
| 58 | | | | | | | | | | | 8,7 | 58 |

* nach hinten · over rear · en arrière · sul posteriore · hacia atrás · при выдвинутой назад стреле

TAB 146003 / 146014

## SI [1])-Basisgrößen

DIN 1301-1 : 2002-10

| | Basiseinheiten | Einheitenzeichen |
|---|---|---|
| Länge | Meter | m |
| Masse | Kilogramm | kg |
| Zeit | Sekunde | s |
| Elektrische Stromstärke | Ampère | A |
| Thermodynamische Temperatur | Kelvin | K |
| Stoffmenge | Mol | mol |
| Lichtstärke | Candela | cd |

[1]) **S**ystème **I**nternational d'Unités (Internationales Einheitensystem), rechtsverbindlich für die Bundesrepublik Deutschland seit Juli 1969

## Dezimale Vielfache

| Vorsatz | Vorsatz-zeichen | Zehner-potenz | Bedeutung | Beispiel |
|---|---|---|---|---|
| Tera | T | $10^{12}$ | Billionenfach | 1 Terawatt = 1 TW = 1 000 000 000 000 W |
| Giga | G | $10^{9}$ | Milliardenfach | 1 Gigawatt = 1 GW = 1 000 000 000 W |
| Mega | M | $10^{6}$ | Millionenfach | 1 Megawatt = 1 MW = 1 000 000 W |
| Kilo | k | $10^{3}$ | Tausendfach | 1 Kilowatt = 1 kW = 1 000 W |
| Hekto | h | $10^{2}$ | Hundertfach | 1 Hektowatt = 1 hW = 100 W |
| Deka | da | $10^{1}$ | Zehnfach | 1 Dekawatt = 1 daW = 10 W |

## Dezimale Teile

| Vorsatz | Vorsatz-zeichen | Zehner-potenz | Bedeutung | Beispiel |
|---|---|---|---|---|
| Dezi | d | $10^{-1}$ | Zehntel | 1 Deziwatt = 1 dW = 0,1 W |
| Zenti | c | $10^{-2}$ | Hundertstel | 1 Zentiwatt = 1 cW = 0,01 W |
| Milli | m | $10^{-3}$ | Tausendstel | 1 Milliwatt = 1 mW = 0,001 W |
| Mikro | µ | $10^{-6}$ | Millionstel | 1 Mikrowatt = 1 µW = 0,000 001 W |
| Nano | n | $10^{-9}$ | Milliardstel | 1 Nanowatt = 1 nW = 0,000 000 001 W |
| Piko | p | $10^{-12}$ | Billionstel | 1 Pikowatt = 1 pW = 0,000 000 000 001 W |

## Teile und Vielfache von Einheiten

| Länge | Fläche | Raum | Masse | Kraft |
|---|---|---|---|---|
| 1 km = 1000 m | 1 km² = 100 ha | 1 m³ = 1000 dm³ | 1 t = 1000 kg | 1 MN = 1000 kN |
| 1 m = 10 dm | 1 ha = 100 a | 1 dm³ = 1000 cm³ | 1 Mg = 1000 kg | 1 kN = 1000 N |
| 1 dm = 10 cm | 1 a = 100 m² | 1 hl = 100 l | 1 kg = 1000 g | 1 daN = 10 N |
| 1 cm = 10 mm | 1 m² = 100 dm² | 1 l = 1 dm³ | 1 mg = 0,001 g | 1 mN = 0,001 N |
| 1 mm = 0,001 m | 1 m² = 10 000 cm² | 1 cl = 0,01 l | 1 g = 1000 mg | |
| 1 m = 1000 mm | 1 cm² = 100 mm² | 1 ml = 0,001 l | | |

## Einheiten außerhalb des SI

| Länge | Fläche | Raum | Masse | Energie, Leistung |
|---|---|---|---|---|
| 1 inch = 25,4 mm | 1 sq.in = 6,452 cm² | 1 cu.in = 16,39 cm³ | 1 oz = 28,35 g | 1 PSh = 0,735 kWh |
| 1 foot = 0,3048 m | 1 sq.ft = 9,29 dm² | 1 cu.ft = 28,32 dm³ | 1 lb = 453,6 g | 1 PS = 735 W |
| 1 yard = 0,9144 m | 1 sq.yd = 0,8361 m² | 1 cu.yd = 764,6 dm³ | 1 t = 1000 kg | 1 kcal = 4186,8 Ws |
| 1 Seemeile = 1,852 km | | 1 US gallon = 3,785 dm³ | 1 US short ton = 907,2 kg | 1 kcal = 1,166 Wh |
| | | 1 Petroleum barrel = 158,8 dm³ | 1 Karat = 0,2 g | 1 kpm/s = 9,807 W |
| | | | | 1 Btu = 1055 Ws |
| | | | | 1 hp = 754,7 W |

# Einheiten

## Die wichtigsten SI-Einheiten

| Physikalische Größen | Formelzeichen (DIN 1304-1) | SI-Einheiten und abgeleitete Einheiten | Einheitenzeichen (DIN 1301-1, -2) | Weitere zulässige Einheiten, Erklärungen, Einheiten außerhalb des SI |
|---|---|---|---|---|
| **Länge** | $l$, $s$ | Meter | **m** | 1 Seemeile = 1852 m |
| **Fläche** | $A$, $S$ | Quadratmeter | $\mathbf{m^2}$ | |
| **Volumen** | $V$ | Kubikmeter | $\mathbf{m^3}$ | 1 Liter = 1 $dm^3$ |
| **Ebener Winkel** | $\alpha, \beta, \gamma \ldots$ | Radiant | **rad** | $360° = 2\pi$ rad, 1 rad = 57,29° |
| | | Grad | ° | $1° = \frac{\pi}{180}$ rad |
| | | Minute | ′ | $1' = \frac{1°}{60} = \frac{\pi}{10\,800}$ rad |
| | | Sekunde | ″ | $1'' = \frac{1'}{60} = \frac{\pi}{648\,000}$ rad |
| **Masse** | $m$ | Kilogramm | **kg** | 1 t = 1 Mg = 1000 kg |
| **Dichte** | $\varrho$ | Kilogramm pro $m^3$ | $\mathbf{\frac{kg}{m^3}}$ | $1\,\frac{g}{cm^3} = 1\,\frac{kg}{dm^3} = 1\,\frac{Mg}{m^3}$ |
| **Zeit, Zeitspanne, Dauer** | $t$ | Sekunde | **s** | |
| | | Minute | **min** | 1 min = 60 s |
| | | Stunde | **h** | 1 h = 60 min = 3600 s |
| | | Tag | **d** | 1 d = 24 h = 86 400 s |
| **Umdrehungsfrequenz, Drehzahl** | $n$ | 1 pro Sekunde | $\mathbf{\frac{1}{s}}$ | $\frac{1}{1\,min} = \frac{1}{60\,s} = \frac{1}{min} = min^{-1}$ |
| **Winkelgeschwindigkeit** | $\omega$, $\Omega$ | rad pro Sekunde | $\mathbf{\frac{rad}{s}}$ oder $\mathbf{\frac{1}{s}}$ | $\omega = 2\pi \cdot n$, $n$ in $\frac{1}{s}$ |
| **Kraft** | $F$ | Newton | **N** | $1\,N = 1\,\frac{kg\,m}{s^2}$ |
| **Geschwindigkeit** | $v$ | Meter pro Sekunde | $\mathbf{\frac{m}{s}}$ | $1\,\frac{m}{s} = 3{,}6\,\frac{km}{h}$ |
| **Beschleunigung** | $a$ | Meter pro $s^2$ | $\mathbf{\frac{m}{s^2}}$ | $g = 9{,}81\,\frac{m}{s^2}$ Erdbeschleunigung |
| **Druck** | $p$ | Pascal | **Pa** | $1\,Pa = 1\,\frac{N}{m^2}$, 1 bar = 100 000 Pa<br>1 hPa = 100 Pa = 1 mbar ≈ 10 mm WS |
| | | Bar | **bar** | $1\,bar = 10\,\frac{N}{cm^2} = 1\,\frac{daN}{cm^2}$ |
| **Mechanische Spannung** | $\sigma$, $\tau$ | Newton pro $mm^2$ | $\mathbf{\frac{N}{mm^2}}$ | |
| **Energie, Arbeit, Wärmemenge** | $W$, $A$, $E$, $Q$ | Joule | **J** | $1\,J = 1\,Nm = 1\,Ws = 1\,\frac{kg \cdot m^2}{s^2}$<br>1 kWh = 3 600 000 J |
| **Leistung** | $P$ | Watt | **W** | $1\,W = 1\,\frac{Nm}{s} = 1\,\frac{J}{s} = 1\,V \cdot 1\,A$ |
| **Elektrische Stromstärke** | $I$ | Ampere | **A** | |
| **Elektrische Spannung** | $U$ | Volt | **V** | $1\,V = 1\,\frac{W}{A}$ |
| **Elektrischer Widerstand** | $R$ | Ohm | **Ω** | $1\,\Omega = 1\,\frac{V}{A}$ |
| **Temperatur** thermodynamisch | $T$, $\Theta$ | Kelvin | **K** | 0 K = −273,15 °C;<br>0 °C = 273,15 K;<br>$t = T - 273{,}15$ K |
| **Celsius** | $t$, $\vartheta$ | Celsius | **°C** | |
| **Spezifische Wärmekapazität** | $c$ | Joule pro kg und Kelvin | $\mathbf{\frac{J}{kg \cdot K}}$ | $1\,\frac{kcal}{kg \cdot K} = 4{,}19\,\frac{kJ}{kg \cdot K}$ |

## Formelzeichen

DIN 1304-1 : 1994-03

| Zeichen | Bedeutung |
|---|---|
| **Länge, Raum, Zeit** | |
| $l$ | Länge |
| $h$ | Höhe, Tiefe |
| $b$ | Breite |
| $r$ | Halbmesser, Radius |
| $d$ | Durchmesser |
| $s$ | Weglänge |
| $A$, $S$ | Fläche, Oberfläche |
| $S$, $q$ | Querschnittsfläche |
| $\alpha, \beta, \gamma$ | ebener Winkel |
| $\Omega, \omega$ | Raumwinkel |
| $V$ | Rauminhalt, Volumen |
| $t$ | Zeit |
| $\omega$ | Kreisfrequenz |
| $\alpha$ | Winkelbeschleunigung |
| $v$ | Geschwindigkeit |
| $a$ | Beschleunigung |
| $g$ | Fallbeschleunigung |
| $\dot{V}$, $q_v$ | Volumenstrom |
| $\varepsilon$ | Dehnung |
| $T$, $\tau$ | Zeitkonstante |
| $f$, $\nu$ | Frequenz |
| $n$ | Umdrehungsfrequenz, Drehzahl |

| Zeichen | Bedeutung |
|---|---|
| $\omega, \Omega$ | Winkelgeschwindigkeit |
| $\varphi$ | Phasenwinkel |
| $\lambda$ | Wellenlänge |
| **Mechanik** | |
| $m$ | Masse |
| $m'$ | längenbezogene Masse |
| $m''$ | flächenbezogene Masse |
| $\dot{m}$, $q_m$ | Massenstrom |
| $\varrho$ | Dichte |
| $v$ | spezifisches Volumen |
| $F$ | Kraft |
| $G$, $F_G$ | Gewichtskraft |
| $M$ | Dreh-(Kraft-)moment |
| $p$ | Druck |
| $\sigma$ | Zug-, Druckspannung |
| $\tau$ | Schubspannung |
| $T$ | Torsionsmoment |
| $E$ | Elastizitätsmodul |
| $G$ | Schubmodul, Gleitmodul |
| $\mu$ | Reibungszahl |
| $\eta$ | dynamische Viskosität |
| $W$, $A$ | Arbeit |
| $E$, $W$ | Energie |
| $P$ | Leistung |
| $\eta$ | Wirkungsgrad |

| Zeichen | Bedeutung |
|---|---|
| **Elektrizität** | |
| $Q$ | elektrische Ladung |
| $E$ | Feldstärke |
| $C$ | Kapazität |
| $U$ | Spannung |
| $I$ | Strom |
| $R$ | Widerstand |
| $G$ | Leitwert |
| $\varrho$ | spezifischer Widerstand |
| $\mu$ | Permeabilität |
| $X$ | Blindwiderstand |
| $Z$ | Scheinwiderstand |
| $N$, $w$ | Windungszahl |
| $L$ | Induktivität |
| **Wärme** | |
| $T, \Theta$ | thermodynamische Temperatur |
| $t, \vartheta$ | Celsius-Temperatur |
| $\Delta t = \Delta T$ | Temperaturdifferenz |
| $\alpha$ | Längenausdehnungskoeffizient |
| $\gamma$ | Volumenausdehnungskoeffizient |
| $\lambda$ | Wärmeleitfähigkeit |
| $Q$ | Wärmemenge |
| $c$ | spezifische Wärmekapazität |
| $H_i$ | spezifischer Heizwert |

## Mathematische Zeichen

DIN 1302 : 1999-12

| Zeichen | Bedeutung |
|---|---|
| 1. | erstens |
| $=$ | gleich |
| $\neq$ | nicht gleich |
| $\not\equiv$ | nicht identisch gleich |
| $\sim$ | ähnlich, proportional |
| $\approx$ | ungefähr gleich |
| $\triangleq$ | entspricht |
| $<$ | kleiner als |
| $>$ | größer als |
| $\infty$ | unendlich |
| $\leq$ | kleiner oder gleich |
| $\geq$ | größer oder gleich |
| $\cong$ | kongruent |
| $\ldots$ | und so weiter bis |
| $+$ | plus, und |

| Zeichen | Bedeutung |
|---|---|
| $-$ | minus, weniger |
| $\cdot$ $\times$ | multipliziert mit, mal |
| : – / | dividiert durch, geteilt |
| % | vom Hundert, Prozent |
| ‰ | vom Tausend, Promille |
| {[()]} | Klammer auf und zu |
| $\parallel$ | parallel |
| $\uparrow\uparrow$ | gleichsinnig parallel |
| $\uparrow\downarrow$ | gegensinnig parallel |
| $\perp$ | rechtwinklig zu |
| $\Sigma$ | Summe von |
| $n!$ | Fakultät |
| $\overline{AB}$ | Strecke $AB$ |
| $\overset{\frown}{AB}$ | Bogen $AB$ |
| $\sqrt[n]{\phantom{x}}$ | $n$-te Wurzel aus |

| Zeichen | Bedeutung |
|---|---|
| $\pi$ | pi = 3,14159... |
| $\log_a x$ | Logarithmus $x$ zur Basis $a$ |
| ln | natürlicher Logarithmus |
| sin | Sinus |
| cos | Cosinus |
| tan | Tangens |
| cot | Cotangens |
| $a^x$ | $a$ hoch $x$ |
| 1° | 1 Grad |
| 1′ | 1 Winkelminute |
| 1″ | 1 Winkelsekunde |
| Arc $z$ | Bogenmaß $z$ |
| $\sphericalangle$ | Winkel |
| $\triangle$ | Dreieck, Delta |
| $\overrightarrow{PQ}$ | Verbindungsvektor der Punkte $P$, $Q$ |

## Griechisches Alphabet

| | | | | | | | | | | | | | | |
|---|---|---|---|---|---|---|---|---|---|---|---|---|---|---|
| Α | α | **alpha** | Ζ | ζ | **zeta** | Λ | λ | **lambda** | Π | π | **pi** | Φ | φ | **phi** |
| Β | β | **beta** | Η | η | **eta** | Μ | μ | **mü** | Ρ | ϱ | **rho** | Χ | χ | **chi** |
| Γ | γ | **gamma** | Θ | ϑ | **theta** | Ν | ν | **nü** | Σ | σ | **sigma** | Ψ | ψ | **psi** |
| Δ | δ | **delta** | Ι | ι | **iota** | Ξ | ξ | **xi** | Τ | τ | **tau** | Ω | ω | **omega** |
| Ε | ε | **epsilon** | Κ | κ | **kappa** | Ο | ο | **omikron** | Υ | υ | **ypsilon** | | | |

# Trigonometrische Zahlentafeln: Sinus, Cosinus

| sin 0° bis sin 45° | | | | | | | | |
|---|---|---|---|---|---|---|---|---|
| Grad | 0′ | 10′ | 20′ | 30′ | 40′ | 50′ | 60′ | |
| 0 | 0,0000 | 0,0029 | 0,0058 | 0,0087 | 0,0116 | 0,0145 | 0,0175 | 89 |
| 1 | 0,0175 | 0,0204 | 0,0233 | 0,0262 | 0,0291 | 0,0320 | 0,0349 | 88 |
| 2 | 0,0349 | 0,0378 | 0,0407 | 0,0436 | 0,0465 | 0,0494 | 0,0523 | 87 |
| 3 | 0,0523 | 0,0552 | 0,0581 | 0,0610 | 0,0640 | 0,0669 | 0,0698 | 86 |
| 4 | 0,0698 | 0,0727 | 0,0756 | 0,0785 | 0,0814 | 0,0843 | 0,0872 | 85 |
| 5 | 0,0872 | 0,0901 | 0,0929 | 0,0958 | 0,0987 | 0,1016 | 0,1045 | 84 |
| 6 | 0,1045 | 0,1074 | 0,1103 | 0,1132 | 0,1161 | 0,1190 | 0,1219 | 83 |
| 7 | 0,1219 | 0,1248 | 0,1276 | 0,1305 | 0,1334 | 0,1363 | 0,1392 | 82 |
| 8 | 0,1392 | 0,1421 | 0,1449 | 0,1478 | 0,1507 | 0,1536 | 0,1564 | 81 |
| 9 | 0,1564 | 0,1593 | 0,1622 | 0,1650 | 0,1679 | 0,1708 | 0,1736 | 80 |
| 10 | 0,1736 | 0,1765 | 0,1794 | 0,1822 | 0,1851 | 0,1880 | 0,1908 | 79 |
| 11 | 0,1908 | 0,1937 | 0,1965 | 0,1994 | 0,2022 | 0,2051 | 0,2079 | 78 |
| 12 | 0,2079 | 0,2108 | 0,2136 | 0,2164 | 0,2193 | 0,2221 | 0,2250 | 77 |
| 13 | 0,2250 | 0,2278 | 0,2306 | 0,2334 | 0,2363 | 0,2391 | 0,2419 | 76 |
| 14 | 0,2419 | 0,2447 | 0,2476 | 0,2504 | 0,2532 | 0,2560 | 0,2588 | 75 |
| 15 | 0,2588 | 0,2616 | 0,2644 | 0,2672 | 0,2700 | 0,2728 | 0,2756 | 74 |
| 16 | 0,2756 | 0,2784 | 0,2812 | 0,2840 | 0,2868 | 0,2896 | 0,2924 | 73 |
| 17 | 0,2924 | 0,2952 | 0,2979 | 0,3007 | 0,3035 | 0,3062 | 0,3090 | 72 |
| 18 | 0,3090 | 0,3118 | 0,3145 | 0,3173 | 0,3201 | 0,3228 | 0,3256 | 71 |
| 19 | 0,3256 | 0,3283 | 0,3311 | 0,3338 | 0,3365 | 0,3393 | 0,3420 | 70 |
| 20 | 0,3420 | 0,3448 | 0,3475 | 0,3502 | 0,3529 | 0,3557 | 0,3584 | 69 |
| 21 | 0,3584 | 0,3611 | 0,3638 | 0,3665 | 0,3692 | 0,3719 | 0,3746 | 68 |
| 22 | 0,3746 | 0,3773 | 0,3800 | 0,3827 | 0,3854 | 0,3881 | 0,3907 | 67 |
| 23 | 0,3907 | 0,3934 | 0,3961 | 0,3987 | 0,4014 | 0,4041 | 0,4067 | 66 |
| 24 | 0,4067 | 0,4094 | 0,4120 | 0,4147 | 0,4173 | 0,4200 | 0,4226 | 65 |
| 25 | 0,4226 | 0,4253 | 0,4279 | 0,4305 | 0,4331 | 0,4358 | 0,4384 | 64 |
| 26 | 0,4384 | 0,4410 | 0,4436 | 0,4462 | 0,4488 | 0,4514 | 0,4540 | 63 |
| 27 | 0,4540 | 0,4566 | 0,4592 | 0,4617 | 0,4643 | 0,4669 | 0,4695 | 62 |
| 28 | 0,4695 | 0,4720 | 0,4746 | 0,4772 | 0,4797 | 0,4823 | 0,4848 | 61 |
| 29 | 0,4848 | 0,4874 | 0,4899 | 0,4924 | 0,4950 | 0,4975 | 0,5000 | 60 |
| 30 | 0,5000 | 0,5025 | 0,5050 | 0,5075 | 0,5100 | 0,5125 | 0,5150 | 59 |
| 31 | 0,5150 | 0,5175 | 0,5200 | 0,5225 | 0,5250 | 0,5275 | 0,5299 | 58 |
| 32 | 0,5299 | 0,5324 | 0,5348 | 0,5373 | 0,5398 | 0,5422 | 0,5446 | 57 |
| 33 | 0,5446 | 0,5471 | 0,5495 | 0,5519 | 0,5544 | 0,5568 | 0,5592 | 56 |
| 34 | 0,5592 | 0,5616 | 0,5640 | 0,5664 | 0,5688 | 0,5712 | 0,5736 | 55 |
| 35 | 0,5736 | 0,5760 | 0,5783 | 0,5807 | 0,5831 | 0,5854 | 0,5878 | 54 |
| 36 | 0,5878 | 0,5901 | 0,5925 | 0,5948 | 0,5972 | 0,5995 | 0,6018 | 53 |
| 37 | 0,6018 | 0,6041 | 0,6065 | 0,6088 | 0,6111 | 0,6134 | 0,6157 | 52 |
| 38 | 0,6157 | 0,6180 | 0,6202 | 0,6225 | 0,6248 | 0,6271 | 0,6293 | 51 |
| 39 | 0,6293 | 0,6316 | 0,6338 | 0,6361 | 0,6383 | 0,6406 | 0,6428 | 50 |
| 40 | 0,6428 | 0,6450 | 0,6472 | 0,6494 | 0,6517 | 0,6539 | 0,6561 | 49 |
| 41 | 0,6561 | 0,6583 | 0,6604 | 0,6626 | 0,6648 | 0,6670 | 0,6691 | 48 |
| 42 | 0,6691 | 0,6713 | 0,6734 | 0,6756 | 0,6777 | 0,6799 | 0,6820 | 47 |
| 43 | 0,6820 | 0,6841 | 0,6862 | 0,6884 | 0,6905 | 0,6926 | 0,6947 | 46 |
| 44 | 0,6947 | 0,6967 | 0,6988 | 0,7009 | 0,7030 | 0,7050 | 0,7071 | 45 |
| | 60′ | 50′ | 40′ | 30′ | 20′ | 10′ | 0′ | Grad |
| | cos 45° bis cos 90° | | | | | | | |

| sin 45° bis sin 90° | | | | | | | | |
|---|---|---|---|---|---|---|---|---|
| Grad | 0′ | 10′ | 20′ | 30′ | 40′ | 50′ | 60′ | |
| 45 | 0,7071 | 0,7092 | 0,7112 | 0,7133 | 0,7153 | 0,7173 | 0,7193 | 44 |
| 46 | 0,7193 | 0,7214 | 0,7234 | 0,7254 | 0,7274 | 0,7294 | 0,7314 | 43 |
| 47 | 0,7314 | 0,7333 | 0,7353 | 0,7373 | 0,7392 | 0,7412 | 0,7431 | 42 |
| 48 | 0,7431 | 0,7451 | 0,7470 | 0,7490 | 0,7509 | 0,7528 | 0,7547 | 41 |
| 49 | 0,7547 | 0,7566 | 0,7585 | 0,7604 | 0,7623 | 0,7642 | 0,7660 | 40 |
| 50 | 0,7660 | 0,7679 | 0,7698 | 0,7716 | 0,7735 | 0,7753 | 0,7771 | 39 |
| 51 | 0,7771 | 0,7790 | 0,7808 | 0,7826 | 0,7844 | 0,7862 | 0,7880 | 38 |
| 52 | 0,7880 | 0,7898 | 0,7916 | 0,7934 | 0,7951 | 0,7969 | 0,7986 | 37 |
| 53 | 0,7986 | 0,8004 | 0,8021 | 0,8039 | 0,8056 | 0,8073 | 0,8090 | 36 |
| 54 | 0,8090 | 0,8107 | 0,8124 | 0,8141 | 0,8158 | 0,8175 | 0,8192 | 35 |
| 55 | 0,8192 | 0,8208 | 0,8225 | 0,8241 | 0,8258 | 0,8274 | 0,8290 | 34 |
| 56 | 0,8290 | 0,8307 | 0,8323 | 0,8339 | 0,8355 | 0,8371 | 0,8387 | 33 |
| 57 | 0,8387 | 0,8403 | 0,8418 | 0,8434 | 0,8450 | 0,8465 | 0,8480 | 32 |
| 58 | 0,8480 | 0,8496 | 0,8511 | 0,8526 | 0,8542 | 0,8557 | 0,8572 | 31 |
| 59 | 0,8572 | 0,8587 | 0,8601 | 0,8616 | 0,8631 | 0,8646 | 0,8660 | 30 |
| 60 | 0,8660 | 0,8675 | 0,8689 | 0,8704 | 0,8718 | 0,8732 | 0,8746 | 29 |
| 61 | 0,8746 | 0,8760 | 0,8774 | 0,8788 | 0,8802 | 0,8816 | 0,8829 | 28 |
| 62 | 0,8829 | 0,8843 | 0,8857 | 0,8870 | 0,8884 | 0,8897 | 0,8910 | 27 |
| 63 | 0,8910 | 0,8923 | 0,8936 | 0,8949 | 0,8962 | 0,8975 | 0,8988 | 26 |
| 64 | 0,8988 | 0,9001 | 0,9013 | 0,9026 | 0,9038 | 0,9051 | 0,9063 | 25 |
| 65 | 0,9063 | 0,9075 | 0,9088 | 0,9100 | 0,9112 | 0,9124 | 0,9135 | 24 |
| 66 | 0,9135 | 0,9147 | 0,9159 | 0,9171 | 0,9182 | 0,9194 | 0,9205 | 23 |
| 67 | 0,9205 | 0,9216 | 0,9228 | 0,9239 | 0,9250 | 0,9261 | 0,9272 | 22 |
| 68 | 0,9272 | 0,9283 | 0,9293 | 0,9304 | 0,9315 | 0,9325 | 0,9336 | 21 |
| 69 | 0,9336 | 0,9346 | 0,9356 | 0,9367 | 0,9377 | 0,9387 | 0,9397 | 20 |
| 70 | 0,9397 | 0,9407 | 0,9417 | 0,9426 | 0,9436 | 0,9446 | 0,9455 | 19 |
| 71 | 0,9455 | 0,9465 | 0,9474 | 0,9483 | 0,9492 | 0,9502 | 0,9511 | 18 |
| 72 | 0,9511 | 0,9520 | 0,9528 | 0,9537 | 0,9546 | 0,9555 | 0,9563 | 17 |
| 73 | 0,9563 | 0,9572 | 0,9580 | 0,9588 | 0,9596 | 0,9605 | 0,9613 | 16 |
| 74 | 0,9613 | 0,9621 | 0,9628 | 0,9636 | 0,9644 | 0,9652 | 0,9659 | 15 |
| 75 | 0,9659 | 0,9667 | 0,9674 | 0,9681 | 0,9689 | 0,9696 | 0,9703 | 14 |
| 76 | 0,9703 | 0,9710 | 0,9717 | 0,9724 | 0,9730 | 0,9737 | 0,9744 | 13 |
| 77 | 0,9744 | 0,9750 | 0,9757 | 0,9763 | 0,9769 | 0,9775 | 0,9781 | 12 |
| 78 | 0,9781 | 0,9787 | 0,9793 | 0,9799 | 0,9805 | 0,9811 | 0,9816 | 11 |
| 79 | 0,9816 | 0,9822 | 0,9827 | 0,9833 | 0,9838 | 0,9843 | 0,9848 | 10 |
| 80 | 0,9848 | 0,9853 | 0,9858 | 0,9863 | 0,9868 | 0,9872 | 0,9877 | 9 |
| 81 | 0,9877 | 0,9881 | 0,9886 | 0,9890 | 0,9894 | 0,9899 | 0,9903 | 8 |
| 82 | 0,9903 | 0,9907 | 0,9911 | 0,9914 | 0,9918 | 0,9922 | 0,9925 | 7 |
| 83 | 0,9925 | 0,9929 | 0,9932 | 0,9936 | 0,9939 | 0,9942 | 0,9945 | 6 |
| 84 | 0,9945 | 0,9948 | 0,9951 | 0,9954 | 0,9957 | 0,9959 | 0,9962 | 5 |
| 85 | 0,9962 | 0,9964 | 0,9967 | 0,9969 | 0,9971 | 0,9974 | 0,9976 | 4 |
| 86 | 0,9976 | 0,9978 | 0,9980 | 0,9981 | 0,9983 | 0,9985 | 0,9986 | 3 |
| 87 | 0,9986 | 0,9988 | 0,9989 | 0,9990 | 0,9992 | 0,9993 | 0,9994 | 2 |
| 88 | 0,9994 | 0,9995 | 0,9996 | 0,99966 | 0,99973 | 0,99979 | 0,99985 | 1 |
| 89 | 0,99985 | 0,99989 | 0,99993 | 0,99996 | 0,99998 | 1,0000 | 1,0000 | 0 |
| | 60′ | 50′ | 40′ | 30′ | 20′ | 10′ | 0′ | Grad |
| | cos 0° bis cos 45° | | | | | | | |



## Vorzeichen der Winkelfunktionen in den 4 Quadranten

| Quadrant / ∢ Funktion | sin $\alpha$ | cos $\alpha$ | tan $\alpha$ | cot $\alpha$ |
|---|---|---|---|---|
| I | + | + | + | + |
| II | + | − | − | − |
| III | − | − | + | + |
| IV | − | + | − | − |

# Trigonometrische Zahlentafeln: Tangens, Cotangens

| tan 0° bis tan 45° | | | | | | | | |
|---|---|---|---|---|---|---|---|---|
| Grad | 0′ | 10′ | 20′ | 30′ | 40′ | 50′ | 60′ | |
| 0 | 0,0000 | 0,0029 | 0,0058 | 0,0087 | 0,0116 | 0,0145 | 0,0175 | 89 |
| 1 | 0,0175 | 0,0204 | 0,0233 | 0,0262 | 0,0291 | 0,0320 | 0,0349 | 88 |
| 2 | 0,0349 | 0,0378 | 0,0407 | 0,0437 | 0,0466 | 0,0495 | 0,0524 | 87 |
| 3 | 0,0524 | 0,0553 | 0,0582 | 0,0612 | 0,0641 | 0,0670 | 0,0699 | 86 |
| 4 | 0,0699 | 0,0729 | 0,0758 | 0,0787 | 0,0816 | 0,0846 | 0,0875 | 85 |
| 5 | 0,0875 | 0,0904 | 0,0934 | 0,0963 | 0,0992 | 0,1022 | 0,1051 | 84 |
| 6 | 0,1051 | 0,1080 | 0,1110 | 0,1139 | 0,1169 | 0,1198 | 0,1228 | 83 |
| 7 | 0,1228 | 0,1257 | 0,1287 | 0,1317 | 0,1346 | 0,1376 | 0,1405 | 82 |
| 8 | 0,1405 | 0,1435 | 0,1465 | 0,1495 | 0,1524 | 0,1554 | 0,1584 | 81 |
| 9 | 0,1584 | 0,1614 | 0,1644 | 0,1673 | 0,1703 | 0,1733 | 0,1763 | 80 |
| 10 | 0,1763 | 0,1793 | 0,1823 | 0,1853 | 0,1883 | 0,1914 | 0,1944 | 79 |
| 11 | 0,1944 | 0,1974 | 0,2004 | 0,2035 | 0,2065 | 0,2095 | 0,2126 | 78 |
| 12 | 0,2126 | 0,2156 | 0,2186 | 0,2217 | 0,2247 | 0,2278 | 0,2309 | 77 |
| 13 | 0,2309 | 0,2339 | 0,2370 | 0,2401 | 0,2432 | 0,2462 | 0,2493 | 76 |
| 14 | 0,2493 | 0,2524 | 0,2555 | 0,2586 | 0,2617 | 0,2648 | 0,2679 | 75 |
| 15 | 0,2679 | 0,2711 | 0,2742 | 0,2773 | 0,2805 | 0,2836 | 0,2867 | 74 |
| 16 | 0,2867 | 0,2899 | 0,2931 | 0,2962 | 0,2994 | 0,3026 | 0,3057 | 73 |
| 17 | 0,3057 | 0,3089 | 0,3121 | 0,3153 | 0,3185 | 0,3217 | 0,3249 | 72 |
| 18 | 0,3249 | 0,3281 | 0,3314 | 0,3346 | 0,3378 | 0,3411 | 0,3443 | 71 |
| 19 | 0,3443 | 0,3476 | 0,3508 | 0,3541 | 0,3574 | 0,3607 | 0,3640 | 70 |
| 20 | 0,3640 | 0,3673 | 0,3706 | 0,3739 | 0,3772 | 0,3805 | 0,3839 | 69 |
| 21 | 0,3839 | 0,3872 | 0,3906 | 0,3939 | 0,3973 | 0,4006 | 0,4040 | 68 |
| 22 | 0,4040 | 0,4074 | 0,4108 | 0,4142 | 0,4176 | 0,4210 | 0,4245 | 67 |
| 23 | 0,4245 | 0,4279 | 0,4314 | 0,4348 | 0,4383 | 0,4417 | 0,4452 | 66 |
| 24 | 0,4452 | 0,4487 | 0,4522 | 0,4557 | 0,4592 | 0,4628 | 0,4663 | 65 |
| 25 | 0,4663 | 0,4699 | 0,4734 | 0,4770 | 0,4806 | 0,4841 | 0,4877 | 64 |
| 26 | 0,4877 | 0,4913 | 0,4950 | 0,4986 | 0,5022 | 0,5059 | 0,5095 | 63 |
| 27 | 0,5095 | 0,5132 | 0,5169 | 0,5206 | 0,5243 | 0,5280 | 0,5317 | 62 |
| 28 | 0,5317 | 0,5354 | 0,5392 | 0,5430 | 0,5467 | 0,5505 | 0,5543 | 61 |
| 29 | 0,5543 | 0,5581 | 0,5619 | 0,5658 | 0,5696 | 0,5735 | 0,5774 | 60 |
| 30 | 0,5774 | 0,5812 | 0,5851 | 0,5890 | 0,5930 | 0,5969 | 0,6009 | 59 |
| 31 | 0,6009 | 0,6048 | 0,6088 | 0,6128 | 0,6168 | 0,6208 | 0,6249 | 58 |
| 32 | 0,6249 | 0,6289 | 0,6330 | 0,6371 | 0,6412 | 0,6453 | 0,6494 | 57 |
| 33 | 0,6494 | 0,6536 | 0,6577 | 0,6619 | 0,6661 | 0,6703 | 0,6745 | 56 |
| 34 | 0,6745 | 0,6787 | 0,6830 | 0,6873 | 0,6916 | 0,6959 | 0,7002 | 55 |
| 35 | 0,7002 | 0,7046 | 0,7089 | 0,7133 | 0,7177 | 0,7221 | 0,7265 | 54 |
| 36 | 0,7265 | 0,7310 | 0,7355 | 0,7400 | 0,7445 | 0,7490 | 0,7536 | 53 |
| 37 | 0,7536 | 0,7581 | 0,7627 | 0,7673 | 0,7720 | 0,7760 | 0,7813 | 52 |
| 38 | 0,7813 | 0,7860 | 0,7907 | 0,7954 | 0,8002 | 0,8050 | 0,8098 | 51 |
| 39 | 0,8098 | 0,8146 | 0,8195 | 0,8243 | 0,8292 | 0,8342 | 0,8391 | 50 |
| 40 | 0,8391 | 0,8441 | 0,8491 | 0,8541 | 0,8591 | 0,8642 | 0,8693 | 49 |
| 41 | 0,8693 | 0,8744 | 0,8796 | 0,8847 | 0,8899 | 0,8952 | 0,9004 | 48 |
| 42 | 0,9004 | 0,9057 | 0,9110 | 0,9163 | 0,9217 | 0,9271 | 0,9325 | 47 |
| 43 | 0,9325 | 0,9380 | 0,9435 | 0,9490 | 0,9545 | 0,9601 | 0,9657 | 46 |
| 44 | 0,9657 | 0,9713 | 0,9770 | 0,9827 | 0,9884 | 0,9942 | 1,0000 | 45 |
| | 60′ | 50′ | 40′ | 30′ | 20′ | 10′ | 0′ | Grad |
| | cot 45° bis cot 90° | | | | | | | |

| tan 45° bis tan 90° | | | | | | | | |
|---|---|---|---|---|---|---|---|---|
| Grad | 0′ | 10′ | 20′ | 30′ | 40′ | 50′ | 60′ | |
| 45 | 1,0000 | 1,0058 | 1,0117 | 1,0176 | 1,0236 | 1,0295 | 1,0355 | 44 |
| 46 | 1,0355 | 1,0416 | 1,0477 | 1,0538 | 1,0599 | 1,0661 | 1,0724 | 43 |
| 47 | 1,0724 | 1,0786 | 1,0850 | 1,0913 | 1,0977 | 1,1041 | 1,1106 | 42 |
| 48 | 1,1106 | 1,1171 | 1,1237 | 1,1303 | 1,1369 | 1,1436 | 1,1504 | 41 |
| 49 | 1,1504 | 1,1571 | 1,1640 | 1,1708 | 1,1778 | 1,1847 | 1,1918 | 40 |
| 50 | 1,1918 | 1,1988 | 1,2059 | 1,2131 | 1,2203 | 1,2276 | 1,2349 | 39 |
| 51 | 1,2349 | 1,2423 | 1,2500 | 1,2572 | 1,2647 | 1,2723 | 1,2799 | 38 |
| 52 | 1,2799 | 1,2876 | 1,2954 | 1,3032 | 1,3111 | 1,3190 | 1,3270 | 37 |
| 53 | 1,3270 | 1,3351 | 1,3432 | 1,3514 | 1,3597 | 1,3680 | 1,3764 | 36 |
| 54 | 1,3764 | 1,3848 | 1,3934 | 1,4020 | 1,4106 | 1,4193 | 1,4281 | 35 |
| 55 | 1,4281 | 1,4370 | 1,4460 | 1,4550 | 1,4641 | 1,4733 | 1,4826 | 34 |
| 56 | 1,4826 | 1,4919 | 1,5013 | 1,5108 | 1,5204 | 1,5301 | 1,5399 | 33 |
| 57 | 1,5399 | 1,5497 | 1,5597 | 1,5697 | 1,5798 | 1,5990 | 1,6003 | 32 |
| 58 | 1,6003 | 1,6107 | 1,6212 | 1,6319 | 1,6426 | 1,6534 | 1,6643 | 31 |
| 59 | 1,664 | 1,675 | 1,686 | 1,698 | 1,709 | 1,720 | 1,732 | 30 |
| 60 | 1,732 | 1,744 | 1,756 | 1,767 | 1,780 | 1,792 | 1,804 | 29 |
| 61 | 1,804 | 1,816 | 1,829 | 1,842 | 1,855 | 1,868 | 1,881 | 28 |
| 62 | 1,881 | 1,894 | 1,907 | 1,921 | 1,935 | 1,949 | 1,963 | 27 |
| 63 | 1,963 | 1,977 | 1,991 | 2,006 | 2,020 | 2,035 | 2,050 | 26 |
| 64 | 2,050 | 2,066 | 2,081 | 2,097 | 2,112 | 2,128 | 2,145 | 25 |
| 65 | 2,145 | 2,161 | 2,177 | 2,194 | 2,211 | 2,229 | 2,246 | 24 |
| 66 | 2,246 | 2,264 | 2,282 | 2,300 | 2,318 | 2,337 | 2,356 | 23 |
| 67 | 2,356 | 2,375 | 2,394 | 2,414 | 2,434 | 2,455 | 2,475 | 22 |
| 68 | 2,475 | 2,496 | 2,517 | 2,539 | 2,560 | 2,583 | 2,605 | 21 |
| 69 | 2,605 | 2,628 | 2,651 | 2,675 | 2,699 | 2,723 | 2,747 | 20 |
| 70 | 2,747 | 2,773 | 2,798 | 2,824 | 2,850 | 2,877 | 2,904 | 19 |
| 71 | 2,904 | 2,932 | 2,960 | 2,989 | 3,018 | 3,047 | 3,078 | 18 |
| 72 | 3,078 | 3,108 | 3,140 | 3,172 | 3,204 | 3,237 | 3,271 | 17 |
| 73 | 3,271 | 3,305 | 3,340 | 3,376 | 3,412 | 3,450 | 3,487 | 16 |
| 74 | 3,487 | 3,526 | 3,566 | 3,606 | 3,647 | 3,689 | 3,732 | 15 |
| 75 | 3,732 | 3,776 | 3,821 | 3,867 | 3,914 | 3,962 | 4,011 | 14 |
| 76 | 4,011 | 4,061 | 4,113 | 4,165 | 4,219 | 4,275 | 4,331 | 13 |
| 77 | 4,331 | 4,390 | 4,449 | 4,511 | 4,574 | 4,638 | 4,705 | 12 |
| 78 | 4,705 | 4,773 | 4,843 | 4,915 | 4,989 | 5,066 | 5,145 | 11 |
| 79 | 5,145 | 5,226 | 5,309 | 5,396 | 5,485 | 5,576 | 5,671 | 10 |
| 80 | 5,671 | 5,769 | 5,871 | 5,976 | 6,084 | 6,197 | 6,314 | 9 |
| 81 | 6,314 | 6,435 | 6,561 | 6,691 | 6,827 | 6,968 | 7,115 | 8 |
| 82 | 7,115 | 7,269 | 7,429 | 7,596 | 7,770 | 7,953 | 8,144 | 7 |
| 83 | 8,144 | 8,345 | 8,556 | 8,777 | 9,010 | 9,255 | 9,514 | 6 |
| 84 | 9,514 | 9,788 | 10,078 | 10,385 | 10,712 | 11,059 | 11,430 | 5 |
| 85 | 11,430 | 11,826 | 12,251 | 12,706 | 13,197 | 13,727 | 14,301 | 4 |
| 86 | 14,301 | 14,924 | 15,605 | 16,350 | 17,169 | 18,075 | 19,081 | 3 |
| 87 | 19,081 | 20,206 | 21,470 | 22,904 | 24,542 | 26,432 | 28,636 | 2 |
| 88 | 28,636 | 31,242 | 34,368 | 38,188 | 42,964 | 49,104 | 57,290 | 1 |
| 89 | 57,290 | 68,750 | 85,940 | 114,59 | 171,89 | 343,77 | ∞ | 0 |
| | 60′ | 50′ | 40′ | 30′ | 20′ | 10′ | 0′ | Grad |
| | cot 0° bis cot 45° | | | | | | | |

## Bogenmaße

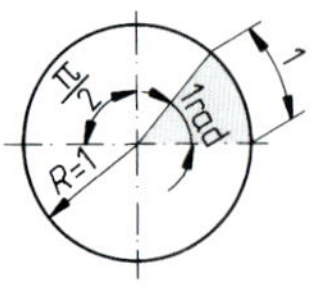


Einen Winkel kann man außer im Gradmaß $\alpha$ auch im Bogenmaß $\hat{\alpha}$ angeben. Einheit für das Bogenmaß ist der Radiant (rad).

$$\hat{\alpha} = \pi \cdot \frac{\alpha}{180^\circ} \text{ rad}$$

| $\alpha$ in ° | 0 | 30 | 45 | 57,29 | 60 | 90 | 180 | 270 | 360 |
|---|---|---|---|---|---|---|---|---|---|
| $\hat{\alpha}$ in rad | 0 | $\frac{\pi}{6}$ | $\frac{\pi}{4}$ | 1 | $\frac{\pi}{3}$ | $\frac{\pi}{2}$ | $\pi$ | $\frac{3}{2}\pi$ | $2\pi$ |

| Art | Formel | Formelzeichen | Erklärung |
|---|---|---|---|

## Schlussrechnen

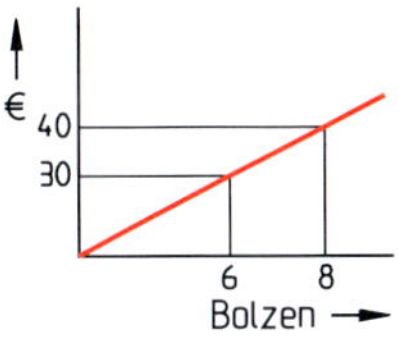


**Gleiches Verhältnis (direkt proportional)**

1. Satz: Behauptungssatz:
   8 Bolzen kosten 40 €
2. Satz: Mittelsatz: Schließen von der Mehrheit auf die Einheit
   1 Bolzen kostet $\frac{40\ €}{8}$
3. Satz: Schlusssatz: Schließen von der Einheit auf die neue Mehrheit
   6 Bolzen kosten $\frac{40\ € \cdot 6}{8} = 30\ €$

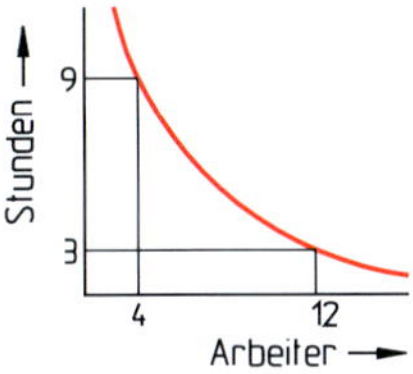


**Umgekehrtes Verhältnis (indirekt proportional)**

1. Satz: Behauptungssatz:
   12 Arbeiter montieren eine Maschine in 3 Stunden
2. Satz: Mittelsatz: Schließen von der Mehrheit auf die Einheit
   1 Arbeiter montiert eine Maschine in 12 · 3 Stunden
3. Satz: Schlusssatz:
   4 Arbeiter montieren eine Maschine in $\frac{12 \cdot 3\ h}{4} = 9\ h$

## Prozentrechnen

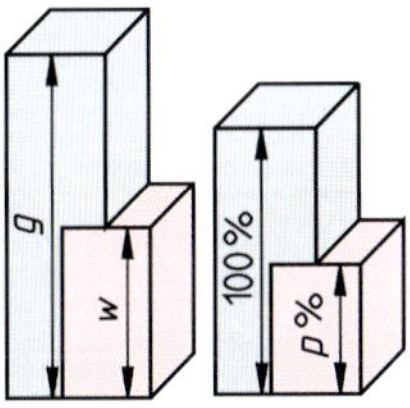


Prozentrechnung ist eine Schlussrechnung, bei der alle Größen auf 100 bezogen werden.

1 % = 1 v. H. (vom Hundert)

$$w = \frac{p}{100\ \%} \cdot g$$

| Formelzeichen | Erklärung |
|---|---|
| $w$ | Prozentwert, Teilmenge vom Grundwert |
| $g$ | Grundwert |
| $p$ | Prozentsatz in %, Teilmenge von 100 % |

Bei der Promillerechnung sind alle Größen auf 1000 bezogen.

1 ‰ = 1 v.T. (vom Tausend)

| Formelzeichen | Erklärung |
|---|---|
| $w$ | Promillewert |
| $g$ | Grundwert |
| $p$ | Promillesatz in ‰ |

## Mischungsrechnen

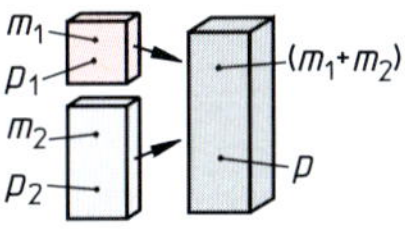


Durch Mischen soll eine Lösung (Legierung) bestimmter Konzentration hergestellt werden.

$$p_1 \cdot m_1 + p_2 \cdot m_2 + \ldots = p \cdot (m_1 + m_2 + \ldots)$$

| Formelzeichen | Erklärung |
|---|---|
| $m_1, m_2 \ldots$ | Teilmassen der Ausgangsstoffe |
| $p_1, p_2 \ldots$ | Massenprozente |
| $p$ | Konzentration der fertigen Mischung in % |

## Steigung

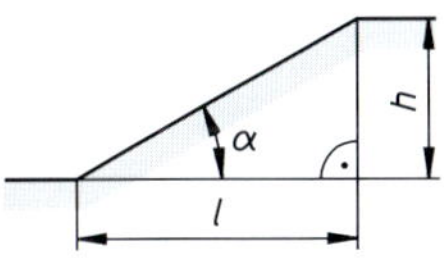


Bei einer Steigung von $x$ % beträgt die Höhendifferenz auf 100 m horizontaler Länge $a$ Meter.

$$x = \frac{a \cdot 100\ \%}{l}$$

$$\tan \alpha = \frac{a}{l}$$

| Formelzeichen | Erklärung |
|---|---|
| $x$ | Steigung in % |
| $a$ | Höhendifferenz in m |
| $l$ | horizontale Länge in m |
| $\alpha$ | Steigungswinkel |

## Satz des Pythagoras

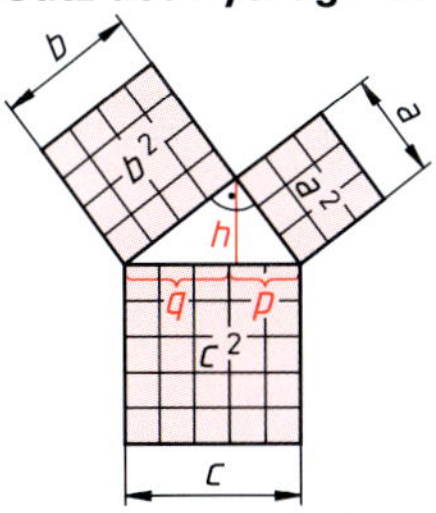


Im rechtwinkligen Dreieck ist das Hypotenusenquadrat gleich der Summe der Kathetenquadrate.

$$a^2 + b^2 = c^2$$

$$a = \sqrt{c^2 - b^2}$$
$$b = \sqrt{c^2 - a^2}$$
$$c = \sqrt{a^2 + b^2}$$

**Kathetensatz:** $b^2 = c \cdot q$
$a^2 = c \cdot p$

**Höhensatz:** $h^2 = q \cdot p$

| Formelzeichen | Erklärung |
|---|---|
| $a, b$ | Katheten |
| $c$ | Hypotenuse |
| $h$ | Höhe |
| $p, q$ | Hypotenusenabschnitte |

# Winkelfunktionen

## Beziehungen am Einheitskreis

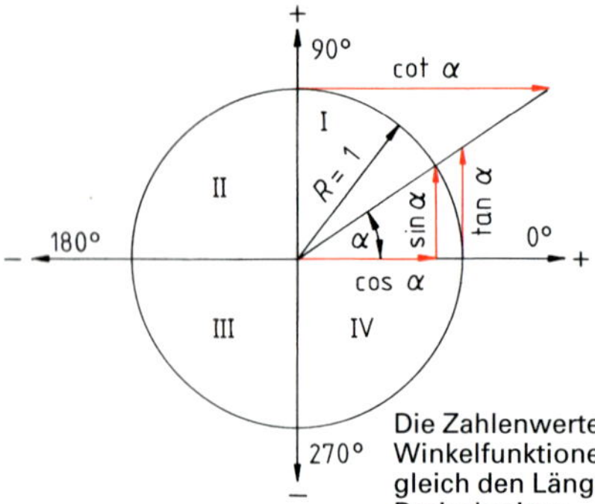


Die Zahlenwerte der Winkelfunktionen sind gleich den Längen der Dreieckseiten

**Verlauf in den 4 Quadranten:**

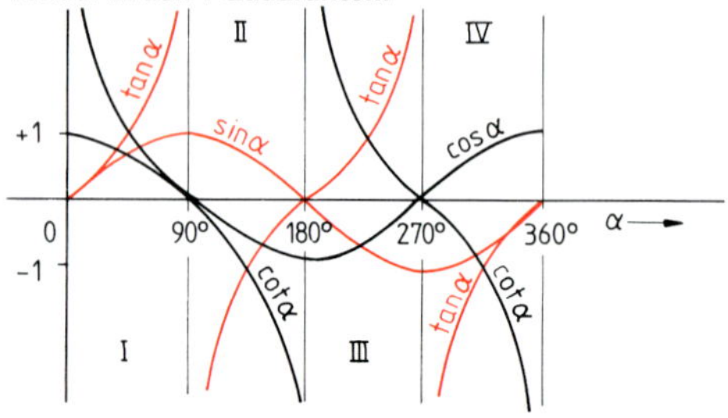


**Beziehungen:** $\sin^2\alpha + \cos^2\alpha = 1$

$\tan\alpha = \dfrac{\sin\alpha}{\cos\alpha}$ $\tan\alpha = \dfrac{1}{\cot\alpha}$

## Beziehungen im rechtwinkligen Dreieck

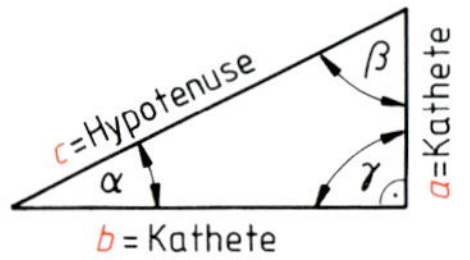


$\gamma = 90°$

$\alpha + \beta + \gamma = 180°$

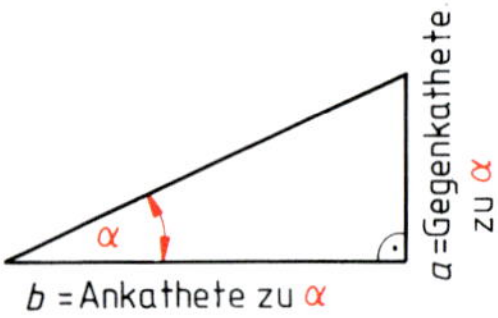


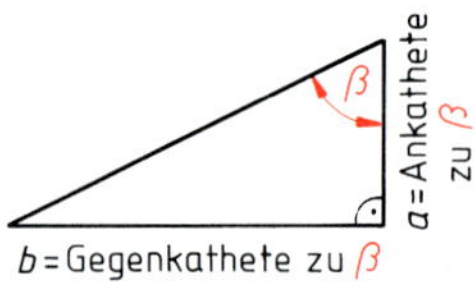


**sin**us $= \dfrac{\text{Gegenkathete}}{\text{Hypotenuse}}$ $\sin\alpha = \dfrac{a}{c}$; $\sin\beta = \dfrac{b}{c}$

**cos**inus $= \dfrac{\text{Ankathete}}{\text{Hypotenuse}}$ $\cos\alpha = \dfrac{b}{c}$; $\cos\beta = \dfrac{a}{c}$

**tan**gens $= \dfrac{\text{Gegenkathete}}{\text{Ankathete}}$ $\tan\alpha = \dfrac{a}{b}$; $\tan\beta = \dfrac{b}{a}$

**cot**angens $= \dfrac{\text{Ankathete}}{\text{Gegenkathete}}$ $\cot\alpha = \dfrac{b}{a}$; $\cot\beta = \dfrac{a}{b}$

# Längen

| | Formel | Formelzeichen | Erklärung<br>weitere Einheiten siehe S. 87 | |
|---|---|---|---|---|
| **Teilung von Längen**<br>**mit ungleichen Endstücken**<br>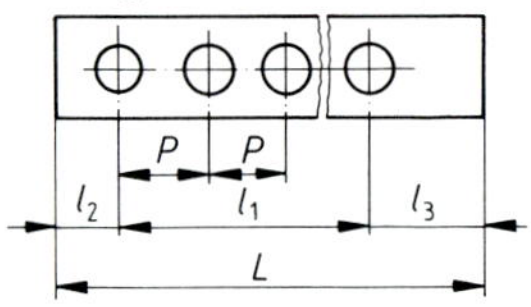 | $L = l_1 + l_2 + l_3$<br>$L = z \cdot P + l_2 + l_3$<br>$z = n - 1$ | $L$<br>$l_1$<br>$P$<br>$l_2, l_3$<br>$n$<br>$z$ | Gesamtlänge<br>Teilungslänge<br>Teilung<br>Randabstände<br>Anzahl der Bohrungen<br>Anzahl der Teilungen | in m<br>in m<br>in m<br>in m<br>–<br>– |
| **mit gleichen Endstücken**<br>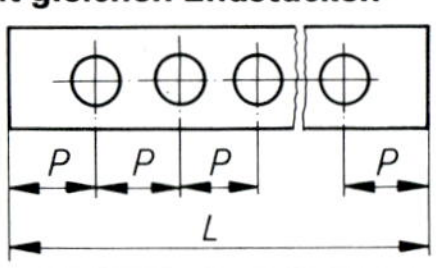 | $L = z \cdot P$<br>$z = n + 1$ | | | |
| **Gestreckte Länge**<br>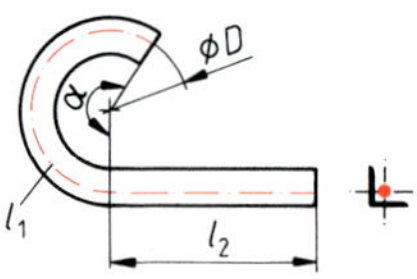 | Die gestreckte Länge gebogener Werkstücke ist die Länge der Schwerpunktslinie (neutrale Faser).<br>$L = l_1 + l_2 + l_3 + \dots$<br>$l_1 = \dfrac{D \cdot \pi \cdot \alpha}{360°}$ | $L$<br>$l_1\ l_2\ l_3$<br>$D$<br>$\alpha$ | Gestreckte Länge<br>Teillängen<br>Durchmesser der Schwerpunktbiegelinie<br>Biegewinkel | in m<br>in m<br>in m<br>in ° |

| | Formel | Formelzeichen | Erklärung weitere Einheiten siehe S. 87 |
|---|---|---|---|
| **Quadrat** 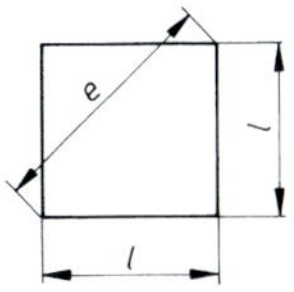 | $U = 4 \cdot l$<br>$A = l^2$<br>$e = l \cdot \sqrt{2}$ | $U$<br>$A$<br>$l$<br>$e$ | Umfang in m<br>Fläche in m²<br>Seitenlänge in m<br>Diagonale in m |
| **Rechteck** 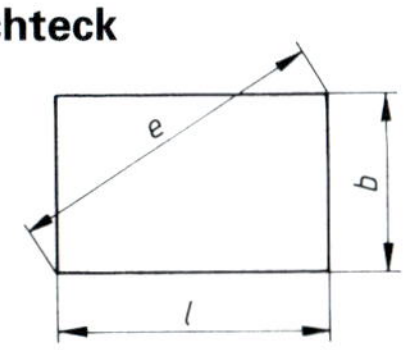 | $U = 2 \cdot (l + b)$<br>$A = l \cdot b$<br>$e = \sqrt{l^2 + b^2}$ | $U$<br>$A$<br>$l$<br>$b$<br>$e$ | Umfang in m<br>Fläche in m²<br>Grundseite in m<br>Breite in m<br>Diagonale in m |
| **Parallelogramm** 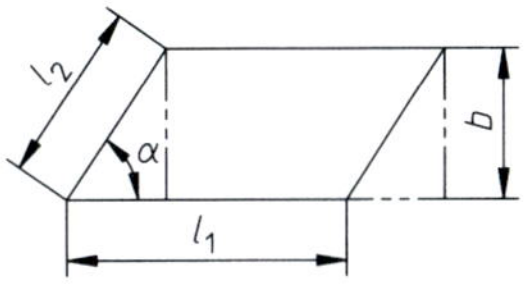 | $U = 2 \cdot (l_1 + l_2)$<br>$A = l_1 \cdot b$ | $U$<br>$A$<br>$b$<br>$l_1, l_2$ | Umfang in m<br>Fläche in m<br>Breite in m<br>Seitenlängen in m |
| **Dreieck** 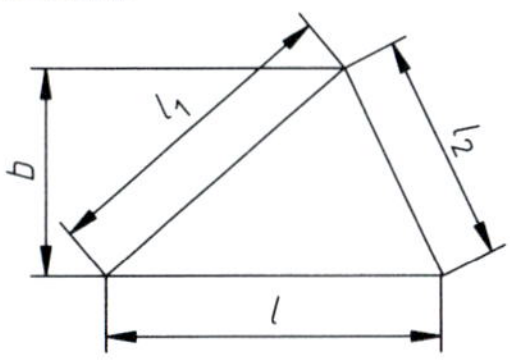 | $U = l + l_1 + l_2$<br>$A = \frac{l \cdot b}{2}$ | $U$<br>$A$<br>$l$<br>$b$<br>$l_1, l_2$ | Umfang in m<br>Fläche in m<br>Grundseite in m<br>Breite in m<br>Dreieckseiten in m |
| **Trapez** 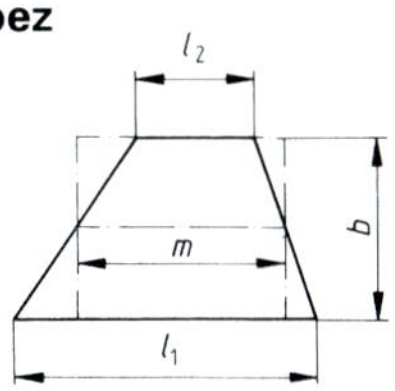 | $A = m \cdot b$<br>$A = \frac{l_1 + l_2}{2} \cdot b$<br>$m = \frac{l_1 + l_2}{2}$ | $A$<br>$b$<br>$l_1$<br>$l_2$<br>$m$ | Fläche in m<br>Breite in m<br>} Seitenlängen in m<br>Mittlere Seitenlänge in m |
| **Regelmäßiges Vieleck** 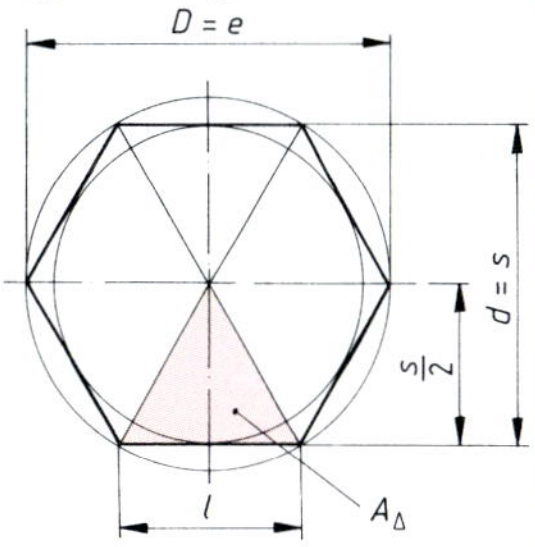 | $A = A_\triangle \cdot n$<br>$A = \frac{n \cdot l \cdot d}{4}$<br>$l = D \cdot \sin\left(\frac{180°}{n}\right)$ | $A$<br>$A_\triangle$<br>$n$<br>$l$<br>$d$<br>$s$<br>$D$<br>$e$ | Vieleckfläche in m<br>Teilfläche in m<br>Eckenzahl<br>Seitenlänge in m<br>Inkreisdurchmesser in m<br>Schlüsselweite in m<br>Umkreisdurchmesser in m<br>Eckenmaß in m |

| Eckenzahl | **A** = | | | **s** = |
|---|---|---|---|---|
| 3 | $0{,}325 \cdot D^2$ | $1{,}299 \cdot d^2$ | $0{,}433 \cdot l^2$ | – |
| 4 | $0{,}500 \cdot D^2$ | $1{,}000 \cdot d^2$ | $1{,}000 \cdot l^2$ | $0{,}707 \cdot e$ |
| 5 | $0{,}594 \cdot D^2$ | $0{,}908 \cdot d^2$ | $1{,}721 \cdot l^2$ | – |
| 6 | $0{,}650 \cdot D^2$ | $0{,}866 \cdot d^2$ | $2{,}598 \cdot l^2$ | $0{,}866 \cdot e$ |
| 8 | $0{,}707 \cdot D^2$ | $0{,}828 \cdot d^2$ | $4{,}828 \cdot l^2$ | $0{,}924 \cdot e$ |
| 10 | $0{,}735 \cdot D^2$ | $0{,}812 \cdot d^2$ | $7{,}694 \cdot l^2$ | $0{,}951 \cdot e$ |
| 12 | $0{,}750 \cdot D^2$ | $0{,}804 \cdot d^2$ | $11{,}196 \cdot l^2$ | $0{,}966 \cdot e$ |

Technische Mathematik

| | Formel | Formelzeichen | Erklärung weitere Einheiten siehe S. 87 | |
|---|---|---|---|---|
| **Kreis** 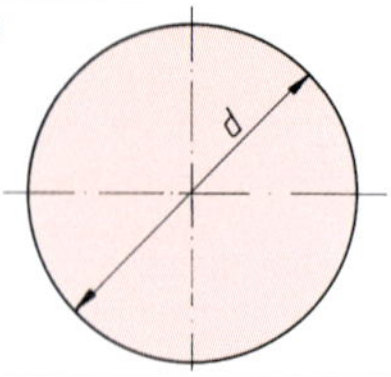  | $U = d \cdot \pi$ | $U$ | Umfang | in m |
| | $A = \frac{d^2 \cdot \pi}{4}$ | $A$ | Fläche | in $m^2$ |
| | | $d$ | Durchmesser $\pi = 3{,}14159\ldots$ | in m |
| **Kreisbogen, Kreisausschnitt** 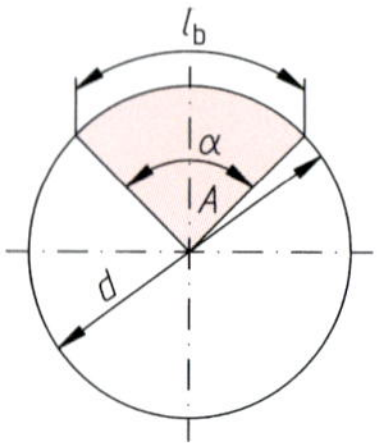  | $l_b = \frac{d \cdot \pi \cdot \alpha}{360°}$ | $l_b$ | Bogenlänge | in m |
| | $A = \frac{d^2 \cdot \pi}{4} \cdot \frac{\alpha}{360°}$ | $\alpha$ | Zentriwinkel $360° = 21\,600'$ | in ° |
| | | $A$ | Kreisausschnittfläche | in $m^2$ |
| | | $d$ | Durchmesser | in m |
| **Kreisring** 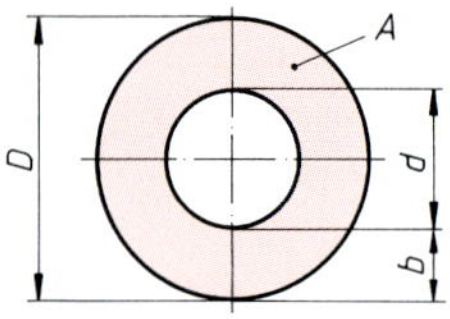  | $A = \frac{D^2 \cdot \pi}{4} - \frac{d^2 \cdot \pi}{4} = \frac{\pi}{4} \cdot (D^2 - d^2)$ | $A$ | Fläche | in $m^2$ |
| | $D = \sqrt{\frac{4 \cdot A}{\pi} + d^2}$ | $D$ | Außendurchmesser | in m |
| | $b = \frac{D - d}{2}$ | $d$ | Innendurchmesser | in m |
| | | $b$ | Ringbreite | in m |
| **Kreisringausschnitt** 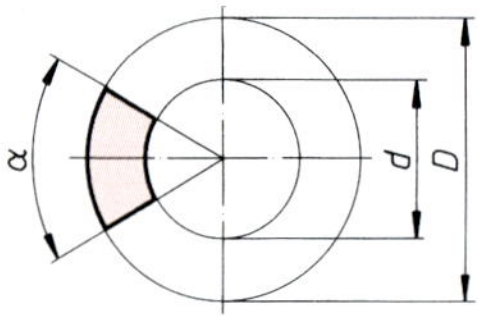  | $A = \left(\frac{D^2 \cdot \pi}{4} - \frac{d^2 \cdot \pi}{4}\right) \cdot \frac{\alpha}{360°}$ | $A$ | Fläche | in $m^2$ |
| | $A = (D^2 - d^2) \cdot \frac{\pi}{4} \cdot \frac{\alpha}{360°}$ | $\alpha$ | Bogenwinkel | in ° |
| | | $d$ | Innendurchmesser | in m |
| | | $D$ | Außendurchmesser | in m |
| **Ellipse** 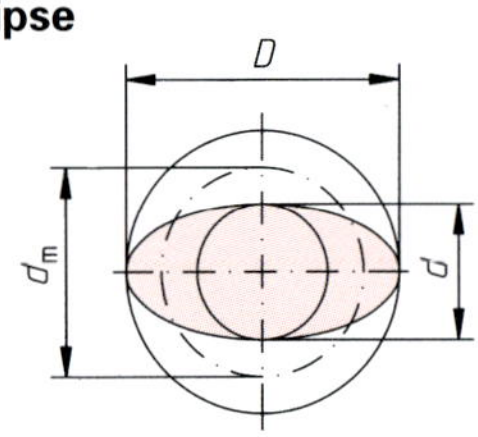  | $U \approx \pi \cdot d_m = \pi \cdot \frac{D + d}{2}$ | $U$ | Umfang | in m |
| | $A = \frac{\pi \cdot d \cdot D}{4}$ | $A$ | Fläche | in $m^2$ |
| | | $d$ | Inkreisdurchmesser | in m |
| | | $D$ | Umkreisdurchmesser | in m |
| | | $d_m$ | gemittelter Kreisdurchmesser | in m |
| **Würfel** 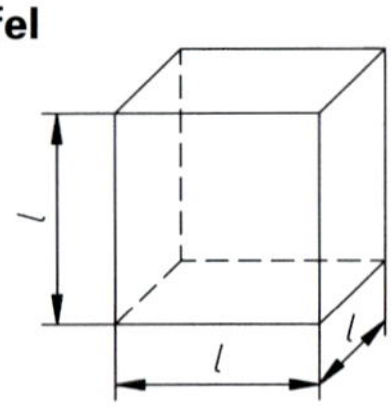  | $V = l^3$ | $V$ | Rauminhalt | in $m^3$ |
| | | $l$ | Kantenlänge | in m |

# Körper

| | Formel | Formelzeichen | Erklärung weitere Einheiten siehe S. 87 | |
|---|---|---|---|---|
| **Rechteckprisma, Quader** 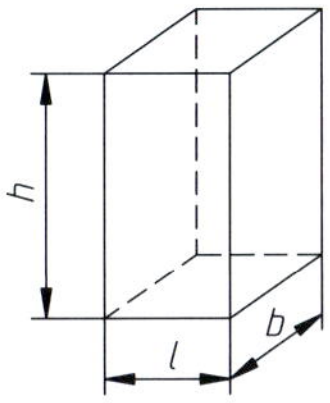  | $V = l \cdot b \cdot h$ | $V$<br>$l$<br>$b$<br>$h$ | Rauminhalt<br>Länge<br>Breite<br>Höhe | in $m^3$<br>in m<br>in m<br>in m |
| **Prisma** 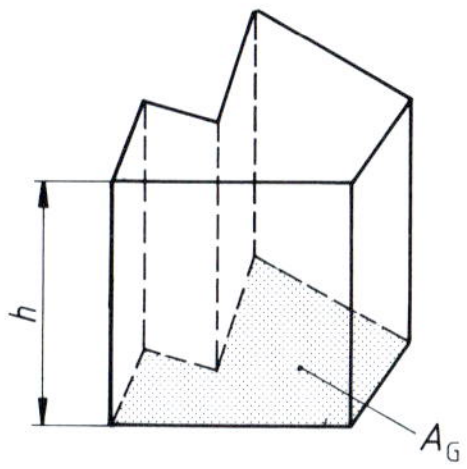  | $V = A_G \cdot h$ | $V$<br>$A_G$<br>$h$ | Rauminhalt<br>Grundfläche<br>Höhe | in $m^3$<br>in $m^2$<br>in m |
| **Zylinder** 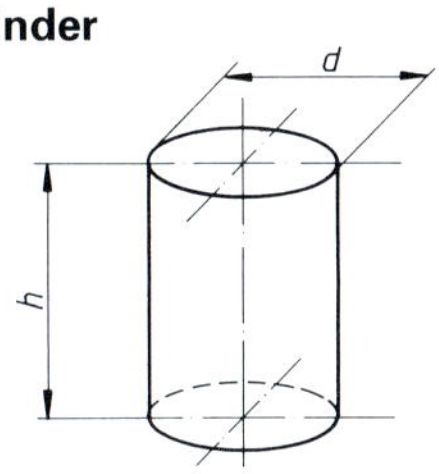  | $V = \frac{d^2 \cdot \pi}{4} \cdot h$ | $V$<br>$d$<br>$h$ | Rauminhalt<br>Durchmesser<br>Höhe | in $m^3$<br>in $m^2$<br>in m |
| **Hohlzylinder** 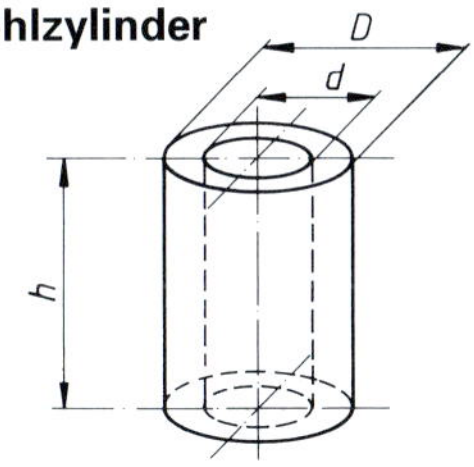  | $V = \frac{\pi}{4} \cdot (D^2 - d^2) \cdot h$ | $V$<br>$D$<br>$d$<br>$h$ | Rauminhalt<br>Außen-durchmesser<br>Innen-durchmesser<br>Höhe | in $m^3$<br>in m<br>in m<br>in m |
| **Kegel** 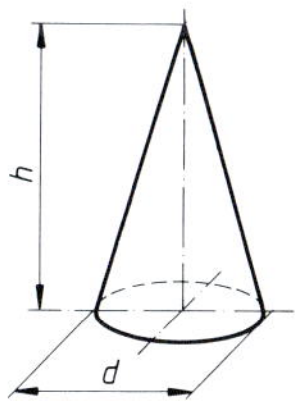  | $V = \frac{1}{3} \cdot \frac{d^2 \cdot \pi}{4} \cdot h$<br>$V = \frac{d^2 \cdot \pi \cdot h}{12}$ | $V$<br>$d$<br>$h$ | Rauminhalt<br>Durchmesser<br>Höhe | in $m^3$<br>in m<br>in m |

| | Formel | Formelzeichen | Erklärung weitere Einheiten siehe S. 87 | |
|---|---|---|---|---|
| **Kegelstumpf** 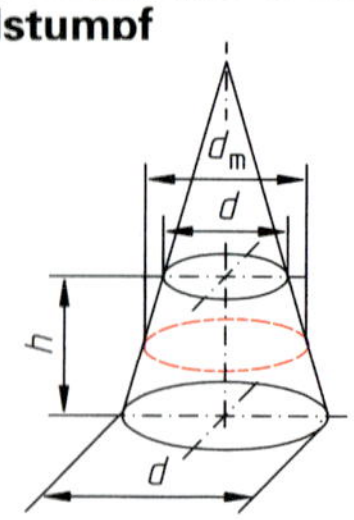  | $V = \frac{\pi \cdot h}{12} \cdot (D^2 + d^2 + D \cdot d)$ | $V$ | Rauminhalt | in $m^3$ |
| | $V \approx \frac{\pi}{4} d_m^2 \cdot h = \frac{\pi}{4} \left(\frac{D+d}{2}\right)^2 \cdot h$ | $d_m$ | Durchmesser der gemittelten Kreisfläche | in m |
| | | $D$ | Grundflächendurchmesser | in m |
| | | $d$ | Deckflächendurchmesser | in m |
| | | $h$ | Höhe | in m |
| **quadratische Pyramide** 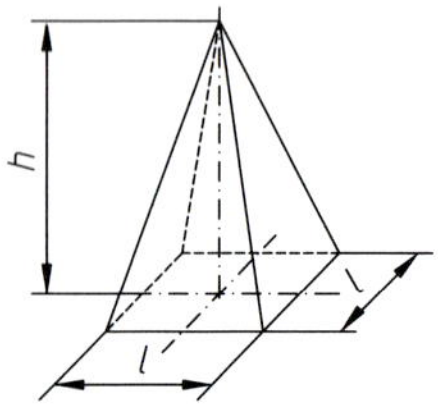  | $V = \frac{1}{3} \cdot l^2 \cdot h$ | $V$ | Rauminhalt | in $m^3$ |
| | | $l$ | Seitenlänge | in m |
| | | $h$ | Höhe | in m |
| **quadratischer Pyramidenstumpf** 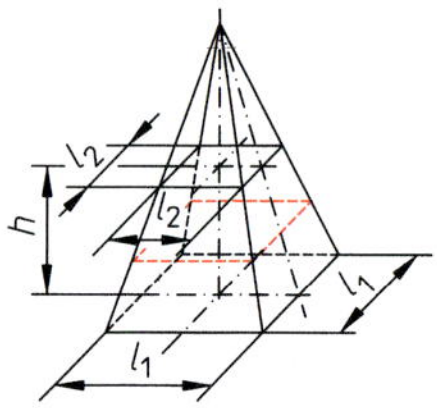  | $V = \frac{h}{3} \cdot (l_1^2 + l_2^2 + l_1 \cdot l_2)$ | $V$ | Rauminhalt | in $m^3$ |
| | $V \approx l_m^2 \cdot h = \left(\frac{l_1 + l_2}{2}\right)^2 \cdot h$ | $l_m$ | Länge der gemittelten Fläche | in m |
| | | $l_1$ | Länge der Grundseite | in m |
| | | $l_2$ | Länge der Deckseite | in m |
| | | $h$ | Höhe | in m |
| **Kugel** 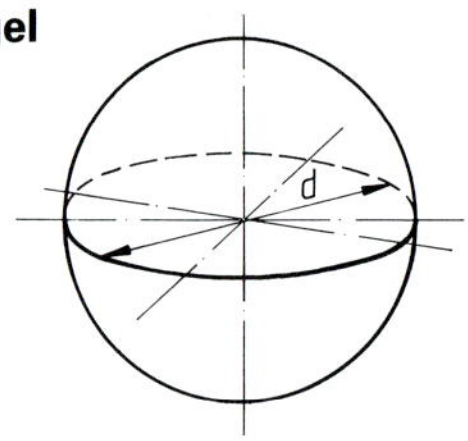  | $V = \frac{\pi}{6} \cdot d^3$ | $V$ | Rauminhalt | in $m^3$ |
| | | $d$ | Durchmesser | in m |
| **Guldinsche Regel** 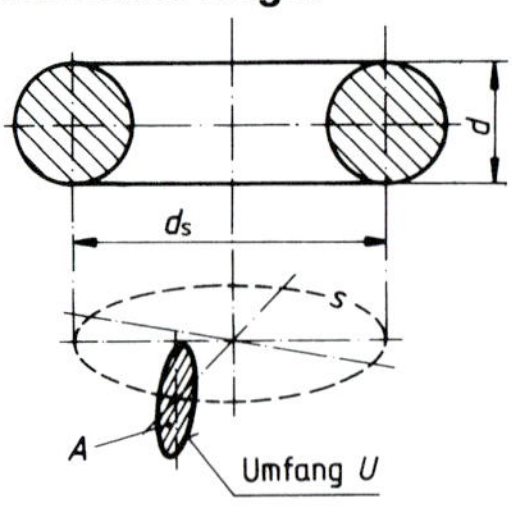  | $A_O = U \cdot s = U \cdot \pi \cdot d_s$ | $V$ | Rauminhalt | in $m^3$ |
| | $V = A \cdot s = A \cdot \pi \cdot d_s$ | $A_O$ | Oberfläche | in $m^2$ |
| | z. B. Kreistorus: | $A$ | Querschnittsfläche | in $m^2$ |
| | $A_O = \pi^2 \cdot d \cdot d_s$ | $U$ | Umfang | in m |
| | $V = \frac{\pi^2}{4} \cdot d^2 \cdot d_s$ | $d_s$ | Durchmesser des Schwerpunktkreises | in m |
| | | $d$ | Durchmesser des Querschnitts | in m |
| | | $s$ | Weg des Schwerpunktes | in m |

# Masse

| | Formel | Formelzeichen | Erklärung weitere Einheiten siehe S. 87 |
|---|---|---|---|
| **Masse eines Körpers** 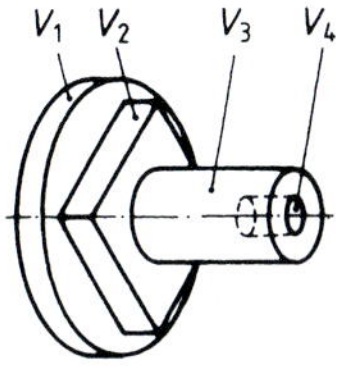  | $m = V \cdot \varrho$<br>$m = (V_1 + V_2 + V_3 - V_4 \ldots) \cdot \varrho$ | $m$<br>$V$<br>$V_1 \ldots V_4$<br>$\varrho$ | Masse, Stoffmenge in kg<br>Rauminhalt, Volumen in $m^3$<br>Teilvolumina in $m^3$<br>Dichte (rho) in $\frac{kg}{m^3}$<br>$1\frac{g}{cm^3} = 1\frac{kg}{dm^3} = 1\frac{t}{m^3}$<br>Weitere Werte s. Seiten 186 bis 189 |

Dichte-Werte

fester und flüssiger Stoffe in $\frac{g}{cm^3}$

| | | | |
|---|---|---|---|
| Stahl | 7,85 | Wasser | 1,0 |
| GG | 7,2 | Öl | 0,81...0,91 |
| Al | 2,7 | Hg | 13,6 |
| Cu | 8,9 | Benzol | 0,88 |
| PVC | 1,35 | Diesel | 0,82...0,86 |

gasförmiger Stoffe in $\frac{g}{cm^3}$

| | | | |
|---|---|---|---|
| Luft | 1,29 | $H_2$ | 0,09 |
| $CO_2$ | 1,98 | He | 0,18 |

# Geschwindigkeit

| | Formel | Formelzeichen | Erklärung weitere Einheiten siehe S. 87 |
|---|---|---|---|
| **Gleichförmige, geradlinige Geschwindigkeit Schnittgeschwindigkeit** 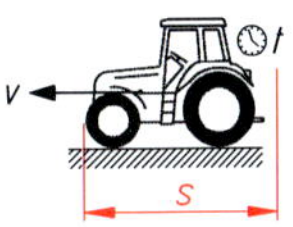  | $v = \frac{s}{t}$ | $v$<br>$s$<br>$t$ | Geschwindigkeit in $\frac{m}{s}$<br>Weg in m<br>Zeit in s |
| **Gleichförmige Umfangsgeschwindigkeit, kreisförmige Schnittgeschwindigkeit** 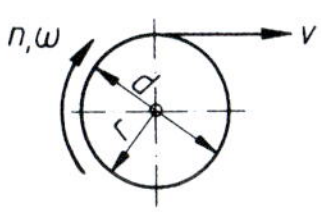  | $v = d \cdot \pi \cdot n$<br>$v = \omega \cdot \frac{d}{2} = \omega \cdot r$ | $v$<br>$n$<br>$d$<br>$r$ | Umfangsgeschwindigkeit in $\frac{m}{s}$<br>Umdrehungsfrequenz, Drehzahl in $\frac{1}{s}$<br>$1\ min^{-1} = 1\frac{1}{min} = \frac{1}{60} = \frac{1}{s}$<br>Durchmesser in m<br>Radius in m |
| **Winkelgeschwindigkeit**   | $\omega = 2 \cdot \pi \cdot n$ | $\omega$<br>$n$ | (omega), Winkelgeschwindigkeit in $\frac{1}{s}$ = Geschwindigkeit in $\frac{m}{s}$ am Radius $r = 1$ m<br>Umdrehungsfrequenz, Drehzahl in $\frac{1}{s}$ |

# Beschleunigung und Verzögerung

| | Formel | Formelzeichen | Erklärung weitere Einheiten siehe S. 87 | |
|---|---|---|---|---|
| **Gleichmäßige beschleunigte Bewegung** | $a = \frac{v_e - v_a}{t}$ | $a$ | Beschleunigung | in $\frac{m}{s^2}$ |
| 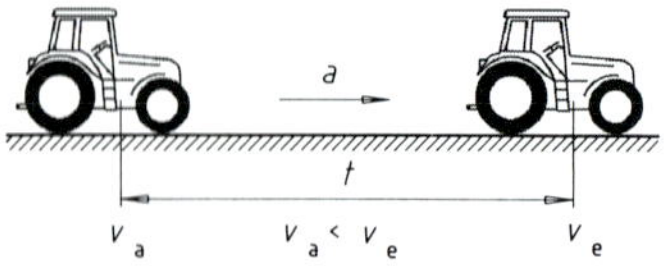 | | $v_a$ | Anfangsgeschwindigkeit | in $\frac{m}{s}$ |
| | | $v_e$ | Endgeschwindigkeit | in $\frac{m}{s}$ |
| | | $t$ | Zeit | in s |
| **Gleichmäßig verzögerte Bewegung** | $a' = \frac{v_e - v_a}{t}$ | $a'$ | Verzögerung | in $\frac{m}{s^2}$ |
| 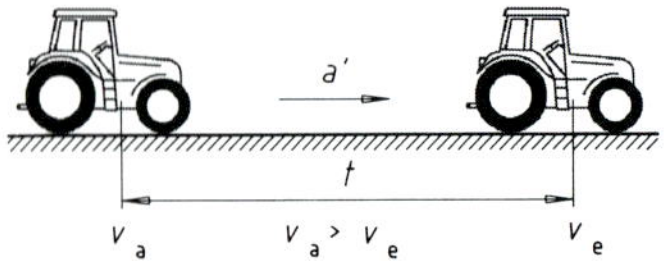 | | $v_a$ | Anfangsgeschwindigkeit | in $\frac{m}{s}$ |
| | | $v_e$ | Endgeschwindigkeit | in $\frac{m}{s}$ |
| | | $t$ | Zeit | in s |
| **Beschleunigungsweg** | $s = \frac{v_e^2 - v_a^2}{2\,a}$ | $a$ | Beschleunigung | in $\frac{m}{s^2}$ |
| 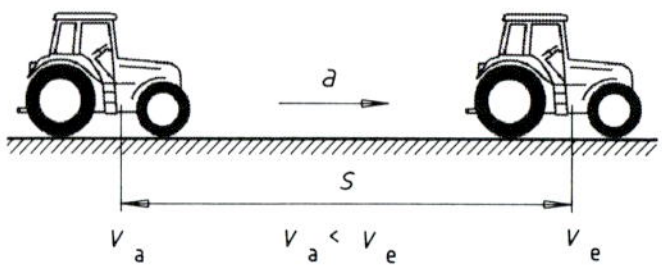 | | $v_a$ | Anfangsgeschwindigkeit | in $\frac{m}{s}$ |
| | | $v_e$ | Endgeschwindigkeit | in $\frac{m}{s}$ |
| | | $s$ | Beschleunigungsweg | in m |
| **Verzögerungsweg** | $s = \frac{v_a^2 - v_e^2}{2\,a'}$ | $a'$ | Verzögerung | in $\frac{m}{s^2}$ |
| 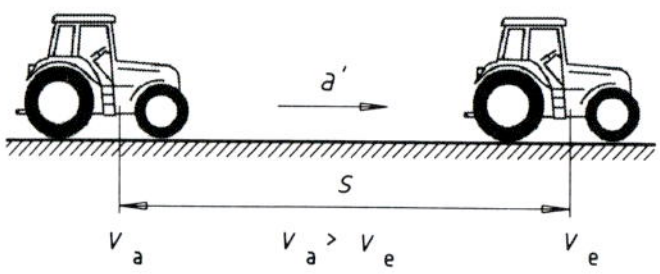 | | $v_a$ | Anfangsgeschwindigkeit | in $\frac{m}{s}$ |
| | | $v_e$ | Endgeschwindigkeit | in $\frac{m}{s}$ |
| | | $s$ | Verzögerungsweg (Bremsweg) | in m |
| **Anhalteweg** | $s_a = s_r + s$ | $a'$ | Verzögerung | in $\frac{m}{s^2}$ |
| 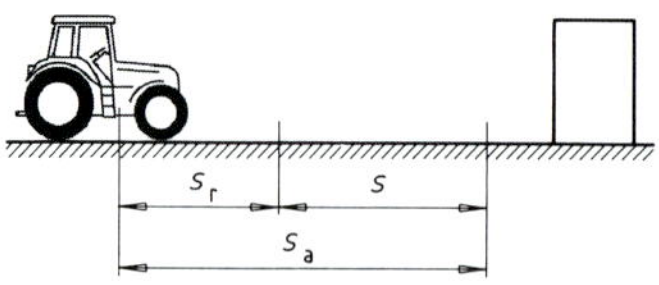 | $s_r = v_a \cdot t_r$ | $v_a$ | Anfangsgeschwindigkeit | in $\frac{m}{s}$ |
| | $s = \frac{v_a^2 - v_e^2}{2\,a'}$ | $v_e$ | Endgeschwindigkeit | in $\frac{m}{s}$ |
| | | $s$ | Verzögerungsweg | in m |
| | | $s_a$ | Anhalteweg | in m |
| | | $s_r$ | Reaktionsweg | in m |
| | | $t_r$ | Reaktionszeit | in s |

# Kräfte

| | Formel | Formelzeichen | Erklärung<br>weitere Einheiten siehe S. 87 | |
|---|---|---|---|---|
| **Kräfte**<br>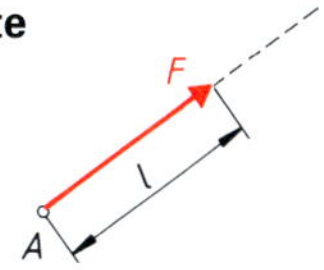 | $F = l \cdot KM$<br>Bestimmungsgrößen:<br>1. Angriffspunkt $A$<br>2. Größe<br>3. Richtung der Kraft | $F$<br>$l$<br>KM | Kraft<br>Länge der gezeichneten Kraftgröße<br>Kräftemaßstab | in N, kN<br>in cm, mm<br>in $\frac{N}{mm}$, $\frac{N}{cm}$, $\frac{kN}{cm}$ |
| **Kräfteparallelogramm**<br>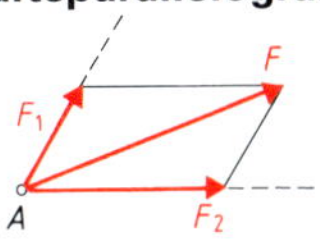 | Addition von $F_1$ und $F_2$ zur Resultierenden $F$<br>Zerlegung von $F$ in $F_1$ und $F_2$ bei gegebenen Wirkungslinien | $F_1$, $F_2$<br>$F$ | Einzelkräfte<br>Resultierende | in N<br>in N |
| **Zentrales Krafteck**<br>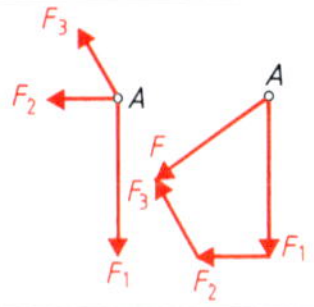 | Die resultierende Kraft $F$ mehrerer Kräfte ist die Verbindung des Angriffspunktes $A$ mit dem Endpunkt der letzten Kraft | $F_1$, $F_2$, $F_3$<br>$F$ | Einzelkräfte<br>Resultierende Kraft | in N<br>in N |
| **Gewichtskraft**<br>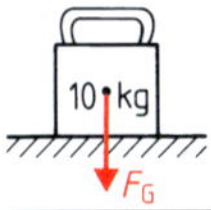 | $F_G = m \cdot g$<br>$g = 9{,}81\ \frac{m}{s^2}$ | $F_G$<br>$g$<br>$m$ | Gewichtskraft<br>Erd-(Fall-)beschleunigung<br>Masse | in N<br>in $\frac{m}{s^2}$<br>in kg |
| **Beschleunigungskraft**<br>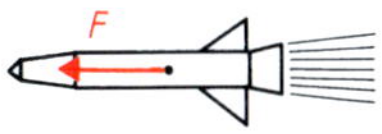 | $F = m \cdot a$ | $F$<br>$a$<br>$m$ | Beschleunigungskraft<br>Beschleunigung<br>Masse | in N<br>in $\frac{m}{s^2}$<br>in kg |
| **Fliehkraft, Zentrifugalkraft**<br>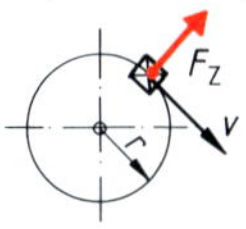 | $F_Z = m \cdot r \cdot \omega^2$<br>$F_Z = \frac{m \cdot v^2}{r}$ | $F_Z$<br>$m$<br>$r$<br>$v$ | Zentrifugalkraft<br>Masse<br>Radius<br>Umfangsgeschwindigkeit | in N<br>in kg<br>in m<br>in $\frac{m}{s}$ |
| **Drehmoment**<br> | $M = F \cdot r$<br>$r = \frac{d}{2}$ | $M$<br>$F$<br>$r$ | Drehmoment<br>Umfangskraft<br>Hebelarm = senkrechter Abstand zwischen Umfangskraft und Drehpunkt • | in Nm<br>in N<br>in m |
| **Reibung**<br>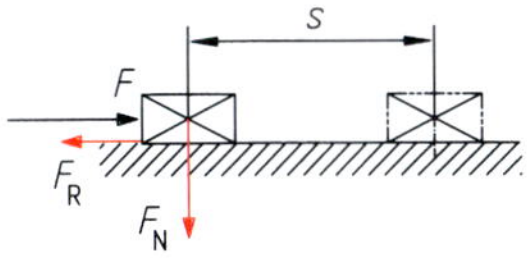$F \leq F_R$ Haftreibung<br>$F > F_R$ Gleitreibung | $F_R = F_N \cdot \mu$<br>$\mu = \tan \varrho$<br>$W_R = F_R \cdot s$<br>$P_R = \frac{W_R}{t}$<br>$P_R = \frac{F_R \cdot s}{t}$ | $F_R$<br>$F_N$<br>$\mu$<br>$\varrho$<br>$W_R$<br>$s$<br>$P_R$<br>$t$ | Reibkraft<br>Normalkraft<br>Reibbeiwert, Reibfaktor<br>Reibwinkel<br>Reibarbeit<br>Reibweg<br>Reibleistung<br>Zeit | in N<br>in N<br>–<br>in °<br>in Nm<br>in m<br>in W<br>in s |

| Reibfaktor / Werkstoffe | Haftreibung $\mu_0$ trocken | Haftreibung $\mu_0$ gefettet | Gleitreibung $\mu$ trocken | Gleitreibung $\mu$ gefettet | Rollreibung |
|---|---|---|---|---|---|
| St–St | 0,15 | 0,10 | 0,10 | 0,01 | 0,005 |
| St–GG, CuSn–Leg. | 0,18 | 0,10 | 0,16 | 0,01 | – |
| Holz–Holz | 0,50 | 0,16 | 0,30 | 0,08 | – |
| Bremsbelag–St | – | – | 0,50 | 0,40 | – |
| Gummi–Asphalt | 0,70 | 0,45 | 0,50 | 0,30 | 0,015 |

| | Formel | Formelzeichen | Erklärung weitere Einheiten siehe S. 87 | |
|---|---|---|---|---|
| **Hebelgesetz** | $\Sigma M \circlearrowright = \Sigma M \circlearrowleft$ | $F_1 \dots F_5$ | Kräfte | in N |
| 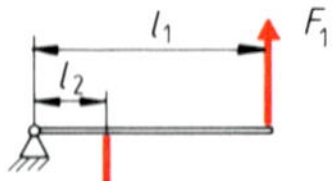 | **Einarmiger Hebel**<br>$F_1 \cdot l_1 = F_2 \cdot l_2$ | $l_1 \dots l_5$ | Hebelarm = Länge des Lotes vom Drehpunkt auf die Wirkungslinie der Kraft | in m |
| 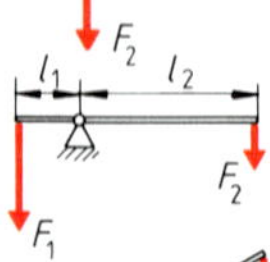 | **Zweiarmiger Hebel**<br>$F_1 \cdot l_1 = F_2 \cdot l_2$ | $\Sigma M$ | Summe aller Momente | in Nm |
| 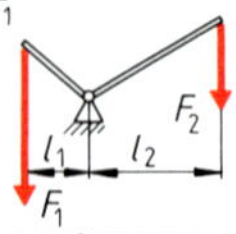 | **Winkelhebel**<br>$F_1 \cdot l_1 = F_2 \cdot l_2$ | | | |
| 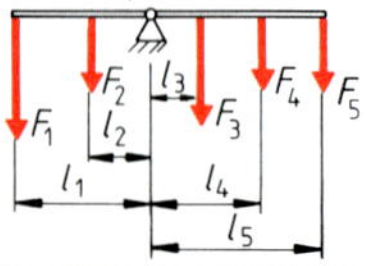 | **Mehrfacher Hebel**<br>$F_1 \cdot l_1 + F_2 \cdot l_2 = F_3 \cdot l_3 + F_4 \cdot l_4 + F_5 \cdot l_5$ | | | |
| **Geneigte (schiefe) Ebene** | $\frac{F_H}{F_G} = \frac{h}{s}$ $\quad \frac{F_N}{F_G} = \frac{l}{s}$ | $F_H$ | Hangabtriebskraft | in N |
| 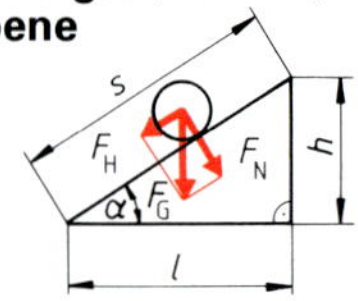 | $F_H = F_G \cdot \sin\alpha$ | $F_N$ | Normalkraft | in N |
| | $F_N = F_G \cdot \cos\alpha$ | $F_G$ | Gewichtskraft | in N |
| | | $l$ | horizontale Länge | in m |
| | | $h$ | Höhenunterschied | in m |
| | | $s$ | Weg | in m |
| **Lose Rolle** | $F_G \cdot h = F \cdot s$ | $F$ | Seilkraft | in N |
| 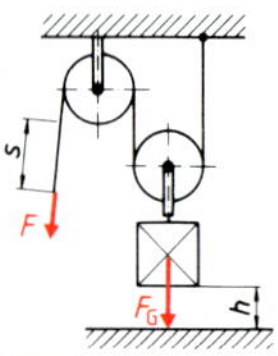 | $s = 2 \cdot h$ | $F_G$ | Gewichtskraft | in N |
| | $F = \frac{F_G}{2}$ | $h$ | Hubweg | in m |
| | | $s$ | Kraftweg | in m |
| **Flaschenzug** | $F = \frac{F_G}{n}$ | $F$ | Seilkraft | in N |
| 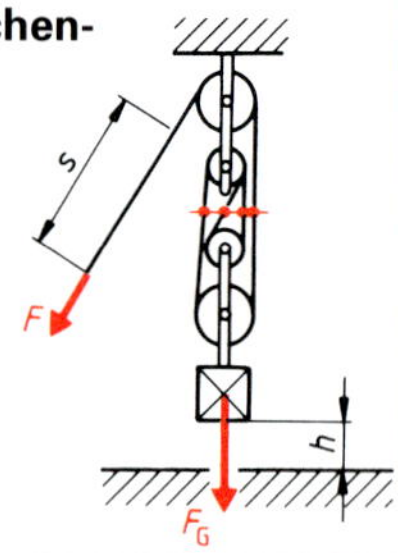 | $h = \frac{s}{n}$ | $F_G$ | Gewichtskraft | in N |
| | $F_G \cdot h = F \cdot s$ | $n$ | Zahl der tragenden Seile (rote Punkte, hier z. B. 4) | – |
| | | $h$ | Hubweg | in m |
| | | $s$ | Kraftweg | in m |
| **Winde** | $F \cdot l = F_G \cdot \frac{d}{2}$ | $F$ | Kraft an der Handkurbel | in N |
| 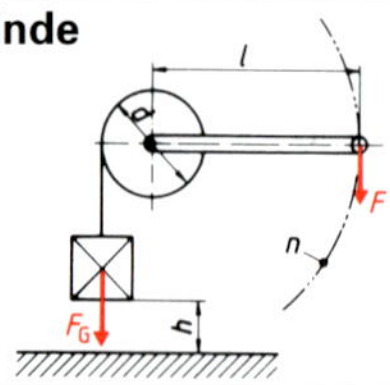 | $2 \cdot F \cdot l \cdot \pi \cdot n = F_G \cdot h$ | $F_G$ | Gewichtskraft | in N |
| | $h = d \cdot \pi \cdot n$ | $d$ | Seiltrommeldurchmesser | in m |
| | | $l$ | Hebelarm | in m |
| | | $h$ | Hubweg | in m |
| | | $n$ | Zahl der Kurbelumdrehungen | – |

| | Formel | Formelzeichen | Erklärung weitere Einheiten siehe S. 87 | |
|---|---|---|---|---|
| **Arbeit** 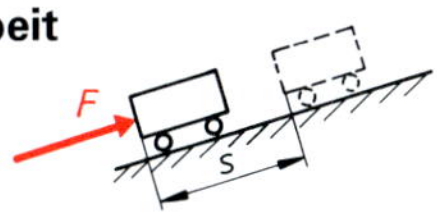 | $W = F \cdot s$ | $W$ | Arbeit | in Nm |
| | | $F$ | Kraft | in N |
| | | $s$ | Weg | in m |
| | | | $1\ \text{Nm} = 1\ \text{J} = 1\ \frac{\text{kg} \cdot \text{m}^2}{\text{s}^2}$ | |
| | | | $1\ \text{Nm} = 1\ \text{Ws}$ | |
| **Potenzielle Energie** (Lage-Energie) 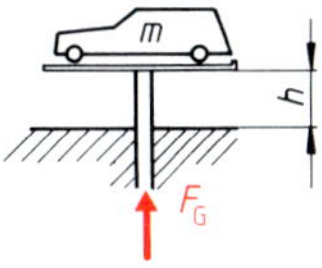 | $W_p = m \cdot g \cdot h$ | $W_p$ | potenzielle Energie | in Nm |
| | $F_G = m \cdot g$ | $m$ | Masse | in kg |
| | | $h$ | Hubweg | in m |
| | | $g$ | Fallbeschleunigung | $9{,}81\ \frac{\text{m}}{\text{s}^2}$ |
| | | $F_G$ | Gewichtskraft | in N |
| **Kinetische Energie** (Bewegungs-Energie) 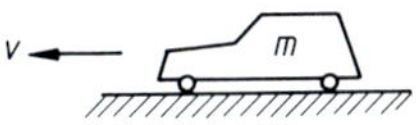 | $W_k = \frac{1}{2} \cdot m \cdot v^2$ | $W_k$ | kinetische Energie | in Nm |
| | | $m$ | Masse | in kg |
| | | $v$ | Geschwindigkeit | in $\frac{\text{m}}{\text{s}}$ |
| **Rotationsenergie** (Bewegungs-Energie) 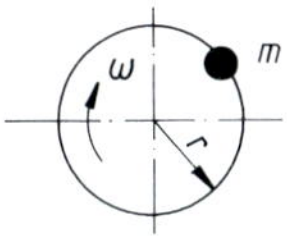 | $W_k = \frac{1}{2} \cdot J \cdot \omega^2$ | $W_k$ | kinetische Energie | in Nm |
| | | $J$ | Massenträgheitsmoment [1] | in kg m² |
| | $\omega = 2 \cdot \pi \cdot n$ | $\omega$ | Winkelgeschwindigkeit | in $\frac{1}{\text{s}}$ |
| | | $n$ | Drehfrequenz (Drehzahl) | in $\frac{1}{\text{s}}$ |
| **Energieerhaltungssatz** 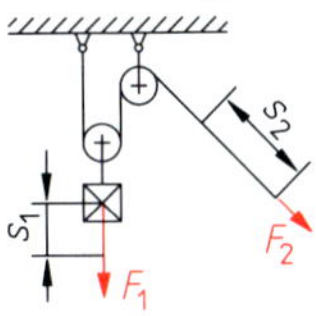 | $W_1 = W_2$ | $W_1, W_2$ | Arbeit | in Nm |
| | $F_1 \cdot s_1 = F_2 \cdot s_2$ | $F_1, F_2$ | Kraft | in N |
| | | $s_1, s_2$ | Weg | in m |
| **Wirkungsgrad** 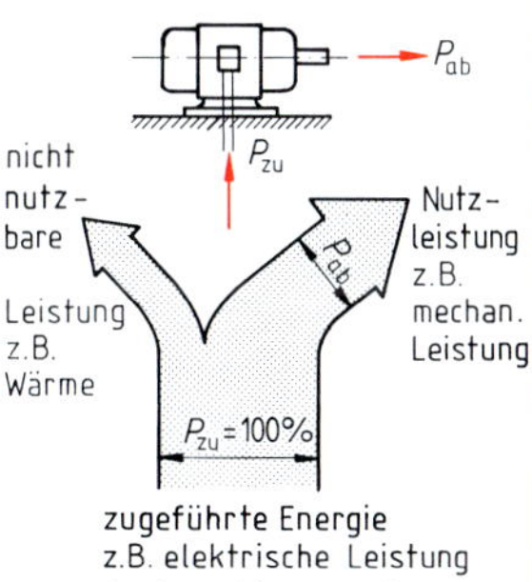 | $\eta = \frac{F_{ab}}{F_{zu}}$ | $F_{ab}$ | abgeführte Kraft | in N |
| | | $F_{zu}$ | zugeführte Kraft | in N |
| | $\eta = \frac{P_{ab}}{P_{zu}}$ | $P_{ab}$ | abgegebene Leistung | in W |
| | | $P_{zu}$ | zugeführte Leistung | in W |
| | $\eta = \frac{W_{ab}}{W_{zu}}$ | $W_{ab}$ | abgegebene Arbeit | in Nm |
| | | $W_{zu}$ | zugeführte Arbeit | in Nm |
| | $\eta = \eta_1 \cdot \eta_2 \cdot \eta_3 \ldots$ | $\eta$ | Gesamtwirkungsgrad | |
| | $\eta < 1$ | $\eta_1, \eta_2, \eta_3$ | Teilwirkungsgrad | |



„Sankey-Diagramm"

**Wirkungsgrade:**

| | | | |
|---|---|---|---|
| Elektromotor | 0,8 | Zahnradtrieb | 0,95 |
| Ottomotor | 0,26 | Schneckentrieb | 0,6 |
| Dieselmotor | 0,33 | Riementrieb | 0,9 |
| Dampfturbine | 0,23 | Hobelmaschine | 0,7 |
| Wasserturbine | 0,9 | Fräsmaschine | 0,3 |
| Transformator | 0,98 | Drehmaschine | 0,7 |

[1]) Massenmoment 2. Grades

| | Formel | Formelzeichen | Erklärung weitere Einheiten siehe S. 87 | |
|---|---|---|---|---|
| **Hubleistung** | $P = \frac{W}{t}$<br>$P = \frac{F_G \cdot s}{t}$<br>$P = \frac{m \cdot g \cdot s}{t}$<br>$P = F_G \cdot v$ | $P$ | Leistung | in $\frac{\text{Nm}}{\text{s}}$ = Watt |
| 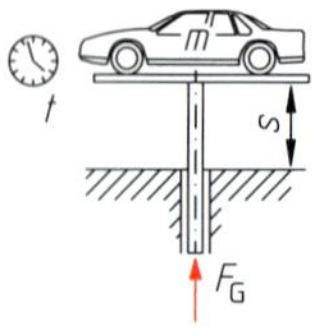 | | $W$ | Arbeit | in Nm = Joule |
| | | $F_G$ | Gewichtskraft | in N |
| | | $s$ | Weg | in m |
| | | $t$ | Zeit | in s |
| | | $m$ | Masse | in kg |
| | | $g$ | Fallbeschleunigung | 9,81 $\frac{\text{m}}{\text{s}^2}$ |
| | | $v$ | Hubgeschwindigkeit | in $\frac{\text{m}}{\text{s}}$ |
| **Zugleistung** | $P = F \cdot v$ | $P$ | Leistung | in W |
|  | | $F$ | Zugkraft | in N |
| | | $v$ | Geschwindigkeit | in $\frac{\text{m}}{\text{s}}$ |
| **Leistung bei Drehbewegung** | $P = M \cdot \omega$<br>$P = F_u \cdot r \cdot \omega$<br>$P = F_u \cdot r \cdot 2\pi \cdot n$<br>$P = M \cdot 2\pi \cdot n$ | $P$ | Wellenleistung | in W |
| 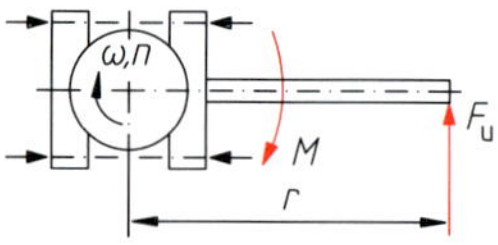 | | $\omega$ | Winkelgeschwindigkeit | in $\frac{1}{\text{s}}$ |
| | | $F_u$ | Umfangskraft | in N |
| | | $M$ | Drehmoment | in Nm |
| | | $r$ | Wirkradius von $F_u$ | in m |
| | | $n$ | Umdrehungsfrequenz (Drehzahl) | in $\frac{1}{\text{s}}$ |
| **Pumpenleistung** | $P = \dot{m} \cdot g \cdot s$<br>$P = \dot{V} \cdot \varrho \cdot g \cdot s$<br>$\dot{m} = \frac{m}{t}$<br>$\dot{V} = \frac{V}{t}$ | $P$ | Pumpenleistung, Leistung | in W |
| 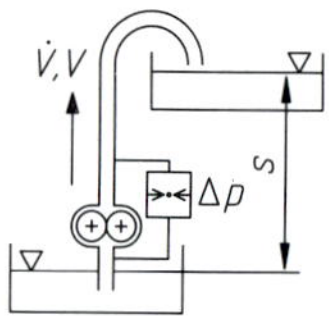 | | $\dot{m}$ | Massenstrom, Fördermenge | in $\frac{\text{kg}}{\text{s}}$ |
| | | $g$ | Fallbeschleunigung | 9,81 $\frac{\text{m}}{\text{s}^2}$ |
| | | $s$ | Förderhöhe | in m |
| | | $\dot{V}$ | Volumenstrom | in $\frac{\text{m}^3}{\text{s}}$ |
| | | $\varrho$ | Dichte | in $\frac{\text{kg}}{\text{dm}^3}$ |
| | $P = \frac{V \cdot \Delta p}{t}$ | $m$ | Masse | in kg |
| | | $t$ | Förderzeit | in s |
| | | $\Delta p$ | Druckdifferenz | in $\frac{\text{N}}{\text{m}^2}$ |
| | | | 1 bar = 10 $\frac{\text{N}}{\text{cm}^2}$ = 100 000 $\frac{\text{N}}{\text{m}^2}$ | – |
| | | $V$ | Fördervolumen | in $\text{m}^3$ |

## Hydraulik

| | Formel | Formelzeichen | Erklärung weitere Einheiten siehe S. 87 | |
|---|---|---|---|---|
| **Auftrieb** 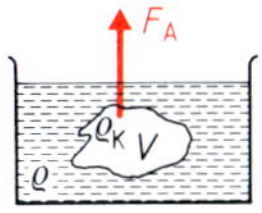 | $F_A = V \cdot \varrho \cdot g$ | $F_A$ | Auftriebskraft | in N |
| | $\varrho > \varrho_k$ Körper schwimmt | $V$ | Volumen der verdrängten Flüssigkeit | in $m^3$ |
| | $\varrho = \varrho_k$ Körper schwebt | $\varrho$ | Dichte der Flüssigkeit | in $\frac{kg}{m^3}$ |
| | $\varrho < \varrho_k$ Körper sinkt | $\varrho_K$ | Dichte des Körpers | in $\frac{kg}{m^3}$ |
| | | $g$ | Erdbeschleunigung | $9{,}81 \frac{m}{s^2}$ |
| **Druck** 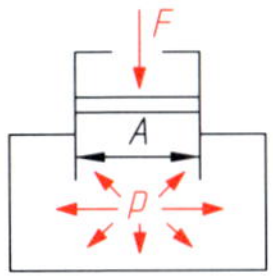 | $p = \frac{F}{A}$ | $p$ | Druck $\left(1\text{ bar} = 100\,000 \frac{N}{m^2},\ 1 \frac{N}{m^2} = 1\text{ Pa}\right)$ | in Pa |
| | | $F$ | Kraft | in N |
| | | $A$ | Kraftangriffsfläche | in $m^2$ |
| **Hydrostatischer Druck** 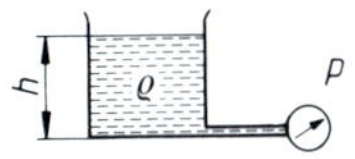 | $p = \varrho \cdot g \cdot h$ | $p$ | Boden-(Seiten-)druck $1\text{ Pa} = 1 \frac{N}{m^2}$ $1\text{ bar} = 10 \frac{N}{cm^2} = 100\,000 \frac{N}{m^2}$ | in Pa |
| | | $\varrho$ | Dichte | in $\frac{kg}{m^3}$ |
| | | $g$ | Erdbeschleunigung | in $\frac{m}{s^2}$ |
| | | $h$ | Höhe der Flüssigkeitssäule | in m |
| **Wegübersetzung** 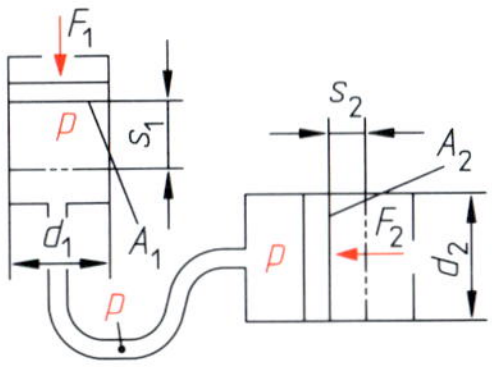 | $\frac{s_1}{s_2} = \frac{A_2}{A_1}$ | $s_1, s_2$ | Kolbenweg | in m |
| | | $A_1, A_2$ | Kolbenfläche | in $m^2$ |
| **Kraftübersetzung** 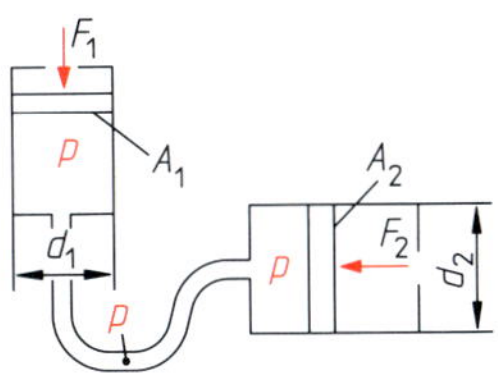 | $\frac{F_1}{F_2} = \frac{A_1}{A_2}$ | $F_1, F_2$ | Kraft | in N |
| | | $A_1, A_2$ | Kolbenfläche | in $m^2$ |
| **Druckübersetzung** 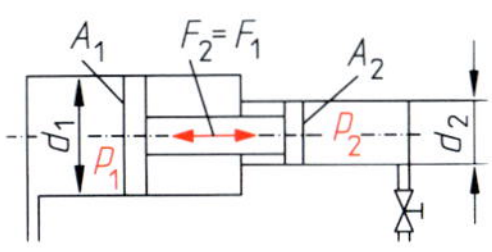 | $\frac{p_2}{p_1} = \frac{A_1}{A_2}$ | $p_1, p_2$ | Druck | in Pa |
| | | $A_1, A_2$ | Kolbenfläche | in $m^2$ |

| | Formel | Formelzeichen | Erklärung<br>weitere Einheiten siehe S. 87 |
|---|---|---|---|
| **Volumenstrom Hydraulikzylinder**<br>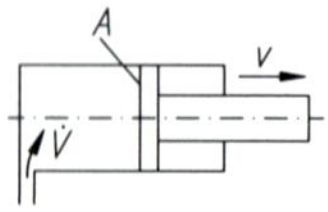 | $\dot{V} = v \cdot A$ | $\dot{V}$<br><br><br>$v$<br>$A$ | Volumenstrom in $\frac{m^3}{s}$<br>$\left(1\frac{m^3}{s} = 60\,000\,\frac{dm^3}{min} = 60\,000\,\frac{l}{min}\right)$<br>Strömungsgeschwindigkeit in $\frac{m}{s}$<br>Querschnittsfläche in $m^2$ |
| **Veränderung Strömungsgeschwindigkeit**<br>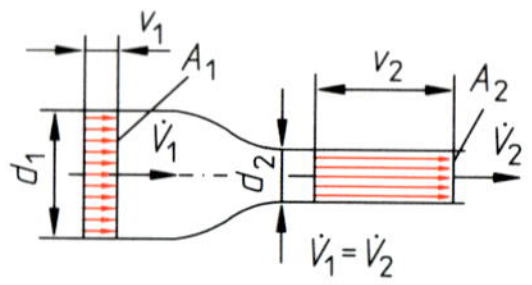 | $v_1 \cdot A_1 = v_2 \cdot A_2$ | $v_1$, $v_2$<br>$A_1$, $A_2$ | Fließgeschwindigkeit in $\frac{m}{s}$<br>Leitungsquerschnitt in $m^2$ |
| **Volumenstrom Hydraulikpumpe, -motor**<br>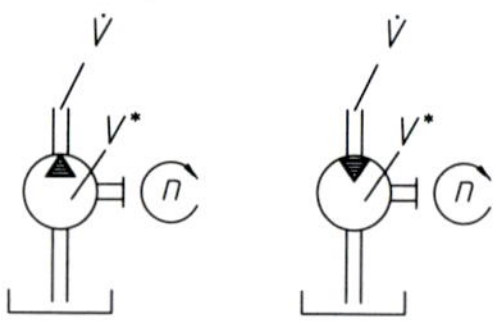 | $\dot{V} = V^* \cdot n$ | $\dot{V}$<br>$V^*$<br><br>$n$ | Volumenstrom in $\frac{m^3}{s}$<br>Fördervolumen pro Umdrehung in $m^3$<br>Drehzahl in $\frac{1}{s}$ |
| **Dreharbeit Hydraulikpumpe, -motor**<br>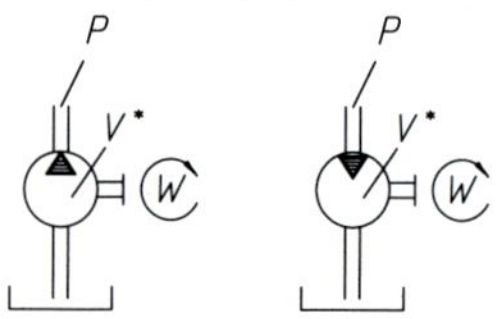 | $W = V^* \cdot p$ | $W$<br>$V^*$<br>$p$ | Dreharbeit bei einer Umdrehung in Nm<br>Fördervolumen pro Umdrehung in $m^3$<br>Druck in Pa<br>$\left(1\text{ bar} = 100\,000\,\frac{N}{m^2},\ 1\,\frac{N}{m^2} = 1\text{ Pa}\right)$ |
| **Drehmoment Hydraulikpumpe, -motor**<br>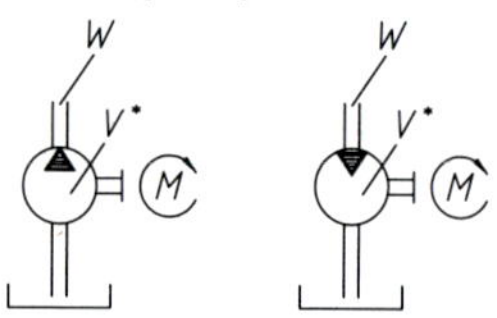 | $M = \frac{W}{2 \cdot \pi}$ | $M$<br>$W$ | Drehmoment in Nm<br>Dreharbeit bei einer Umdrehung in Nm |
| **Leistung Hydraulikpumpe, -motor**<br>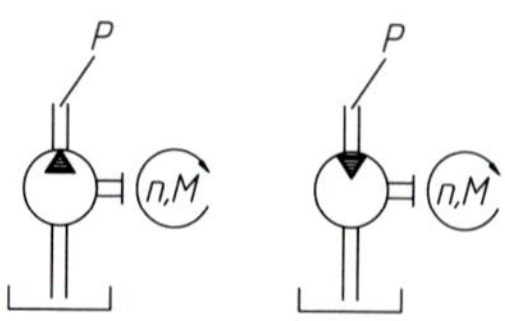 | $P = M \cdot 2 \cdot \pi \cdot n$<br>$P = W \cdot n$ | $P$<br>$M$<br>$n$<br>$W$ | Leistung in W (1 kW = 1000 W)<br>Drehmoment in Nm<br>Drehzahl in $\frac{1}{s}$<br>Dreharbeit bei einer Umdrehung in Nm |

# Hydraulik

| | Formel | Formelzeichen | Erklärung<br>weitere Einheiten siehe S. 87 | |
|---|---|---|---|---|
| **Hydraulische Leistung (allgemein)** | $P = p \cdot \dot{V}$ | $P$ | Leistung<br>(1 kW = 1000 W) | in W |
| 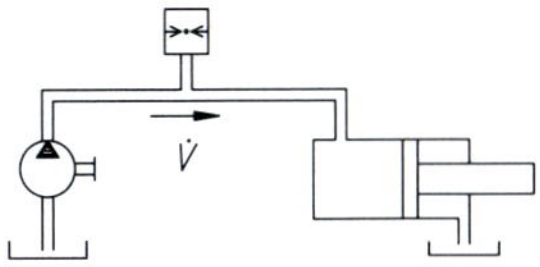 | | $p$ | Druck<br>$\left(1\,\text{bar} = 100\,000\,\frac{\text{N}}{\text{m}^2},\ 1\,\frac{\text{N}}{\text{m}^2} = 1\,\text{Pa}\right)$ | in Pa |
| | | $\dot{V}$ | Volumenstrom | in $\frac{\text{m}^3}{\text{s}}$ |
| **Wirkungsgrad** | $\eta_t = \frac{P_{ab}}{P_{zu}}$ | $P_{ab}$ | Abtriebsleistung | in W |
| 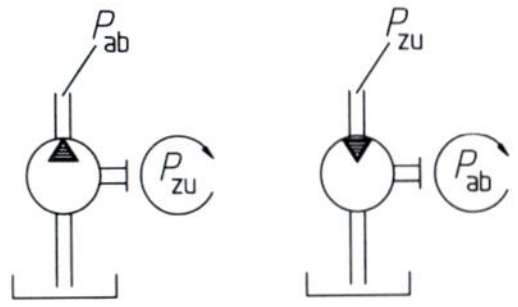 | $\eta_t = \eta_v \cdot \eta_{hm}$ | $P_{zu}$ | Antriebsleistung | in W |
| | | $\eta_t$ | Gesamtwirkungsgrad | – |
| | | $\eta_v$ | volumetrischer Wirkungsgrad | – |
| | | $\eta_{hm}$ | hydraulisch-mechanischer Wirkungsgrad | – |

# Pneumatik

| | Formel | Formelzeichen | Erklärung<br>weitere Einheiten siehe S. 87 | |
|---|---|---|---|---|
| **Druck** | $P_e = p_{abs} - p_{amb}$ | $p_{abs}$ | absoluter Druck<br>(bezogen auf Vakuum) | in bar |
| 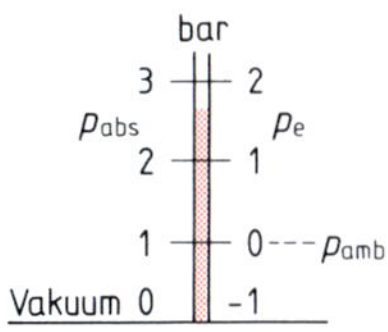 | | $P_{amb}$ | Luftdruck (Atmosphärendruck)<br>≈ 1 bar | in bar |
| | | $p_e$ | atmosphärische Druckdifferenz<br>$1\,\text{bar} = 100\,000\,\frac{\text{N}}{\text{m}^2};\ 1\,\frac{\text{N}}{\text{m}^2} = 1\,\text{Pa}$ | in bar |
| 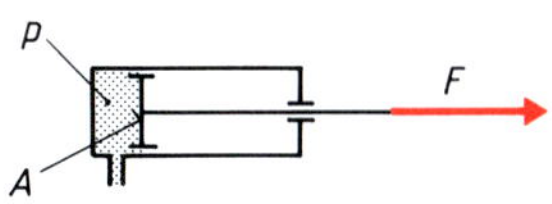 | $p = \frac{F}{A}$ | $p$ | Druck | in $\frac{\text{N}}{\text{m}^2}$ |
| | | $F$ | Kolbenkraft | in N |
| | | $A$ | Fläche | in $\text{m}^2$ |
| **Strömungsgeschwindigkeit in Rohren** | $v = \frac{\dot{V}}{A}$ | $v$ | Strömungsgeschwindigkeit | in $\frac{\text{m}}{\text{s}}$ |
| 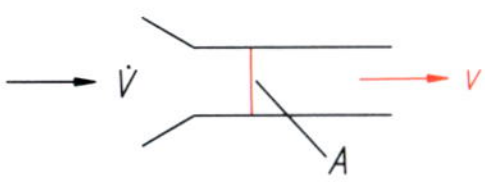 | | $\dot{V}$ | Volumenstrom | in $\frac{\text{m}^3}{\text{s}}$ |
| | | $A$ | Rohrquerschnitt | in $\text{m}^2$ |
| **Kontinuitätsgleichung** | $A_1 \cdot v_1 \cdot \varrho_1 = A_2 \cdot v_2 \cdot \varrho_2$<br>$\dot{m}_1 = \dot{m}_2$ | $A_1, A_2$ | Rohrquerschnitt | in $\text{m}^3$ |
| 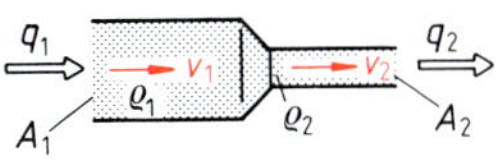 | $v \perp A$ | $v_1, v_2$ | Strömungsgeschwindigkeit | in $\frac{\text{m}}{\text{s}}$ |
| | | $\varrho_1, \varrho_2$ | Dichte | in $\frac{\text{kg}}{\text{m}^3}$ |
| | | $\dot{m}_1, \dot{m}_2$ | Massenstrom | in $\frac{\text{kg}}{\text{s}}$ |

## Pneumatik

| | Formel | Formelzeichen | Erklärung weitere Einheiten siehe S. 87 | |
|---|---|---|---|---|
| **Gasverbrauch** | **Sauerstoff** | $\Delta V$ | verbrauchtes Gasvolumen | in $m^3$ |
| 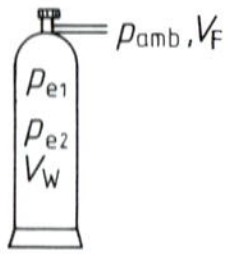  | $\Delta V = \frac{V_W \cdot (p_{e1} - p_{e2})}{p_{amb}}$ | $V_w$ | Flaschenvolumen (Wasservolumen) | in $m^3$ |
| | | $V_F$ | Füllvolumen Gas | in $m^3$ |
| | **Acetylen** | $p_{amb}$ | Umgebungsdruck $\approx 1$ | in bar |
| | $\Delta V = \frac{V_F \cdot (p_{e1} - p_{e2})}{p_F}$ | $p_F$ | Flaschenfülldruck | in bar |
| | | $p_{e1}$ | Flaschendruck bei Arbeitsbeginn | in bar |
| | | $p_{e2}$ | Flaschendruck bei Arbeitsende | in bar |

## Wärmelehre

| | Formel | Formelzeichen | Erklärung weitere Einheiten siehe S. 87 | |
|---|---|---|---|---|
| **Temperatur** | $T = t + 273$ | $t$ oder $\vartheta$ | Celsius-Temperatur | in °C |
| 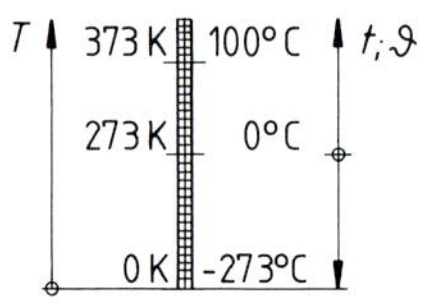  | $T = \vartheta + 273$ | $T$ | thermodynamische Temperatur | in K |
| | $\Delta T = T_2 - T_1$ | $\Delta T = \Delta t = \Delta\vartheta$ | Temperaturdifferenz | in K |
| | | $T_2$ | Anfangstemperatur | in K |
| | | $T_1$ | Endtemperatur | in K |
| **Längenzunahme** | $\Delta l = \alpha \cdot l_0 \cdot \Delta T$ | $\Delta l$ | Längenausdehnung | in m |
| 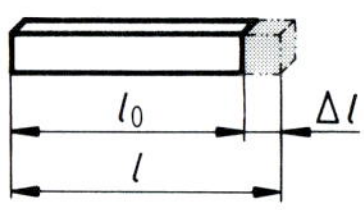  | $\Delta d = \alpha \cdot d_0 \cdot \Delta T$ | $l_0$ | Länge bei Bezugstemperatur | in m |
| | bei Erwärmung | $\alpha$ | Längenausdehnungskoeffizient | in $\frac{1}{K}$ |
| | $l = l_0 + \alpha \cdot l_0 \cdot \Delta T$ | $l$ | Länge nach Temperaturänderung | in m |
| | bei Abkühlung | $\Delta T$ | Temperaturdifferenz | in K |
| | $l = l_0 - \alpha \cdot l_0 \cdot \Delta T$ | $\Delta d$ | Durchmesseränderung | in m |
| | | $d_0$ | Durchmesser bei Bezugstemperatur | in m |
| **Volumenausdehnung** | Feste Stoffe, Flüssigkeiten: | $\Delta V$ | Volumenzunahme | in $m^3$ |
| 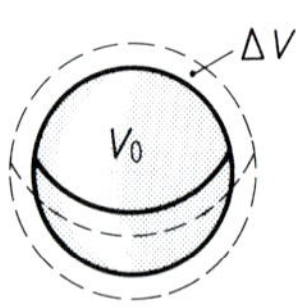  | $\Delta V = V_0 \cdot \gamma \cdot \Delta T$<br>$\gamma \approx 3 \cdot \alpha$ | $\gamma$ | Volumenausdehnungskoeffizient | in $\frac{1}{K}$ |
| | Gase: | $V_0$ | Volumen | in $m^3$ |
| | $\Delta V = \frac{V_0}{273} \cdot \Delta T$ | $\Delta T$ | Temperaturdifferenz | in K |

# Festigkeitslehre

## Zug / Druck

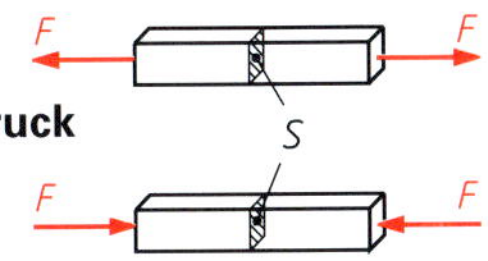


| Formel | Formelzeichen | Erklärung (weitere Einheiten siehe S. 87) | |
|---|---|---|---|
| $\sigma = \frac{F}{S}$ | $\sigma$ | Zug-(Druck-)spannung | in $\frac{N}{m^2}$ |
| | $F$ | Zug-(Druck-)kraft | in N |
| | $S$ | unbelasteter Querschnitt | in $m^2$ |

## Schub (Scherung)

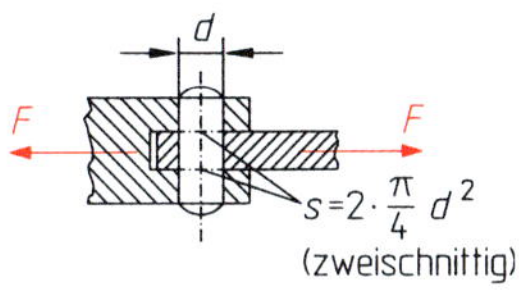


| Formel | Formelzeichen | Erklärung | |
|---|---|---|---|
| $\tau = \frac{F}{S}$ | $\tau$ | Scherspannung | in $\frac{N}{m^2}$ |
| | $F$ | Querkraft | in N |
| | $S$ | gesamte Scherfläche | in $m^2$ |

## Abscherkraft

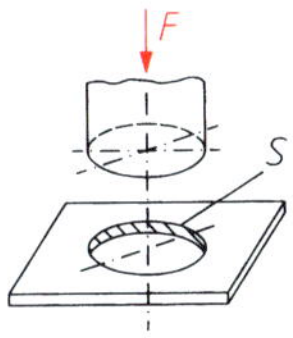


| Formel | Formelzeichen | Erklärung | |
|---|---|---|---|
| $F = S \cdot \tau_{aB}$ | $F$ | Scherkraft | in N |
| | $S$ | Scherfläche = Schnittkantenlänge · Blechdicke | in $m^2$ |
| | $\tau_{aB}$ | Scherfestigkeit<br>Stahl: $\tau_{aB} \approx 0{,}8 \cdot R_m$<br>GG: $\tau_{aB} \approx 1{,}1 \cdot R_m$ | in $\frac{N}{m^2}$ |
| | $R_m$ | Zugfestigkeit | in $\frac{N}{m^2}$ |

## Flächenpressung

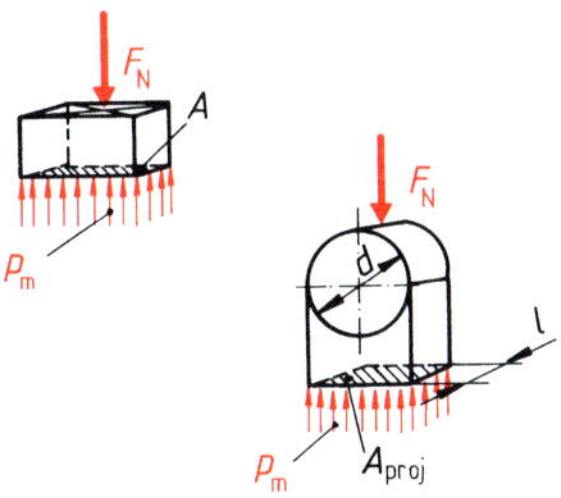


| Formel | Formelzeichen | Erklärung | |
|---|---|---|---|
| $p_m = \frac{F_N}{A}$ | $p_m$ | Flächenpressung | in $\frac{N}{m^2}$ |
| | $F_N$ | Normalkraft | in N |
| | $A$ | Berührungsfläche bei Zylindern $A = A_{proj} = l \cdot d$ | in $m^2$ |

| Werkstoffpaarung | Richtwerte für $p_{m\,zul}$ in $\frac{N}{mm^2}$ nicht gleitend | gleitend |
|---|---|---|
| St.gehärtet–St.gehärtet | 170 | 15 |
| St.gehärtet–CuSnPb | 50 | 10 |
| St.gehärtet–GG | 80 | 8 |
| St –St | 120 | 5 |
| St –AlMgSi | 80 | 5 |

Technische Mathematik

| | Formel | Formelzeichen | Erklärung<br>weitere Einheiten siehe S. 87 |
|---|---|---|---|
| **Ohm'sches Gesetz**<br><br> | $R = \frac{U}{I}$ | $R$<br>$U$<br>$I$ | Widerstand in Ω<br>Spannung in V<br>Stromstärke in A |
| **Reihenschaltung von Widerständen**<br>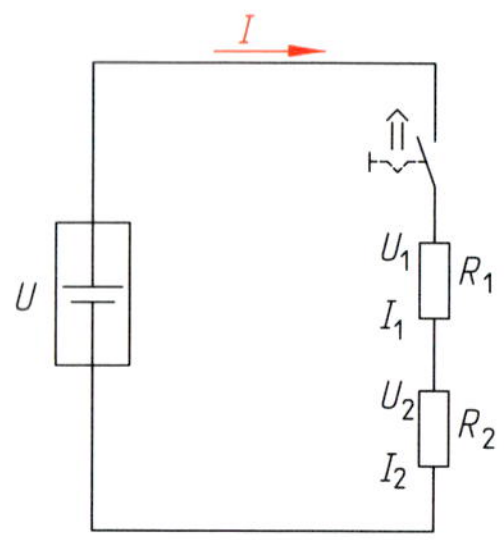<br> | $U = U_1 + U_2 \dots$<br>$I = I_1 = I_2 \dots$<br>$R = R_1 + R_2 \dots$ | $U$<br>$U_1, U_2$<br>$I$<br>$I_1, I_2$<br>$R$<br>$R_1, R_2$ | Spannung in V<br>Teilspannung in V<br>Stromstärke in A<br>Teilstromstärke in A<br>Widerstand in Ω<br>Teilwiderstand in Ω |
| **Parallelschaltung von Widerständen**<br>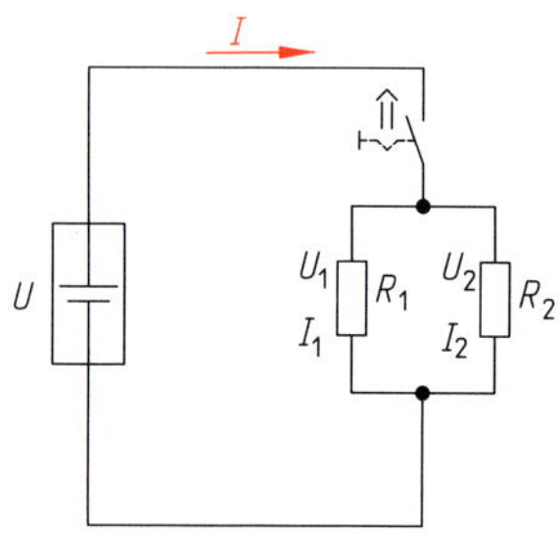<br> | $U = U_1 = U_2 = \dots$<br>$I = I_1 + I_2 \dots$<br>$\frac{1}{R} = \frac{1}{R_1} + \frac{1}{R_2} \dots$<br>$R = \frac{R_1 \cdot R_2}{R_1 + R_2}$ | $U$<br>$U_1, U_2$<br>$I$<br>$I_1, I_2$<br>$R$<br>$R_1, R_2$ | Spannung in V<br>Teilspannung in V<br>Stromstärke in A<br>Teilstromstärke in A<br>Widerstand in Ω<br>Teilwiderstand in Ω |
| **Leitungswiderstand**<br>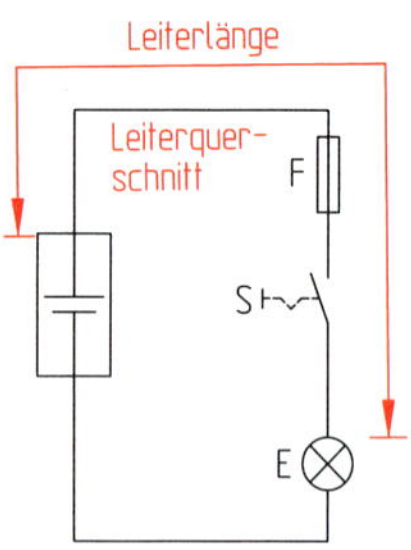<br> | $R = \frac{\varrho \cdot l}{A}$ | $R$<br>$l$<br>$A$<br>$\varrho$ | Widerstand des Leiters in Ω<br>Länge des Leiters in m<br>Querschnittsfläche des Leiters in $m^2$<br>spezifischer elektrischer Widerstand in Ω·m<br>$1\,\Omega \cdot m = 1\,000\,000\,\frac{\Omega \cdot mm^2}{m}$ |

| Werkstoff | spez. el. Widerstand in $\frac{\Omega \cdot mm^2}{m}$ |
|---|---|
| Aluminium | 0,03 |
| Eisen | 0,1 |
| Kupfer | 0,01786 |
| Wolfram | 0,055 |
| Kohle | 21…35 |

| | Formel | Formelzeichen | Erklärung<br>weitere Einheiten siehe S. 87 | |
|---|---|---|---|---|
| **Elektrische Leistung**<br>Gleichstrom<br>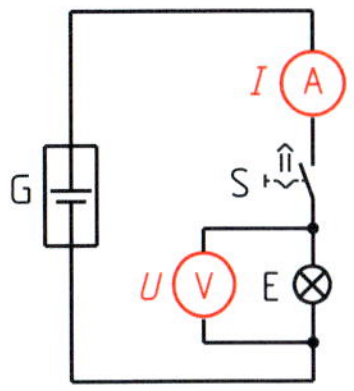<br>Wechselstrom<br>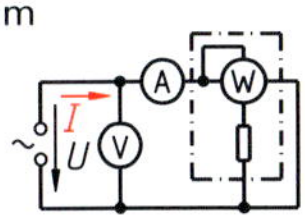<br>Drehstrom in Y-Schaltung<br>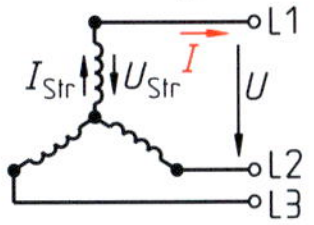<br>△-Schaltung<br>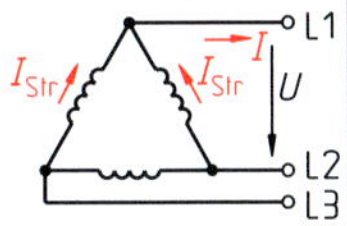 | $P = U \cdot I$<br><br>$P = U \cdot I \cdot \cos\varphi$<br><br>$P = \sqrt{3} \cdot U \cdot I \cdot \cos\varphi$ | $P$<br>$U$<br>$I$<br>$\cos\varphi$ | Elektrische Leistung<br>Spannung<br>Stromstärke<br>Leistungsfaktor<br>Erfahrungswert für Elektromotoren: $\cos\varphi = 0{,}4 \dots 0{,}8$ | in W<br>in V<br>in A |
| **Elektrische Arbeit**<br>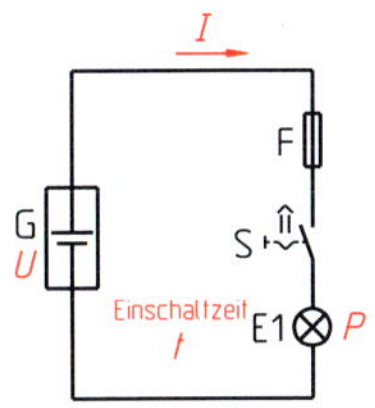 | $W = P \cdot t$ | $W$<br>$P$<br>$t$ | Elektrische Arbeit<br>Elektrische Leistung<br>Zeit | in Ws<br>in W<br>in s |
| **Wirkungsgrad**<br>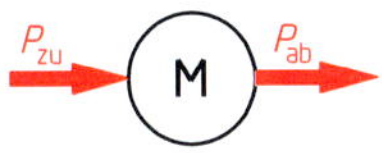 | $\eta = \frac{P_{ab}}{P_{zu}}$<br>$P_v = P_{zu} - P_{ab}$<br>$\eta$ in % $= \eta \cdot 100\%$ | $\eta$<br>$P_{ab}$<br>$P_{zu}$<br>$P_v$ | Wirkungsgrad<br>abgegebene Leistung<br>zugeführte Leistung<br>Verlustleistung | –<br>in W<br>in W<br>in W |
| **Batteriekapazität**<br>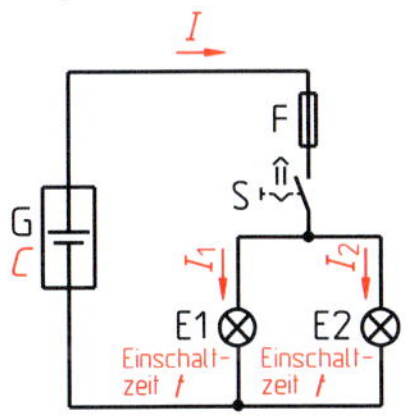 | $C = I \cdot t$ | $C$<br>$I$<br>$t$ | Kapazität<br>Entladestrom<br>Entladezeit | in Ah<br>in A<br>in h |
| **Transformator**<br>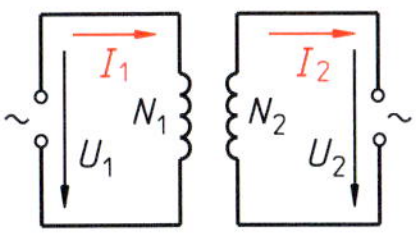 | $\frac{U_1}{U_2} = \frac{N_1}{N_2}$<br>$\frac{I_1}{I_2} = \frac{N_2}{N_1}$<br>$i = \frac{N_1}{N_2}$ | $U_1$<br>$U_2$<br>$I_1$<br>$I_2$<br>$i$<br>$N_1, N_2$ | Eingangsspannung<br>Ausgangsspannung<br>Eingangsstrom<br>Ausgangsstrom<br>Übersetzungsverhältnis<br>Windungszahlen | in V<br>in V<br>in A<br>in A |

| | Formel | Formelzeichen | Erklärung<br>weitere Einheiten siehe S. 87 | |
|---|---|---|---|---|
| **Hubraum**<br>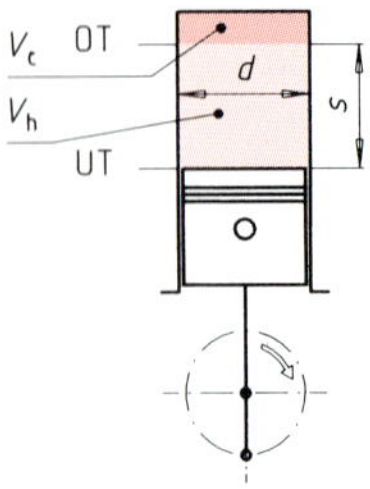 | $V_h = \frac{d^2 \cdot \pi}{4} \cdot s$<br>$V_H = V_h \cdot z$ | $V_h$<br>$V_H$<br>$d$<br>$s$<br>$z$ | Hubraum eines Zylinders<br>Gesamthubraum<br>Durchmesser der Bohrung<br>Hub<br>Anzahl der Zylinder | in $m^3$<br>in $m^3$<br>in m<br>in m<br>– |
| **Hubverhältnis**<br>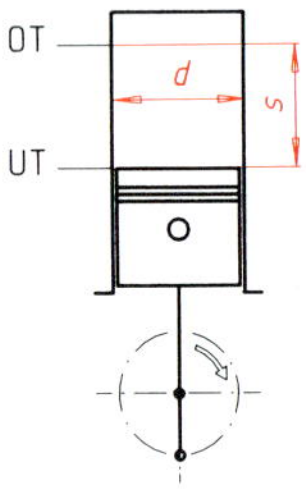 | $\text{Hubverh.} = \frac{s}{d}$ | $d$<br>$s$ | Durchmesser der Bohrung<br>Hub<br><br>Hubverhältnis $<$ 1: Kurzhubmotor<br>Hubverhältnis $=$ 1: Quadrathubmotor<br>Hubverhältnis $>$ 1: Langhubmotor | in m<br>in m |
| **Verdichtungsverhältnis**<br>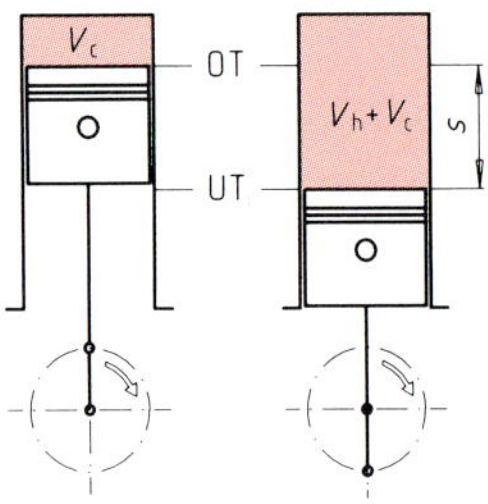 | $\varepsilon = \frac{V_h + V_c}{V_c}$<br>$V_c = \frac{V_h}{\varepsilon - 1}$ | $\varepsilon$<br>$V_h$<br>$V_c$ | Verdichtungsverhältnis<br>Hubraum eines Zylinders<br>Verdichtungsraum | –<br>in $m^3$<br>in $m^3$ |
| **Gasdruck im Zylinder**<br>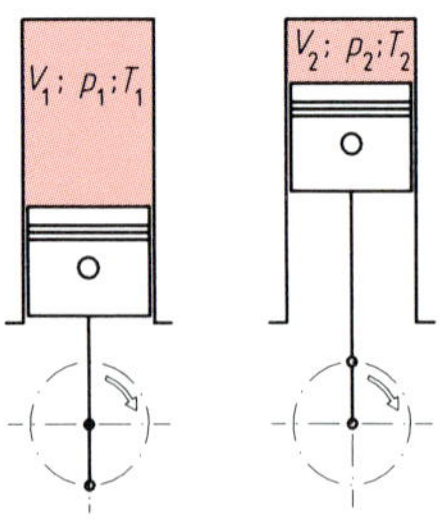 | $\frac{p_1 \cdot V_1}{T_1} = \frac{p_2 \cdot V_2}{T_2}$ | $p_1$<br>$p_2$<br>$V_1$<br>$V_2$<br>$T_1$<br>$T_2$ | absoluter Druck vor dem Verdichten<br>absoluter Druck nach dem Verdichten<br>Volumen vor dem Verdichten<br>Volumen nach dem Verdichten<br>Temperatur vor dem Verdichten<br>Temperatur nach dem Verdichten | in bar<br>in bar<br>in $m^3$<br>in $m^3$<br>in K<br>in K |

| | Formel | Formelzeichen | Erklärung weitere Einheiten siehe S. 87 | |
|---|---|---|---|---|
| **Kolbenkraft** | $F_k = p_m \cdot A$ | $F_k$ | Kolbenkraft | in N |
| | | $p_m$ | Druck (= mittlerer Verbrennungsdruck) $\left(1\ \text{bar} = 100\,000\,\frac{\text{N}}{\text{m}^2},\ 1\,\frac{\text{N}}{\text{m}^2} = 1\ \text{Pa}\right)$ | in Pa |
| | | $A$ | Fläche des Kolbenbodens | $m^2$ |

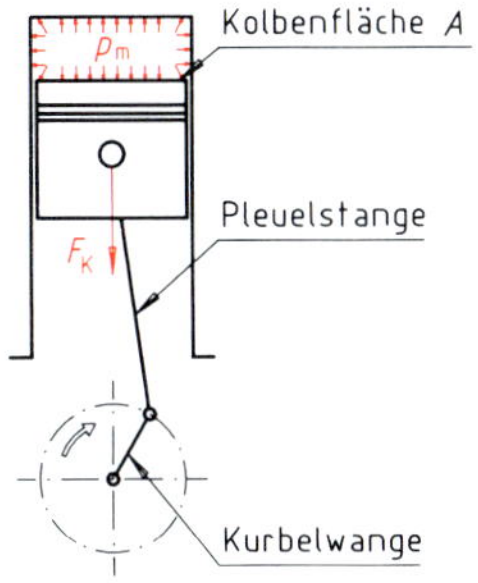


| | Formel | Formelzeichen | Erklärung | |
|---|---|---|---|---|
| **Kolbengeschwindigkeit** | $v_m = 2 \cdot s \cdot n$ | $v_m$ | mittlere Kolbengeschwindigkeit | $\frac{\text{m}}{\text{s}}$ |
| | | $s$ | Hub | in m |
| | | $n$ | Drehzahl (Umdrehungsfrequenz) | in $\frac{1}{\text{s}}$ |

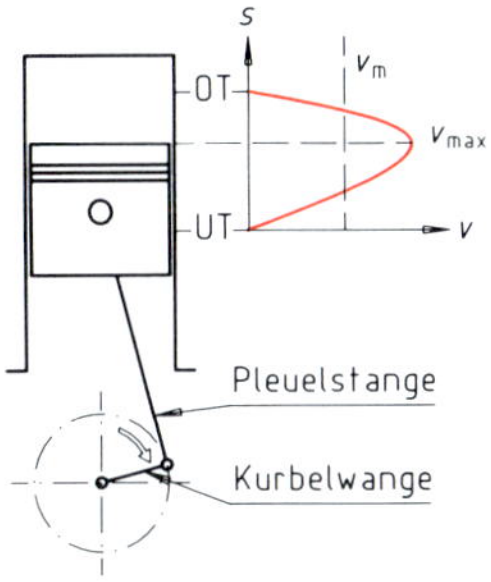


| | Formel | Formelzeichen | Erklärung | |
|---|---|---|---|---|
| **Bogenmaß – Steuerzeit** | $l_b = \frac{d \cdot \pi \cdot \alpha}{360°}$ | $l_b$ | Bogenlänge | in m |
| | | $d$ | Durchmesser der Schwungscheibe, Riemenscheibe | in m |
| | | $\alpha$ | Öffnungs- oder Schließwinkel der Ventile, Förderbeginn der Einspritzpumpe | in °KW |

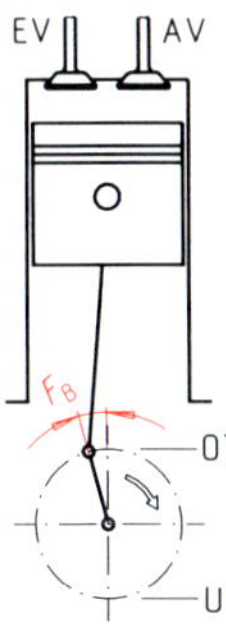


| | Formel | Formelzeichen | Erklärung | |
|---|---|---|---|---|
| **Ventilöffnungszeit** | $t = \frac{\alpha}{n \cdot 360°}$ | $\alpha$ | Öffnungswinkel der Ventile | in °KW |
| | | $n$ | Motordrehzahl (-umdrehungsfrequenz) | in $\frac{1}{\text{s}}$ |
| | | $t$ | Ventilöffnungszeit | in s |

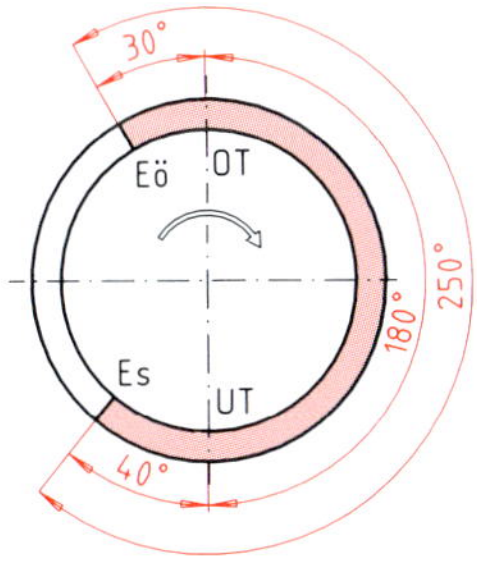


Technische Mathematik

## Längenzunahme der Ventile

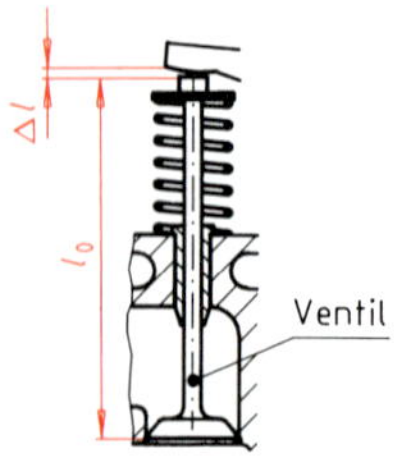


| Formel | Formelzeichen | Erklärung weitere Einheiten siehe S. 87 | |
|---|---|---|---|
| $\Delta l = l_0 \cdot \alpha_1 \cdot \Delta T$ | $\Delta l$ | Längenzunahme | in m |
| | $l_0$ | Länge bei Bezugstemperatur (meist 20 °C) | in m |
| | $\alpha_1$ | Längenausdehnungskoeffzient (-zahl) | in $\frac{1}{K}$ |
| | $\Delta T$ | Temperaturdifferenz | in K |

## Effektive Motorleistung

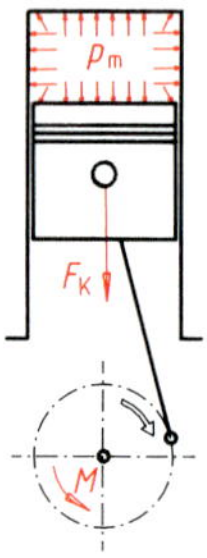


| Formel | Formelzeichen | Erklärung | |
|---|---|---|---|
| $P_{eff} = M \cdot 2 \cdot \pi \cdot n$ | $P_{eff}$ | effektive Motorleistung (1 kW = 1000 W) | in W |
| | $M$ | Drehmoment | in Nm |
| | $n$ | Drehzahl (Umdrehungsfrequenz) | in $\frac{1}{s}$ |

## Indizierte Motorleistung

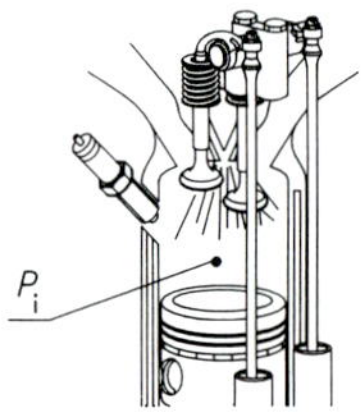


| Formel | Formelzeichen | Erklärung | |
|---|---|---|---|
| $P_i = \frac{A \cdot s \cdot z \cdot p_m \cdot n}{2}$ | $P_i$ | indizierte Motorleistung (1 kW = 1000 W) | in W |
| $P_i = \frac{V_H \cdot p_m \cdot n}{2}$ | $A$ | Kolbenfläche | in $m^2$ |
| | $s$ | Hub | in m |
| | $z$ | Zylinderzahl | – |
| | $p_m$ | mittlerer Arbeitsdruck $\left(1\,\text{bar} = 100\,000\,\frac{N}{m^2},\ 1\,\frac{N}{m^2} = 1\,\text{Pa}\right)$ | in Pa |
| | $n$ | Drehzahl (Umdrehungsfrequenz) | in $\frac{1}{s}$ |
| | 2 | Umrechnungszahl für Viertaktmotor, bei einem Zweitaktmotor entfällt diese Zahl | |
| | $V_H$ | Gesamthubraum | in $m^3$ |

## Reibleistung

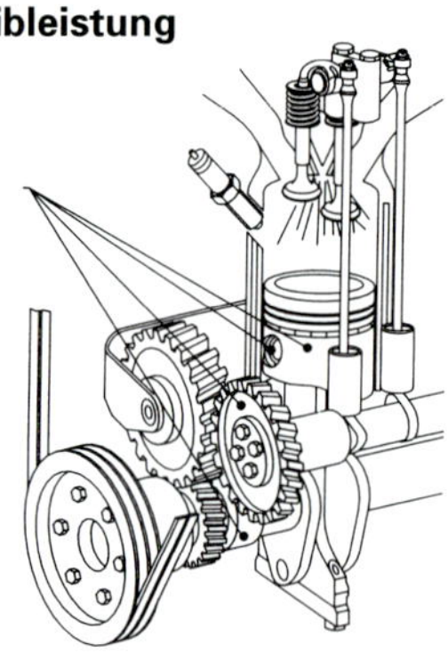

| Formel | Formelzeichen | Erklärung | |
|---|---|---|---|
| $P_R = P_i - P_{eff}$ | $P_R$ | Reibleistung | in W |
| | $P_i$ | indizierte Motorleistung | in W |
| | $P_{eff}$ | effektive Motorleistung | in W |

Technische Mathematik

| | Formel | Formelzeichen | Erklärung weitere Einheiten siehe S. 87 | |
|---|---|---|---|---|
| **Mechanischer Wirkungsgrad** | $\eta = \frac{P_{eff}}{P_i}$ | $P_i$ | Indizierte Motorleistung | in W |
| | $\eta$ in % $= \eta \cdot 100\,\%$ | $P_{eff}$ | Effektive Motorleistung | in W |
| | | $\eta$ | mechanischer Wirkungsgrad | – |

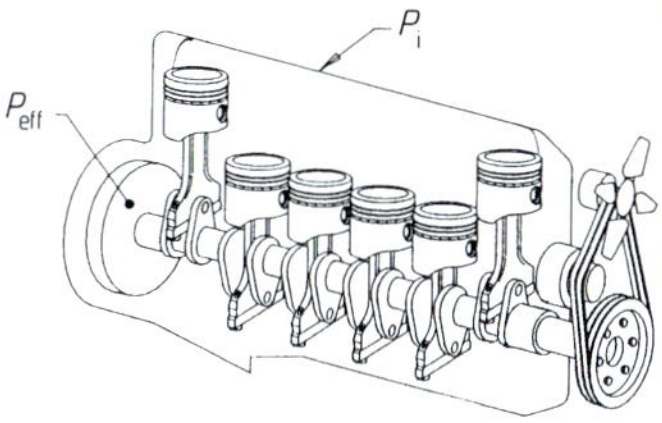


| | Formel | Formelzeichen | Erklärung | |
|---|---|---|---|---|
| **Drehmomentanstieg** | $M_{anstieg} = \frac{100\,\% \cdot M_{max}}{M_{nenn}} - 100\,\%$ | $M_{anstieg}$ | Drehmomentanstieg | in % |
| | | $M_{max}$ | maximales Drehmoment | in Nm |
| | | $M_{nenn}$ | Drehmoment bei Nenndrehzahl | in Nm |

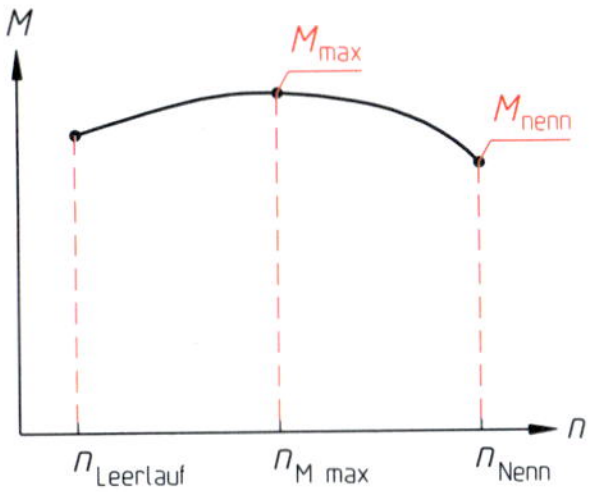


| | Formel | Formelzeichen | Erklärung | |
|---|---|---|---|---|
| **Kraftstoffverbrauch** | $B = \frac{V \cdot \varrho}{t}$ | $B$ | Kraftstoffverbrauch | in $\frac{kg}{s}$ |
| | | $V$ | Kraftstoffvolumen | in $m^3$ |
| | | $\varrho$ | Dichte des Kraftstoffs | in $\frac{kg}{m^3}$ |
| | | $t$ | Zeit | in s |

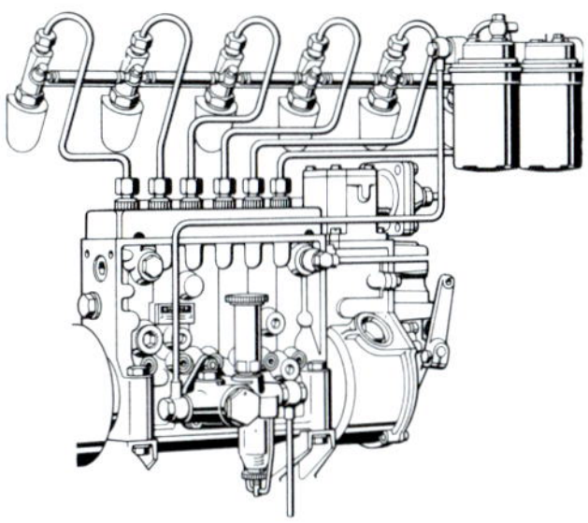

| | Formel | Formelzeichen | Erklärung | |
|---|---|---|---|---|
| **Spezifischer Kraftstoffverbrauch** | $b = \frac{B}{P_{eff}}$ | $b$ | spezifischer Kraftstoffverbrauch | in $\frac{kg}{Ws}$ |
| | | $B$ | Kraftstoffverbrauch | in $\frac{kg}{s}$ |
| | | $P_{eff}$ | Effektive Motorleistung | in W |

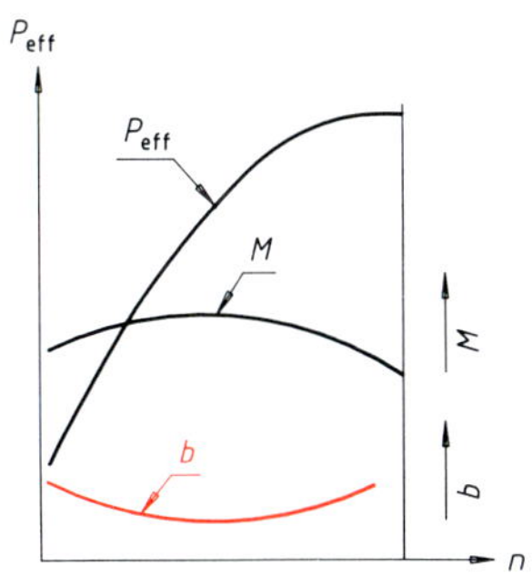

| | Formel | Formelzeichen | Erklärung weitere Einheiten siehe S. 87 | |
|---|---|---|---|---|

## Drehmoment Kupplung

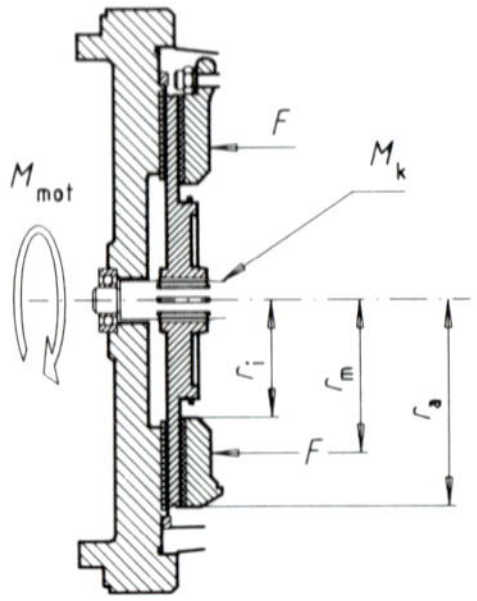


$M_{kzul} = F \cdot r_m \cdot \mu \cdot z$

$M_k = S \cdot M_{mot}$

$M_{kzul} \geqq M_k$

$$r_m = \frac{2\,(r_a^3 - r_i^3)}{3\,(r_a^2 - r_i^2)}$$

| Formelzeichen | Erklärung | Einheit |
|---|---|---|
| $M_k$ | Drehmoment, das von der Kupplung übertragen wird | in Nm |
| $M_{kzul}$ | maximal übertragbares Drehmoment der Kupplung | in Nm |
| $M_{mot}$ | Motordrehmoment | in Nm |
| $F$ | Anpresskraft der Druckplatte | in N |
| $r_m$ | mittlerer Reibradius | in m |
| $r_a$ | äußerer Radius der Reibbeläge | in m |
| $r_i$ | innerer Radius der Reibbeläge | in m |
| $\mu$ | Reibwert der Kupplungsbeläge<br>organische Beläge $\mu = 0{,}27 \dots 0{,}3$<br>Sintermetall-Beläge $\mu = 0{,}37 \dots 0{,}4$ | – |
| $z$ | Anzahl der Reibflächen<br>(1 Scheibe: $z = 2$) | – |
| $S$ | Sicherheitsfaktor<br>(üblicher Wert: $S = 1{,}3 \dots 2$) | – |

## Riemen- und Kettentriebe

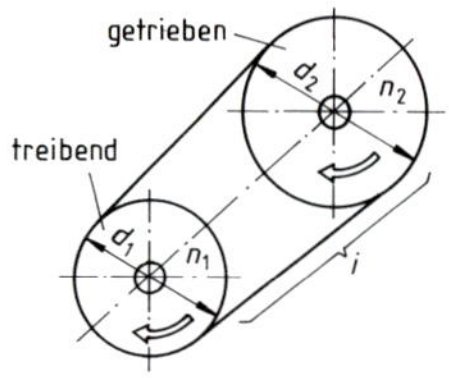


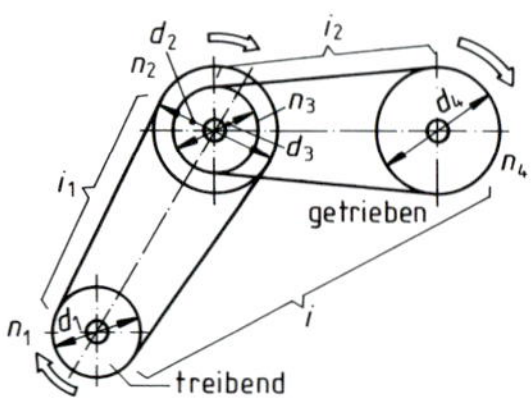


einfache Übersetzung:

$d_1 \cdot n_1 = d_2 \cdot n_2$

$$i = \frac{d_2}{d_1}$$

$$i = \frac{n_1}{n_2}$$

doppelte Übersetzung:

$$i = \frac{d_2 \cdot d_4}{d_1 \cdot d_3}$$

$$i = \frac{n_1}{n_4}$$

$i = i_1 \cdot i_2$

| Formelzeichen | Erklärung | Einheit |
|---|---|---|
| $d$ | Teilkreisdurchmesser bei Kettenrädern, wirksamer Durchmesser bei Keilriemenscheiben | in m |
| $d_1$, $d_3$ | Durchmesser der treibenden Räder, Scheiben | in m |
| $d_2$, $d_4$ | Durchmesser der getriebenen Räder, Scheiben | in m |
| $i$ | Gesamtübersetzungsverhältnis<br>$i > 1$ ins Langsame<br>$i < 1$ ins Schnelle | – |
| $i_1$, $i_2$ | Teilübersetzungsverhältnisse | – |
| $n_1$, $n_3$ | Drehzahl (Umdrehungsfrequenz) der treibenden Räder, Scheiben | in $\frac{1}{s}$ |
| $n_2$, $n_4$ | Drehzahl (Umdrehungsfrequenz) der getriebenen Räder, Scheiben | in $\frac{1}{s}$ |

## Zahnradabmessungen (geradverzahnte Stirnräder)

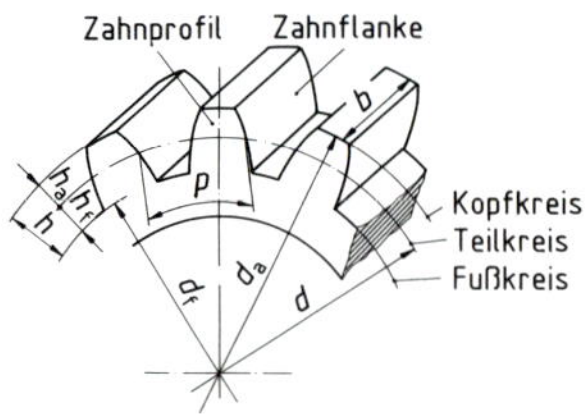


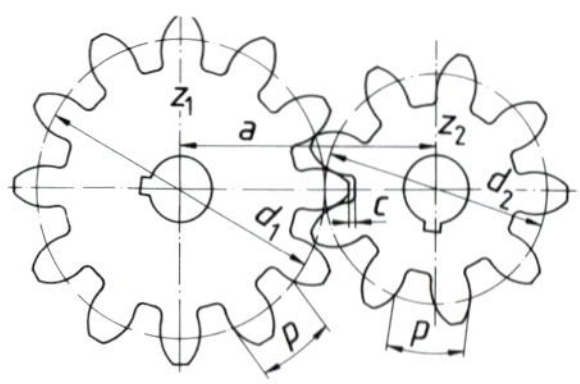


$p = m \cdot \pi$

$d = m \cdot z$

$d_a = d + 2m = m \cdot (z + 2)$

$d_f = d - 2 \cdot (m + c)$

$h = 2m + c$

$$a = \frac{d_1 + d_2}{2}$$

$$a = \frac{m \cdot (z_1 + z_2)}{2}$$

| Formelzeichen | Erklärung | Einheit |
|---|---|---|
| $p$ | Teilung | in m |
| $m$ | Modul | in m |
| $d$ | Teilkreisdurchmesser | in m |
| $d_a$ | Kopfkreisdurchmesser | in m |
| $d_f$ | Fußkreisdurchmesser | in m |
| $h$ | Zahnhöhe | in m |
| $c$ | Kopfspiel<br>(üblich $0{,}2 \cdot m$) | in m |
| $a$ | Achsabstand<br>(Außenverzahnung) | in m |
| $b$ | Zahnbreite | in m |
| $z$ | Zähnezahl | – |

| | Formel | Formelzeichen | Erklärung<br>weitere Einheiten siehe S. 87 | |
|---|---|---|---|---|
| **Zahnradtriebe**<br>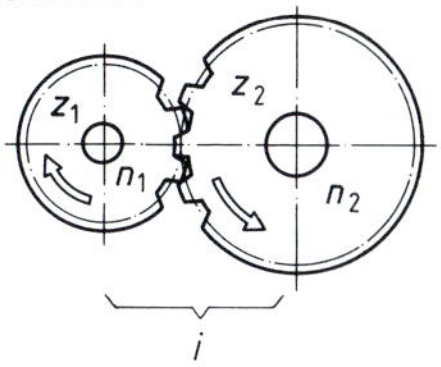 | einfache Übersetzung:<br>$z_1 \cdot n_1 = z_2 \cdot n_2$<br>$i = \frac{z_2}{z_1}$<br>$i = \frac{n_1}{n_2}$ | $z$ | Zähnezahl der Zahnräder | – |
| | | $z_1, z_3$ | Zähnezahl der treibenden Zahnräder | – |
| | | $z_2, z_4$ | Zähnezahl der getriebenen Zahnräder | – |
| | | $i$ | Gesamtübersetzungsverhältnis<br>$i > 1$ ins Langsame<br>$i < 1$ ins Schnelle | – |
| 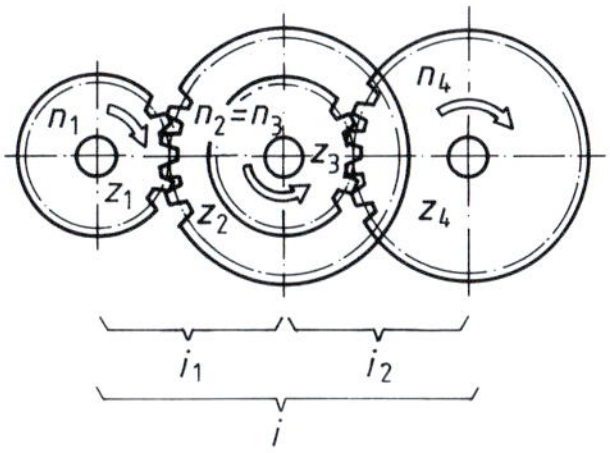 | doppelte Übersetzung:<br>$i = \frac{z_2 \cdot z_4}{z_1 \cdot z_3}$<br>$i = \frac{n_1}{n_4}$<br>$i = i_1 \cdot i_2$ | $i_1, i_2$ | Teilübersetzungsverhältnisse | – |
| | | $n_1, n_3$ | Drehzahl (Umdrehungsfrequenz) der treibenden Zahnräder | in $\frac{1}{s}$ |
| | | $n_2, n_4$ | Drehzahl (Umdrehungsfrequenz) der getriebenen Zahnräder | in $\frac{1}{s}$ |
| **Planetengetriebe**<br>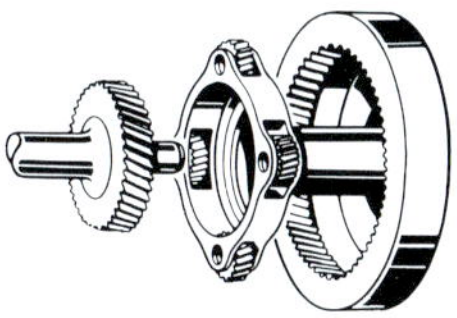 | $z_S$ treibend, $z_P$ getrieben, Außenrand fest:<br>$i = 1 + \frac{z_A}{z_S}$ | $i$ | Gesamtübersetzungsverhältnis | – |
| | | $z_S$ | Zähnezahl Sonnenrad | – |
| | | $z_A$ | Zähnezahl Außenrad (Hohlrad) | – |
| | | $z_P$ | Zähnezahl Planetenräder | – |
| 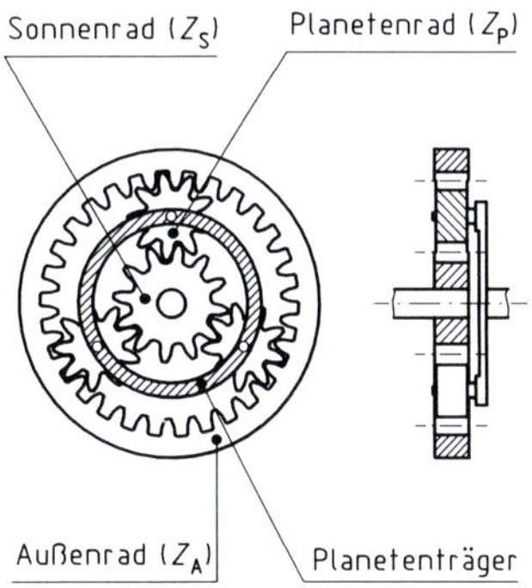 | $z_A$ treibend, $z_P$ getrieben, Sonnenrand fest:<br>$i = \frac{z_S}{z_A}$ | | $z_A$ treibend, $z_S$ getrieben, Planetenträger fest:<br>$i = \frac{z_S}{z_A}$ | |
| | $z_S$ und $z_A$ treibend, $z_P$ getrieben, Planetenräder fest:<br>$i = 1:1$ | | $z_P$ treibend, $z_S$ getrieben, Außenrad fest:<br>$i = \frac{z_S}{z_S + z_A}$ | |
| | $z_S$ treibend, $z_A$ getrieben, Planetenträger fest:<br>$i = \frac{z_A}{z_S}$ | | $z_P$ treibend, $z_A$ getrieben, Sonnenrad fest:<br>$i = \frac{z_A}{z_A + z_S}$ | |
| **Drehmomentübersetzung (Ketten-, Riemen- und Zahnradtrieb)**<br>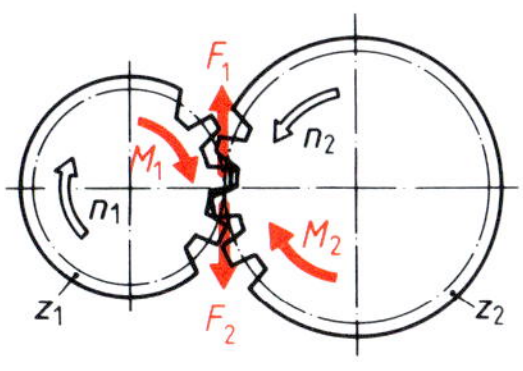 | ohne Berücksichtigung der Reibung bzw. des Schlupfes ($\eta = 1$):<br>$M_2 = i \cdot M_1$<br>mit Berücksichtigung der Reibung bzw. des Schlupfes ($\eta < 1$):<br>$M_2 = i \cdot M_1 \cdot \eta$ | $M_2$ | abgegebenes Drehmoment | in Nm |
| | | $M_1$ | zugeführtes Drehmoment | in Nm |
| | | $i$ | Gesamtübersetzungsverhältnis | – |
| | | $\eta$ | Wirkungsgrad | – |

<table>
<tr><th></th><th>Formel</th><th>Formelzeichen</th><th>Erklärung<br>weitere Einheiten siehe S. 87</th><th></th></tr>
<tr><td>

**Spurdifferenzwinkel**

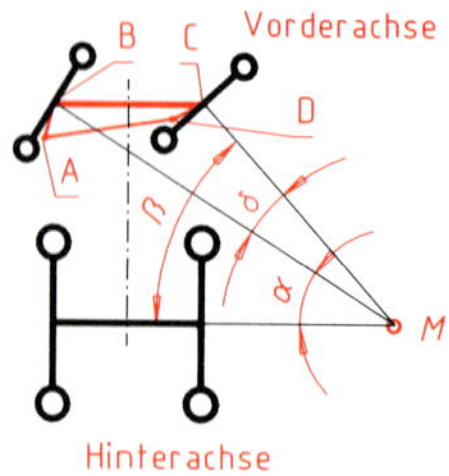

</td><td>$\delta = \beta - \alpha$</td><td>$\delta$<br>$\beta$<br>$\alpha$<br>$M$</td><td>Spurdifferenzwinkel<br>Schwenkwinkel des kurveninneren Rades<br>Schwenkwinkel des kurvenäußeren Rades<br>Mittelpunkt der Kurve</td><td>in °<br>in °<br>in °<br></td></tr>
<tr><td>

**Spur**

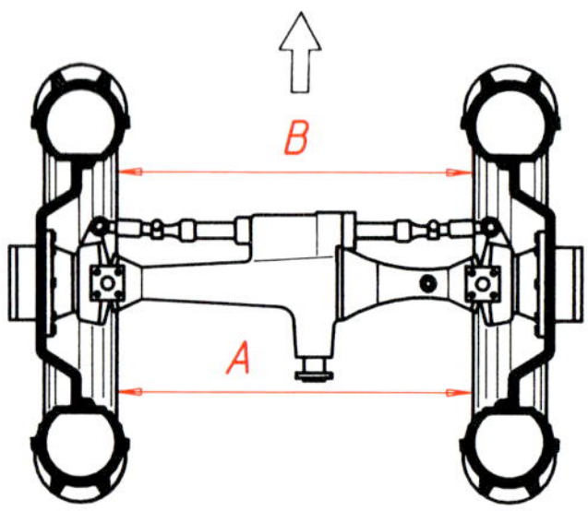

</td><td>Vorspur: $A > B$<br>$x_v = A - B$<br>Nachspur: $A < B$<br>$x_n = B - A$</td><td>$A$<br>$B$<br>$x_v$<br>$x_n$</td><td>Felgenhornabstand auf Achshöhe hinter der Achse<br>Felgenhornabstand auf Achshöhe vor der Achse<br>Einstellmaß Vorspur<br>Einstellmaß Nachspur</td><td>in mm<br>in mm<br>in m<br>in m</td></tr>
<tr><td>

**Lenkübersetzung**

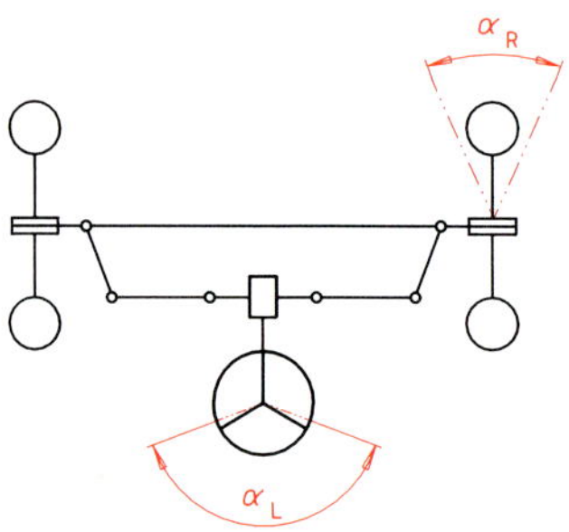

</td><td>$i_L = \frac{\alpha_L}{\alpha_R}$</td><td>$i_L$<br>$\alpha_L$<br>$\alpha_R$</td><td>Lenkübersetzung<br>Drehwinkel des Lenkrades<br>Schwenkwinkel des Rades</td><td>–<br>in °<br>in °</td></tr>
</table>

| | Formel | Formelzeichen | Erklärung<br>weitere Einheiten siehe S. 87 | |
|---|---|---|---|---|
| **Umfangskraft Bremstrommel**<br>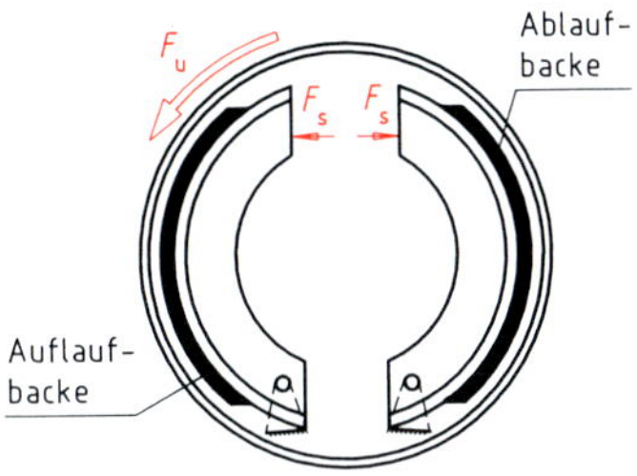 | $F_u = C^* \cdot F_s$ | $F_u$<br>$F_s$<br>$C^*$ | Umfangskraft an der Bremstrommel<br>Spannkraft<br>Bremsenkennwert (siehe S. 51) | in N<br>in N<br> |
| **Spannkraft hydraulischer Radbremszylinder**<br>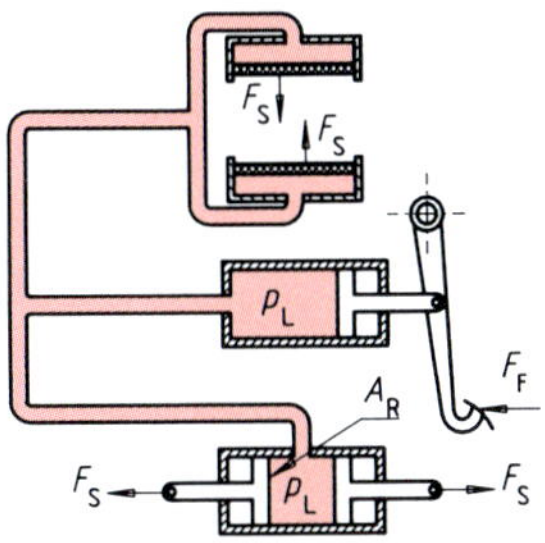 | $F_s = p_L \cdot A_R$<br><br>$i_{mh\,R} = \frac{F_F}{F_s}$ | $p_L$<br><br>$F_s$<br>$F_F$<br>$A_R$<br>$i_{mh\,R}$ | Flüssigkeitsdruck<br>$\left(1\,\text{bar} = 100\,000\,\frac{N}{m^2}, 1\,\frac{N}{m^2} = 1\,\text{Pa}\right)$<br>Spannkraft<br>Fußkraft am Bremspedal<br>Kolbenfläche des Radbremszylinders<br>mechanisch-hydraulisches Übersetzungsverhältnis einer Bremsanlage pro Rad | in Pa<br><br>in N<br>in N<br>in $m^2$<br>– |
| **Bremskraft an einem Rad**<br>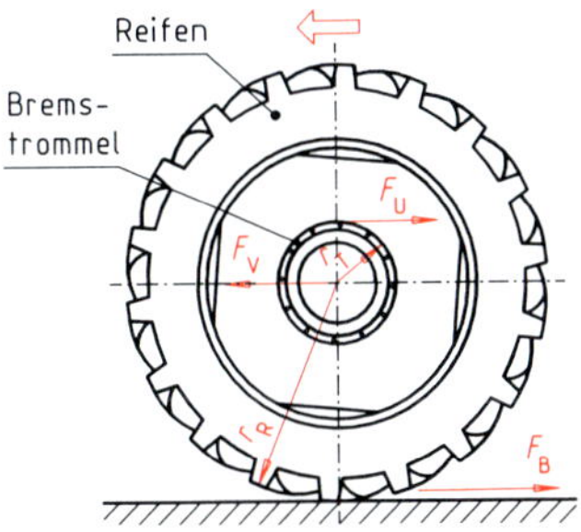 | $F_B = \frac{F_u \cdot r_T}{r_R}$<br><br>$i_{BR} = \frac{F_F}{F_B}$ | $F_B$<br>$F_u$<br>$F_F$<br>$r_T$<br>$r_R$<br>$i_{BR}$ | Bremskraft an einem Rad<br>Umfangskraft an der Bremstrommel bzw. -scheibe<br>Fußkraft am Bremspedal<br>Radius der Bremstrommel bzw. Abstand des Angriffspunktes der Spannkraft vom Mittelpunkt der Bremsscheibe<br>Radius des Reifens<br>Gesamtübersetzungsverhältnis einer Bremsanlage pro Rad | in N<br>in N<br>in N<br>in m<br>in m<br>– |
| **Abbremsung Fahrzeug**<br> | $z = \frac{\Sigma F_B}{F_G} \cdot 100\,\%$ | $z$<br>$\Sigma F_B$<br>$F_G$ | Abbremsung<br>Summe der Bremskräfte am Radumfang<br>Gesamtgewichtskraft des Fahrzeugs | in %<br>in N<br>in N |

| | Formel | Formelzeichen | Erklärung<br>weitere Einheiten siehe S. 87 |
|---|---|---|---|
| **Zugkraftbedarf beim Pflügen**<br>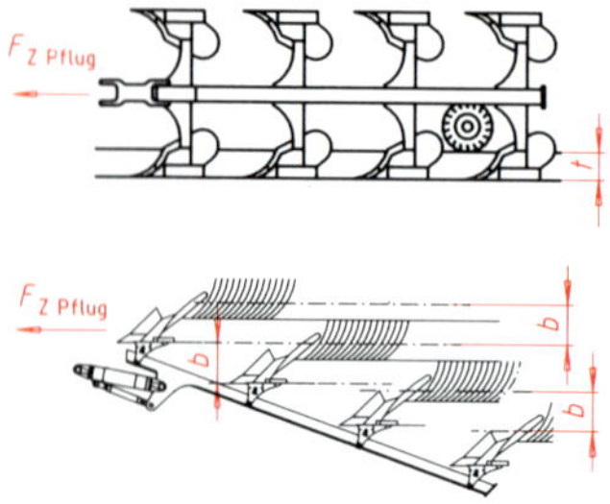<br> | $F_{ZPflug} = b \cdot t \cdot z \cdot W$ | $F_{ZPflug}$<br>$b$<br>$t$<br>$z$<br>$W$ | Zugkraftbedarf zum Ziehen des Pfluges in N<br>Schnittbreite je Pflugkörper in m<br>Arbeitstiefe in m<br>Anzahl der Pflugkörper –<br>spezifischer Pflugwiderstand in $\frac{N}{m^2}$ |

| Boden | W in $\frac{N}{m^2}$ |
|---|---|
| Sand | 30 000 |
| Lehm | 40 000 |
| Ton | 70 000 |

| | | | |
|---|---|---|---|
| **Flächenleistung**<br>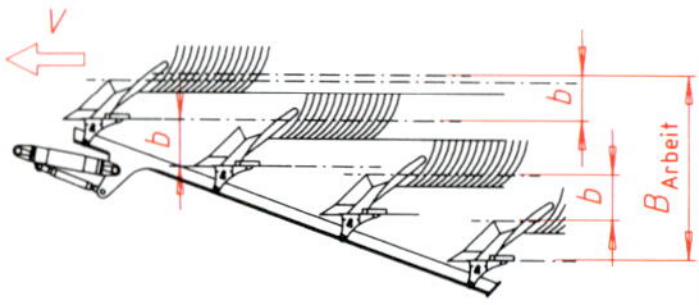<br> | $P_F = v \cdot B_{Arbeit}$<br>$B_{Arbeit} = b \cdot z$<br>$P_F = \frac{A}{t}$ | $P_F$<br>$A$<br>$v$<br>$B_{Arbeit}$<br>$b$<br>$z$<br>$t$ | Flächenleistung in $\frac{m^2}{s}$<br>bearbeitete Fläche in $m^2$ (1 ha = 10 000 $m^2$)<br>Arbeitsgeschwindigkeit in $\frac{m}{s}$<br>Arbeitsbreite in m<br>Arbeitsbreite pro Schar in m<br>Anzahl der Pflugkörper –<br>Arbeitszeit in s |
| **Einstellung Spurweite**<br>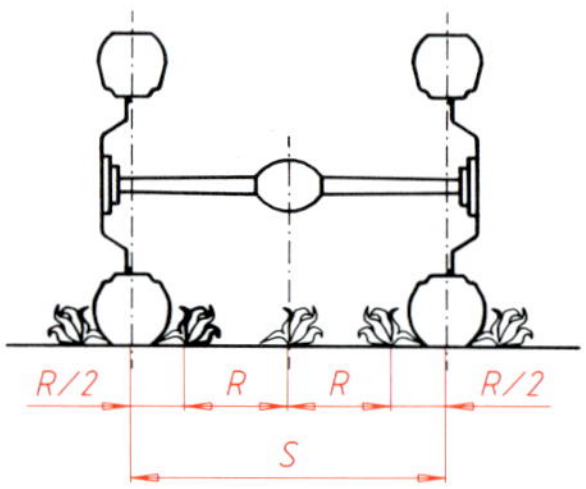<br> | $S = x \cdot R$ | $S$<br>$R$<br>$x$ | Spurweite in m<br>Reihenabstand der Pflanzen in m<br>Anzahl der Reihen zwischen den Rädern – |
| **Spurreißermaß**<br>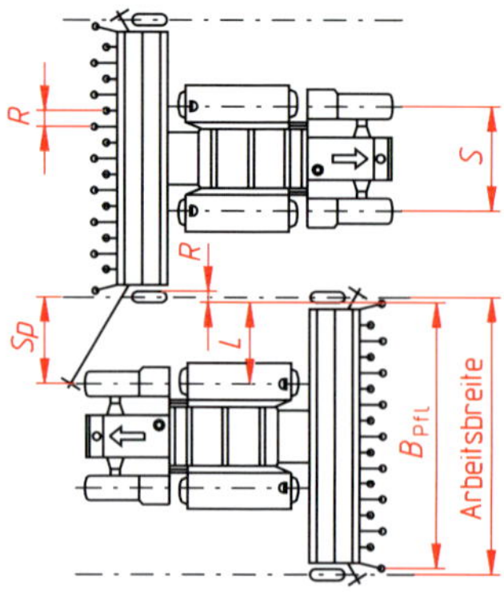<br> | $Sp = L + R$<br>$L = \frac{B_{Pfl} - S}{2}$ | $Sp$<br>$L$<br>$R$<br>$B_{Pfl}$<br>$S$ | Spurreißermaß in m<br>Abstand von der Mitte des Vorderrades des Schleppers bis zur äußeren Pflanzenreihe in m<br>Reihenabstand der Pflanzen in m<br>Pflanzbreite $\left(= \text{Arbeitsbreite} - 2 \cdot \frac{R}{2}\right)$ in m<br>Spurweite des Schleppers in m |



Technische Mathematik

# Landmaschinen

| | Formel | Formelzeichen | Erklärung weitere Einheiten siehe S. 87 | |
|---|---|---|---|---|
| **Abdrehprobe Drillmaschine** | $s = \frac{250\ \text{m}^2}{B_{\text{Arbeit}}}$ | $s$ | Fahrstrecke je Regelfläche $\left(= \frac{1}{40}\ \text{ha}\right)$ | in m |
| | $n = \frac{s}{d \cdot \pi}$ | $B_{\text{Arbeit}}$ | Arbeitsbreite | in m |
| | $m_{\text{Ab}} = \frac{1}{40}\ \text{ha} \cdot m_{\text{F}}$ | $n$ | Radumdrehungen je Fahrstrecke ohne Berücksichtigung der Antriebsverluste | – |
| | | $d$ | Durchmesser des Antriebsrades | in m |
| | | $m_{\text{Ab}}$ | Abdrehmenge | in kg |
| | | $m_{\text{F}}$ | Saatmenge | in kg/ha |
| **Kräfte am System Traktor – Anbaugerät** | $M = F_1 \cdot l_1$ | $M$ | Drehmoment, hervorgerufen durch die Kraft $F_1$, bezogen auf die Hinterachse des Traktors | in Nm |
| | $F_{\text{Ent}} = \frac{M}{l_{\text{R}}}$ | $F_1$ | Gewichtskraft des Anbaugerätes am Anhängepunkt des Unterlenkers des Traktors | in N |
| | $F_{\text{Erh}} = \frac{F_{\text{Z}} \cdot l_{\text{Z}}}{l_{\text{R}}}$ | $F_{\text{Ent}}$ | Entlastung der Vorderachse des Traktors durch $F_1$ | in N |
| | | $F_{\text{Z}}$ | Gewichtskraft des Zusatzgewichtes | in N |
| | | $F_{\text{Erh}}$ | Erhöhung der Achslast der Vorderachse des Traktors durch $F_{\text{Z}}$ | in N |
| | | $l_1$ | Abstand des Angriffspunktes der Hub- bzw. Tragekraft vom Drehpunkt der Hinterachse des Traktors | in m |
| | | $l_{\text{R}}$ | Radstand des Traktors | in m |
| | | $l_{\text{Z}}$ | Abstand des Angriffspunktes des Zusatzgewichtes von der Hinterachse des Traktors | in m |

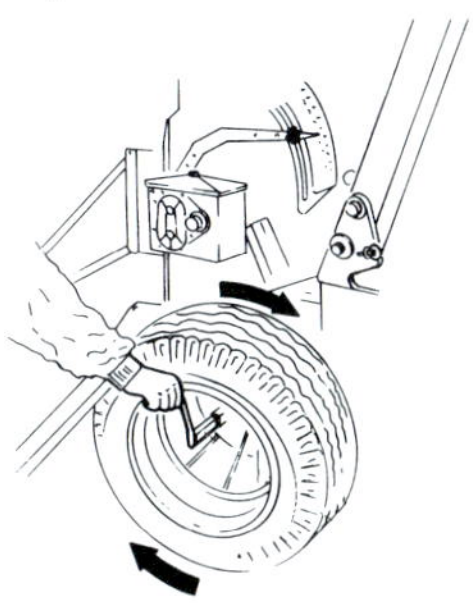

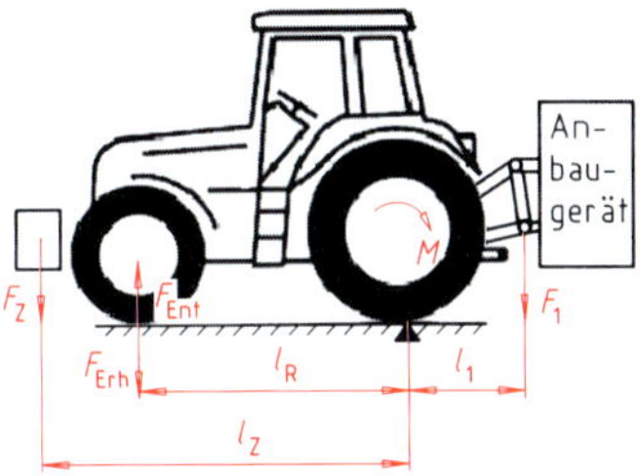


# Melkanlagen

| | Formel | Formelzeichen | Erklärung weitere Einheiten siehe S. 87 | |
|---|---|---|---|---|
| **Luftdurchfluss der Vakuumpumpe von Melkanlagen nach DIN ISO 5707** | Eimermelkanlage: | $\dot{V}$ | Mindestdurchfluss einschließlich Reserveluftdurchfluss für Anlagen bis einschließlich 10 Einheiten | in $\frac{\text{l}}{\text{min}}$ |
| | $\dot{V} = 50\ \frac{\text{l}}{\text{min}} + 60\ \frac{\text{l}}{\text{min}} \cdot n$ | $n$ | Anzahl der Melkeinheiten | – |
| | $ER = 40\ \frac{\text{l}}{\text{min}} + 25\ \frac{\text{l}}{\text{min}} \cdot n$ | $ER$ | Reserveluftdurchfluss | in $\frac{\text{l}}{\text{min}}$ |
| | $\dot{V}_{\text{Gesamt}} = \dot{V} + \dot{V}_{\text{Z}}$ | $\dot{V}_{\text{Gesamt}}$ | Gesamter Luftdurchfluss | in $\frac{\text{l}}{\text{min}}$ |
| | Rohrmelkanlage: | $\dot{V}_{\text{Z}}$ | Luftdurchfluss Zusatzeinrichtungen | in $\frac{\text{l}}{\text{min}}$ |
| | $\dot{V} = 150\ \frac{\text{l}}{\text{min}} + 60\ \frac{\text{l}}{\text{min}} \cdot n$ | | | |
| | $ER = 100\ \frac{\text{l}}{\text{min}} + 25\ \frac{\text{l}}{\text{min}} \cdot n$ | | | |
| | $\dot{V}_{\text{Gesamt}} = \dot{V} + \dot{V}_{\text{Z}}$ | | | |

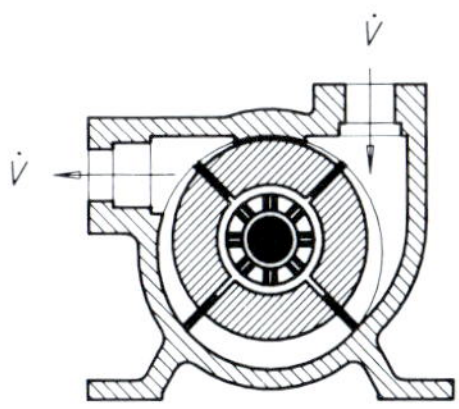

# Milchkühlung

| | Formel | Formelzeichen | Erklärung weitere Einheiten siehe S. 87 | |
|---|---|---|---|---|
| **Wärmemenge** | $Q = m \cdot c \cdot \Delta T$ | $Q$ | Wärmemenge | in J |
| | | $m$ | Masse | in kg |
| | | $c$ | spezifische Wärmekapazität | in $\frac{J}{kg \cdot K}$ |
| | | $\Delta T$ | Temperaturdifferenz | in K |
| 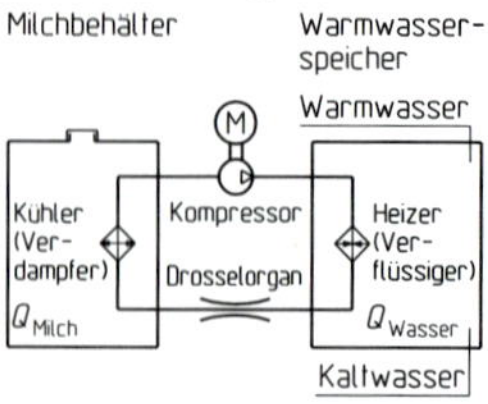 | | | | |
| **Energienutzungsgrad** | $\omega = \frac{Q_h}{(Q_{ath} + Q_{el})}$ | $\omega$ | Energienutzungsgrad | – |
| | | $Q_h$ | freiwerdende nutzbare Wärmemenge | in kJ |
| | | $Q_{ath}$ | theoretisch anfallende Wärmemenge | in kJ |
| | | $Q_{el}$ | aufgenommene elektrische Energie | in kJ |
| 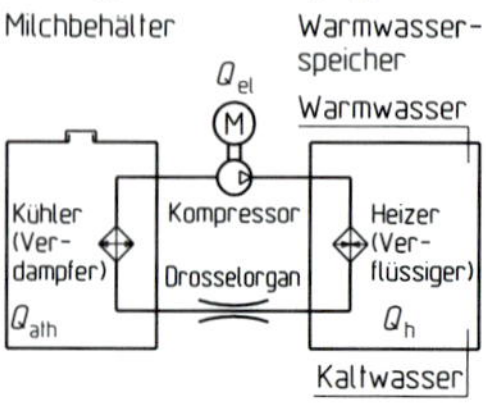 | | | | |



# Erdbaumaschinen[1]

| | Formel | Formelzeichen | Erklärung |
|---|---|---|---|
| **Nutzleistungsfaktor**  | $f_E = \frac{Q_A}{Q_B}$ | $f_E$ | Nutzleistungsfaktor – |
| | | $Q_A$ | Nutzleistung[2] (tatsächliche Leistung) in $m^3/h$ |
| | | $Q_B$ | Grundleistung[2], [3] (theoretische Leistung) in $m^3/h$ |
| **Grundleistung**  | $Q_B = V_R \cdot f_L \cdot n$ | $Q_B$ | Grundleistung[2], [3] (theoretische Leistung) in $m^3/h$ |
| | | $V_R$ | Nenninhalt der Arbeitsausrüstung ermittelt nach ISO-Norm in $m^3$ |
| | | $f_L$ | Ladefaktor |
| | | $n$ | Anzahl der Arbeitsspiele je Stunde in $\frac{1}{h}$ |
| **Ladefaktor** | $f_L = \frac{f_F}{f_S}$ | $f_F$ | Füllungsfaktor – |
| | | $f_L$ | Ladefaktor – |
| | | $f_S$ | Auflockerungsfaktor – |
| **Auflockerungsfaktor** | $f_S = \frac{V_2}{V_1}$ | $f_S$ | Auflockerungsfaktor – |
| | | $V_1$ | Volumen des Materials vor dem Lösen bz. Aufnehmen in $m^3$ |
| | | $V_2$ | Volumen des Materials nach dem Lösen bzw. Aufnehmen in $m^3$ |
| **Füllungsfaktor**  | $f_F = \frac{V_2}{V_R}$ | $f_F$ | Füllungsfaktor – |
| | | $V_2$ | Volumen des Materials nach dem Lösen bzw. Aufnehmen in $m^3$ |
| | | $V_R$ | Nenninhalt der Arbeitsausrüstung ermittelt nach ISO-Norm in $m^3$ |

[1]) Definition siehe Seite 78
[2]) Die Leistungsbezeichnung erfolgt nicht im physikalischen Sinn (DIN 54 845), sondern nach der Verdingungsordnung für Bauleistungen (VOB) und der Methodenlehre des Arbeitsstudiums nach REFA.
[3]) unberücksichtigt bleiben der Gerätezustand, die Baustellenorganisation und die Witterung (siehe Seite 78)

# Betriebliche Kalkulation (Kostenrechnung)



| | Formel und Erklärung |
|---|---|

## Gesamtbetrag einer Reparaturkostenrechnung

| Gesamtbetrag einer Reparaturkostenrechnung | |
|---|---|
| | Arbeitspreis (Lohnkosten) |
| | Ersatzteil- bzw. Materialkosten |
| | Kosten für Fremdleistungen |
| | Umsatzsteuer (Mehrwertsteuer) |

Arbeitspreis
+ Ersatzteil- bzw. Materialkosten
+ Kosten für Fremdleistungen

Zwischensumme
+ Umsatzsteuer

Gesamtbetrag

$$\text{Arbeitspreis} = \text{Arbeitszeit} \cdot \text{Stundenverrechnungssatz}$$

$$\text{Umsatzsteuer} = \frac{\text{Zwischensumme} \cdot \text{Steuersatz}}{100\,\%}$$

Erklärung:
Arbeitspreis: Lohnkosten, die für die Ausführung des Auftrages notwendig sind in €
Ersatzteil- bzw. Materialkosten in €
Kosten für Fremdleistungen in €
Zwischensumme:
Rechnungsbetrag ohne Steuern in €
Umsatzsteuer:
Mehrwertsteuer entsprechend den gesetzlichen Vorgaben in €
Gesamtbetrag:
Rechnungsbetrag incl. Steuern in €

Arbeitszeit:
Zeit, die für die Ausführung der Reparatur erforderlich war in h
Stundenverrechnungssatz:
Preis für die stündlich geleistete Arbeit in €/h

Steuersatz:
gesetzliche Vorgabe für die Umsatzsteuer (Mehrwertsteuer) in %

## Stundenverrechnungssatz

| Stundenverrechnungssatz | |
|---|---|
| | Lohnsatz je h |
| | Gemeinkosten Werkstatt je h |
| | Gewinn |

$$\text{Stundenverrechnungssatz} = \frac{\text{Fertigungslöhne} + \text{Gemeinkosten Werkst.} + \text{Gewinn Werkst.}}{\text{Fertigungszeit}}$$

Alternative Berechnungsmethode:
$$\text{Stundenverrechnungssatz} = \text{Werkstatt-Schnittlohn} \cdot \text{Kostenindex}$$

Erklärung:
Stundenverrechnungssatz in €/h
Fertigungslöhne:
Löhne, die die Mitarbeiter für die Ausführung von Kundenaufträgen (produktive Stunden) erhalten in €
GemeinkostenWerkstatt[1]):
auf die Kostenstelle „Werkstatt" entfallende Ausgaben des Betriebes, die einem Kundenauftrag nicht direkt zugeordnet werden können in €
Gewinn in €
Fertigungszeit:
verkaufte Mitarbeiterstunden in h

Werkstatt-Schnittlohn[2]) der Mitarbeiter in €
Kostenindex: Umrechnungsfaktor –

[1]) Zu den Gemeinkosten zählen u.a. die Hilfslöhne, die Löhne und Gehälter der Mitarbeiter der Werkstattleitung und -verwaltung, soziale Aufwendungen, Gebäude-, Einrichtungs-, Energie-, Fuhrpark- und Instandhaltungskosten, Steuern und Gebühren. Zu den Hilfslöhnen zählen u.a. Lohnnebenkosten (z.B. Urlaub, Krankheit, Schulung, Feiertage), allgemeine Werkstattarbeiten, Leerlauf- und Wartezeiten.

[2]) Der Werkstatt-Schnittlohn kann als Durchschnitt für alle Mitarbeiter in der Werkstatt oder entsprechend dem Ausbildungsstand der „reparierenden" Mitarbeiter (Auszubildender, Geselle, Techniker oder Meister) errechnet werden. In letzterem Fall kann dem Kunden ein differenzierter Stundenverrechnungssatz in Rechnung gestellt werden.

# Betriebliche Kalkulation (Kostenrechnung)



| | Formel und Erklärung |
|---|---|
| **Kostenindex**<br><br>Kostenindex:<br>Fertigungslöhne<br>Gemeinkosten Werkstatt<br>Gewinn | $\text{Kostenindex} = \frac{\text{Fertigungslöhne} + \text{Gemeinkosten Werkstatt} + \text{Gewinn Werkstatt}}{\text{Fertigungslöhne}}$<br><br>$\text{Gewinn Werkstatt} = \frac{(\text{Fertigungslöhne} + \text{Gemeinkosten Werkstatt}) \cdot \text{Gewinnsatz}}{100\,\%}$<br><br>Erklärung:<br>Kostenindex:<br>Umrechnungsfaktor –<br>Fertigungslöhne:<br>Löhne, die die Mitarbeiter für die Ausführung von Kundenaufträgen (produktive Stunden) erhalten in €<br>Gemeinkosten Werkstatt:<br>auf die Kostenstelle „Werkstatt“ entfallende Ausgaben des Betriebes, die einem Kundenauftrag nicht direkt zugeordnet werden können in €<br>Gewinn in €<br>Gewinnsatz in % |
| Ersatzteil- bzw. Materialkosten[1])<br><br>Ersatzteil- bzw. Materialkosten:<br>Einkaufspreis Ersatzteile bzw. Material<br>Gemeinkosten Lager<br>Gewinn | $\text{Ersatzteil- bzw. Materialkosten} = \frac{\text{Einkaufspreis Ersatzteil- bzw. Material} \cdot \text{Zuschlagssatz Lager}}{100\,\%}$<br><br>Zuschlagssatz Lager = GK-Zuschlagssatz Lager + Gewinnsatz Lager + 100<br><br>Erklärung:<br>Ersatzteil- bzw. Materialkosten in €<br>Einkaufspreis Ersatzteil- bzw. Material in €<br><br>Zuschlagssatz Lager in %<br>GK-Zuschlagssatz Lager:<br>Gemeinkostenzuschlagssatz<br>Kostenstelle „Lager“ in %<br>Gewinnsatz Lager in % |
| Kosten für Fremdleistungen[2])<br><br>Kosten für Fremdleistungen:<br>Einkaufspreis der Fremdleistung<br>Gemeinkosten Fremdleistung<br>Gewinn | $\text{Kosten für Fremdleistung} = \frac{\text{Einkaufspreis Fremdleistung} \cdot \text{Zuschlagssatz Fremdleistung}}{100\,\%}$<br><br>Zuschlagssatz Fremdleistung = GK-Zuschlagssatz Fremdleistung + Gewinnsatz Fremdleistung + 100<br><br>Erklärung:<br>Kosten für Fremdleistung in €<br>Einkaufspreis Fremdleistung in €<br>Zuschlagssatz Fremdleistung in %<br><br>GK-Zuschlagssatz<br>–<br>Fremdleistung:<br>Gemeinkostenzuschlagssatz<br>Kostenstelle „Fremdleistung“ in %<br>Gewinnsatz Fremdleistung in %<br>Zuschlagssatz Fremdleistung in % |

[1]) Anstelle eines durch eigene Kalkulation ermittelten Ersatzteil- bzw. Materialpreises wird dem Kunden teilweise auch der Katalogpreis des Zulieferers in Rechnung gestellt. In diesem Falle entspricht der Zuschlag der Differenz zwischen dem Katalogpreis und dem tatsächlichen Einkaufspreis.

[2]) Anstelle eines durch eigene Kalkulation ermittelten Fremdleistungspreises wird in der Kundenrechnung teilweise auch der Rechnungspreis der Fremdfirma ausgewiesen. In diesem Falle entfällt der Zuschlag oder entspricht einem eventuell von der Fremdfirma gewährten Rabatt bzw. Nachlass.

## Begriffe und Maßnahmen

DIN 31 051 : 2003-06

| | |
|---|---|
| **Instandhaltung** [1] | **Maßnahmen zur Erhaltung und Wiederherstellung des funktionsfähigen Zustandes einer Betrachtungseinheit** [2]<br>z. B. eines Traktors oder eines Geräts der Land- oder Baumaschinentechnik. |
| → **Wartung** | **Maßnahmen zur Verzögerung des Abbaus des vorhandenen Abnutzungsvorrats** [3]<br>z. B. Kontrolle der Flüssigkeitsstände von Kühlmittel und Öl eines Motors, Kontrolle und Einstellung des Ventilspiels eines Motors; siehe Wartungspläne der Fahrzeug-, Maschinen- oder Gerätehersteller.<br>Arbeitsschritte:<br>– Auftrag, Auftragsdokumentation, Analyse Auftragsinhalt<br>– Vorbereitung der Durchführung<br>– Vorwegmaßnahmen (Arbeitsplatzausrüstung, Schutz- und Sicherheitseinrichtungen)<br>– Durchführung (siehe Instandhaltungs- oder Wartungsanleitung)<br>– Funktionsprüfung<br>– Rückmeldung |
| → **Inspektion** | **Maßnahmen zur Feststellung und Beurteilung des Istzustandes einer Betrachtungseinheit** [2] **einschließlich der Bestimmung der Ursachen für die Abnutzung und dem Ableiten notwendiger Konsequenzen für die zukünftige Nutzung**<br>z. B. Kompressionsdruckprüfung an einem Motor, Ermittlung des Verschleißzustandes der Fahrzeugbremsen; siehe Werkstatthandbücher bzw. Reparaturanleitungen der Fahrzeug-, Maschinen- oder Gerätehersteller.<br>Arbeitsschritte:<br>– Auftrag, Auftragsdokumentation, Analyse Auftragsinhalt<br>– Vorbereitung der Durchführung<br>– Vorwegmaßnahmen (Arbeitsplatzausrüstung, Schutz- und Sicherheitseinrichtungen)<br>– Durchführung (siehe Instandhaltungs- oder Inspektionsanleitung)<br>– Vergleich Ist- und Sollzustand (Beurteilung)<br>– Ableitung der notwendigen Konsequenzen<br>– Rückmeldung |
| → **Instandsetzung** | **Maßnahmen zur Rückführung einer Betrachtungseinheit** [2] **in den funktionsfähigen Zustand**<br>z. B. Erneuerung der Bremsbeläge eines Fahrzeugs, siehe Werkstatthandbücher bzw. Reparaturanleitungen der Fahrzeug-, Maschinen- oder Gerätehersteller; Herstellung von Bauteilen für Maschinen, Geräte und Anlagen.<br>Arbeitsschritte:<br>– Auftrag, Auftragsdokumentation, Analyse Auftragsinhalt<br>– Vorbereitung (Kalkulation, Terminplanung, Bereitstellung von Personal, Mitteln und Material, Erstellung von Arbeitsplänen)<br>– Vorwegmaßnahmen (Arbeitsplatzausrüstung, Schutz- und Sicherheitseinrichtungen)<br>– Überprüfung (Vorbereitung, Vorwegmaßnahmen, Freigabe Durchführung)<br>– Durchführung<br>– Funktionsprüfung und Abnahme<br>– Fertigmeldung<br>– Auswertung einschließlich Dokumentation und Festhalten der Kosten |
| → **Verbesserung** | **Maßnahmen zur Steigerung der Funktionssicherheit einer Betrachtungseinheit** [2]**, ohne die von ihr geforderte Funktion zu ändern**<br>z. B. Verwendung von Betriebsmitteln, die eine höhere Belastung vertragen.<br>Arbeitsschritte:<br>– Auftrag, Auftragsdokumentation, Analyse Auftragsinhalt<br>– Vorbereitung (Kalkulation, Terminplanung, Bereitstellung von Personal, Mitteln und Material, Erstellung von Arbeitsplänen)<br>– Vorwegmaßnahmen (Arbeitsplatzausrüstung, Schutz- und Sicherheitseinrichtungen)<br>– Überprüfung (Vorbereitung, Vorwegmaßnahmen, Freigabe Durchführung)<br>– Durchführung<br>– Funktionsprüfung und Abnahme<br>– Fertigmeldung |

[1]) Angaben zur Durchführung der Instandhaltung sind Gegenstand einer Instandhaltungsanleitung
[2]) Betriebsmittel, Bauelement, Funktionseinheit, System oder Gerät, das für sich allein betrachtet werden kann.
[3]) Vorrat der möglichen Funktionserfüllungen einer Betrachtungseinheit unter festgelegten Bedingungen.

## Fehleranalyse

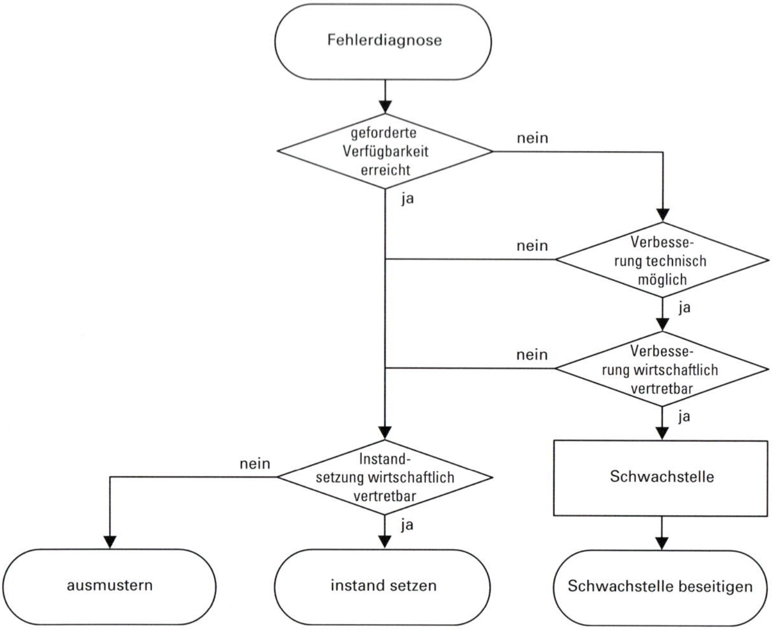


## Strukturelemente der Auftragsabwicklung [1]

**Annahme** → **Auftragsabwicklungsprozess** → **Auslieferung**

Annahme-Qualität | Prozessqualität | Produktqualität

**Annahme:**

**Kundengespräch:**
- Auftragsinhalt
- Zeitplan
- Kosten
- Ort der Auftragsausführung (vor Ort, Betrieb)
- Form der Anlieferung (Abholung, Zustellung durch den Kunden)
- Kostenvoranschlag

**Auftragserteilung:**
- schriftlich
- mündlich

**Auftragsabwicklungsprozess:**

**Werkstattleitung:**
- Arbeitsvorgänge
- Betriebs- und Hilfsstoffe
- Ersatzteile
- Verfügbarkeit der notwendigen technischen Geräte (z. B. Testgeräte, Werkzeuge)
- Personaleinsatz
- Rüst- und Ausführungszeiten

**Mitarbeiter:**
- Auftragserfassung
- Vorbereitung Auftragsausführung
- Bearbeitung des Auftrages
- Selbstkontrolle Arbeitsausführung

**Werkstattleitung/Mitarbeiter:**
- Kontrolle der Auftragsausführung (Endabnahme)

siehe Handlungsphasen des Auftragsabwicklungsprozesses Seite 123

**Auslieferung:**

**Übergabe...**
Fahrzeug oder Maschine oder Gerät oder Produkt

**Rechnung:**
- Erstellung
- Zustellung (direkt, per Brief)

**Zahlungsabwicklung:**
- bar bzw. unbar bei Übergabe
- Überweisung
- Ratenzahlung, Kredit

[1]) Die einzelnen Bereiche werden je nach Betriebsgröße arbeitsteilig oder personenbezogen ausgeführt

## Handlungsphasen der Auftragsabwicklung

**Ausgangspunkt:** Auftrag zur Wartung, Inspektion oder Instandsetzung

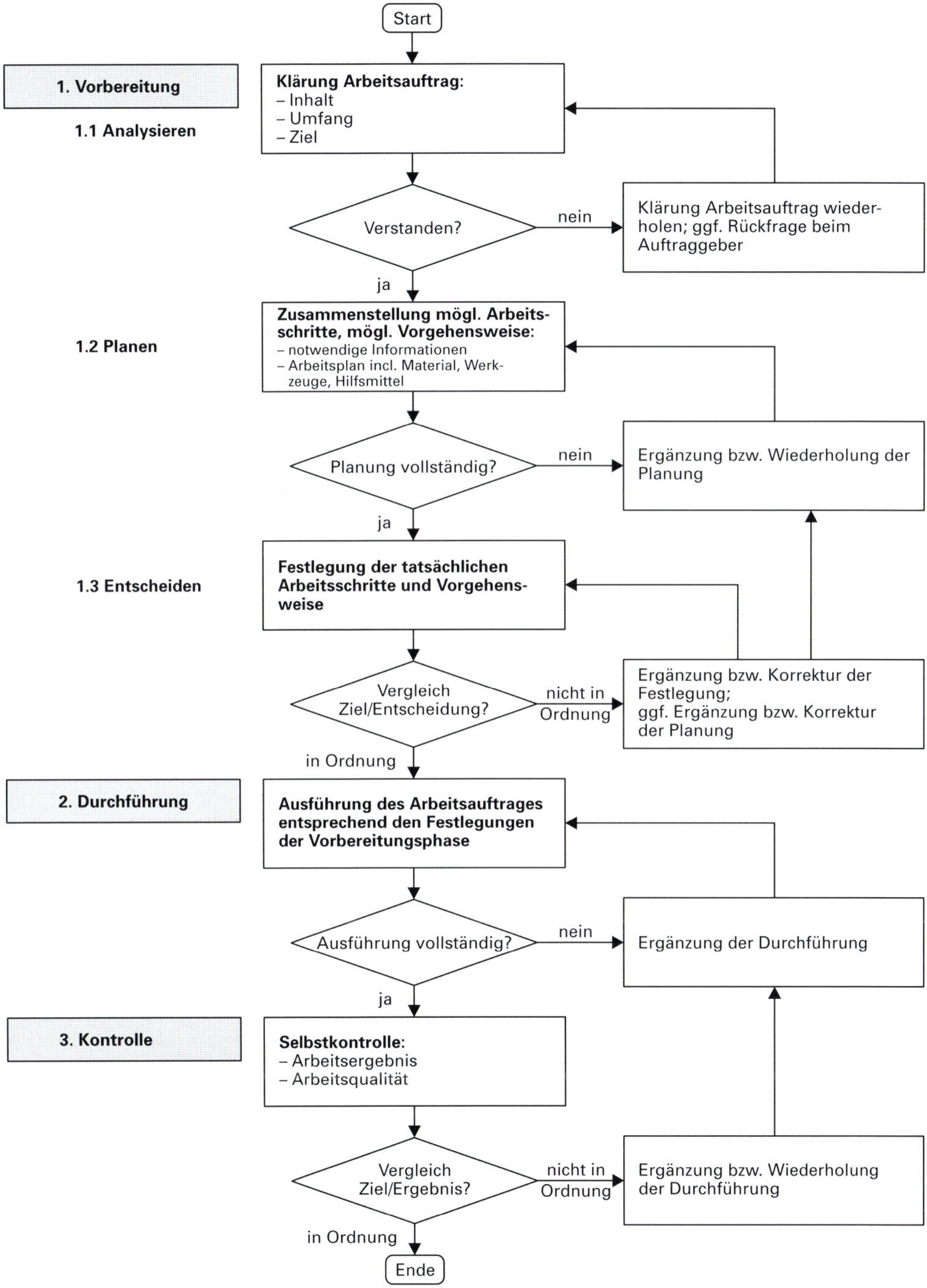

## Sicherheitskennzeichnung zur Unfallverhütung BGV A8 : 2002-01 und DIN 4844-1 : 2005-05, 2 : 2001-02

| Form, Bedeutung / Farbe | Gebots- und Verbotszeichen (Kreis) | Warnzeichen (Dreieck) | Rettungs-, Brandschutz; Hinweiszeichen (Quadrat, Rechteck) | Anwendungsbeispiele |
|---|---|---|---|---|
| rot | Verbot, Halt | | Material zur Feuerbekämpfung | Halte-, Verbotszeichen, Notausschalteinrichtungen |
| gelb | | Vorsicht! Mögliche Gefahr | | Feuer, Explosion, chem. Einwirkungen, Strahlen, gefährliche Durchlässe |
| blau | Gebotszeichen, Hinweise | | Hinweis oder Unterrichtung | Verpflichtung zum Tragen einer Schutzausrüstung |
| grün | | | Gefahrlosigkeit, Rettungsmittel | Notausgänge, Erste-Hilfe-Station |

### Verbotszeichen (P)

Rauchen verboten

Feuer, offenes Licht und Rauchen verboten

Für Fußgänger verboten

Mit Wasser löschen verboten

Kein Trinkwasser

### Warnzeichen (W)

Warnung vor einer Gefahrenstelle

Warnung vor feuergefährlichen Stoffen

Warnung vor explosionsgefährlichen Stoffen

Warnung vor giftigen Stoffen

Warnung vor ätzenden Stoffen

Warnung vor gefährlicher elektr. Spannung

Warnung vor Laserstrahl

Warnung vor radioaktiven Stoffen oder ionisier. Strahlen

Warnung vor schwebender Last

Warnung vor Flurförderfahrzeugen

### Gebotszeichen (M)

Augenschutz tragen

Schutzhelm tragen

Gehörschutz tragen

Atemschutz tragen

Schutzschuhe tragen

Schutzhandschuhe tragen

### Rettungszeichen (E)

Erste Hilfe 2)

Richtungsangabe für Erste Hilfe, Notausgang, Rettungsweg

Rettungsweg, Notausgang 1)

### Brandschutzzeichen (F)

Löschschlauch Wandhydrant

Feuerlöscher

1) Dieses Zeichen darf nur mit einem Richtungspfeil verwendet werden.
2) Wenn erforderlich, wird das Zeichen mit einem Zusatzzeichen versehen.

## Grafische Symbole in Instandhaltungsanleitungen

Zur Verdeutlichung von häufig wiederkehrenden Handhabungsvorgängen bei der Reparatur von Maschinen und Geräten werden in den Werkstatthandbüchern folgende Bildzeichen eingesetzt:

| | | | | | |
|---|---|---|---|---|---|
|  | Abbauen, Ausbauen |  | Einfetten |  | Personenschaden verhüten |
| 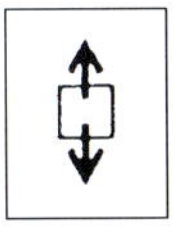 | Zerlegen |  | Einölen | 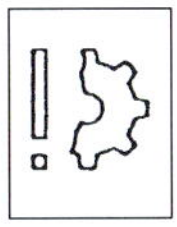 | Materialschaden verhüten |
|  | Zusammenbauen | 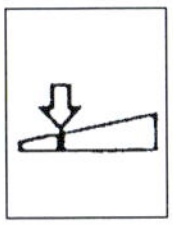 | Einstellen | 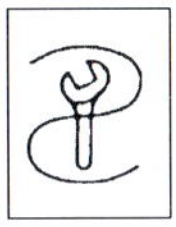 | Spezialwerkzeug |
|  | Einbauen, Anbauen | 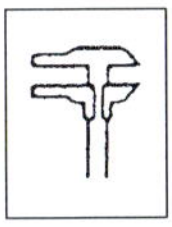 | Prüfen, Einstellen (z. B. Drehmomente) |  | spanabhebende Bearbeitung |
| 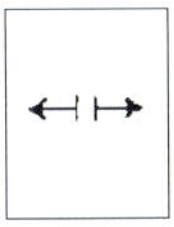 | Lösen (z. B. Spann-einrichtung) |  | Achtung | 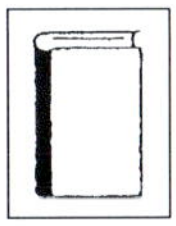 | technische Daten |
| 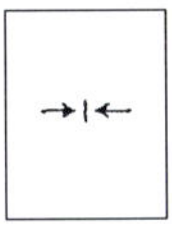 | Spannen (z. B. Spann-einrichtung) | 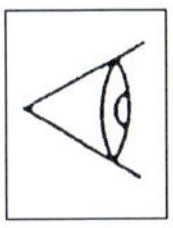 | Auge, kontrollieren, prüfen | 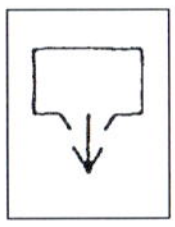 | Ablassen, Ablassöffnung |
| 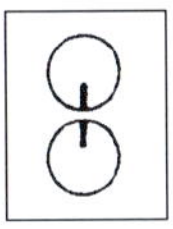 | Markieren |  | Entsichern, Sichern |  | Einfüllen, Einfüllöffnung |
| 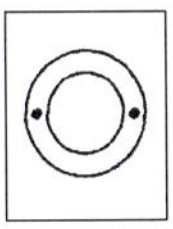 | Wuchten |  | Flüssig sichern, Kleben, Dichten | 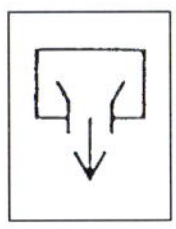 | Überlauf |
| 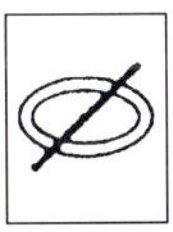 | bedingt wiederverwendbar | 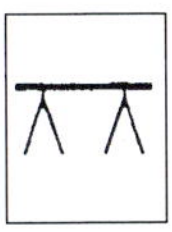 | Unterbauen, Abstützen, Abfangen | 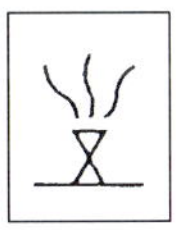 | Entlüften |
| 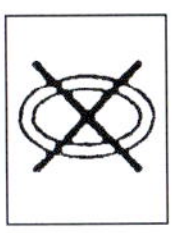 | bei jeder Montage auswechseln |  | Einbaurichtung beachten | | |

## Abfallarten im Land- und Baumaschinenhandwerk

| Bezeichnung | | Bezeichnung lt. Europäischem Abfallverzeichnis (AVV, 2006-07) | AVV-Nr. | Gefährlich [1] |
|---|---|---|---|---|
| Altlacke, Altfarben, nicht ausgehärtet | | alte Farben und Lacke, die organische Lösemittel enthalten | 080111 | ja |
| | | alte Farben und Lacke, die keine halogenierte Lösemittel enthalten | 080112 | ja |
| | | Abfälle von Farben und Lacken auf Wasserbasis | 080112 | nein |
| | | Farben, Druckfarbe, Klebstoffe und Kunstharze | 200127 | ja |
| Altpapier | | Papier und Pappe (Verpackungen) | 150101 | nein |
| | | Papier und Pappe | 200101 | nein |
| Altreifen | | Altreifen | 160103 | nein |
| Bleiakkumulatoren | | Bleibatterien | 160601 | ja |
| Eisenmetall-Behältnisse mit schädlichen Restinhalten | | Verpackungen mit schädlichen Verunreinigungen | 150202 | ja |
| Eisenschrott | | Eisen und Stahl | 170405 | nein |
| | | Metall (Verpackungen) | 150104 | nein |
| Elektronikschrott | | andere gebrauchte elektronische Geräte | 160214 | nein |
| Ethylenglykole (Frostschutz) | | andere Lösungsmittel und -gemische | 140603 | ja |
| feste fett- und ölverschmutzte Betriebsmittel | | Aufsaug- und Filtermaterialien, Wischtücher und Schutzkleidung mit schädlichen Verunreinigungen | 150202 | ja |
| Glasabfälle, Altglas | | Glas | 170202 | nein |
| | | Glas | 200102 | nein |
| Glykolether | | Bremsflüssigkeiten | 160113 | ja |
| Hausmüll | | gemischte Siedlungsabfälle | 200301 | nein |
| Hausmüll (organisch) | Küchen- und Kantinenabfall | organische, kompostierbare Küchenabfälle, getrennt eingesammelte Fraktion (einschl. Frittieröl und Küchenabfälle aus Kantinen) | 200108 | nein |
| | Park- und Gartenabfälle | kompostierbare Abfälle | 200201 | nein |
| Holzembalagen, Holzabfälle | | Holz (Verpackungen) | 150103 | nein |
| | | Holz | 170201 | nein |
| Kältemittel | Fluorchlorkohlenwasserstoff | Fluorkohlenwasserstoff | 140601 | ja |
| | Halogenierte org. Lösemittel | andere halogenierte Lösemittel und -gemische | 140602 | ja |
| Kaltreiniger, frei von halog. org. Lösemitteln | | andere Lösemittel und -gemische | 140603 | ja |
| Katalysatoren | | aus Fahrzeugen ausgebaute Katalysatoren, die Edelmetalle enthalten | 160801 | nein |

## Abfallarten im Land- und Baumaschinenhandwerk (Fortsetzung)

| Bezeichnung | Bezeichnung lt. Europäischem Abfallverzeichnis (AVV, 2006-07) | AVV-Nr. | Gefährlich [1] |
|---|---|---|---|
| Kunststoffbehältnisse | Kunststoffe (Verpackungen) | 150102 | nein |
| Kunststoffbehältnisse mit schädl. Restinhalten | Verpackungen mit schädlichen Verunreinigungen | 150202 | ja |
| sonstige ausgehärtete Kunststoffabfälle | Kunststoffe (Stoßfänger, Schutzfolien) | 170203 | nein |
| Leuchtstoffröhren, Energiesparlampen | quecksilberhaltige Abfälle | 060404 | ja |
| | Leuchtstoffröhren und andere quecksilberhaltige Abfälle | 200121 | ja |
| Inhalt von Öl- und Benzinabscheidern | Feststoffe aus Öl-/Wasserabscheidern | 130501 | ja |
| | Schlämme aus Öl-/Wasserabscheidern | 130502 | ja |
| verbrauchte Ölbinder | Aufsaug- und Filtermaterialien, Wischtücher und Schutzkleidung mit schädlichen Verunreinigungen | 150202 | ja |
| Ölfilter | Aufsaug- und Filtermaterialien, Wischtücher und Schutzkleidung mit schädlichen Verunreinigungen | 150202 | ja |
| Sandfangrückstände | Schlämme aus Einlaufschächten | 130503 | ja |
| Verbrennungsmotoren- und Getriebeöl | nicht chlorierte Maschinen-, Getriebe- und Schmieröle | 130204 | ja |
| Verpackungsmaterial und Kartonage | gemischte Materialien | 150106 | nein |

[1]) lt. Gesetz zur Vereinfachung der abfallrechtlichen Überwachung (2006-07) sind an die Entsorgung und Überwachung gefährlicher Stoffe besondere Anforderungen zu stellen.

## Wartungsplan eines Traktors (Beispiel)

| Lfd. Nr. | Kundendienste 1. | 2. | 3. | 4. | 5. | regelmäßig jährl. bzw. alle 500 | alle 2 Jahre bzw. 2000 | täglich | Auszuführende Arbeiten | Hinweise und techn. Daten, Betriebsmittel |
|---|---|---|---|---|---|---|---|---|---|---|
| | 50 | 250 | 500 | 750 | 1000 | | | | | maßgebend für die jeweilige Füllmenge ist die Kontrolle mittels Peilstab, Überlauf an Kontrollbohrung oder dergleichen. Bei allen Wartungsarbeiten sind die Vorschriften zur Vermeidung von Unfällen sowie zum Umgang einschl. Entsorgung von Betriebsmitteln zu beachten. |
| | Betriebsstunden | | | | | | | | | |
| 1 | | | | | | | | | **Motor** | |
| | | | | | | | | X | Motorölstand prüfen. | Ölmenge zwischen "MIN"- und "MAX"-Kerbe am Peilstab ca. 4,0 l |
| | | | | | | | | | | Nach 100 Betr.-Std. den Ölstand auf MAX-Kerbe am Peilstab ergänzen. |
| | | | | | | | | | | Erst kurz vor der MIN-Kerbe nachfüllen, nicht über MAX-Kerbe auffüllen. |
| | X | | X | | X | X | | | Motoröl und Filterpatrone wechseln [2]). | **Ölmenge:** 11 l |
| | | | | | | | | | | **Ölsorte:** Ganzjährig SHPD Motorenöle nach ACEA E3-96, **oder** Ganzjährig Motorenöle nach API-CD, ACEA E2-96 oder ACEA E3-96 (412 nur SHPD-Motorenöl) |
| | X | | | | | 1500 | | | Ventilspiel prüfen, evtl. einstellen (Werkstattarbeit). | **Ventilspiel:** Einlassventil 0,4 mm (160°), Auslassventil 0,5 mm (195°), bei kaltem Motor (max 50 °C). |
| | | | | | | | | | | Zum Einstellen ist das Spezial-Ventileinstellwerkzeug erforderlich. |
| | | | | | X | jährl. | | | Kraftstofffilterbox austauschen. | Bei nachlassender Motorleistung öfter. |
| | X | | X | | X | | | | Leerlaufdrehzahl und Entlastungsdrehzahl prüfen, evtl. einstellen. | Leerlaufdrehzahl 780 ±30 1/min; Entlastungsdrehzahl 2280 1/min |
| | X | | X | | X | X | | | Keilriemen prüfen, evtl. nachspannen [1]). | **Klimakompressor:** 400+50 N |
| | X | | X | | X | X | | X | Kühlmittelstand prüfen, evtl. nachfüllen. | **Kühlmittelstand:** Bei kaltem Motor zwischen der MIN- und MAX-Markierung am Ausgleichsbehälter, ggf. sauberes, kalkarmes Wasser mit Frostschutzanteil nachfüllen. |
| | | | | | | | X | | Kühlmittel wechseln, Kühlerdeckel erneuern. | **Kühlmittelmenge:** 16 l |
| | | | | | | | | | | Ganzjährige Konzentration von 35 - 50 Vol.-% Gefrier- und Korrosionsschutzmittel auch in frostfreien Gebieten erforderlich. |
| | | | | | | | | | | Gefrierschutzmittel nach Hersteller-Betriebsstoffliste. |
| | | | | | | | | | | Tropen-Korrosionsschutzmittel nach Hersteller-Betriebsstoffliste erforderlich. |
| | | | | | | | | nach Bedarf | Kühlerlamellen von Motor, Hydraulik, Ladeluft, Getriebe, Klimaanlage kontrollieren, evtl. reinigen. | Mit Druckluft ausblasen bzw. mit Staubsauger aussaugen. |

[1]) Maximalwerte! Ausschlaggebend ist der zuerst erreichte Wert. Bei schwierigen Einsatzverhältnissen entsprechend öftere Wartung empfohlen. Hauptservice stets **vor** längeren Stillstandszeiten ausführen

[2]) Bei mehr als 0,5% Schwefelgehalt im Kraftstoff sind die Ölwechselzeiten zu halbieren.

## **Wartungsplan eines Traktors** (Fortsetzung)

| Lfd. Nr. | Kundendienste 1. | 2. | 3. | 4. | 5. | regelmäßig jährl. bzw. alle 500 | alle 2 Jahre bzw. 2000 | täglich | Auszuführende Arbeiten | Hinweise und techn. Daten, Betriebsmittel |
|---|---|---|---|---|---|---|---|---|---|---|
| | 50 | 250 | 500 | 750 | 1000 | | | | | maßgebend für die jeweilige Füllmenge ist die Kontrolle mittels Peilstab, Überlauf an Kontrollbohrung oder dergleichen.<br>Bei allen Wartungsarbeiten sind die Vorschriften zur Vermeidung von Unfällen sowie zum Umgang einschl. Entsorgung von Betriebsmitteln zu beachten. |
| | Betriebsstunden | | | | | | | | | |
| | X | | X | | X | X | | nach Bedarf | Luftfilterwartung | Wartung erst bei Ausgabe einer Störungsmeldung durch die Vielfachanzeige (Symbol). Reinigung mit Druckluft - max. 5 bar, dann Kontrolle auf Beschädigung. |
| | | | | | | | X | | Luftfilter-Hauptpatrone wechseln. | |
| | X | | X | | X | X | | | Luftfilter-Ansaugleitung auf Dichtheit prüfen, Wartungsschalter und Anzeige in Vielfachanzeige prüfen [1]). | Ansaugschläuche dürfen keine Risse aufweisen. |
| | | | X | | X | X | | | Heizungs- und Dachgebläsefilter reinigen. | Bei Nachlassen der Gebläseleistung öfter. |
| | | | | | X | 1000 | | | Umluftfilter Heizung und Dachgebläse reinigen. | Bei Nachlassen der Gebläseleistung öfter. |
| **2** | | | | | | | | | **Getriebe** | |
| | X | | X | | X | X | | | Flüssigkeitsstand im Nachlaufbehälter für Brems- und Kupplungsbetätigung prüfen [1]). | Bei Bedarf ergänzen. Min-Max-Markierung siehe Behälter. |
| | | | | | | | X | | Flüssigkeitswechsel für Kupplungs- und Bremsbetätigung. | **Füllmenge:** 0,8 l<br>**Sorte:** Hydrauliköl Pentosin CHF 11 S |
| | | | | | | | | X | Ölstand im Wechselgetriebe und Differenzial prüfen. | Ölmenge zwischen Min- und Max-Markierung ca. 3 l<br>**Ölmenge max:** 38 l |
| | | | | | | | X | | Getriebeöl und Getriebeölsaugfilter wechseln. | **Ölmenge:** Wiederholfüllung 30 l<br>**Ölsorte:** STOU SAE 10W-40 oder 15W-40 nach API GL4 |
| | X | | | | X | 1000 nach Anzeige | | | Getriebeöldruckfilter wechseln. | Erscheint das Symbol "Druckfilter verschmutzt", Filter schnellstmöglich erneuern. |
| | | | X | | | | X | | Frontzapfwelle: Getriebeöl und Druckfilter wechseln. | **Ölmenge:** 3,5 l<br>**Ölsorte:** STOU SAE 10W-40 oder 15W-40 nach API GL4 |
| | X | | | | X | X | | | Ölstand der Achsantriebe bzw. des Frontzapfwellengetriebes prüfen [1]) | **Ölstand Frontzapfwelle:** Bis Überlauf an der Einfüllbohrung.<br>**Ölstand Achsantriebe:** Bis 55 mm unter Einfüllbohrung. |
| | | | X | | | | X | | Ölwechsel in Achsantrieben. | **Ölmenge:** Je Seite 6,5 l<br>**Ölsorte:** Spezial Hypoid-Getriebeöl nach MIL-L-2105B bzw. API-GL5. SAE 85W-90 oder SAE 80W-90 oder SAE 90. **Kein** STOU oder anderes Universalöl. |

[1]) Maximalwerte! Ausschlaggebend ist der zuerst erreichte Wert. Bei schwierigen Einsatzverhältnissen entsprechend öftere Wartung empfohlen. Hauptservice stets **vor** längeren Stillstandszeiten ausführen

## Wartungsplan eines Traktors (Fortsetzung)

| Lfd. Nr. | Kundendienste 1. (50 Betriebsstunden) | 2. (250) | 3. (500) | 4. (750) | 5. (1000) | regelmäßig: jährl. bzw. alle 500 | regelmäßig: alle 2 Jahre bzw. 2000 | täglich | Auszuführende Arbeiten | Hinweise und techn. Daten, Betriebsmittel |
|---|---|---|---|---|---|---|---|---|---|---|
| | | | | | | | | | | maßgebend für die jeweilige Füllmenge ist die Kontrolle mittels Peilstab, Überlauf an Kontrollbohrung oder dergleichen.<br>Bei allen Wartungsarbeiten sind die Vorschriften zur Vermeidung von Unfällen sowie zum Umgang einschl. Entsorgung von Betriebsmitteln zu beachten. |
| **3** | | | | | | | | | **Vorderachse** | |
| | | | X | | | X | | | Ölstand in Ausgleichsgetriebe und Nabentriebe kontrollieren. | Ölmenge bis Überlauf an der Kontrollbohrung, evtl. nachfüllen. |
| | X | | | | X | | 1000 | | Ölwechsel in Ausgleichsgetriebe und Nabentriebe. | **Ölmenge:** Ausgleichsgetriebe 6 l<br>Nabentriebe je Seite 0,8 l<br>**Ölsorte:** Spezial Hypoid-Getriebeöl nach MIL-L- 2105B bzw. API-GL5. SAE 85W-90 oder SAE 80W-90 oder SAE 90. **Kein** STOU oder anderes Universalöl. |
| | X | | X | | X | X | | | Vorspur prüfen, evtl. einstellen. | **Vorspur:** 0 ± 1 mm |
| **4** | | | | | | | | | **Hydraulikanlage** | |
| | | | X | | | | | | Rücklauffilter wechseln. | |
| | | | | | X | | 1000 | | Öl wechseln, einschließlich Rücklauffilter und Entlüftungsfilter. | **Ölmenge:** ca. 42 l ( Entnahmemenge: 35 l)<br>**Ölsorte:** STOU SAE 10W-40, 10W-30, 15W-30<br>**Auch zulässig:** HD-SAE 20W-20 nach API-CD für Temperaturen größer 10 °C. |
| | X | | | | | | X | | Ölstand Hubwellenschmierung kontrollieren, evtl. nachfüllen (nur bei Undichtheit) | **Ölstand:** Prüfung mit Messstreifen - ca. 40 mm gestreckte Länge.<br>**Ölsorte:** STOU SAE 10-W40 oder 15W-40 |
| **5** | | | | | | | | | **Elektrische Anlage** | |
| | | | X | | X | X | | | Batteriesäurestand prüfen, evtl. destilliertes Wasser nachfüllen - nicht bei wartungsfreier Batterie. | Stand ca. 15 mm über Plattenoberkante, Ruhespannung bei gefüllter Batterie 12,75 V. |
| | X | | X | | X | X | | | Licht- und Signalanlage sowie Kontroll- und Warneinrichtungen auf Funktion prüfen. Speicher des Selbstdiagnosesystems abfragen und Störungen beseitigen. | Geber kurzschließen. Eine Störungsmeldung (Symbol) muss auf der Vielfachanzeige erscheinen, gleichzeitig Intervallton. |
| **6** | | | | | | | | | **Druckluftanlage** | |
| | X | | X | | X | X | | X | Kessel entwässern. | Entwässerungsventil über Seil betätigen. |
| | | | | | | | | nach Bedarf | Frostschutzmittelstand prüfen. | Bei Temperaturen unter 5 °C Frostschutzmittel auffüllen.<br>Frostschutzmittel: Äthylalkohol |

## Wartungsplan eines Traktors (Fortsetzung)

| Lfd. Nr. | Kundendienste 1. (50) | 2. (250) | 3. (500) | 4. (750) | 5. (1000) | regelmäßig: jährl. bzw. alle 500 | regelmäßig: alle 2 Jahre bzw. 2000 | täglich | Auszuführende Arbeiten | Hinweise und techn. Daten, Betriebsmittel |
|---|---|---|---|---|---|---|---|---|---|---|
| | Betriebsstunden | | | | | | | | | maßgebend für die jeweilige Füllmenge ist die Kontrolle mittels Peilstab, Überlauf an Kontrollbohrung oder dergleichen. Bei allen Wartungsarbeiten sind die Vorschriften zur Vermeidung von Unfällen sowie zum Umgang einschl. Entsorgung von Betriebsmitteln zu beachten. |
| 7 | | | | | | | | | **Aufbau / Allgemein** | |
| | X | | X | | X | X | | | Schraubverbindungen, besonders an Motor, Getriebe, Vorderachse, Aufbau und Hydraulik, auf festen Sitz bzw. Dichtheit prüfen, evtl. nachziehen, Hydraulikverschraubungen nur bei Undichtheit. Besonders Lenkungs-, Fronthydraulikschläuche auf Scheuerstellen kontrollieren. | Auf Scheuerstellen an Hydraulikschläuchen, lose Teile oder fehlende Schutzvorrichtungen achten. |
| | | | | | | | | | | Nachziehen von Druckleitungen nur bei stehendem Motor. |
| | | | | | | | | | | Bei gefederter Vorderachse, Druckleitungen extra entlasten. |
| | X | | X | | X | X | | | Anhängekupplung prüfen. | Drehgelenk der Anhängekupplung - Spiel max. 3 mm. |
| | X | | X | | X | X | | | Luftdruck der Reifen prüfen, evtl. korrigieren. | Siehe Technische Daten. |
| | X | | X | | X | X | | | Fettschmierstellen nach Schmierplan abschmieren, Gelenke ölen. | Mehrzweckfett, lithiumverseift, NLGI-Klasse 2 (Walkpenetrationszahl 265 - 295). |
| | X | | X | | X | X | | | Traktor probefahren, dabei Bremsen auf Wirksamkeit prüfen, evtl. nachstellen. | Traktor muss aus 20 km/h nach 4-6 m stehen, |
| | | | | | | | | | | Bremspedalleerweg nicht größer als 120 mm. |

## Wartungsplan eines Mobilbaggers (Beispiel)

**Bitte achten Sie auf die Sicherheits- und Umweltschutzvorschriften in den Betriebsanleitungen und Werkstatthandbüchern der betreffenden Maschinen.**

Siehe Service Guide bez. technische Daten und Betriebsanweisung bez. Überprüfungen und Tausch.

| BETRIEBSSTUNDEN / INTERVALLE | Erste 100 | Erste 1000 | 10 | 50 | 250 | 500 | 1000 | 2000 | 4000 | Anm. |
|---|---|---|---|---|---|---|---|---|---|---|
| A = Garantieinspektionen<br>B = Wartung | A | A | B | B | B | B | B | B | B | |
| **1 Allgemeines** | | | | | | | | | | |
| 1:1 Probefahren und kontrollieren:<br>– Start- und Stoppfunktionen (einschl. Vorwärmfunktion).<br>– Instrumente, Beleuchtung, Blinker, Warnblinkanlage, Scheibenwischer, Scheibenwaschanlage, Signalhorn, Rückspiegel, Aufkleber/Schilder und Rückstrahler.<br>– Warnanlage.<br>– Funktion von Motor- und Kabinenheizung (Sonderausrüstung).<br>– Einstiege.<br>– Endlagendämpfung. | ☐ | ☐ | ☐ | ☐ | ☐ | ☐ | ☐ | ☐ | ☐ | |
| 1:2 Kontrolle des Anzugsmoments der Schrauben für<br>– Rohrschellen am Baggeraggregat.<br>– die Befestigung der Kabine. | ☐ | ☐ | | | | ☐ | ☐ | ☐ | ☐ | |
| 1:3 Behälter/Tanks und Leitungen/Rohre für alle Arten von Flüssigkeiten<br>– auf Leckage kontrollieren. | ☐ | ☐ | ☐ | ☐ | ☐ | ☐ | ☐ | ☐ | ☐ | |
| **2 Motor** | | | | | | | | | | |
| 2:1 Motor, Ölstand prüfen. | ☐ | ☐ | ☐ | ☐ | ☐ | ☐ | ☐ | ☐ | ☐ | |
| 2:2 Motor, Öl wechseln. Forderungen für 500 Stunden Wartungsabstand, siehe Betriebsanleitung. | | ☐ | | | | ☐ | ☐ | ☐ | ☐ | |
| 2:3 Motorölfilter, austauschen. Forderungen für 500 Stunden Wartungsabstand, siehe Betriebsanleitung. | ☐ | ☐ | | | | ☐ | ☐ | ☐ | ☐ | |
| 2:4 Ventile des Motors einstellen (alle 1500 Betriebsstunden). | | | | | | | | | | |
| 2:5 Kraftstofffilter, austauschen. | | ☐ | | | | | ☐ | ☐ | ☐ | |
| 2:6 Einsatz im Wasserabscheider, austauschen. | | ☐ | | | | | ☐ | ☐ | ☐ | |
| 2:7 Wasserabscheider, entleeren. | ☐ | ☐ | ☐ | ☐ | ☐ | ☐ | ☐ | ☐ | ☐ | |
| 2:8 Kraftstofftank, entleeren. | ☐ | ☐ | ☐ | ☐ | ☐ | ☐ | ☐ | ☐ | ☐ | |
| 2:9 Turbolader, Kontrollen hinsichtlich Leckagen am Einlass- und Abgassystem. | ☐ | ☐ | | | | | | | ☐ | |
| 2:10 Ladeluftkühler, entleeren. | | ☐ | | | | | ☐ | ☐ | ☐ | |
| 2:11 Luftfiltereinheit, Hauptfilter, überprüfen. | ☐ | ☐ | | | ☐ | ☐ | ☐ | ☐ | ☐ | |
| 2:12 Luftfiltereinheit, Hauptfilter, reinigen oder austauschen. | | ☐ | | | | | ☐ | ☐ | ☐ | |
| 2:13 Luftfiltereinheit, Sperrfilter, austauschen. | | ☐ | | | | | ☐ | ☐ | ☐ | |
| 2:14 Luftfilteranzeige, überprüfen. | ☐ | ☐ | | ☐ | ☐ | ☐ | ☐ | ☐ | ☐ | |
| 2:15 Kühlflüssigkeit, Kontrolle des Füllstands und des Gefrierpunktes. | ☐ | ☐ | ☐ | ☐ | ☐ | ☐ | ☐ | ☐ | ☐ | |
| 2:16 Kühlflüssigkeit, wechseln. | | ☐ | | | | | | ☐ | ☐ | |
| 2:17 Kühler, überprüfen und bei Bedarf reinigen. | ☐ | ☐ | ☐ | ☐ | ☐ | ☐ | ☐ | ☐ | ☐ | |
| 2:18 Lüfternabe, überprüfen. | | ☐ | | | | | ☐ | ☐ | ☐ | |
| 2:19 Lüfterriemen, Spannung und Verschleiß prüfen. | ☐ | ☐ | ☐ | ☐ | ☐ | ☐ | ☐ | ☐ | ☐ | |
| 2:20 Riemenspanner, überprüfen. | ☐ | ☐ | ☐ | ☐ | ☐ | ☐ | ☐ | ☐ | ☐ | |
| 2:21 Riemen, austauschen. | | ☐ | | | | | ☐ | ☐ | ☐ | |

| BETRIEBSSTUNDEN / INTERVALLE | Erste 100 | Erste 1000 | 10 | 50 | 250 | 500 | 1000 | 2000 | 4000 | Anm. |
|---|---|---|---|---|---|---|---|---|---|---|
| **A = Garantieinspektionen**<br>**B = Wartung** | A | A | B | B | B | B | B | B | B | |
| 2:22 Schwingungsdämpfer, auf Schäden überprüfen. | | ☐ | | | | | | ☐ | ☐ | |
| 2:23 Schrauben der Motorbefestigungen, Anzugsmoment prüfen. | | ☐ | | | | | | ☐ | ☐ | |
| 2:24 Hohe und niedrige Leerlaufdrehzahl, prüfen. | | ☐ | | | | | | ☐ | ☐ | |
| **3 Elektrische Anlage** | | | | | | | | | | |
| 3:1 Batterie, Ladezustand und Elektrolytstand prüfen. | ☐ | ☐ | | | ☐ | ☐ | ☐ | ☐ | ☐ | |
| 3:2 Batteriekabel und Anschlüsse, überprüfen. | ☐ | ☐ | | | ☐ | ☐ | ☐ | ☐ | ☐ | |
| 3:3 Generator, überprüfen. | | ☐ | | | | | ☐ | ☐ | ☐ | |
| 3:4 Anlasser, überprüfen. | | ☐ | | | | | ☐ | ☐ | ☐ | |
| **4 Kraftübertragung** | | | | | | | | | | |
| 4:1 Fahrgetriebe, Ölstand prüfen. | ☐ | ☐ | | ☐ | ☐ | ☐ | ☐ | ☐ | ☐ | |
| 4:2 Fahrgetriebe, Öl wechseln. | | ☐ | | | | | | ☐ | ☐ | |
| 4:3 Achsen, Ölstand prüfen. | ☐ | ☐ | | | ☐ | ☐ | ☐ | ☐ | ☐ | |
| 4:4 Achsen, Öl wechseln **(erstmals nach 500 Betriebsstunden).** | | ☐ | | | | | | ☐ | ☐ | |
| 4:5 Nabenvorgelege, Ölstand prüfen. | ☐ | | | | ☐ | ☐ | ☐ | ☐ | ☐ | |
| 4:6 Nabenvorgelege, Öl wechseln **(erstmals nach 500 Betriebsstunden).** | | ☐ | | | | | | ☐ | ☐ | |
| **5 Bremsen** | | | | | | | | | | |
| 5:1 Betriebsbremse, Baggerbremse und Feststellbremse, überprüfen. | ☐ | ☐ | ☐ | ☐ | ☐ | ☐ | ☐ | ☐ | ☐ | |
| 5:2 Akkumulatordruck, überprüfen. | | ☐ | | | | | | ☐ | ☐ | |
| 5:3 Radbremsdruck, überprüfen. | | ☐ | | | | | | ☐ | ☐ | |
| 5:4 Schläuche und Rohre, auf Schäden und Verschleiß überprüfen. | ☐ | ☐ | | | | | ☐ | ☐ | ☐ | |
| **6 Lenkung** | | | | | | | | | | |
| 6:1 Lenkung, Funktion prüfen. | ☐ | ☐ | ☐ | ☐ | ☐ | ☐ | ☐ | ☐ | ☐ | |
| 6:2 Lenkzylinder, überprüfen. | | ☐ | | | | | ☐ | ☐ | ☐ | |
| **7 Rahmen und Räder** | | | | | | | | | | |
| 7:1 Oberwagen und Unterwagen, auf Risse und Verschleiß überprüfen. | | ☐ | ☐ | ☐ | ☐ | ☐ | ☐ | ☐ | ☐ | |
| 7:2 Reifen, Druck prüfen. | ☐ | ☐ | | | | | ☐ | ☐ | ☐ | |
| 7:3 Radmuttern, Anzugsmoment, prüfen (erstmals nach 8, dann nach 50 Betriebsstunden). | ☐ | ☐ | | | | ☐ | ☐ | ☐ | ☐ | |
| **8 Kabine** | | | | | | | | | | |
| 8:1 Türscharniere, mit Fett schmieren. | | ☐ | | | | | ☐ | ☐ | ☐ | |
| 8:2 Klimaanlage, Funktion prüfen. | | ☐ | | | | | ☐ | ☐ | ☐ | |
| 8:3 Entlüftungsfilter, austauschen. | | ☐ | | | | | ☐ | ☐ | ☐ | |
| 8:4 Spülflüssigkeitsbehälter, Füllstand prüfen (Gefrierpunkt während der kalten Jahreszeit). | ☐ | ☐ | ☐ | ☐ | ☐ | ☐ | ☐ | ☐ | ☐ | |
| **9 Hydraulikanlage, Baggeraggregat, Spezialfunktionen** | | | | | | | | | | |
| 9:1 Hydraulikanlage, Ölstand prüfen. | ☐ | ☐ | ☐ | ☐ | ☐ | ☐ | ☐ | ☐ | ☐ | |
| 9:2 Hydrauliköltank, Öl wechseln. Bei Einsatz von HLP synth Öl alle 2000 Stunden wechseln. | | ☐ | | | | | | | ☐ | |
| 9:3 Hydraulikanlage, Rückölfilter alle 2000 Stunden wechseln **(erstmals nach 500 Stunden).** | | | | | | | | ☐ | ☐ | |

| BETRIEBSSTUNDEN / INTERVALLE | Erste 100 | Erste 1000 | 10 | 50 | 250 | 500 | 1000 | 2000 | 4000 | Anm. |
|---|---|---|---|---|---|---|---|---|---|---|
| **A = Garantieinspektionen**<br>**B = Wartung** | A | A | B | B | B | B | B | B | B | |
| 9:4 Hydraulikanlage, Saugfilter alle 2000 Stunden reinigen. | | | | | | | | ☐ | ☐ | |
| 9:5 Hydraulikanlage, Ventilationsfilter, Leckölfilter und Servofilter alle 2000 Stunden wechseln. | | | | | | | | ☐ | ☐ | |
| 9:6 Hydrauliköltank, entleeren. | | ☐ | | | | ☐ | ☐ | ☐ | ☐ | |
| 9:7 Hydraulikölkühler, reinigen. | | ☐ | | | | ☐ | ☐ | ☐ | ☐ | |
| 9:8 Ausrüstung für Überlastwarnung, überprüfen. | | ☐ | | | | | ☐ | ☐ | ☐ | |
| 9:9 Schläuche und Rohre, Klammerung und Verbindung überprüfen. | ☐ | ☐ | ☐ | ☐ | ☐ | ☐ | ☐ | ☐ | ☐ | |
| 9:10 Geräträger, Spiel zwischen Geräträger und Gerät prüfen und ggf. einstellen. | | ☐ | ☐ | ☐ | ☐ | ☐ | ☐ | ☐ | ☐ | |
| 9:11 Geräträger, Funktion der roten Anzeige prüfen. | ☐ | ☐ | ☐ | ☐ | ☐ | ☐ | ☐ | ☐ | ☐ | |
| 9:12 Lager im Baggeraggregat, auf Radialspiel überprüfen. | | ☐ | | | | | | | | |
| 9:13 Drehkranzwanne, evtl. Wasser ablassen. | | | | ☐ | ☐ | ☐ | ☐ | ☐ | ☐ | |
| 9:14 Drehkranzwanne, Ölstand prüfen. | ☐ | ☐ | | ☐ | ☐ | ☐ | ☐ | ☐ | ☐ | |
| 9:15 Drehkranzwanne, Öl wechseln. | | ☐ | | | | | | | ☐ | |
| 9:16 Drehkranz, Füllstand und Zustand des Fettes überprüfen. Nur EW180B und EW200B. | | ☐ | | | | ☐ | | | | |
| 9:17 Baggeraggregat, auf Risse und Verschleiß überprüfen. | | ☐ | ☐ | ☐ | ☐ | ☐ | ☐ | ☐ | ☐ | |
| **10 Schmierpunkte, jede 10. Stunde während der ersten 100 Stunden**<br>10:1 Stielzylinderlager | ☐ | ☐ | | ☐ | ☐ | ☐ | ☐ | ☐ | ☐ | |
| 10:2 Lager zwischen Ausleger und Stiel | ☐ | ☐ | | ☐ | ☐ | ☐ | ☐ | ☐ | ☐ | |
| 10:3 Löffelzylinderlager | ☐ | ☐ | | ☐ | ☐ | ☐ | ☐ | ☐ | ☐ | |
| 10:4 Löffelkolbenstange | ☐ | ☐ | | ☐ | ☐ | ☐ | ☐ | ☐ | ☐ | |
| 10:5 Lager zwischen Löffelgelenk und Hebel | ☐ | ☐ | | ☐ | ☐ | ☐ | ☐ | ☐ | ☐ | |
| 10:6 Lager zwischen Stiel und Hebel | ☐ | ☐ | | ☐ | ☐ | ☐ | ☐ | ☐ | ☐ | |
| 10:7 Lager zwischen Stiel und Löffel | ☐ | ☐ | | ☐ | ☐ | ☐ | ☐ | ☐ | ☐ | |
| 10:8 Lager zwischen Stiel und Löffelgelenk | ☐ | ☐ | | ☐ | ☐ | ☐ | ☐ | ☐ | ☐ | |
| 10:9 Pratzenlager | ☐ | ☐ | | ☐ | ☐ | ☐ | ☐ | ☐ | ☐ | |
| 10:10 Stützschildzylinderlager | ☐ | ☐ | | ☐ | ☐ | ☐ | ☐ | ☐ | ☐ | |
| 10:11 Pratzenzylinderlager | ☐ | ☐ | | ☐ | ☐ | ☐ | ☐ | ☐ | ☐ | |
| 10:12 Pratzenbolzen | ☐ | ☐ | | ☐ | ☐ | ☐ | ☐ | ☐ | ☐ | |
| 10:13 Pendelachslager | ☐ | ☐ | | ☐ | ☐ | ☐ | ☐ | ☐ | ☐ | |
| 10:14 Spindelachslager, vorn | ☐ | ☐ | | ☐ | ☐ | ☐ | ☐ | ☐ | ☐ | |
| 10:15 Pratzenplatte | ☐ | ☐ | | ☐ | ☐ | ☐ | ☐ | ☐ | ☐ | |
| 10:16 Zentralschmierung | ☐ | ☐ | | ☐ | ☐ | ☐ | ☐ | ☐ | ☐ | |

## Schmier- und Kühlschmierstoffe

## Kennzeichnung von Schmierstoffen

**DIN 51 502 : 1990-08**

**Schmierfett K3N-20** (Mineralölbasis)
K = Schmierfettart (Tab. 1)
3 = Konsistenzkennzahl (Tab. 2)
N = obere Gebrauchstemperatur (Tab. 3)
-20 = Zusatzkennzahl (Tab. 4)
weißes Symbol (Tab. 1)

**Schmierfett KSI3R-30** (Siliconölbasis)
K = Schmierfettart (Tab. 1)
SI = Siliconöl (Tab. 1, Seite 138)
3 = Konsistenzkennzahl (Tab. 2)
R = obere Gebrauchstemperatur (Tab. 3)
-30 = Zusatzkennzahl (Tab. 4), weiß

**Kennbuchstaben und Symbole für Schmierfette** (Kennfarbe: weiß) (Tab. 1)

| Schmierfettart | Kenn-buchstabe(n) | Symbol weiß |
|---|---|---|
| Schmierfette für Wälzlager, Gleitlager und Gleitflächen nach DIN 51 825-1, im Gebrauchs-Temperaturbereich von −20 ... +140 °C | K | △ für Schmierfette auf Mineralölbasis |
| Schmierfette für geschlossene Getriebe | G | |
| Schmierfette für offene Getriebe, Verzahnungen (Haftschmierstoffe ohne Bitumen) | OG | |
| Schmierfette für Gleitlagerungen und Dichtungen | M | |
| Schmierfette auf Syntheseölbasis werden in ihren Grundeigenschaften wie die vorstehenden auf Mineralölbasis gekennzeichnet (Hinzufügen der Kennbuchstaben nach Tab. 1 Seite 138 Stoffgruppe 3) | | ◇ für Schmierfette auf Syntheseölbasis |

**Konsistenzkennzahlen** (Tab. 2)

| Kennzahlen (NLGI-Klassen) (nach DIN 51 818) | Walkpenetration in 1/10 mm |
|---|---|
| 000 | 445 ... 475 |
| 00 | 400 ... 430 |
| 0 | 355 ... 385 |
| 1 | 310 ... 340 |
| 2 | 265 ... 295 |
| 3 | 220 ... 250 |
| 4 | 175 ... 205 |
| 5 | 130 ... 160 |
| 6 | 85 ... 115 |

**Zusatzkennzahl** (Tab. 4)

| Kennzahl | untere Gebrauchstemperatur |
|---|---|
| −10 | −10 °C |
| −20 | −20 °C |
| −30 | −30 °C |
| −40 | −40 °C |
| −50 | −50 °C |
| −60 | −60 °C |

**Zusatzbuchstaben** (Tab. 3)

| Zusatz-buch-stabe | Verhalten gegenüber Wasser DIN 51 807-1 Bewertungsstufe DIN 51 807 [1]) | Obere Gebrauchs-temperatur in °C |
|---|---|---|
| C | 0–40 [2]) oder 1–40 | + 60 |
| D | 2–40 oder 3–40 | |
| E | 0–40 oder 1–40 | + 80 |
| F | 2–40 oder 3–40 | |
| G | 0–90 oder 1–90 | +100 |
| H | 2–90 oder 3–90 | |
| K | 0–90 oder 1–90 | +120 |
| M | 2–90 oder 3–90 | |
| N | nach Vereinbarung | +140 |
| P | | +160 |
| R | | +180 |
| S | | +200 |
| T | | +220 |
| U | | über +220 |

[1]) 0 bedeutet keine Veränderung; 1 bedeutet geringe Veränderung; 2 bedeutet mäßige Veränderung; 3 bedeutet starke Veränderung
[2]) 40 bedeutet 40 °C Prüftemperatur

**Eigenschaften und Verwendung wichtiger Schmierfette**

| Verseifungsart Dickungsmittel | Ölbasis-Symbol | Gebrauchs-temp. in °C | Verhalten gegen Wasser | Eigenschaften und Verwendung |
|---|---|---|---|---|
| **Kalk**-Seifenfett (Staufferfett) | △ | −40 bis +60 | beständig und abweisend | Dichtwirkung gegen Wasser, kein Korrosionsschutz; für nasse Lagerstellen, z. B. Kfz und Walzgerüste |
| **Natron**-Seifenfett (Heißlagerfett) | △ | −20 bis +100 | nicht beständig, wird einemulgiert | löst sich in Wasser vollständig auf, mäßiger Korrosionsschutz; für trockene Lagerstellen, z. B. Getriebe |
| **Lithium**-Seifenfett | △ | −20 bis +120 | beständig, nicht abweisend | guter Korrosionsschutz durch Zusätze; Wälz- und Gleitlagerfett für mittlere Umdrehungsfrequenzen, Lebensdauerschmierung |
| Gel-Fett mit synth. Dickungsmitteln, z. B. Polypropylen | ◇ | −60 bis +200 | beständig | für Langzeitschmierung und bei hohen Umdrehungsfrequenzen, für Luftfahrt und Kältetechnik |

## Schmier- und Kühlschmierstoffe

### Schmieröle

**DIN 51502 : 1990-08**

**Kennbuchstaben für Schmieröle, Sonderöle und Synthese- oder Teilsyntheseflüssigkeiten (Auswahl)**

(Tab. 1)

| Stoffgruppe Name | Stoffart (Anwendung) | Kennbuch-stabe(n) | Festgelegt in | Symbol |
|---|---|---|---|---|
| **Mineralöle** (Schmieröle, Sonderöle) | Schmieröl AN (Normalschmieröle) | AN | DIN 51501 | |
| | Öle ATF (Automatic Transmission Fluid) | ATF | — | |
| | Schmieröle B (z. B.: bitumenhaltig) | B | DIN 51513 | |
| | Schmieröle C (Umlaufschmieröle) | C | DIN 51517-1 ... -3 | |
| | Schmieröle D (Druckluftöle) | D | — | |
| | Öle F (Luftfilteröle) | F | — | |
| | Hydrauliköle H | H | DIN 51524-1, -2 |  |
| | Hydrauliköle HV | HV | DIN 51524-3 | |
| | Öle HD (Motoren-Schmieröle) | HD | — | |
| | Öle HYP (Schmieröle für Kraftfahrzeug-Getriebe) | HYP | — | |
| | Kältemaschinenöle K | K | DIN 51503-1 | |
| | Öle R (Korrosionsschutzöle) | R | — | |
| | Öle S (Kühlschmierstoffe) | S | — | |
| | Schmieröle V (Luftverdichteröle) | V | DIN 51506 | |
| **Synthese- oder Teilsynthese-flüssigkeiten** | Ester, organisch | E | — | |
| | Perfluor-Flüssigkeiten | FK | — | |
| | Synthetische Kohlenwasserstoffe | HC | — | |
| | Ester der Phosphorsäure | PH | — | 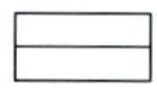 |
| | Polyglykolöle | PG | — | |
| | Silikonöle | SI | — | |
| | sonstige | X | — | |

**Zusatzkennbuchstaben für Schmierstoffe (ausgenommen Öle mit den Kennbuchstaben HD, HYP)**

(Tab. 2)

| Zusatz-Kenn-buch-staben | Schmierstoffart |
|---|---|
| D | Für Schmieröle mit detergierenden Zusätzen, z. B. Hydrauliköl HLPD |
| E | Schmieröle, die in Mischung mit $H_2O$ kommen, z. B. wassermischbare Kühlschmierstoffe SE |
| F | Für Schmierstoffe mit Festschmierstoff-Zusatz, z. B. Graphit, Molybdaensulfid |
| L | Für Schmierstoffe mit Wirkstoffen zum Erhöhen des Korrosionsschutzes und/oder der Alterungsbeständigkeit, z. B. Schmieröl CL |
| M | Für wassermischbare Kühlschmierstoffe mit Mineralölanteilen, z. B. Kühlschmierstoff SEM |

| Zusatz-Kenn-buch-staben | Schmierstoffart |
|---|---|
| S | Für wassermischbare Kühlschmierstoffe auf synthetischer Basis, z. B. Kühlschmierstoff SES |
| P | Für Schmierstoffe mit Wirkstoffen zum Herabsetzen der Reibung und des Verschleißes im Mischreibungsgebiet und/oder zur Erhöhung der Belastbarkeit, z. B. Schmieröl CLP |
| V [1] | Für Schmierstoffe, die mit Lösungsmittel verdünnt sind, z. B. Schmieröl BB-V |

[1]) Der Zusatzkennbuchstabe V ist ein Hinweis über gefährliche Stoffe (Gefahrenstoffverordnung GefStoffV).

## Schmier- und Kühlschmierstoffe

## Kennzeichnung von Schmierölen für Motoren und Kraftfahrzeug-Getriebe

**API-Klassifikation [1])**
**API-Klassifikation für Motorenschmieröle**

| Unterscheidung | S (Service Station)-Klassen-Ottomotoren | | | C (Commercial)-Klassen-Dieselmotoren | | | | |
|---|---|---|---|---|---|---|---|---|
| **Anforderung** | **SJ [1])** | **SL [1])** | **SM [1])** | **CF [2])** | **CG-4 [2])** | **CH-4 [2])** | **CI-4 [2])** | **CJ-4 [2])** |
| Alterung | | + | ++ | | | | | |
| Eignung für Dieselkraftstoffe mit geringerem Schwefelgehalt | | | | + | | ++ | ++ | ++ |
| Filtrierbarkeit | + | | | | | | | |
| Leistungsvermögen bei niedrigeren Temperaturen | | | + | | | | | |
| Motorsauberkeit | | + | ++ | | | | | |
| Ölverbrauch | | + | | | | | | |
| Oxidationsschutz | + | | ++ | | | | | |
| Reduzierung Aschegehalt | | | | | | + | | |
| Schaumverhalten | + | | | | + | | | |
| Schlammbildung | + | | | | | | | |
| Veränderung Abgasgesetzgebung für Dieselmotoren | | | | + | ++ | ++ | ++ | ++ |
| Verdampfungsverlust | + | | | | | | | |
| Verschleißschutz | | | + | | | | | |
| Gültig seit | 1996 | 2001 | 2004 | 1994 | 1994 | 1998 | 2002 | 2006 |

[1]) Veränderung gegenüber den Anforderungen für Motorenöle der S-Klassifikation bis 1996 (SA ... SH).
[2]) Veränderung gegenüber den Anforderungen für Motorenöle der C-Klassifikation bis 1994 (CA ... CE).
+ = Erhöhung der Anforderung, ++ nochmalige Erhöhung der Anforderungen.

**SAE Klassifikation [2])**
**SAE-Viskositätsklassen für Motorenschmieröle** **SAE J 300 : 2001-07**

| SAE-Viskositätsklasse | Max. Viskosität (CCS-Messmethode) in mPa • s bei Temperatur °C | Tieftemperatur-Pump-Viskosität (MRV-Messmethode) in mPa • s ohne Scherspannung | Kinematische Viskosität in 100 °C max. | Kinematische Viskosität in 100 °C max. | Min. **H**och-**T**emperatur-**H**och**S**cher-Viskosität (HTHS-Viskosität) in mPa • s bei 150 °C |
|---|---|---|---|---|---|
| 0 W | 6200 bei –35 | 60000 bei –40 | 3,8 | – | – |
| 5 W | 6600 bei –30 | 60000 bei –35 | 3,8 | – | – |
| 10 W | 7000 bei –25 | 60000 bei –30 | 4,1 | – | – |
| 15 W | 7000 bei –20 | 60000 bei –25 | 5,6 | – | – |
| 20 W | 9500 bei –15 | 60000 bei –20 | 5,6 | – | – |
| 25 W | 13000 bei –10 | 60000 bei –15 | 9,3 | – | – |
| 20 | – | – | 5,6 | < 9,3 | 2,6 |
| 30 | – | – | 9,3 | < 12,5 | 2,9 |
| 40 W | – | – | 12,5 | < 16,3 | 2,9 (0 W-40, 5 W-40, 10 W-40) |
| 40 W | – | – | 12,5 | < 16,3 | 3,7 (15 W-40, 20 W-40, 25 W-40, 40) |
| 50 W | – | – | 16,3 | < 16,3 | 3,7 |
| 60 | – | – | 21,9 | < 26,1 | 3,7 |

**API-Klassifikation für Schmieröle für Kraftfahrzeug-Getriebe**

| API-Klassifikationen | Betriebsbedingungen für das Getriebeöl | Getriebetyp |
|---|---|---|
| GL-4 | mittel bis schwer | Hypoid mit geringem Versatz, Handschalt u. a. |
| GL-5 | schwer | Hypoid u. a. |
| GL-6 | schwerst | Hypoid mit höchstem Versatz, Höchstbeanspruchung |

Verwendungsbereiche für Motorenschmieröle nach SAE-Klassifikation

| SAE-Viskositätsklasse | Verwendung (Außentemperatur) | Ein- oder Mehrbereichsöl |
|---|---|---|
| SAE 10 W | Winter | Einbereichsöl |
| SAE 20 | Sommer und Winter | Einbereichsöl |
| SAE 30 | Sommer | Einbereichsöl |
| SAE 15 W-40 | Sommer und Winter | Mehrbereichsöl |
| SAE 20 W-50 | Sommer | Mehrbereichsöl |

[1]) API = American Petroleum Institute [2]) SAE = Society of Automotive Engineers

## Schmier- und Kühlschmierstoffe

### ACEA-Klassifikation [1]) für Motorenöle

**Spezifikation für Otto- und Dieselmotoren von Personenkraftwagen und leichten Nutzfahrzeugen**

| ACEA-Klasse | Anforderung |
|---|---|
| **A1[1]) B1[2])** | Mehrbereichsöl, HTHS[4])-Viskosität 2,6 bis 3,5 mPa • s für xW-20 bzw. 2,9 bis 3,5 mPa • s für alle anderen SAE Klassen, Sulfataschegehalt[5]) $\leq$ 1,3 %. |
| **A3[1]) B3[2])** | Mehrbereichsöl, HTHS[4])-Viskosität $\geq$ 3,5 mPa • s, Sulfataschegehalt[5]) $\leq$ 1,5 %, Reduzierung der Verdampfungsverluste, Erhöhung der Kolbensauberkeit und der Oxidationsstabilität. |
| **A3[1]) B4[2])** | Mehrbereichsöl, HTHS[4]) -Viskosität $\geq$ 3,5 mPa • s, Sulfataschegehalt[5]) $\leq$ 1,6 %, höhere Anforderungen bezüglich der Eignung für Dieselmotoren mit Direkteinspritzung. |
| **A5[1]) B5[2])** | Mehrbereichsöl, HTHS[4]) -Viskosität 2,9 bis 3,5 mPa • s, Sulfataschegehalt[5]) $\leq$ 1,6 %. Im Vergleich zu einem 15W-40-Referenzöl muss in einem Prüfmotor eine Kraftstoffeinsparung $\geq$ 2,5 % nachgewiesen werden. |
| **C1[3])** | Mehrbereichsöl, HTHS[4]) -Viskosität $\geq$ 2,9 mPa • s, Sulfataschegehalt[5]) $\leq$ 0,5 %. Im Vergleich zu einem 15W-40-Referenzöl muss in einem Prüfmotor eine Kraftstoffeinsparung $\geq$ 2,5 % nachgewiesen werden. Gültig seit 10/2004. |
| **C2[3])** | Mehrbereichsöl, HTHS[4]) -Viskosität $\geq$ 2,9 mPa • s, Sulfataschegehalt[5]) $\leq$ 0,8 %. Im Vergleich zu einem 15W-40-Referenzöl muss in einem Prüfmotor eine Kraftstoffeinsparung $\geq$ 2,5 % nachgewiesen werden. Gültig seit 2004. |
| **C3[3])** | Mehrbereichsöl, HTHS[4]) -Viskosität $\geq$ 3,5 mPa • s, Sulfataschegehalt[5]) $\leq$ 0,8 %. Im Vergleich zu einem xW-30-Referenzöl muss in einem Prüfmotor eine Kraftstoffeinsparung $\geq$ 1 % nachgewiesen werden. Gültig seit 2007. |
| **C4[3])** | Mehrbereichsöl, HTHS[4]) -Viskosität $\geq$ 3,5 mPa • s, Sulfataschegehalt[5]) $\leq$ 0,5 %. Im Vergleich zu einem xW-30-Referenzöl muss in einem Prüfmotor eine Kraftstoffeinsparung $\geq$ 1 % nachgewiesen werden. Gültig seit 2007. |

[1]) ACEA-Klasse für Ottomotoren
[2]) ACEA-Klasse für Dieselmotoren
[3]) ACEA-Klasse für Otto- und Dieselmotoren mit Abgasnachbehandlungssystemen
[4]) **H**och-**T**emperatur-**H**och-**S**cher-Viskosität (engl.: high temperature high shear)
[5]) festgelegt als low SAPS = niedrige Anteile von **S**ulfat-**A**sche- **P**hosphor und **S**chwefel

[1]) ACEA: Association des Constructeurs Europeénne d' Automobiles (früher CCMC)

**Spezifikation für Dieselmotoren in schweren Nutzfahrzeugen**

Scherstabiles [1]) Motorenöl mit sehr guten Eigenschaften in den Punkten „Kolbensauberkeit", „Verschleißschutz", „Ruß-Dispergievermögen" und „Hochtemperaturstabilität". Zusätzlich gelten die nachfolgenden Angaben zur weiteren Klassifizierung:

| ACEA-Klasse | Anforderung |
|---|---|
| **E4** | Geeignet für hochbeanspruchte Dieselmotoren, die die Emissionsvorschriften EURO 1 bis EURO 4 erfüllen, mit Abgasrückführung, SCR/$NO_x$-Reduktionssystem[2]) und ohne Partikelfilter. |
| **E6** | Sulfataschegehalt[3]) $\leq$ 1 %. Geeignet für hochbeanspruchte Dieselmotoren, die die Emissionsvorschriften EURO 1 bis EURO 4 erfüllen, mit Abgasrückführung, Partikelfilter bzw. SCR/$NO_x$-Reduktionssystem[2]) und schwefelarmen Kraftstoff. |
| **E7** | Sulfataschegehalt[3]) $\leq$ 2 %. Geeignet für hochbeanspruchte Dieselmotoren, die die Emissionsvorschriften EURO 1 bis EURO 4 erfüllen, mit Abgasrückführung, SCR/$NO_x$-Reduktionssystem[1]) und ohne Partikelfilter. |
| **E9** | Sulfataschegehalt[3]) $\leq$ 1 %. Geeignet für hochbeanspruchte Dieselmotoren, die die Emissionsvorschriften EURO 1 bis EURO 4 erfüllen, mit Abgasrückführung, Partikelfilter bzw. SCR/$NO_x$-Reduktionssystem[2]) und schwefelfreiem Kraftstoff. |

[1]) das Viskositätsverhalten ändert sich nicht bei hoher Belastung (engl.: stay in grade)
[2]) SCR = selektive katalytische Reaktion (engl.: selectiv catalytic reduktion) $NO_x$-Stickoxid
[3]) festgelegt als low SAPS = niedrige Anteile von **S**ulfat-**A**sche, **P**hosphor und **S**chwefel

## Kraftstoffe: Mindestanforderungen

### Unverbleiter Ottokraftstoff Normal — DIN EN 228 : 2008-11

| Eigenschaften | | min. Grenzwert | max. Grenzwert |
|---|---|---|---|
| Klopffestigkeit ROZ (MOZ) | — | 91 (82,5) | — |
| Dichte bei 15 °C | in $\frac{kg}{m^3}$ | 720 | 775 |
| Bleigehalt, angegeben als Massenkonzentration an Pb | in $\frac{mg}{l}$ | — | 5 |
| Benzolgehalt, angegeben als Volumenkonzentration | in % | — | 1,0 |
| Schwefelgehalt, angegeben als Massenanteil | mg/kg | — | 10 |
| Flüchtigkeit bei 70 °C, Volumenanteil [1]) | in % | 20 (22) | 48 (50) |
| Flüchtigkeit bei 100 °C, Volumenanteil [1]) | in % | 46 | 71 |
| Flüchtigkeit bei 150 °C, Volumenanteil | in % | 75 | |

[1]) Werte in Klammern gelten für Winterware (1.10. bis 30.4.)

### Unverbleiter Ottokraftstoff Super — DIN EN 228 : 2010-05

| Eigenschaften | | min. Grenzwert | max. Grenzwert |
|---|---|---|---|
| Klopffestigkeit ROZ (MOZ) | — | 95 (85) | — |
| weitere Eigenschaften siehe unverbleiter Ottokraftstoff Normal | | | |

### Dieselkraftstoff — DIN EN 590 : 2004-03

| Eigenschaften | | min. Grenzwert | max. Grenzwert |
|---|---|---|---|
| Cetanzahl | — | 51 | — |
| Dichte bei 15 °C | in $\frac{kg}{m^3}$ | 820 | 845 |
| Flammpunkt | in °C | > 55 | |
| Schwefelgehalt, angegeben als Massenanteil | in $\frac{mg}{kg}$ | — | 10 |
| Wassergehalt, angegeben als Massenanteil | in $\frac{mg}{kg}$ | — | 200 |
| Gesamtverschmutzung, angegeben als Massenanteil | in $\frac{mg}{kg}$ | — | 24 |
| Flüchtigkeit bei 250 °C, Volumenanteil | in % | — | < 65 |
| Flüchtigkeit bei 350 °C, Volumenanteil | in % | 85 | |
| 95 % Punkt | in °C | | 360 |

## Altölverordnung 2002-04

**Sammelkategorie 1** (lt. § 2 Abs. 2 zur Aufbereitung geeignet):

| AVV [1])-Nr. | Bezeichnung |
|---|---|
| 130110 | nicht chlorierte Hydrauliköle auf Mineralölbasis |
| 130205 | nicht chlorierte Maschinen-, Getriebe- und Schmieröle auf Mineralölbasis |
| 130206 | synthetische Maschinen-, Getriebe- und Schmieröle |
| 130208 | andere Maschinen-, Getriebe- und Schmieröle |
| 130307 | nicht chlorierte Isolier- und Wärmeübertragungsöle auf Mineralölbasis |

**Sammelkategorie 2:**

| AVV [1])-Nr. | Bezeichnung |
|---|---|
| 120107 | halogenfreie Bearbeitungsöle auf Mineralölbasis (außer Emulsionen und Lösungen) |
| 120110 | synthetische Bearbeitungsöle |
| 130111 | synthetische Hydrauliköle |
| 130113 | andere Hydrauliköle |

**Sammelkategorie 3:**

| AVV [1])-Nr. | Bezeichnung |
|---|---|
| 120106 | halogenhaltige Bearbeitungsöle auf Mineralölbasis (außer Emulsionen und Lösungen) |
| 130101 | Hydrauliköle, die PCB enthalten, mit einem PCB-Gehalt von nicht mehr als 50 mg/kg |
| 130109 | chlorierte Hydrauliköle auf Mineralölbasis |
| 130204 | chlorierte Maschinen-, Getriebe- und Schmieröle auf Mineralölbasis |
| 130301 | Isolier- und Wärmeübertragungsöle, die PCB enthalten, mit einem PCB-Gehalt von nicht mehr als 50 mg/kg |
| 130306 | chlorierte Isolier- und Wärmeübertragungsöle auf Mineralölbasis mit Ausnahme derjenigen, die unter 130301 fallen |

**Sammelkategorie 4:**

| AVV [1])-Nr. | Bezeichnung |
|---|---|
| 130112 | biologisch leicht abbaubare Hydrauliköle |
| 130207 | biologisch leicht abbaubare Maschinen-, Getriebe- und Schmieröle |
| 130308 | synthetische Isolier- und Wärmeübertragungsöle |
| 130309 | biologisch leicht abbaubare Isolier- und Wärmeübertragungsöle |
| 130310 | andere Isolier- und Wärmeübertragungsöle |
| 130506 | Öle aus Öl-/Wasserabscheidern |
| 130701 | Heizöl und Diesel |

[1]) Europäisches Abfallverzeichnis (Stand 2006-07)

## Grundbegriffe der Messtechnik

DIN 1319-1 : 1995-01

| Begriffe | Auswahl von Beispielen aus den Bereichen | | |
|---|---|---|---|
| | **Mechanik** | **Elektrik** | **Hydraulik/Pneumatik** |
| **Messen**: Erfassen von Messgrößen mit einem Messgerät<br><br>**Messgröße**: Physikalische Größe, die gemessen wird | a) Ventilspiel 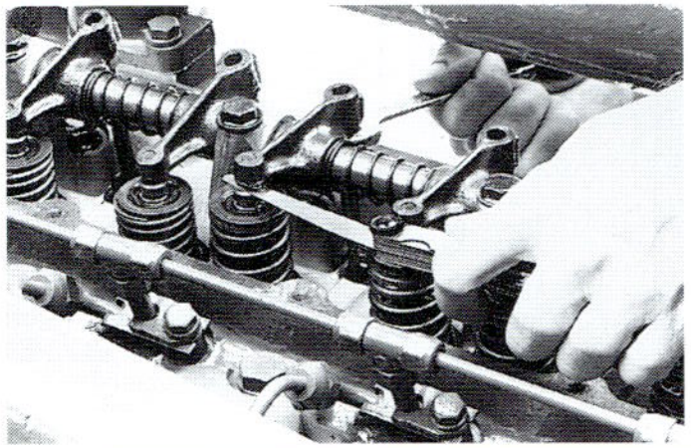 | a) Spannung 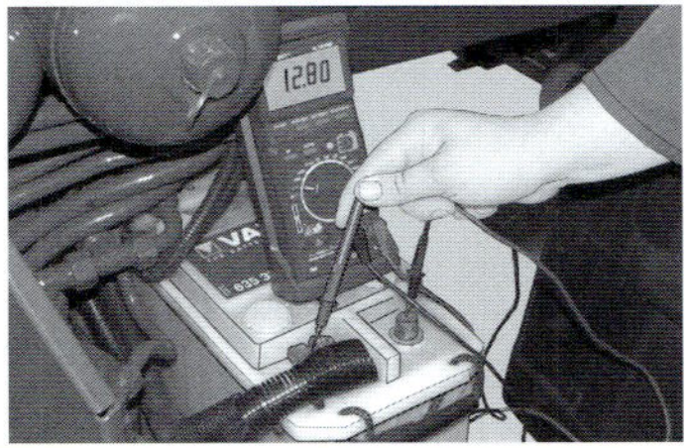 | a) Ladedruck  |
| | b) Drehmoment 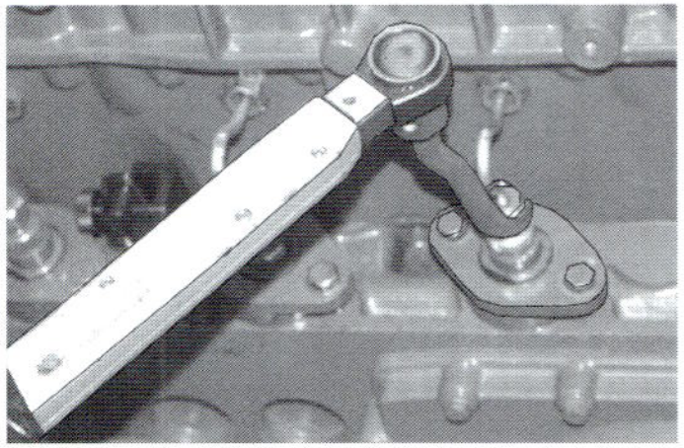 | b) Strom  | b) Druck Hydraulikanlage 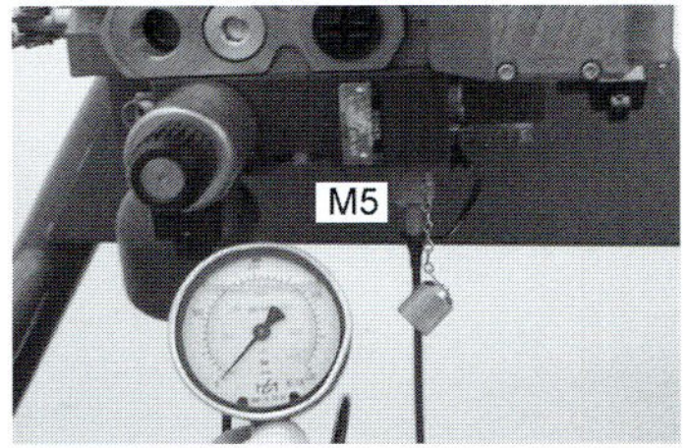  |
| | c) Förderbeginn Einspritzpumpe  | c) Widerstand 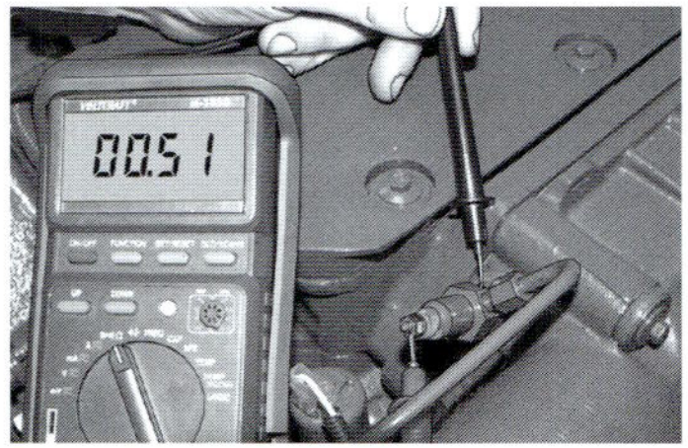 | c) Volumenstrom Hydraulikanlage 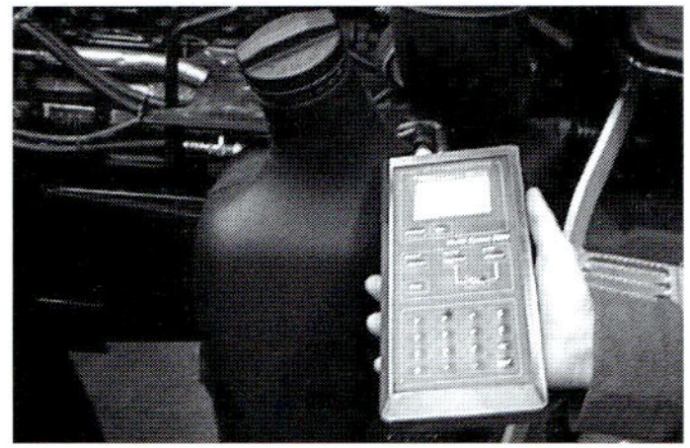 |
| Messwert:<br>Wert der Messgröße<br>(siehe Beispiele) | a) mm<br>b) Nm<br>c) mm | a) DC V, AC V<br>b) DC A, AC A<br>c) Ω - MΩ | a) bar<br>b) bar<br>c) l/min ($dm^3$/min) |

## Prüfung bzw. Diagnose elektronischer Systeme

| Begriffe | Peripherie- und Funktionsprüfung | Steuergerätediagnose intern | Steuergerätediagnose intern und extern |
|---|---|---|---|
| **Prüfen:**<br>– Vergleichen der Soll- und Istwerte einer Messgröße (objektives Prüfen)<br>– Vergleichen des Soll- und Istzustandes – Sicht- oder Funktionsprüfung (subjektives Prüfen)<br><br>**Diagnose:**<br>Erkennung von Fehlern und Fehlerursachen durch<br>– Messen und Prüfen<br>– Messen, Prüfen und mithilfe von Prüfmustern, die Systemfunktionen, Fehlerzusammenhänge und Erfahrungswissen berücksichtigen, die Ursache der Abweichung (defekte Komponente) ermitteln. | 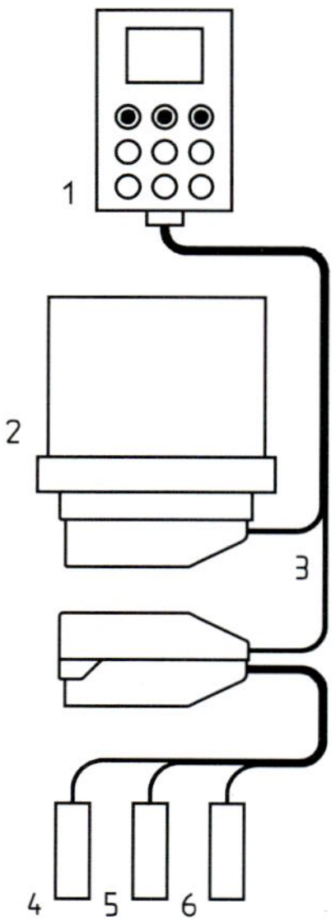  | 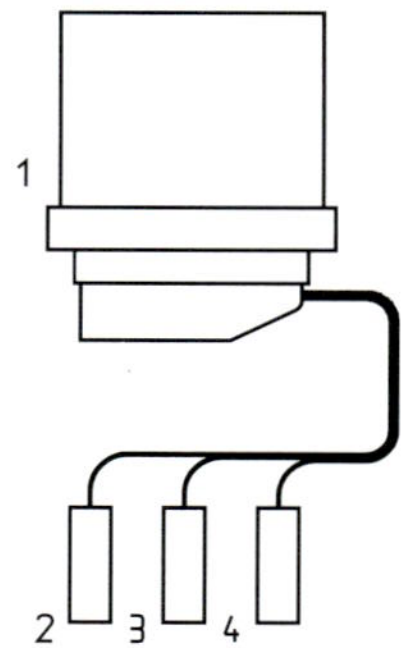  | 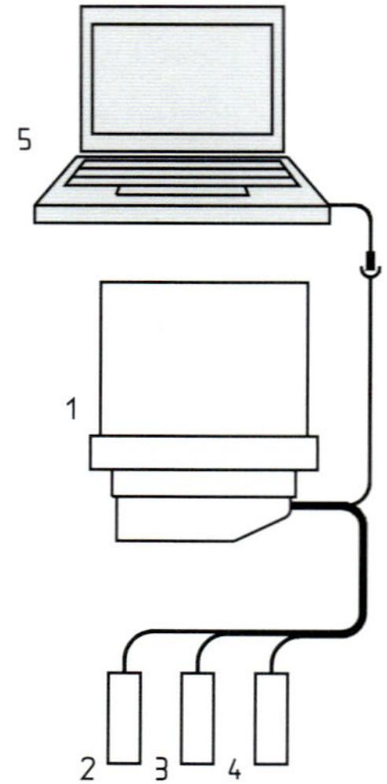  |
| | Bauteile:<br>1 Buchsenkasten oder Mess- bzw. Prüfgerät [1])<br>2 Steuergerät des zu prüfenden Systems [2])<br>3 Anschlusskabel Bauteil 1 (Y-Kabel)<br>4 Spannungsversorgung Bauteil 2<br>5 Sensoren Bauteil 2<br>6 Aktoren (Stellglieder) Bauteil 2 | Bauteile:<br>1 Steuergerät des zu prüfenden Systems [3])<br>2 Spannungsversorgung Bauteil 1<br>3 Sensoren Bauteil 1<br>4 Aktoren (Stellglieder) Bauteil 1<br>5 Laptop [4]) | |

[1]) Erfassung von Messwerten und Funktionsprüfung durch Simulation von Betriebszuständen.

[2]) Das Steuergerät verfügt über eine Betriebssoftware des entsprechenden Systems.

[3]) Das Steuergerät verfügt über eine Betriebs- und Diagnosesoftware des entsprechenden Systems. Während des Betriebs auftretende Funktionsstörungen werden über Display und/oder Diagnoselampe angezeigt.

[4]) Ausgestattet mit erweiterter Diagnosesoftware und der Möglichkeit zum Updaten der Software von Bauteil 1.

## Elektrische Bauteile

### Daten Kfz-Lampen (Auswahl)

**ECE 37 : 1995-05-15**

| Verwendung | Kategorie | Spannung Nennwerte V | Leistung Nennwerte W | Bild | Sockeltyp IEC |
|---|---|---|---|---|---|
| Fernlicht, Abblendlicht | R2 | 12<br>24 | 45/40<br>55/50 | 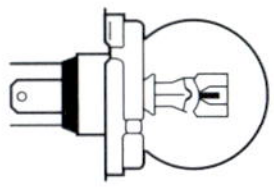 | P 45 t-41 |
| Fernlicht/Abblendlicht | H4 | 12<br>24 | 60/55<br>75/70 | 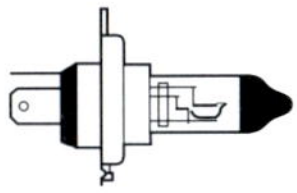 | P 43 t-38 |
| Arbeitsscheinwerfer | H3 | 12<br><br>24 | 35<br>55<br>70 | 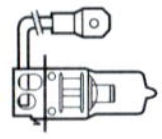 | PK 22 s |
| Fernlicht, Abblendlicht | H7 | 12 | 55 | 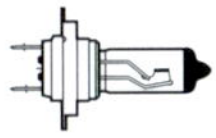 | PX 26 d |
| Brems-, Blinklicht | P 21 W<br>PY 21<br>gelb | 12<br>24 | 21 | 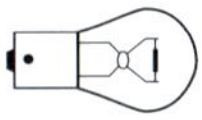 | BA 15 s |
| Bremslicht/Schlusslicht | P 21/5 W<br>PY 21<br>gelb | 12<br>24 | 21/5<br>21/5 | 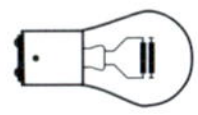 | BAY 15 d |
| Begrenzungslicht, Schlusslicht | R 5 W | 12<br>24 | 5 | 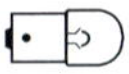 | BA 15 s |
| Schlusslicht | R 10 W | 12<br>24 | 10 | 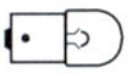 | BA 15 s |
| Brems-, Blinklicht | P 27 W | 12 | 27 | 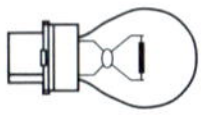 | W 2,5 × 16 d |
| Bremslicht/Schlusslicht | P 27/7 W | 12 | 27/7 | 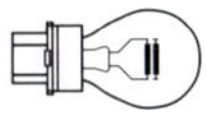 | W 2,5 × 16 q |
| Kennzeichenbeleuchtung, Schlusslicht | C 5 W | 12<br>24 | 5 |  | SV 8,5 - 8 |
| Begrenzungslicht | T 4 W | 12<br>24 | 4 |  | BA 9 s |
| Begrenzungslicht, Kennzeichenbeleuchtung | W 5 W | 12<br>24 | 5 | 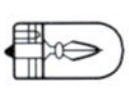 | W 2,1 × 9,5 d |
| Begrenzungslicht, Kennzeichenbeleuchtung | W 3 W | 12<br>24 | 3 | 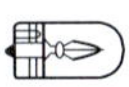 | W 2,1 × 9,5 d |

## Elektrische Bauteile

### Relais: Anordnung und Funktionszuordnung der Anschlüsse

| Typ | Anordnung der Anschlüsse entsprechend ISO 7588 | Schaltbild (Grundtypen) | Funktionszuordnung der Anschlüsse |
|---|---|---|---|
| 1 Öffner | 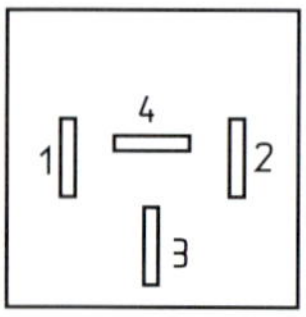  | 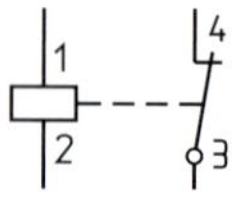  | 1 = Spule<br>2 = Spule<br>3 = Schaltkontakt Eingang<br>4 = Schaltkontakt Ausgang (Öffner) |
| 2 Schließer | 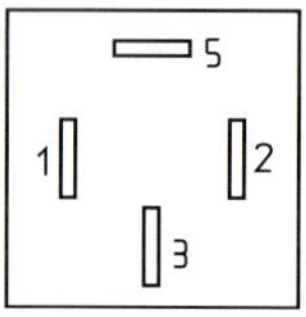  | 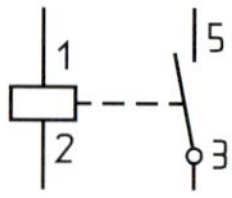  | 1 = Spule<br>2 = Spule<br>3 = Schaltkontakt Eingang<br>5 = Schaltkontakt Ausgang (Schließer) |
| 3 Wechsler | 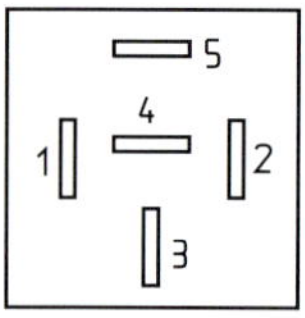  | 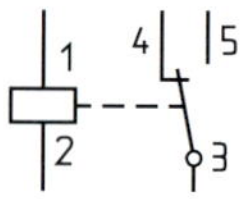  | 1 = Spule<br>2 = Spule<br>3 = Schaltkontakt Eingang<br>4 und 5 = Schaltkontakt Ausgang<br>(4 = Öffner, 5 = Schließer) |

Hinweise:
1. Die Lage der Anschlüsse ist in der Ansicht auf die Relais-Anschlussseite dargestellt
2. Andere Klemmenbezeichnungen (siehe Seite 23) dürfen verwendet werden, wenn die Anordnung und die Funktionszuordnung der Anschlüsse mit dieser Norm übereinstimmt.

### Sicherungen für Kleinspannungsanlagen

| Bild | Bezeichnung | Nennstrom | Farbkennzeichnung |
|---|---|---|---|
|  | Sicherungseinsatz | 5<br>8<br>16<br>25 | gelb<br>weiß<br>rot<br>blau |
|  | Sicherungsstreifen | 30<br>50<br>80<br>100 | Stromstärke muss an geeigneter Stelle auf der Sicherung angegeben werden. |
|  | Sicherungseinsatz | 3<br>4<br>5<br>7,5<br>10<br>15<br>20<br>25<br>30 | violett<br>rosa<br>hellbraun<br>braun<br>rot<br>hellblau<br>gelb<br>weiß (natur)<br>hellgrün |

## Technische Zeichnungen

### Darstellung von Bauteilen

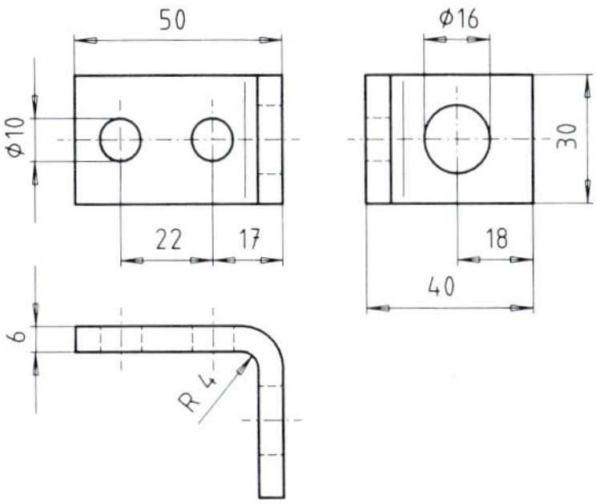


**1 Technische Zeichnung**

Zur Fertigung von Bauteilen (z. B. eines Winkels) werden genaue Informationen über das Aussehen und Maßangaben benötigt. Diese können einer **technischen Zeichnung** (siehe Bild 1) entnommen werden.

Zusätzlich können darin Angaben über den zu wählenden Werkstoff, die Fertigungsart und -genauigkeit enthalten sein.

Eine Auswahl von Normen und Regeln, die bei der Anfertigung bzw. beim Lesen von technischen Zeichnungen zu beachten sind, werden auf den Seiten 148 bis 155 näher erläutert.

Soll einmal schnell ein Bauteil nach Maß angefertigt werden, so können die Abmessungen und das Aussehen jedoch auch in Form einer **Freihandskizze** festgehalten werden.

### Anordnung der Ansichten — DIN ISO 128-30 : 2002-05

**Projektionsmethode 1** (früher Methode E)

**Sie wird bevorzugt**

Symbol zur Kennzeichnung:

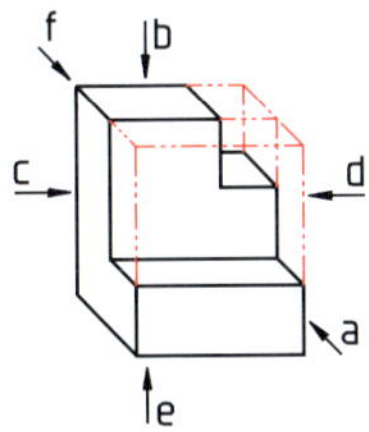


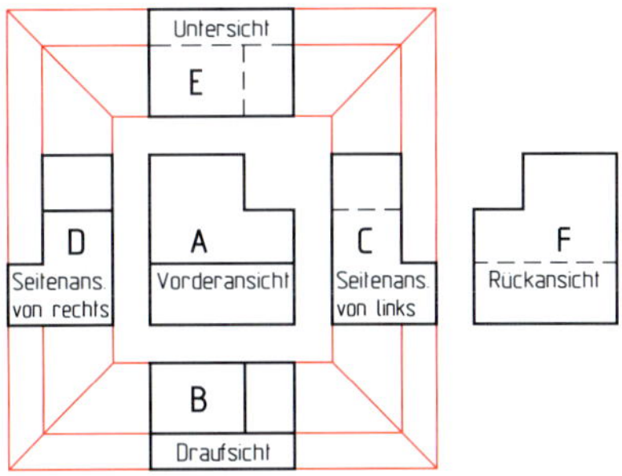


**Pfeilmethode**

Der Pfeil gibt die Blickrichtung an.

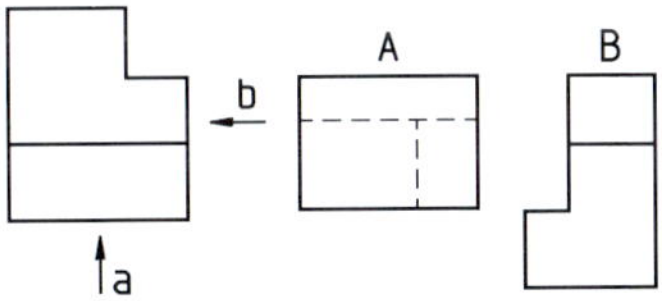


**Projektionsmethode 3** (früher Methode A)

Symbol zur Kennzeichnung:

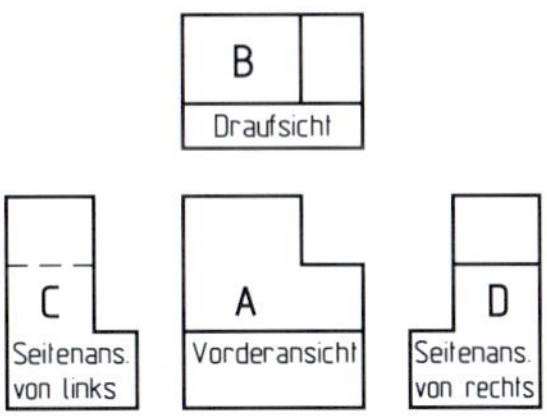


- **Verdeckte Kanten** werden nur dann gezeichnet, wenn sie zum Verständnis dienen oder durch sie z. B. eine weitere Ansicht gespart werden kann.
- **Die Vorderansicht** ist in der Regel die aussagefähigste Ansicht.
- Die **Anzahl der Ansichten** ist so groß, wie zur eindeutigen Darstellung eines Körpers notwendig.
- In Teilzeichnungen wird die Vorderansicht bevorzugt in **Fertigungslage** dargestellt.
- In Haupt- und Gruppenzeichnungen wird die Hauptansicht bevorzugt in **Gebrauchs-** oder **Einbaulage** dargestellt.
- Die **Leselage** (Gebrauchslage) der Zeichnung ist die Leserichtung des Schriftfeldes. Nur bei Format A 4 kann die Gebrauchslage um 90° gedreht werden.

## Technische Zeichnungen

## Schnitte

DIN ISO 128-40, -44, -50 : 2002-05

### Schnittarten

| Schnitt<br>Schnittansicht | Halbschnitt<br>Halbschnittansicht | Teilschnitt<br>Teilschnittansicht |
|---|---|---|
| 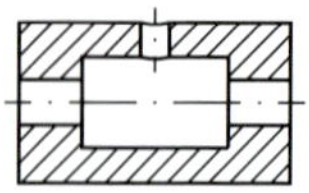<br>Der **Schnitt** zeigt die Umrisse eines Teilers in einer oder mehreren Ebenen.<br>Die **Schnittansicht** zeigt auch Umrisse hinter der Schnittebene. | 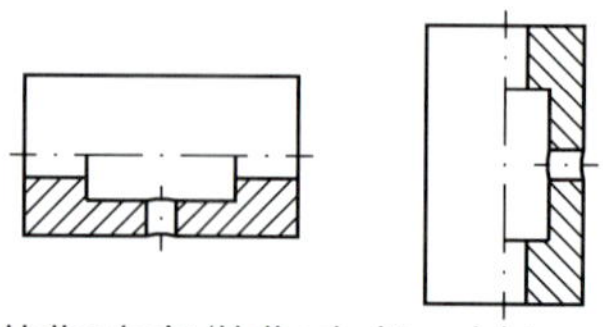<br>Halbschnitt/Halbschnittansicht zeigt symmetrische Teile zur Hälfte als Ansicht und zur Hälfte als Schnitt. | 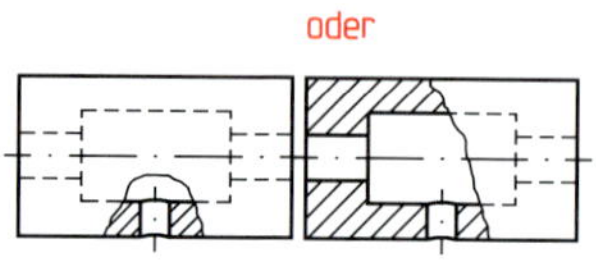<br>Der Teilschnitt zeigt nur einen Ausbruch im Schnitt. |

## Allgemeine Regeln für Schnitte

① Schnittflächen werden vorzugsweise im **Winkel von 45°** zum Hauptumriss oder zur Symmetrielinie des Schnittes schraffiert. Der **Abstand** der Schraffurlinien soll der Schraffurflächengröße angepasst werden.

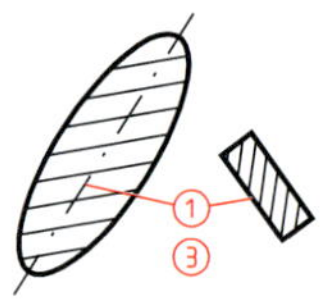


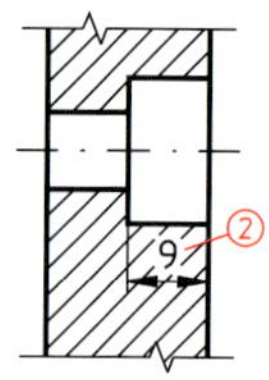


② Schraffuren werden für **Beschriftungen** unterbrochen.

③ Alle Schnittflächen **eines Teiles** werden gleichartig (gleiche Richtung und gleicher Abstand) in allen Schnittansichten gezeichnet.

④ Die Schraffurflächen **angrenzender Teile** werden in unterschiedlichen Richtungen schraffiert. Das gilt auch für eine Gruppe unlösbar verbundener Teile.

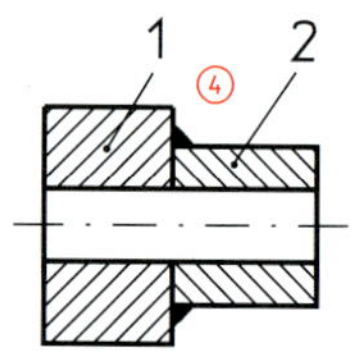


⑤ **Teile einer Gruppe mit einer Positionsnummer** werden in eine Richtung schraffiert.

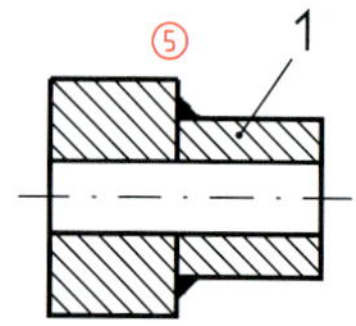


⑥ Schmale Schnittflächen können **geschwärzt** werden. Stoßen geschwärzte Flächen aufeinander, so sind sie durch eine schmale Fuge von mindestens **0,7 mm** zu trennen.

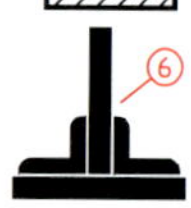


⑦ Schnittflächen dürfen auch mit einer **sehr breiten Volllinie** umgrenzt werden.

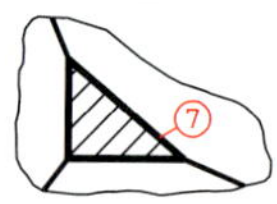


Bei **großen Schraffierflächen** kann die Schraffur auf die Randzone beschränkt bleiben.

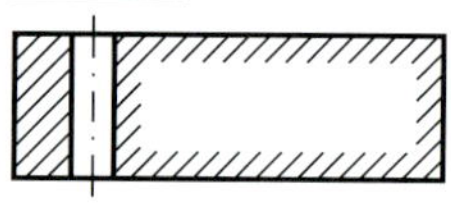

Nicht geschnitten dargestellt werden in der Regel längsgeschnittene Teile wie Wellen, Befestigungsmittel (Bolzen, Muttern, Schrauben, Stifte), Rippen, Radspeichen, Stege und ähnliche Teile.

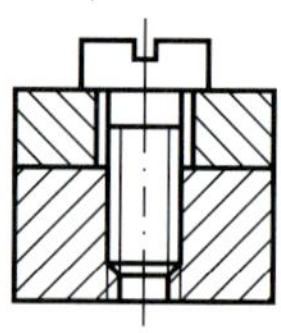

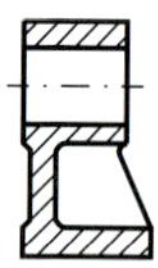

**Parallele Schnittebenen** müssen in einem Schnitt gleichartig (gleiche Richtung und gleicher Abstand) sein.

⑧ Zur Verdeutlichung dürfen die Schraffuren versetzt gezeichnet werden.

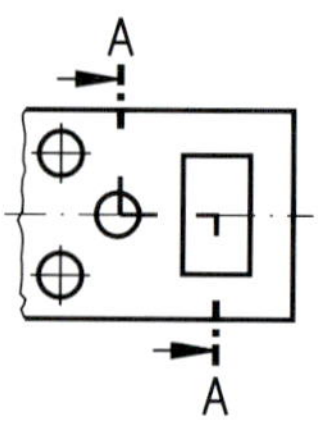


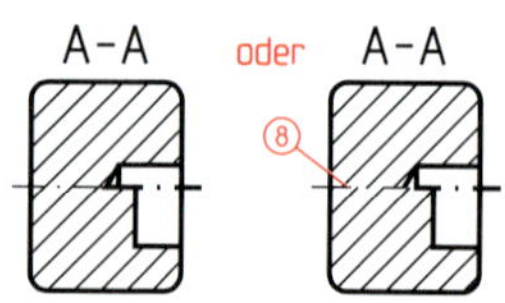

## Technische Zeichnungen

### Maßeintragung

**DIN 406-11 : 1992-12**

### Maßhilfslinien

① Sie gehen 1 bis 2 mm über die Maßlinie hinaus.

② Sie dürfen unterbrochen werden, wenn ihr Fortlauf erkennbar ist.

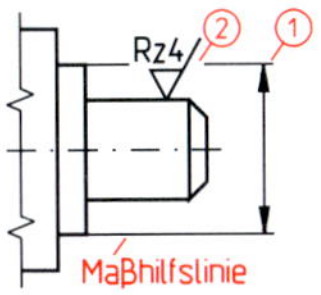


③ Bei Übergängen werden sie am Schnittpunkt der Projektionslinien angesetzt.

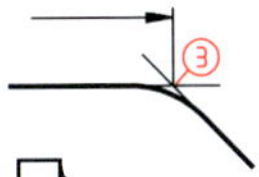


④ Bei Unübersichtlichkeit dürfen sie schräg (vorzugsweise unter 60°) eingetragen werden.

Dient eine **Mittellinie als Maßhilfslinie**, so wird sie außerhalb der Körperkanten als schmale Volllinie gezeichnet.

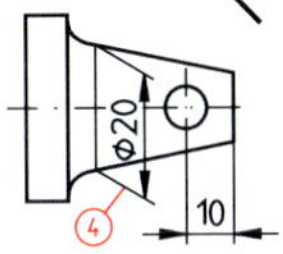


⑤ Gleiche Formelemente dürfen zur Verdeutlichung mit ihnen verbunden werden.

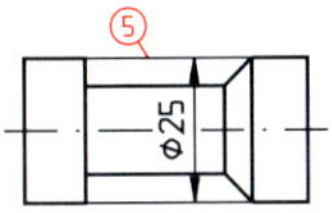


⑥ Bei besonders breiten Linien sind sie bei Außenmaßen an den äußeren, bei Innenmaßen an den inneren Rand zu setzen.

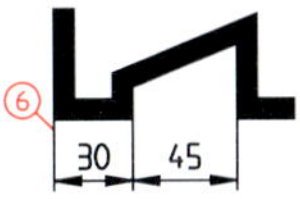


### Maßlinien

① Sie sollen mindestens 10 mm von den Körperkanten entfernt sein.

② Sie sollen sich **nicht** untereinander und mit anderen Linien schneiden. Ist dies jedoch notwendig, werden sie nicht unterbrochen.

③ Sie dürfen bei Winkelmaßen bis 30° als Gerade gezeichnet werden.

④ Auch bei unterbrochenen Teilen werden sie durchgezeichnet.

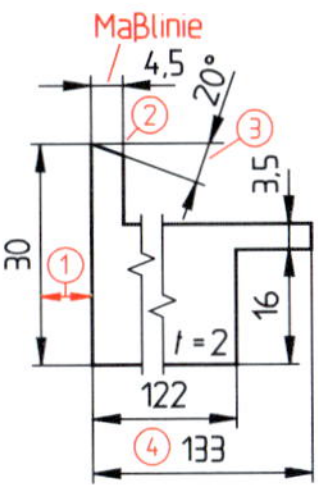


### Maßlinienbegrenzung

Der Regelfall ist der geschwärzte Pfeil.

Davon abweichend:

- offener (nicht gefüllter) Pfeil bei CAD erlaubt
- Punkt bei Platzmangel
- Kreis für Ursprungsangabe
- Schrägstrich in fachbezogenen Zeichnungen, z. B. Bauzeichnungen

$d$ = Breite der breiten Volllinie

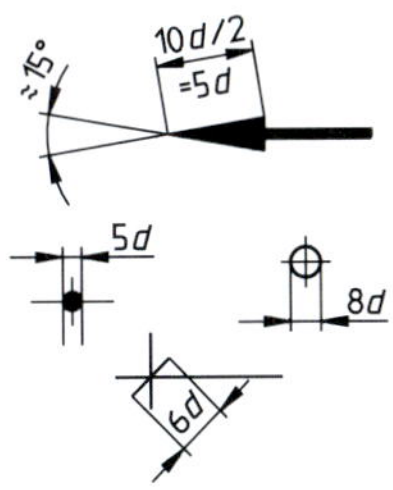


### Maße

Mindestgröße von 3,5 mm

① Mittellinien, Maßhilfslinien und Schraffuren werden im Bereich der **Maßzahlen** unterbrochen.

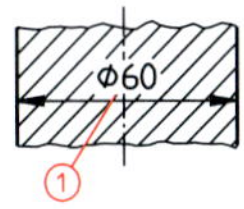


Die vertikale Schreibrichtung (Schriftform B) der Maße ist zu bevorzugen.

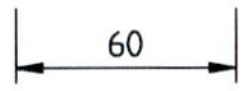


② In gedruckten Unterlagen sollen Maßbuchstaben schräggeschrieben werden, ansonsten werden sie wie die Maßzahlen geschrieben.

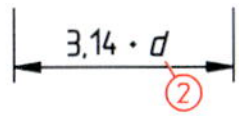


③ **Nicht maßstäblich** gezeichnete Maße werden unterstrichen (Maße an angebrochenen bzw. unterbrochenen Teilen und Radien werden nicht unterstrichen).

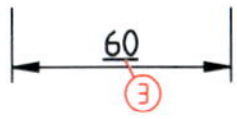


④ Eingerahmte Maße werden vom Besteller **besonders beachtet**.
Diese Maße werden vom Besteller (Empfänger) bei Abnahme 100%ig geprüft.

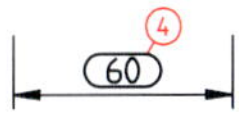


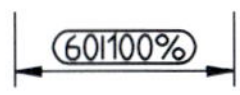


⑤ **Hilfsmaße** werden in runde Klammern gesetzt. Sie sind für die geometrische Bestimmung nicht notwendig. Demnach gelten für sie nicht die Allgemeintoleranzen.

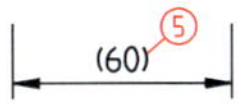


⑥ **Theoretische Maße** werden eingerahmt. Sie legen die geometrisch ideale Lage eines Punktes, einer Linie oder einer Fläche fest.

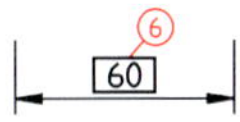


⑦ **Rohmaße** werden in eckige Klammern gesetzt. Sie beziehen sich auf den Ausgangszustand des Teiles.

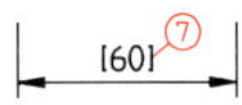


⑧ Die **gestreckte Länge** eines Biegeteils kann ohne dargestellte Abwicklung durch das Symbol angegeben werden.

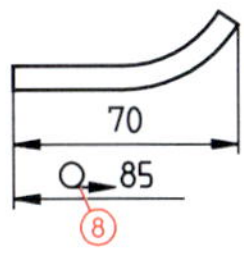


⑨ Die **Werkstoffdicke** kann bei flächigen Teilen mit dem Buchstaben $t$ eingetragen werden.

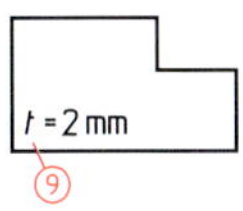


In begründeten Fällen darf die Maßzahl eine Hinweislinie erhalten.

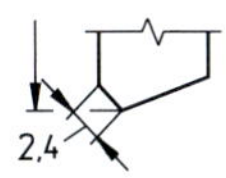

## Technische Zeichnungen
## Maßeintragung
## Maßzahlen

**DIN 406-11 : 1992-12**

| **Methode 1 (ist zu bevorzugen)** | **Methode 2 (zulässig)** |
|---|---|
| Zwei Hauptrichtungen | Eine Hauptrichtung |
| • Bezogen auf die Leselage der Zeichnung sind die Maßzahlen von unten und von rechts lesbar einzutragen.<br>Die Leselage der Zeichnung ist die Leserichtung des Schriftfeldes. Nur bei Format A4 kann die Gebrauchslage (Leselage) um 90° gedreht werden.<br>• Die obige Regel gilt auch dann, wenn die Gebrauchslage des Teiles nicht der Leserichtung entspricht. 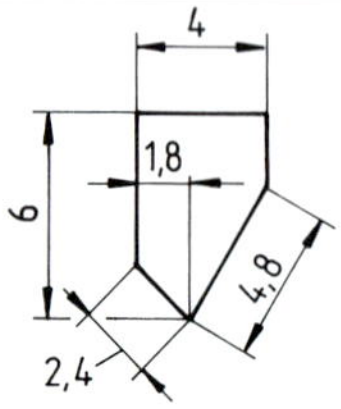 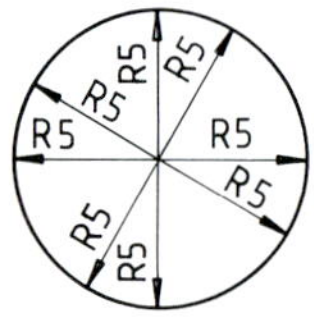 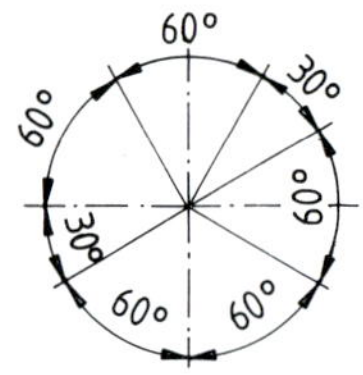 | • Bezogen auf die Leselage der Zeichnung sind die Maßzahlen von unten lesbar einzutragen.<br>Die Leselage der Zeichnung ist die Leserichtung des Schriftfeldes.<br>• Maßzahlen dürfen auf der verlängerten abgewinkelten Maßlinie eingetragen werden. 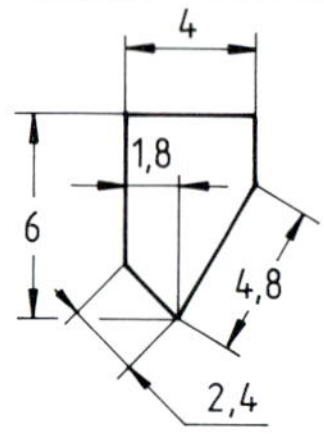 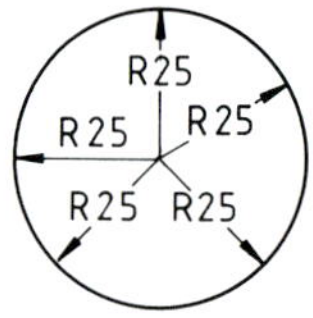 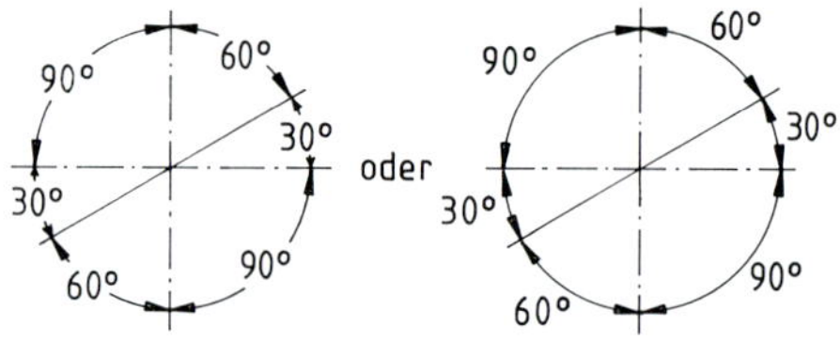 |

## Radien

Der Buchstabe R wird **immer** vor die Maßzahl gesetzt.

① Zur Bemaßung der Mittelpunktslage kann die Maßlinie geknickt werden.

② Radien gleicher Größe können zusammengefasst werden.

③ Treten mehrere Halbmesser auf, so darf um den Mittelpunkt ein Hilfskreis gezeichnet werden.

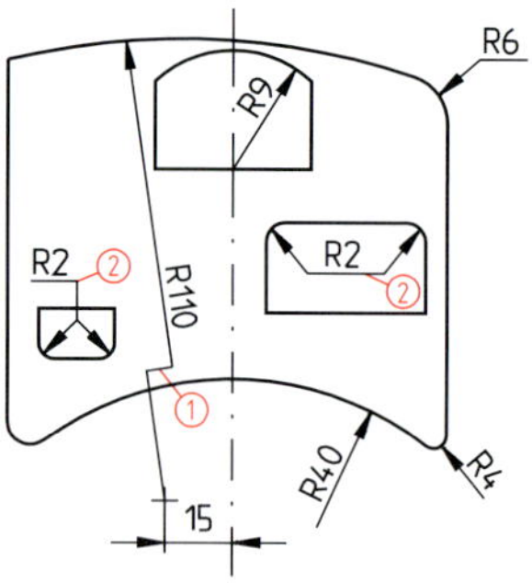


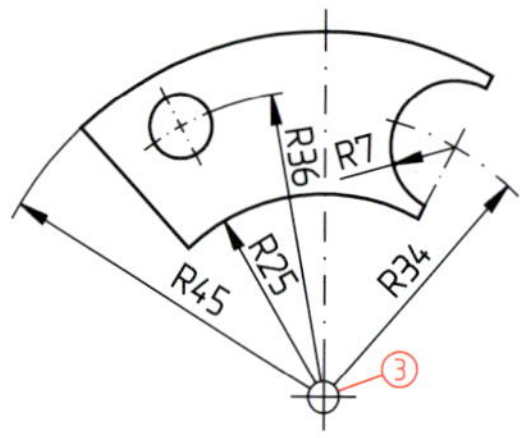


Zwei Möglichkeiten für Radiusangabe

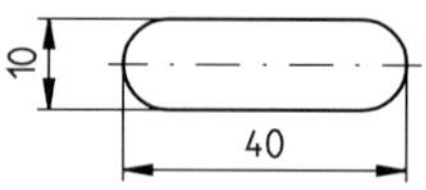


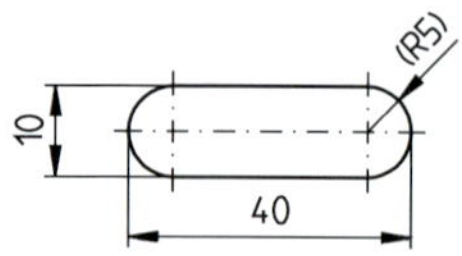


Zwei Möglichkeiten für Tiefenangabe

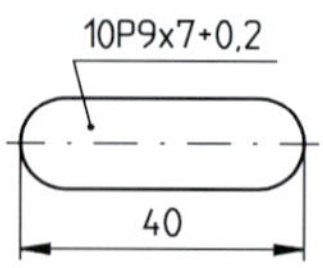


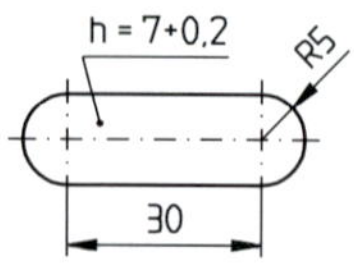

## Technische Zeichnung

### Symbole vor Maßzahlen

DIN 406-11 : 1992-12

#### Durchmesser

Das Symbol ∅ wird immer vor die Maßzahl gesetzt.

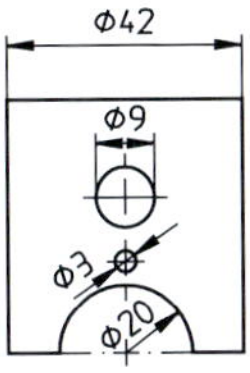


Bei Platzmangel kann die Bemaßung wie rechts vereinfacht gezeichnet werden.

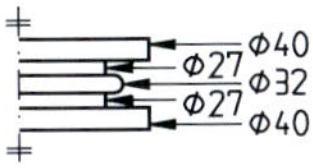


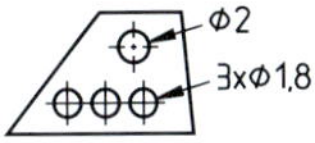


#### Bögen

Das grafische Symbol ⌒ wird **vor** die Maßzahl gesetz. Bei manueller Anfertigung der Zeichnung darf das Symbol auch über die Maßzahl gesetzt werden, z. B. ⌒100.

① Beim Zentriwinkel bis 90° werden die Maßhilfslinien parallel zur Winkelhalbierenden gezogen.

② Zur Verdeutlichung wird eine Linie mit Punkt und Pfeil benutzt.

③ Bei kleinen Winkeln kann die Maßlinie gerade sein.

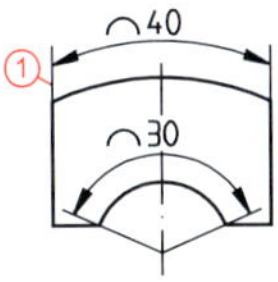


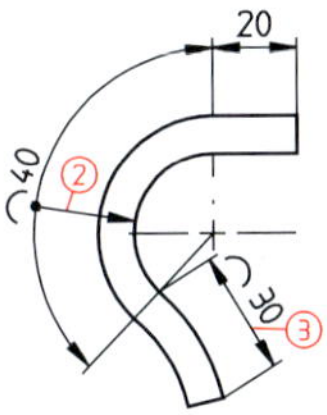


#### Kugeln

Der Buchstabe S wird immer vor die Radius- oder Durchmesserangabe gesetzt.

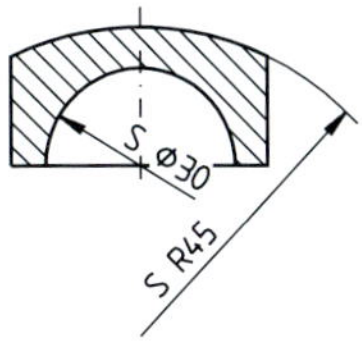


#### Quadrate

Das Symbol □ wird immer vor die Maßzahl gesetzt. (Das Maß wird vorzugsweise in der Ansicht angegeben, in der die □-Form erkennbar ist.)

#### Rechtecke

Bei der Angabe von zwei Seitenlängen steht an erster Stelle die Seitenlänge, auf die der Hinweispfeil deutet.

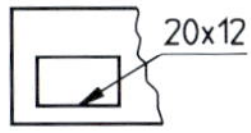


Die Kombination mit dem Maß der dritten Seite (z. B. 30 × 8 × 4) ist zulässig (siehe Bild rechts). Dabei muss eine zweite Ansicht oder ein Schnitt gezeichnet werden.

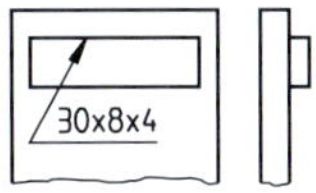


#### Schlüsselweiten

Die Buchstaben SW werden vor die Maßzahl gesetzt, wenn der Abstand der Schlüsselflächen nicht bemaßt werden kann.

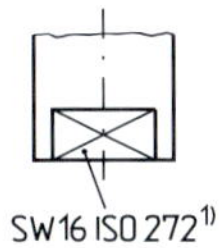


### Fasen, Senkungen

DIN 406-11 : 1992-12

| Möglichkeiten beim Winkel von 45° | Wenn Winkel nicht 45° |
|---|---|
| 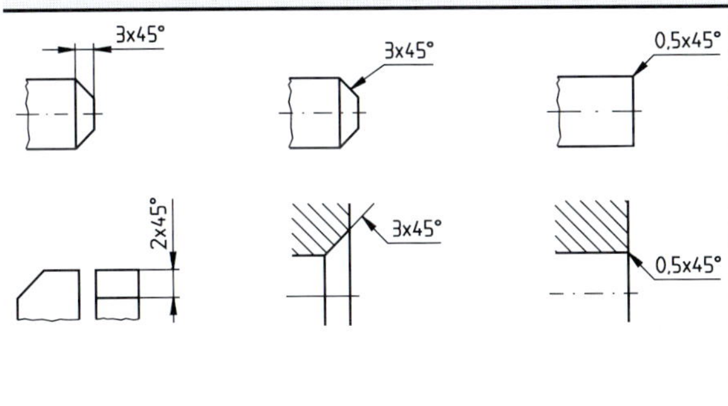 | 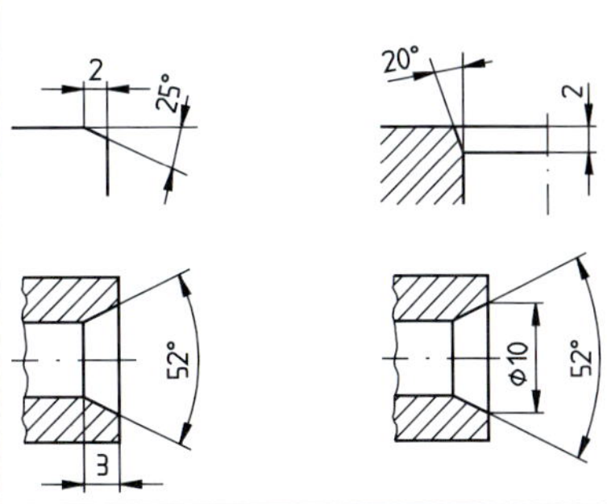 |

## Technische Zeichnungen
## Arten der Maßeintragung

**DIN 406-11 : 1992-12**

| Parallelbemaßung | Steigende Bemaßung | Koordinatenbemaßung |
|---|---|---|
| Maßlinien können parallel in eine, zwei oder drei senkrecht zueinander stehenden Richtungen eingetragen werden. | Vom Ursprung (kleiner Kreis) kann in jeder senkrecht zueinander stehenden Richtung meist nur eine Maßlinie eingetragen werden. | Die Koordinaten werden durch Längenmaße in zueinander senkrechten Richtungen eingetragen. |

Die einzelnen Bemaßungssysteme dürfen kombiniert werden

**Parallelbemaßung**

Möglichkeit 1

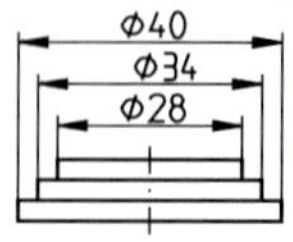


Möglichkeit 2

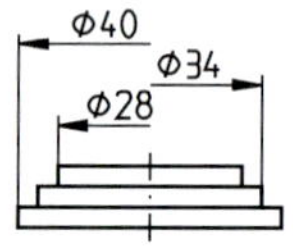


Bei Platzmangel

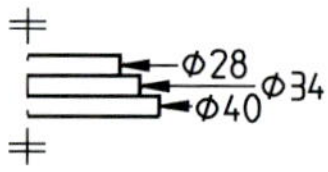


Geschlossene Maßketten können z. B. durch Hilfsmaße vermieden werden.

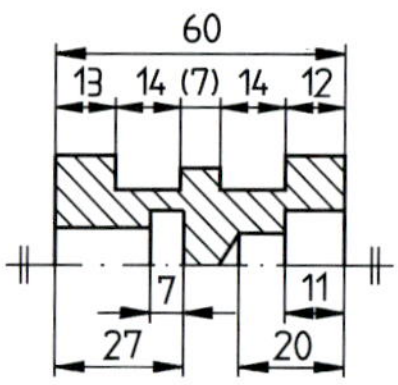


**Steigende Bemaßung**

Möglichkeit 1

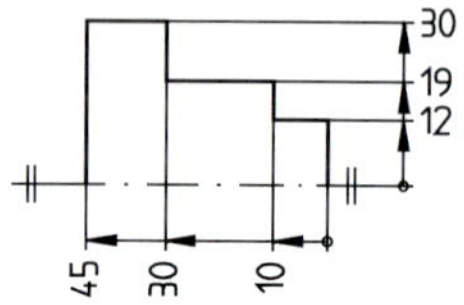


Möglichkeit 2

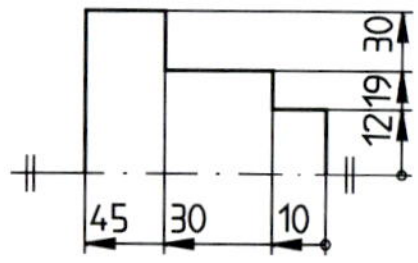


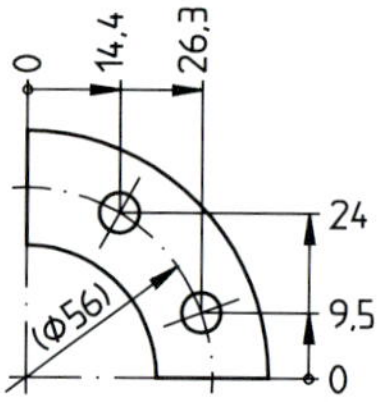


**Koordinatenbemaßung**

kartesische Koordinaten

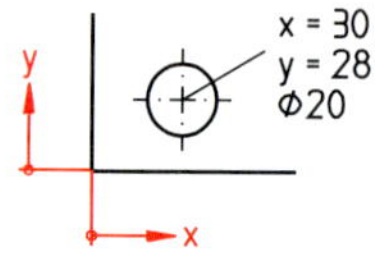


kartesische Koordinaten

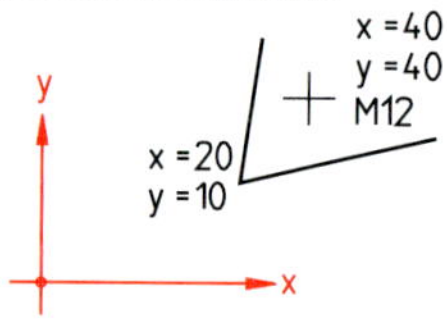


Polarkoordinaten
Sie werden durch Radius und Winkel eingetragen.

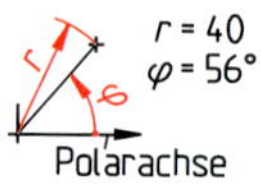


### Steigende Bemaßung

Ketten-, Relativ-, Inkrementalbem.

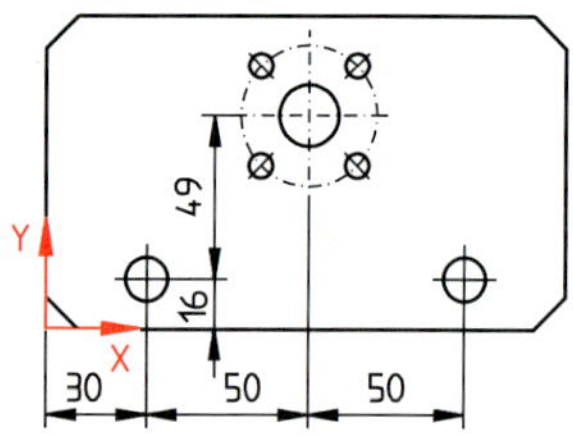


mit abgebrochenen Maßlinien

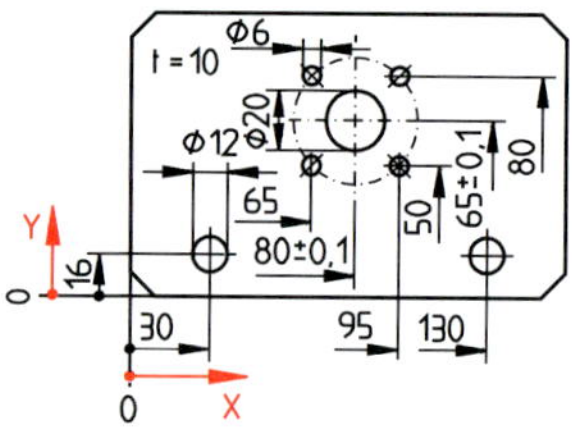


Winkelangabe am Teilkreisbogen

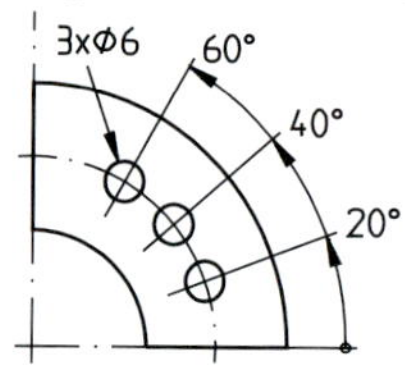


### Koordinatenbemaßung mit Koordinatenwerten in Tabellen (Beispiel für kartesisch und polar)

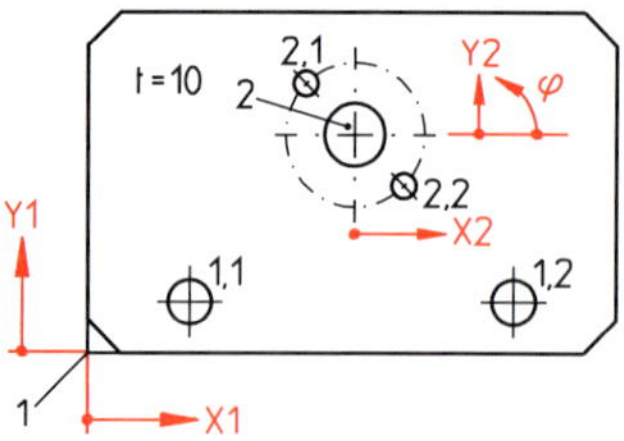


| Koordinatennullpkt. | Koordinatentabelle (Maße in mm) Pos.-Nr. | x | y | z | r | φ | ∅ |
|---|---|---|---|---|---|---|---|
| 1 | 1 | 0 | 0 | | | | |
| 1 | 1,1 | 30 | 16 | | | | 12 |
| 1 | 1,2 | 130 | 16 | | | | 12 |
| 1 | 2 | 80 ± 0,1 | 65 ± 0,1 | | | | 20 |
| 2 | 2,1 | | | | 21 | 135° | 6 |
| 2 | 2,2 | | | | 21 | 315° | 6 |

## Technische Zeichnungen

### Maßeintragung in Zeichnungen

### Maßarten

① **Grundform-Maße**
Sie geben Gesamtlänge, Gesamtbreite und Gesamthöhe an.

② **Teilform-Maße**
Sie geben die Form von Nuten, Absätzen usw. an.

③ **Lage-Maße**
Sie geben die Lage der Teilformen wie z. B. Nuten an.

④ **Maßbezugssystem** (Fläche oder Achse)
Es gibt den Bezug der fortschreitenden Bemaßung für die Teilform- und Lagemaße an.

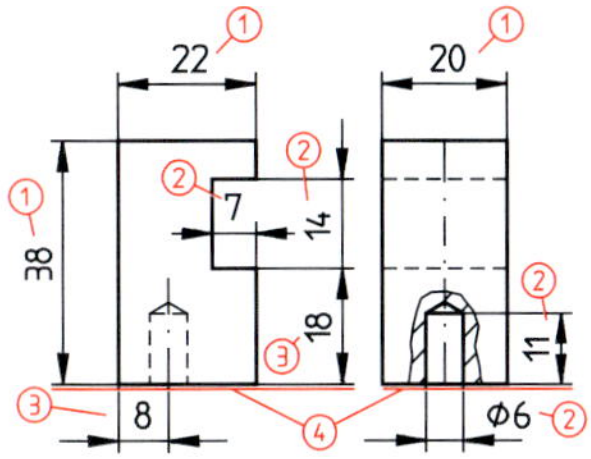


### Anordnung der Maße und Teile

| Fertigungsbezogenes Maß | Funktionsbezogenes Maß | Prüfungsbezogenes Maß |
| --- | --- | --- |
| 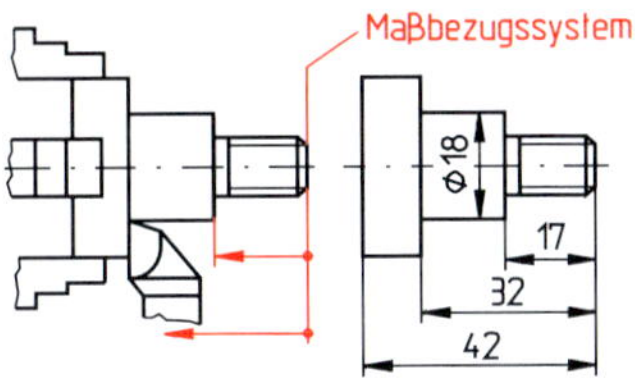  | 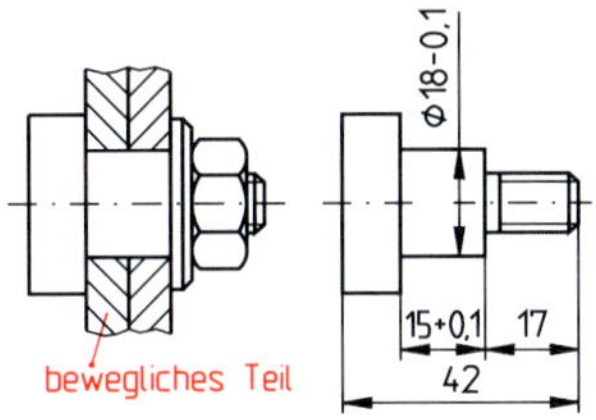  | 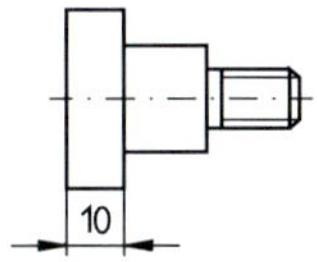  |
| Es ist das für die Fertigung direkt verwendbare (ohne Berechnung) Maß. Es wird angewandt, wenn es die Funktion zulässt. | Es ist das der Funktion des Werkstückes mit größtmöglicher Toleranz zugeordnete Maß. Es hat die höchste Priorität. | Es ist das für die Prüfung direkt verwendbare (ohne Berechnung) Maß. Es wird nur in Prüfzeichnungen angewandt. |

Drehteile werden in der Regel liegend und mit dem großen Durchmesser links dargestellt.
Frästeile werden wie sie bei der Fertigung vom Betrachter aus gesehen werden dargestellt.

### Richtlinien zur Eintragung der Maße

④ Die fertigungsbezogene Bemaßung erfolgt im Allgemeinen in Richtung der Bearbeitung.

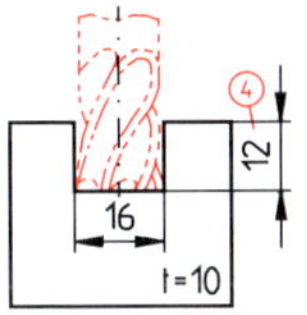


Jedes Maß wird nur einmal (gleichgültig, wie viele Ansichten gezeichnet werden) eingetragen, und zwar in der Ansicht, in der die geometrische Form am besten zu sehen ist.

Die Bemaßung verdeckter Kanten (an Strichlinien) ist zu vermeiden.

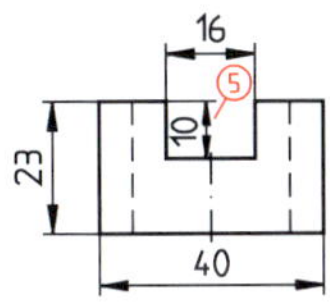


⑤ Zusammen gehörende Maße sind möglichst zusammen in einer Ansicht einzutragen.

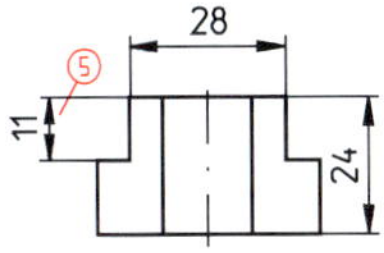


⑤ Maßgruppen bilden!

⑥ Bei symmetrischen Formen ist die Mittellinie zugleich auch Maßbezugssystem. Es wird über die Mitte bemaßt.

⑦ Die Bemaßung kann von mehreren Bezugsebenen oder Bezugslinien erfolgen.

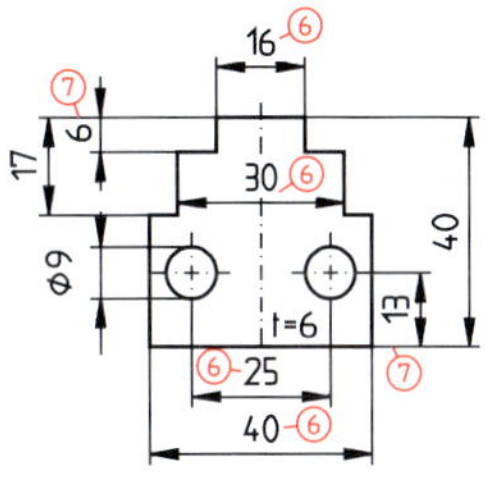


⑧ An Teilen, die keine ausgesprochene Bearbeitungsrichtung besitzen, erfolgt die Bemaßung in Anreißrichtung.

⑨ Die Werkstückdicke kann bei Platzmangel auch neben der Darstellung stehen.

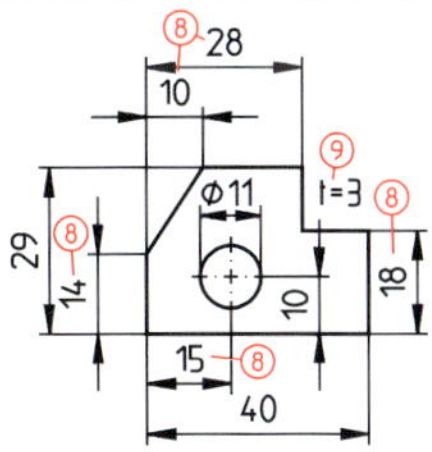

## Technische Zeichnungen

## Gewinde und Gewindeteile DIN ISO 6410 : 1993-12, DIN 202 : 1999-11, DIN 406-11 : 1992-12

**Bezeichnung von Gewinden siehe Seite 155**

### Außengewinde (Bolzengewinde)

① Der $^{3}/_{4}$-**Kreis** kann andere Lagen als die hier überwiegend gezeichnete Lage haben.

② Der Gewindeauslauf wird nur dann gezeichnet oder bemaßt, wenn es erforderlich ist.

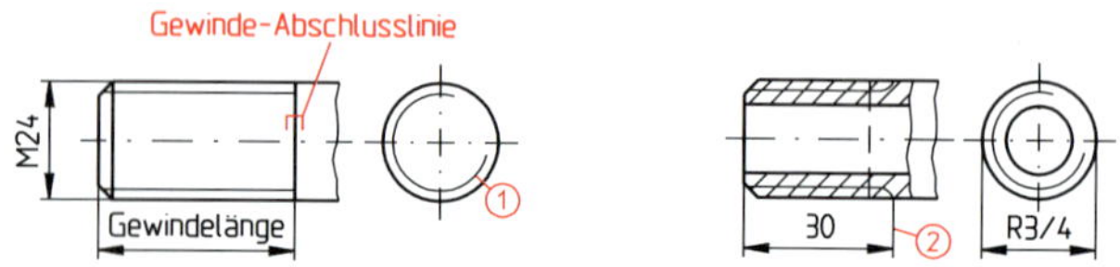


### Innengewinde (Muttergewinde)

③ Der Durchmesser und die Tiefe des Grundloches wird im Regelfall nicht bemaßt.

| | | |
|---|---|---|
| M10 | $= d$ | Gewindebezeichnung |
| 16 | $= l$ | nutzbare Gewindelänge |
| (8,376 | $= D_1$ | Kernlochdurchmesser[1]) |
| 20 | $= l_1$ | Kernlochtiefe |

$l \approx 1{,}5 \cdot d$ $\quad l_1 \approx 2 \cdot d$

[1]) Kerndurchmesser siehe Seite 134

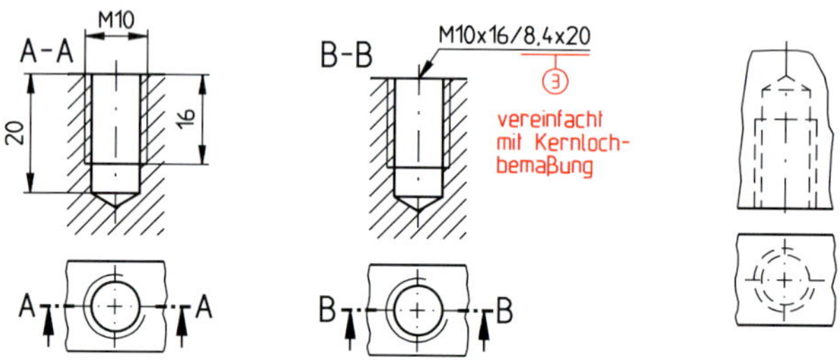


### Gewindesenkungen

werden in der Regel nicht gezeichnet und nicht bemaßt.

Im Ausnahmefall ist der Senkwinkel mit der Senktiefe bzw. der Senkdurchmesser anzugeben

### Gewindefasen

Sie werden nur dann bemaßt, wenn ihr Durchmesser nicht dem Kerndurchmesser entspricht.

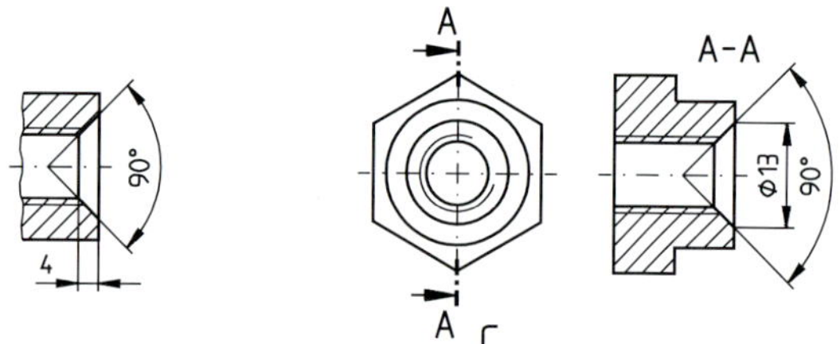


### Linksgewinde

Es ist mit „LH“ zu kennzeichnen.
Treten an einem Teil Links- und Rechtsgewinde auf, so erhält das Rechtsgewinde „RH“.

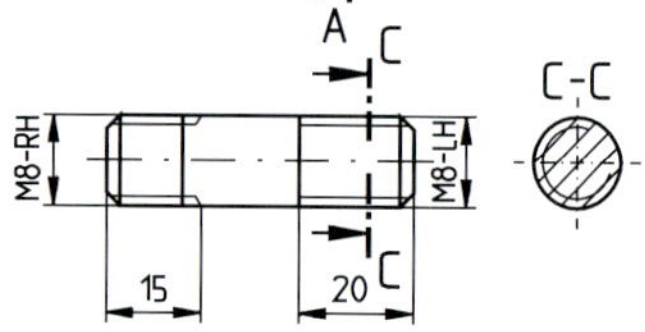


### Gewindefreistiche

Endet ein Gewinde an einem Absatz, dann wird häufig ein Gewindefreistich vorgenommen.

Die Bemaßung kann vollständig oder vereinfacht nach DIN 76 erfolgen.

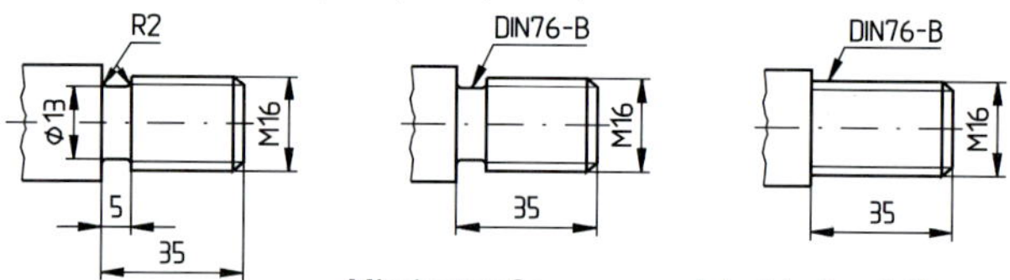


Mindestmaße:
$l \approx d$, $d_h \approx 1{,}1 \cdot d$

vereinfachte Darstellung (ISO 6410)

### Gewindeverbindungen

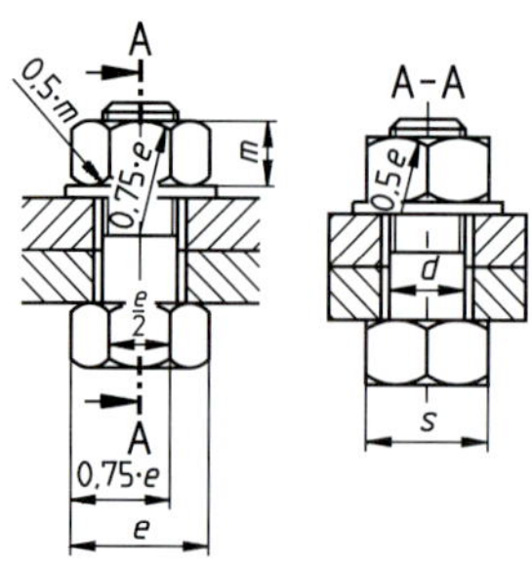


$e \approx 1{,}56 \cdot s \approx 3{,}63 \cdot d$
$s \approx 0{,}87 \cdot e \approx 1{,}6 \cdot d$

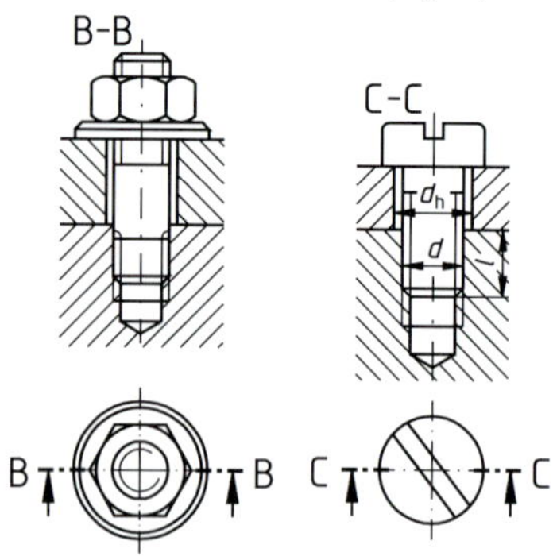


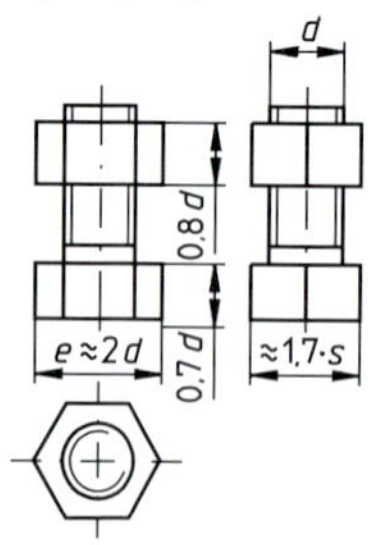


Genaue Maße im Kapitel M

## Gewinde

### Metrisches ISO-Gewinde

DIN 13-1..-19 : 1999-11

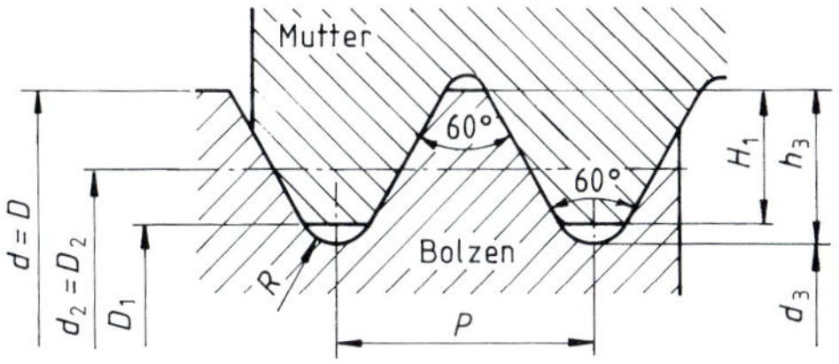


| | |
|---|---|
| Nenndurchmesser | $d = D$ |
| Steigung | $P$ |
| Flankenwinkel | 60° |
| Gewindetiefe: Bolzen | $h_3 = 0{,}6134 \cdot P$ |
| Mutter | $H_1 = 0{,}5413 \cdot P$ |
| Flankendurchmesser | $d_2 = D_2 = d - 0{,}6495 \cdot P$ |
| Kerndurchmesser: Bolzen | $d_3 = d - 1{,}2269 \cdot P$ |
| Mutter | $D_1 = d - 1{,}0825 \cdot P$ |
| Rundung | $R = 0{,}1443 \cdot P$ |
| Kernlochdurchmesser | $= d - P$ |
| Spannungsquerschnitt | $S = \frac{\pi}{4} \cdot \left(\frac{d_2 + d_3}{2}\right)^2$ |
| Steigungswinkel | $\alpha = \frac{P}{d_2 \cdot \pi}$ |

### Regelgewinde Maße in mm

| Gewindebezeichnung $d = D$ Reihe 1 (vorzugsweise verwenden) | Reihe 2 | Steigung $P$ | Flanken-∅ $d_2 = D_2$ | Kern-∅ Bolzen $d_3$ | Kern-∅ Mutter $D_1$ | Gewindetiefe Bolzen $h_3$ | Gewindetiefe Mutter $H_1$ | Rundung $R$ | Kernloch-∅ | Spannungsquerschnitt $S$ in mm² |
|---|---|---|---|---|---|---|---|---|---|---|
| | M 4,5 | 0,75 | 4,013 | 3,580 | 3,688 | 0,460 | 0,406 | 0,108 | 3,7 | 11,3 |
| M 5 | | 0,8 | 4,480 | 4,019 | 4,134 | 0,491 | 0,433 | 0,115 | 4,2 | 14,2 |
| M 6 | | 1 | 5,350 | 4,773 | 4,917 | 0,613 | 0,541 | 0,144 | 5 | 20,1 |
| M 8 | | 1,25 | 7,188 | 6,466 | 6,647 | 0,767 | 0,677 | 0,180 | 6,8 | 36,6 |
| M 10 | | 1,5 | 9,026 | 8,160 | 8,376 | 0,920 | 0,812 | 0,217 | 8,5 | 58,0 |
| M 12 | | 1,75 | 10,863 | 9,853 | 10,106 | 1,074 | 0,947 | 0,253 | 10,2 | 84,3 |
| | M 14 | 2 | 12,701 | 11,546 | 11,835 | 1,227 | 1,083 | 0,289 | 12 | 115 |
| M 16 | | 2 | 14,701 | 13,546 | 13,835 | 1,227 | 1,083 | 0,289 | 14 | 157 |
| | M 18 | 2,5 | 16,376 | 14,933 | 15,294 | 1,534 | 1,353 | 0,361 | 15,5 | 192 |
| M 20 | | 2,5 | 18,376 | 16,933 | 17,294 | 1,534 | 1,353 | 0,361 | 17,5 | 245 |
| | M 22 | 2,5 | 20,376 | 18,933 | 19,294 | 1,534 | 1,353 | 0,361 | 19,5 | 303 |
| M 24 | | 3 | 22,051 | 20,319 | 20,752 | 1,840 | 1,624 | 0,433 | 21 | 353 |

### Feingewinde Maße in mm

DIN 13-2...-10 : 1999-11

| Bezeichnung $d \times P$ | Flanken-∅ $d_2 = D_2$ | Kern-∅ Bolzen $d_3$ | Kern-∅ Mutter $D_1$ |
|---|---|---|---|
| M 6 × 0,75 | 5,513 | 5,080 | 5,188 |
| M 8 × 1 | 7,350 | 6,773 | 6,917 |
| M 10 × 0,75 | 9,513 | 9,080 | 9,188 |
| M 10 × 1 | 9,350 | 8,773 | 8,917 |
| M 12 × 1 | 11,350 | 10,773 | 10,917 |
| M 12 × 1,25 | 11,188 | 10,466 | 10,647 |
| M 14 × 1,5 | 13,025 | 12,160 | 12,376 |
| M 16 × 1 | 15,350 | 14,773 | 14,917 |
| M 16 × 1,5 | 15,026 | 14,160 | 14,376 |

### Rohrgewinde für nicht im Gewinde dichtende Verbindungen

DIN EN ISO 228-1 : 2003-05

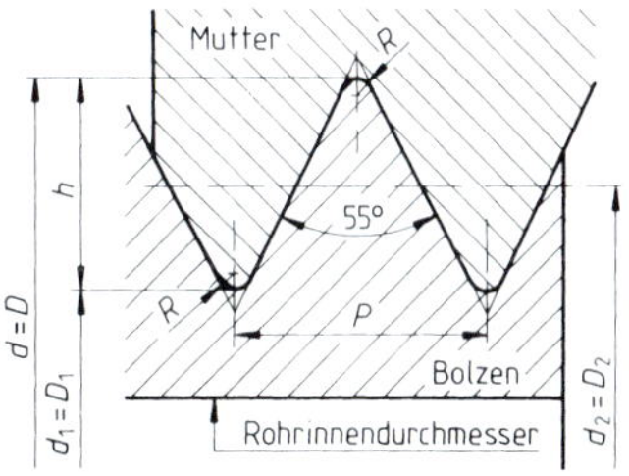


| Bezeichnung | Außen-∅ $d = D$ in mm | Flanken-∅ $d_2 = D_2$ in mm | Kern-∅ $d_1 = D_1$ in mm | Gangzahl auf 25,4 mm $Z$ | Steigung $P$ mm |
|---|---|---|---|---|---|
| G 1/8 | 9,728 | 9,147 | 8,566 | 28 | 0,907 |
| G 1/4 | 13,157 | 12,301 | 11,445 | 19 | 1,337 |
| G 3/8 | 16,662 | 15,806 | 14,950 | 19 | 1,337 |
| G 1/2 | 20,955 | 19,793 | 18,631 | 14 | 1,814 |
| G 3/4 | 26,441 | 25,279 | 24,117 | 14 | 1,814 |
| G 1 | 33,249 | 31,770 | 30,291 | 11 | 2,309 |
| G 1 1/4 | 41,910 | 40,431 | 38,952 | 11 | 2,309 |
| G 1 1/2 | 47,803 | 46,324 | 44,845 | 11 | 2,309 |
| G 2 | 59,614 | 58,135 | 56,656 | 11 | 2,309 |
| G 2 1/2 | 75,184 | 73,705 | 72,226 | 11 | 2,309 |
| G 3 | 87,884 | 86,405 | 84,926 | 11 | 2,309 |
| G 3 1/2 | 100,33 | 98,851 | 97,372 | 11 | 2,309 |
| G 4 | 113,03 | 111,55 | 110,07 | 11 | 2,309 |
| G 5 | 138,43 | 136,95 | 135,47 | 11 | 2,309 |
| G 6 | 163,83 | 162,35 | 160,87 | 11 | 2,309 |

Gewinde-∅ $d = D$

Steigung $P = \frac{25{,}4\ \text{mm}}{Z}$

Gangzahl auf 25,4 mm $Z$

Flankenwinkel 55°

Flanken-∅ $d_2 = D_2 = d - h$

Kern-∅ $d_1 = D_1 = d - 2 \cdot h$

Gewindetiefe $h = 0{,}64033 \cdot P$

Rundung $R = 0{,}13733 \cdot P$

Toleranzklassen für Außengewinde A (mittel), B (grob), z. B. G1A

### Withworth-Rohrgewinde für Gewinderohre und Fittings

DIN ISO 10226-1 : 2004-10

Es besteht aus dem kegeligen Außengewinde (◁1 : 16), z. B. R1 1/2, und dem zylindrischen Innengewinde, z. B. Rp1 1/2. Die Verbindung ist **im Gewinde dichtend**. Die Abmessungen entsprechen DIN EN ISO 228.

## Toleranzen und Passungen

### Allgemeintoleranzen für Spanen und Umformen

### Allgemeintoleranzen für Längen- und Winkelmaße — DIN ISO 2768-1, -2 : 1991-06

| Toleranzklasse | Nennmaßbereich in mm: ab 0,5 bis 3 | über 3 bis 6 | über 6 bis 30 | über 30 bis 120 | über 120 bis 400 | über 400 bis 1000 | über 1000 bis 2000 | über 2000 bis 4000 |
|---|---|---|---|---|---|---|---|---|
| | Grenzabmaße für Längenmaße in mm | | | | | | | |
| f (fein) | ±0,05 | ±0,05 | ±0,1 | ±0,15 | ±0,2 | ±0,3 | ±0,5 | – |
| m (mittel) | ±0,1 | ±0,1 | ±0,2 | ±0,3 | ±0,5 | ±0,8 | ±1,2 | ±2 |
| c (grob) | ±0,2 | ±0,3 | ±0,5 | ±0,8 | ±1,2 | ±2 | ±3 | ±4 |
| v (sehr grob) | – | ±0,5 | ±1 | ±1,5 | ±2,5 | ±4 | ±6 | ±8 |

<table>
<tr><th rowspan="2">Toleranzklasse</th><th colspan="3">Nennmaßbereich in mm</th><th colspan="5">Nennmaßbereich für kurzen Schenkel in mm</th></tr>
<tr><th>ab 0,5 bis 3</th><th>über 3 bis 6</th><th>über 6</th><th>bis 10</th><th>über 10 bis 50</th><th>über 50 bis 120</th><th>über 120 bis 400</th><th>über 400</th></tr>
<tr><td></td><td colspan="3">Grenzabmaße für Rundungshalbmesser und Fasenhöhen (Schrägungen) in mm</td><td colspan="5">Grenzabmaße für Winkelmaße</td></tr>
<tr><td>f (fein)</td><td rowspan="2">±0,2</td><td rowspan="2">±0,5</td><td rowspan="2">±1</td><td rowspan="2">±1°</td><td rowspan="2">±30′</td><td rowspan="2">±20′</td><td rowspan="2">±10′</td><td rowspan="2">±5′</td></tr>
<tr><td>m (mittel)</td></tr>
<tr><td>c (grob)</td><td rowspan="2">±0,4</td><td rowspan="2">±1</td><td rowspan="2">±2</td><td>±1° 30′</td><td>±1°</td><td>±30′</td><td>±15′</td><td>±10′</td></tr>
<tr><td>v (sehr grob)</td><td>±3°</td><td>±2°</td><td>±1°</td><td>±30′</td><td>±20′</td></tr>
</table>

**Zeichnungseintragung:** Im Schriftfeld oder in der Nähe der Darstellung
z. B. für Toleranzklasse „mittel": **ISO 2768-m**

### Allgemeintoleranzen für Form und Lage — DIN ISO 2768-1, -2 : 1991-06

| Toleranzklasse | Nennmaßbereich in mm: bis 10 | über 10 bis 30 | über 30 bis 100 | über 100 bis 300 | über 300 bis 1000 | über 1000 bis 3000 | Allgemeintoleranzen für Lauf in mm |
|---|---|---|---|---|---|---|---|
| | Allgemeintoleranzen Geradheit und Ebenheit in mm | | | | | | |
| H | 0,02 | 0,05 | 0,1 | 0,2 | 0,3 | 0,4 | 0,1 |
| K | 0,05 | 0,1 | 0,2 | 0,4 | 0,6 | 0,8 | 0,2 |
| L | 0,1 | 0,2 | 0,4 | 0,8 | 1,2 | 1,6 | 0,5 |

| Toleranzklasse | Nennmaßbereich für den kurzen Schenkel in mm: bis 100 | über 100 bis 300 | über 300 bis 1000 | über 1000 bis 3000 | Nennmaßbereich in mm: bis 100 | über 100 bis 300 | über 300 bis 1000 | über 1000 bis 3000 |
|---|---|---|---|---|---|---|---|---|
| | Allgemeintoleranzen für Rechtwinkligkeit in mm | | | | Allgemeintoleranzen für Symmetrie in mm | | | |
| H | 0,2 | 0,3 | 0,4 | 0,5 | 0,5 | 0,5 | 0,5 | 0,5 |
| K | 0,4 | 0,6 | 0,8 | 1 | 0,6 | 0,6 | 0,8 | 1 |
| L | 0,6 | 1 | 1,5 | 2 | 0,6 | 1 | 1,5 | 2 |

**Zeichnungseintragung:** Im Schriftfeld oder in der Nähe der Darstellung

Z. B. Toleranzklasse m für Längenmaße und K für Form und Lage: **ISO 2768-mK**
Z. B. wenn zusätzlich die Hüllbedingung Ⓔ gelten soll: **ISO 2768-mK-E**
Z. B. wenn nur die Toleranzklasse K für Form und Lage gelten soll: **ISO 2768-K**

Die Allgemeintoleranz für **Parallelität** ist dem Zahlenwert von Geradheit und Ebenheit gleich.
Die Allgemeintoleranz für **Koaxilität** ist nicht festgelegt.

## Toleranzen und Passungen

## Allgemeintoleranzen für Schweißkonstruktionen

## Allgemeintoleranzen für Längen- und Winkelmaße DIN EN ISO 13920 : 1996-11

| Toleranzklasse | Nennmaßbereich in mm | | | | | | | |
|---|---|---|---|---|---|---|---|---|
| | ab 2 bis 30 | über 30 bis 120 | über 120 bis 400 | über 400 bis 1000 | über 1000 bis 2000 | über 2000 bis 4000 | über 4000 bis 8000 | über 8000 bis 12000 |
| | Grenzabmaße für Längenmaße in mm | | | | | | | |
| A | ±1 | ±1 | ±1 | ±2 | ± 3 | ± 4 | ± 5 | ± 6 |
| B | ±1 | ±2 | ±2 | ±3 | ± 4 | ± 6 | ± 8 | ±10 |
| C | ±1 | ±3 | ±4 | ±6 | ± 8 | ±11 | ±14 | ±18 |
| D | ±1 | ±4 | ±7 | ±9 | ±12 | ±16 | ±21 | ±27 |

| Toleranzklasse | Nennmaßbereich in mm für die Länge des kurzen Schenkels | | | Nennmaßbereich in mm für die Länge des kurzen Schenkels | | |
|---|---|---|---|---|---|---|
| | bis 400 | über 400 bis 1000 | über 1000 | bis 400 | über 400 bis 1000 | über 1000 |
| | Grenzabmaße für Winkelmaße | | | Gerechnete und gerundete Grenzabmaße für Winkelmaße als Tangenswert der Allgemeintoleranz in mm je 1 m des kurzen Schenkels | | |
| A | ±20′ | ±15′ | ±10′ | ± 6 | ± 4,5 | ± 3 |
| B | ±45′ | ±30′ | ±20′ | ±13 | ± 9 | ± 6 |
| C | ±1° | ±45′ | ±30′ | ±18 | ±13 | ± 9 |
| D | ±1° 30′ | ±1° 15′ | ±1° | ±26 | ±22 | ±18 |

**Zeichnungseintragung** z. B. für Toleranzklasse „C": **EN ISO 13920-C**

## Allgemeintoleranzen für Geradheit, Ebenheit und Parallelität DIN EN ISO 13920 : 1996-11

| Toleranzklasse | Nennmaßbereich in mm für große Seitenlänge der Fläche | | | | | | |
|---|---|---|---|---|---|---|---|
| | über 30 bis 120 | über 120 bis 400 | über 400 bis 1000 | über 1000 bis 2000 | über 2000 bis 4000 | über 4000 bis 8000 | über 8000 bis 12000 |
| | Toleranzen für Geradheit, Ebenheit, Parallelität in mm | | | | | | |
| E | 0,5 | 1 | 1,5 | 2 | 3 | 4 | 5 |
| F | 1 | 1,5 | 3 | 4,5 | 6 | 8 | 10 |
| G | 1,5 | 3 | 5,5 | 9 | 11 | 16 | 20 |
| H | 2,5 | 5 | 9 | 14 | 18 | 26 | 32 |

**Zeichnungseintragung** z. B. für Toleranzklasse „G": **EN ISO 13920-G**
kombiniert mit Toleranzklasse „B" für Länge: **EN ISO 13920-BG**

## Toleranzen und Passungen

### Maßtoleranzen

DIN ISO 286-1 : 1990-11, DIN 406-12 : 1992-12

- **Maß mit Allgemeintoleranz** — 20

- **Toleriertes Maß mit Nennmaß und Grenzabmaßen** — 20 +0,3 / +0,1

| | | |
|---|---|---|
| Nennmaß: | Maß, auf das sich die Abmaße beziehen | 20 |
| Grenzabmaße: | oberes Abmaß | +0,3 |
| | unteres Abmaß | +0,1 |
| Grenzmaße: | Höchstmaß $G_o$ | 20,3 |
| | Mindestmaß $G_u$ | 20,1 |
| Maßtoleranz = | Höchstmaß – Mindestmaß | 0,2 |

- Abmaße werden vorzugsweise in gleicher Schriftgröße wie die Nennmaße ausgeführt. — 20 ± 0,3; 20 + 0,3

  Sie dürfen auch eine Stufe kleiner, minimal 2,5 mm hoch sein. — 20 +0,3 / 0 oder 20 + 0,3/0 oder

- Nennmaß und Abmaße dürfen in dieselbe Zeile eingetragen werden. — 20 – 0,1

- Wenn ein Abmaß 0 ist, darf es angegeben werden. — 20 0 / –0,1 oder 20 + 0/– 0,1 oder

- Auch Grenzmaße dürfen angegeben werden. — 20,3 / 20,1

- Grenzmaße mit max, min sind zu meiden. — 20 min

- Toleranzen für Winkel

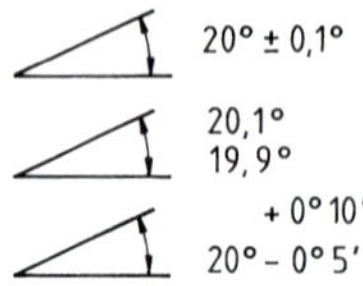


- **toleriertes Maß mit Nennmaß und Toleranzklasse** — 20 f7

  Passung ist definiert durch die Zuordnung von Bohrung und Welle mit der Angabe von: — oder 20 f7 (–0,020 / –0,041)

  gemeinsamem Nennmaß
  Grenzabmaßen der Bohrung
  Grenzabmaßen der Welle — oder 20 f7 (19,980 / 19,959)

  Toleranzklasse — f 7
  Grundabmaß
  Toleranzgrad

- Passmaßangabe bei gefügt dargestellten Teilen — 20 H8/f7; H8 / 20 f7

- Abmaßangabe bei gefügt dargestellten Teilen

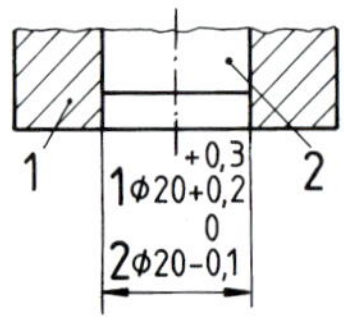


- eingeschränkte Festlegung, wenn Toleranz nur für bestimmten Bereich gelten soll

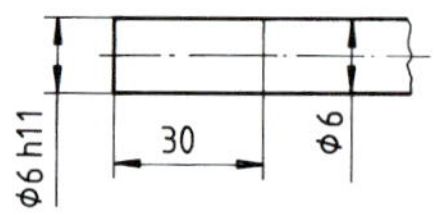


### Grundtoleranzen in µm

DIN ISO 286-1, -2 : 1990-11

| Nennmaß in mm | Toleranzgrade 01 | 0 | 1 | 2 | 3 | 4 | 5 | 6 | 7 | 8 | 9 | 10 | 11 | 12 | 13 | 14 | 15 | 16 | 17 | 18 |
|---|---|---|---|---|---|---|---|---|---|---|---|---|---|---|---|---|---|---|---|---|
| bis **3** | 0,3 | 0,5 | 0,8 | 1,2 | 2 | 3 | 4 | 6 | 10 | 14 | 25 | 40 | 60 | 100 | 140 | 250 | 400 | 600 | 1000 | 1400 |
| über **3** bis **6** | 0,4 | 0,6 | 1 | 1,5 | 2,5 | 4 | 5 | 8 | 12 | 18 | 30 | 48 | 75 | 120 | 180 | 300 | 480 | 750 | 1200 | 1800 |
| über **6** bis **10** | 0,4 | 0,6 | 1 | 1,5 | 2,5 | 4 | 6 | 9 | 15 | 22 | 36 | 58 | 90 | 150 | 220 | 360 | 580 | 900 | 1500 | 2200 |
| über **10** bis **18** | 0,5 | 0,8 | 1,2 | 2 | 3 | 5 | 8 | 11 | 18 | 27 | 43 | 70 | 110 | 180 | 270 | 430 | 700 | 1100 | 1800 | 2700 |
| über **18** bis **30** | 0,6 | 1 | 1,5 | 2,5 | 4 | 6 | 9 | 13 | 21 | 33 | 52 | 84 | 130 | 210 | 330 | 520 | 840 | 1300 | 2100 | 3300 |
| über **30** bis **50** | 0,6 | 1 | 1,5 | 2,5 | 4 | 7 | 11 | 16 | 25 | 39 | 62 | 100 | 160 | 250 | 390 | 620 | 1000 | 1600 | 2500 | 3900 |
| über **50** bis **80** | 0,8 | 1,2 | 2 | 3 | 5 | 8 | 13 | 19 | 30 | 46 | 74 | 120 | 190 | 300 | 460 | 740 | 1200 | 1900 | 3000 | 4600 |
| über **80** bis **120** | 1 | 1,5 | 2,5 | 4 | 6 | 10 | 15 | 22 | 35 | 54 | 87 | 140 | 220 | 350 | 540 | 870 | 1400 | 2200 | 3500 | 5400 |
| über **120** bis **180** | 1,2 | 2 | 3,5 | 5 | 8 | 12 | 18 | 25 | 40 | 63 | 100 | 160 | 250 | 400 | 630 | 1000 | 1600 | 2500 | 4000 | 6300 |
| über **180** bis **250** | 2 | 3 | 4,5 | 7 | 10 | 14 | 20 | 29 | 46 | 72 | 115 | 185 | 290 | 460 | 720 | 1150 | 1850 | 2900 | 4600 | 7200 |
| über **250** bis **315** | 2,5 | 4 | 6 | 8 | 12 | 16 | 23 | 32 | 52 | 81 | 130 | 210 | 320 | 520 | 810 | 1300 | 2100 | 3200 | 5200 | 8100 |
| über **315** bis **400** | 3 | 5 | 7 | 9 | 13 | 18 | 25 | 36 | 57 | 89 | 140 | 230 | 360 | 570 | 890 | 1400 | 2300 | 3600 | 5700 | 8900 |
| über **400** bis **500** | 4 | 6 | 8 | 10 | 15 | 20 | 27 | 40 | 63 | 97 | 155 | 250 | 400 | 630 | 970 | 1550 | 2500 | 4000 | 6300 | 9700 |

## Toleranzen und Passungen

### Begriffe für Toleranzen, Abmaße und Passungen

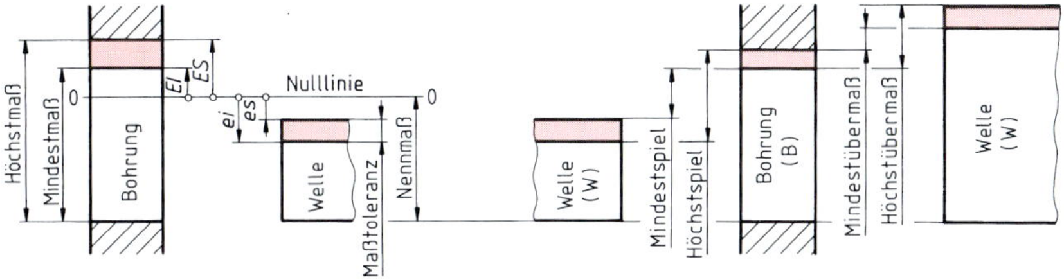


Anmerkung: Außer *EI*, *ES*, *ei* und *es* sind keine weiteren Abkürzungen mehr genormt.

oberes Abmaß für Bohrungen *ES*
für Wellen *es*

oberes Abmaß = Höchstmaß – Nennmaß

Bohrung: $ES = G_{oB} - N$

Welle: $es = G_{oW} - N$

unteres Abmaß für Bohrungen *EI*
für Wellen *ei*

unteres Abmaß = Mindestmaß – Nennmaß

Bohrung: $EI = G_{uB} - N$

Welle: $ei = G_{uW} - N$

Maßtoleranz = oberes Abmaß – unteres Abmaß

Bohrung: $T_B = ES - EI$

Welle: $T_W = es - ei$

Maßtoleranz = Höchstmaß – Mindestmaß

Bohrung: $T_B = G_{oB} - G_{uB}$

Welle: $T_W = G_{oW} - G_{uW}$

**Spielpassung**

Mindestspiel = $\text{Mindestmaß}_B - \text{Höchstmaß}_W$

$$P_{SM} = G_{uB} - G_{oW}$$

Höchstspiel = $\text{Höchstmaß}_B - \text{Mindestmaß}_W$

$$P_{SH} = G_{oB} - G_{uW}$$

**Übergangspassung**

Höchstspiel = $\text{Höchstmaß}_B - \text{Mindestmaß}_W$

$$P_{SH} = G_{oB} - G_{uW}$$

Höchstüberm. = $\text{Höchstmaß}_W - \text{Mindestmaß}_B$

$$P_{üH} = G_{oW} - G_{uB}$$

**Übermaßpassung**

Höchstüberm. = $\text{Höchstmaß}_W - \text{Mindestmaß}_B$

$$P_{üH} = G_{oW} - G_{uB}$$

Mindestüberm. = $\text{Kleinstmaß}_W - \text{Größtmaß}_B$

$$P_{üM} = G_{uW} - G_{oB}$$

**Passtoleranz $P_T$**

$$P_T = T_B + T_W$$

## Passungssysteme

**Einheitsbohrung**

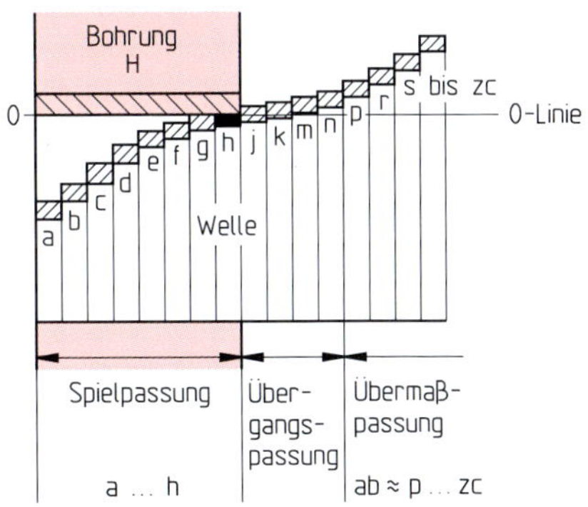


**„Die H-Toleranz sitzt auf der Nulllinie“**

**Einheitswelle**

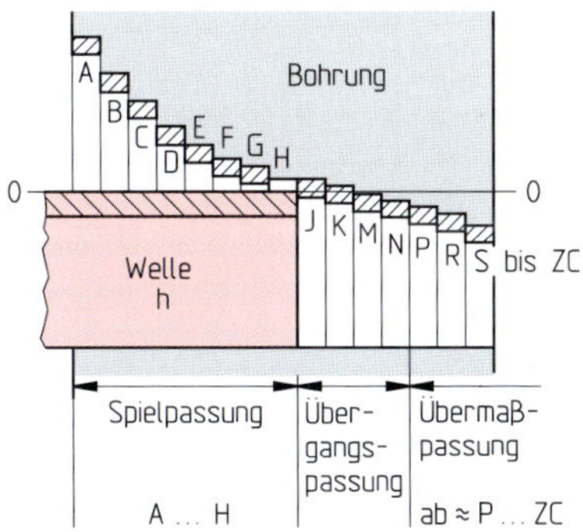


**„Die h-Toleranz hängt an der Nulllinie“.**

## Toleranzen und Passungen

### Grenzabmaße für Bohrungen

**DIN ISO 286-2 : 1990-11**

Grenzabmaße in µm (=0,001 mm)

| Nennmaß in mm | H5 | H9 | H10 | H12 | H13 | JS6 | JS8 | J8 | JS9 | JS10 | N9 | P9 |
|---|---|---|---|---|---|---|---|---|---|---|---|---|
| von 1<br>bis 3 | +4<br>0 | +25<br>0 | +40<br>0 | +100<br>0 | +140<br>0 | +3<br>−3 | +7<br>−7 | +6<br>−8 | +12,5<br>−12,5 | +20<br>−20 | −4<br>−29 | −6<br>−31 |
| über 3<br>bis 6 | +5<br>0 | +30<br>0 | +48<br>0 | +120<br>0 | +180<br>0 | +4<br>−4 | +9<br>−9 | +10<br>−8 | +15<br>−15 | +24<br>−24 | 0<br>−30 | −12<br>−42 |
| über 6<br>bis 10 | +6<br>0 | +36<br>0 | +58<br>0 | +150<br>0 | +220<br>0 | +4,5<br>−4,5 | +11<br>−11 | +12<br>−10 | +18<br>−18 | +29<br>−29 | 0<br>−36 | −15<br>−51 |
| über 10<br>bis 18 | +8<br>0 | +43<br>0 | +70<br>0 | +180<br>0 | +270<br>0 | +5,5<br>−5,5 | +13,5<br>−13,5 | +15<br>−12 | +21,5<br>−21,5 | +35<br>−35 | 0<br>−43 | −18<br>−61 |
| über 18<br>bis 30 | +9<br>0 | +52<br>0 | +84<br>0 | +210<br>0 | +330<br>0 | +6,5<br>−6,5 | +16,5<br>−16,5 | +20<br>−13 | +26<br>−26 | +42<br>−42 | 0<br>−52 | −22<br>−74 |
| über 30<br>bis 50 | +11<br>0 | +62<br>0 | +100<br>0 | +250<br>0 | +390<br>0 | +8<br>−8 | +19,5<br>−19,5 | +24<br>−15 | +31<br>−31 | +50<br>−50 | 0<br>−62 | −26<br>−88 |
| über 50<br>bis 80 | +13<br>0 | +74<br>0 | +120<br>0 | +300<br>0 | +460<br>0 | +9,5<br>−9,5 | +23<br>−23 | +28<br>−18 | +37<br>−37 | +60<br>−60 | 0<br>−74 | −32<br>−106 |
| über 80<br>bis 120 | +15<br>0 | +87<br>0 | +140<br>0 | +350<br>0 | +540<br>0 | +11<br>−11 | +27<br>−27 | +34<br>−20 | +43,5<br>−43,5 | +70<br>−70 | 0<br>−87 | −37<br>−124 |
| über 120<br>bis 180 | +18<br>0 | +100<br>0 | +160<br>0 | +400<br>0 | +630<br>0 | +12,5<br>−12,5 | +31,5<br>−31,5 | +41<br>−22 | +50<br>−50 | +80<br>−80 | 0<br>−100 | −43<br>−143 |
| über 180<br>bis 250 | +20<br>0 | +115<br>0 | +185<br>0 | +460<br>0 | +720<br>0 | +14,5<br>−14,5 | +36<br>−36 | +47<br>−25 | +57,5<br>−57,5 | +92,5<br>−92,5 | 0<br>−115 | −50<br>−165 |
| über 250<br>bis 315 | +23<br>0 | +130<br>0 | +210<br>0 | +520<br>0 | +810<br>0 | +16<br>−16 | +40,5<br>−40,5 | +55<br>−26 | +65<br>−65 | +105<br>−105 | 0<br>−130 | −56<br>−186 |
| über 315<br>bis 400 | +25<br>0 | +140<br>0 | +230<br>0 | +570<br>0 | +890<br>0 | +18<br>−18 | +44,5<br>−44,5 | +60<br>−29 | +70<br>−70 | +115<br>−115 | 0<br>−140 | −62<br>−202 |
| über 400<br>bis 500 | +27<br>0 | +155<br>0 | +250<br>0 | +630<br>0 | +970<br>0 | +20<br>−20 | +48,5<br>−48,5 | +66<br>−31 | +77,5<br>−77,5 | +125<br>−125 | 0<br>−155 | −68<br>−223 |

### Grenzabmaße für Wellen

**DIN ISO 286-2 : 1990-11**

Grenzabmaße in µm (=0,001 mm)

| Nennmaß in mm | h3 | h4 | h7 | h8 | h10 | h12 | h13 | js6 | j7 | js8 | js9 |
|---|---|---|---|---|---|---|---|---|---|---|---|
| von 1<br>bis 3 | 0<br>−2 | 0<br>−3 | 0<br>−10 | 0<br>−14 | 0<br>−40 | 0<br>−100 | 0<br>−140 | +3<br>−3 | +6<br>−4 | +7<br>−7 | +12,5<br>−12,5 |
| über 3<br>bis 6 | 0<br>−2,5 | 0<br>−4 | 0<br>−12 | 0<br>−18 | 0<br>−48 | 0<br>−120 | 0<br>−180 | +4<br>−4 | +8<br>−4 | +9<br>−9 | +15<br>−15 |
| über 6<br>bis 10 | 0<br>−2,5 | 0<br>−4 | 0<br>−15 | 0<br>−22 | 0<br>−58 | 0<br>−150 | 0<br>−220 | +4,5<br>−4,5 | +10<br>−5 | +11<br>−11 | +18<br>−18 |
| über 10<br>bis 18 | 0<br>−3 | 0<br>−5 | 0<br>−18 | 0<br>−27 | 0<br>−70 | 0<br>−180 | 0<br>−270 | +5,5<br>−5,5 | +12<br>−6 | +13,5<br>−13,5 | +21,5<br>−21,5 |
| über 18<br>bis 30 | 0<br>−4 | 0<br>−6 | 0<br>−21 | 0<br>−33 | 0<br>−84 | 0<br>−210 | 0<br>−330 | +6,5<br>−6,5 | +13<br>−8 | +16,5<br>−16,5 | +26<br>−26 |
| über 30<br>bis 50 | 0<br>−4 | 0<br>−7 | 0<br>−25 | 0<br>−39 | 0<br>−100 | 0<br>−250 | 0<br>−390 | +8<br>−8 | +15<br>−10 | +19,5<br>−19,5 | +31<br>−31 |
| über 50<br>bis 80 | 0<br>−5 | 0<br>−8 | 0<br>−30 | 0<br>−46 | 0<br>−120 | 0<br>−300 | 0<br>−460 | +9,5<br>−9,5 | +18<br>−12 | +23<br>−23 | +37<br>−37 |
| über 80<br>bis 120 | 0<br>−6 | 0<br>−10 | 0<br>−35 | 0<br>−54 | 0<br>−140 | 0<br>−350 | 0<br>−540 | +11<br>−11 | +20<br>−15 | +27<br>−27 | +43,5<br>−43,5 |
| über 120<br>bis 180 | 0<br>−8 | 0<br>−12 | 0<br>−40 | 0<br>−63 | 0<br>−160 | 0<br>−400 | 0<br>−630 | +12,5<br>−12,5 | +22<br>−18 | +31,5<br>−31,5 | +50<br>−50 |
| über 180<br>bis 250 | 0<br>−10 | 0<br>−14 | 0<br>−46 | 0<br>−72 | 0<br>−185 | 0<br>−460 | 0<br>−720 | +14,5<br>−14,5 | +25<br>−21 | +36<br>−36 | +57,5<br>−57,5 |
| über 250<br>bis 315 | 0<br>−12 | 0<br>−16 | 0<br>−52 | 0<br>−81 | 0<br>−210 | 0<br>−520 | 0<br>−810 | +16<br>−16 | +26<br>−26 | +40,5<br>−40,5 | +65<br>−65 |
| über 315<br>bis 400 | 0<br>−13 | 0<br>−18 | 0<br>−57 | 0<br>−89 | 0<br>−230 | 0<br>−570 | 0<br>−890 | +18<br>−18 | +29<br>−28 | +44,5<br>−44,5 | +70<br>−70 |
| über 400<br>bis 500 | 0<br>−15 | 0<br>−20 | 0<br>−63 | 0<br>−97 | 0<br>−250 | 0<br>−630 | 0<br>−970 | +20<br>−20 | +31<br>−32 | +48,5<br>−48,5 | +77,5<br>−77,5 |

## Toleranzen und Passungen

### System Einheitsbohrung

DIN ISO 286-2 : 1990-11

Grenzabmaße in µm (=0,001 mm)

| Nennmaß in mm | Bohrung | Spiel- Passung Welle | | | | | Übermaß- Passung Welle | | | Bohrung | Spiel- Passung Welle | | | | | Übermaß- Passung Welle |
|---|---|---|---|---|---|---|---|---|---|---|---|---|---|---|---|---|
| | H8 | d9 | e8 | f7 | f8 | h9 | s8 | u8 | x8 | H11 | a11 | c11 | d9 | h9 | h11 | x11 |
| von 1<br>bis 3 | +14<br>0 | −20<br>−45 | −14<br>−28 | −6<br>−16 | −6<br>−20 | 0<br>−25 | +28<br>+14 | – | +34<br>+20 | +60<br>0 | −270<br>−330 | −60<br>−120 | −20<br>−45 | 0<br>−25 | 0<br>−60 | – |
| über 3<br>bis 6 | +18<br>0 | −30<br>−60 | −20<br>−38 | −10<br>−22 | −10<br>−28 | 0<br>−30 | +37<br>+19 | – | +46<br>+28 | +75<br>0 | −270<br>−345 | −70<br>−145 | −30<br>−60 | 0<br>−30 | 0<br>−75 | – |
| über 6<br>bis 10 | +22<br>0 | −40<br>−76 | −25<br>−47 | −13<br>−28 | −13<br>−35 | 0<br>−36 | +45<br>+23 | – | +56<br>+34 | +90<br>0 | −280<br>−370 | −80<br>−170 | −40<br>−76 | 0<br>−36 | 0<br>−90 | – |
| über 10<br>bis 14 | +27<br>0 | −50<br>−93 | −32<br>−59 | −16<br>−34 | −16<br>−43 | 0<br>−43 | +55<br>+28 | – | +67<br>+40 | +110<br>0 | −290<br>−400 | −95<br>−205 | −50<br>−93 | 0<br>−43 | 0<br>−110 | – |
| über 14<br>bis 18 | | | | | | | | | +72<br>+45 | | | | | | | |
| über 18<br>bis 24 | +33<br>0 | −65<br>−117 | −40<br>−73 | −20<br>−41 | −20<br>−53 | 0<br>−52 | +68<br>+35 | – | +87<br>+54 | +130<br>0 | −300<br>−430 | −110<br>−240 | −65<br>−117 | 0<br>−52 | 0<br>−130 | – |
| über 24<br>bis 30 | | | | | | | | +81<br>+48 | +97<br>+64 | | | | | | | |
| über 30<br>bis 40 | +39<br>0 | −80<br>−142 | −50<br>−89 | −25<br>−50 | −25<br>−64 | 0<br>−62 | +82<br>+43 | +99<br>+60 | +119<br>+80 | +160<br>0 | −310<br>−470 | −120<br>−280 | −80<br>−142 | 0<br>−62 | 0<br>−160 | – |
| über 40<br>bis 50 | | | | | | | | +109<br>+70 | +136<br>+97 | | −320<br>−480 | −130<br>−290 | | | | |
| über 50<br>bis 65 | +46<br>0 | −100<br>−174 | −60<br>−106 | −30<br>−60 | −30<br>−76 | 0<br>−74 | +99<br>+53 | +133<br>+87 | +168<br>+122 | +190<br>0 | −340<br>−530 | −140<br>−330 | −100<br>−174 | 0<br>−74 | 0<br>−190 | +312<br>+122 |
| über 65<br>bis 80 | | | | | | | +105<br>+59 | +148<br>+102 | +192<br>+146 | | −360<br>−550 | −150<br>−340 | | | | +336<br>+146 |

### System Einheitswelle

DIN ISO 286-2 : 1990-11

Grenzabmaße in µm (=0,001 mm)

| Nennmaß in mm | Welle | Spiel- Passung Bohrung | Übergangs- Passung Bohrung | | | Übermaß- Passung Bohrung | Welle | Spiel- Passung Bohrung | | | Übergangs- Passung Bohrung | | | | Übermaß- Passung Bohrung | |
|---|---|---|---|---|---|---|---|---|---|---|---|---|---|---|---|---|
| | h5 | G6 | J6 | M6 | N6 | P6 | h6 | F7 | F8 | G7 | J7 | K7 | M7 | N7 | R7 | S7 |
| von 1<br>bis 3 | 0<br>−4 | +8<br>+2 | +2<br>−4 | −2<br>−8 | −4<br>−10 | −6<br>−12 | 0<br>−6 | +16<br>+6 | +20<br>+6 | +12<br>+2 | +4<br>−6 | 0<br>−10 | −2<br>−12 | −4<br>−14 | −10<br>−20 | −14<br>−24 |
| über 3<br>bis 6 | 0<br>−5 | +12<br>+4 | +5<br>−3 | −1<br>−9 | −5<br>−13 | −9<br>−17 | 0<br>−8 | +22<br>+10 | +28<br>+10 | +16<br>+4 | +6<br>−6 | +3<br>−9 | 0<br>−12 | −4<br>−16 | −11<br>−23 | −15<br>−27 |
| über 6<br>bis 10 | 0<br>−6 | +14<br>+5 | +5<br>−4 | −3<br>−12 | −7<br>−16 | −12<br>−21 | 0<br>−9 | +28<br>+13 | +35<br>+13 | +20<br>+5 | +8<br>−7 | +5<br>−10 | 0<br>−15 | −4<br>−19 | −13<br>−28 | −17<br>−32 |
| über 10<br>bis 14<br>über 14<br>bis 18 | 0<br>−8 | +17<br>+6 | +6<br>−5 | −4<br>−15 | −9<br>−20 | −15<br>−26 | 0<br>−11 | +34<br>+16 | +43<br>+16 | +24<br>+6 | +10<br>−8 | +6<br>−12 | 0<br>−18 | −5<br>−23 | −16<br>−34 | −21<br>−39 |
| über 18<br>bis 24<br>über 24<br>bis 30 | 0<br>−9 | +20<br>+7 | +8<br>−5 | −4<br>−17 | −11<br>−24 | −18<br>−31 | 0<br>−13 | +41<br>+20 | +53<br>+20 | +28<br>+7 | +12<br>−9 | +6<br>−15 | 0<br>−21 | −7<br>−28 | −20<br>−41 | −27<br>−48 |
| über 30<br>bis 40<br>über 40<br>bis 50 | 0<br>−11 | +25<br>+9 | +10<br>−6 | −4<br>−20 | −12<br>−28 | −21<br>−37 | 0<br>−16 | +50<br>+25 | +64<br>+25 | +34<br>+9 | +14<br>−11 | +7<br>−18 | 0<br>−25 | −8<br>−33 | −25<br>−50 | −34<br>−59 |
| über 50<br>bis 65 | 0<br>−13 | +29<br>+10 | +13<br>−6 | −5<br>−24 | −14<br>−33 | −26<br>−45 | 0<br>−19 | +60<br>+30 | +76<br>+30 | +40<br>+10 | +18<br>−12 | +9<br>−21 | 0<br>−30 | −9<br>−39 | −30<br>−60 | −42<br>−72 |
| über 65<br>bis 80 | | | | | | | | | | | | | | | −32<br>−62 | −48<br>−78 |

## Fügen

### Schweiß- und Lötsymbole

DIN EN 22553 : 1997-03

### Richtung der Pfeillinie

Bei symmetrischen Nähten hat die Richtung der Pfeillinie keine Bedeutung.

Bei **nichtsymmetrischen** Nähten muss die Pfeillinie zum vorbereitenden **Teil** zeigen

Beispiele

### Lage des Symbols

Naht, ausgeführt von der Pfeilseite

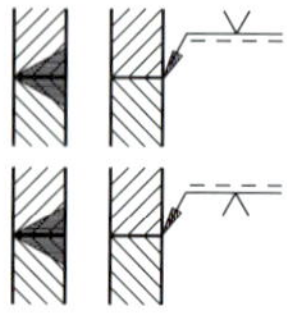

Naht ausgeführt, von der Gegenseite

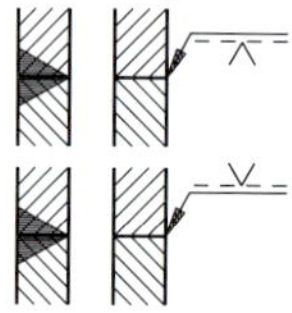

nur für symmetrische Nähte

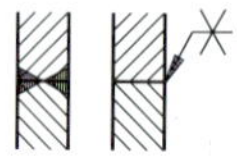

Nach DIN ISO 128 werden die verbundenen Teile einer Gruppe in unterschiedlichen Richtungen oder Abständen schraffiert; in übergeordneten Gruppenzeichnungen dagegen wie ein Teil in gleicher Richtung.

### Grundsymbole für Schweißnahtformen

| Symbol Name | Darstellung | Symboldarstellung |
|---|---|---|
| Bördelnaht | 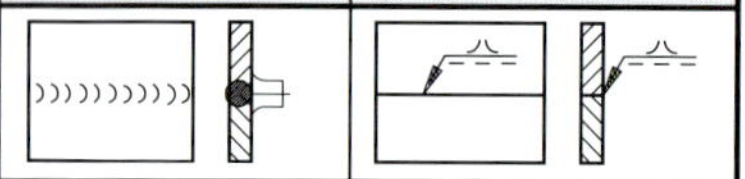 | |
| I-Naht | 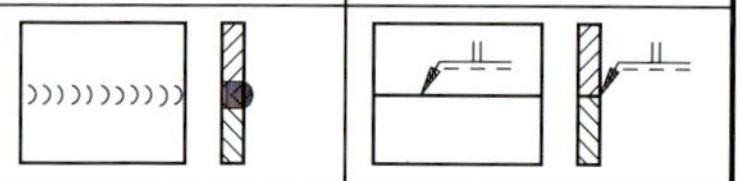 | |
| | 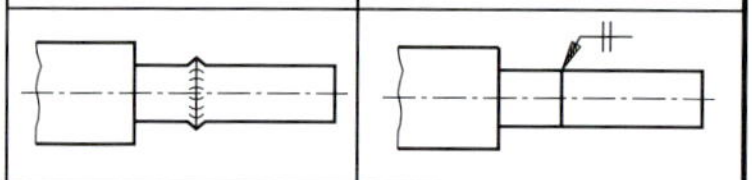 | |
| V-Naht | 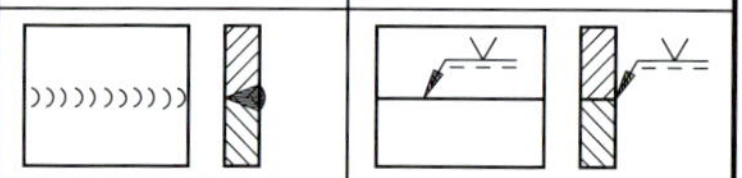 | |
| HV-Naht | 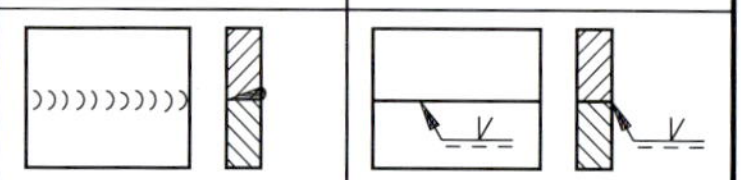 | |
| Y-Naht | 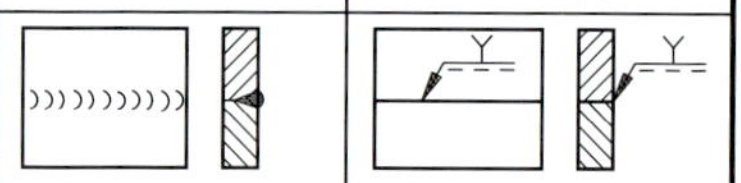 | |
| HY-Naht | 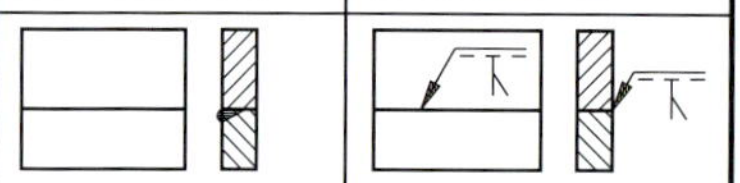 | |
| U-Naht | 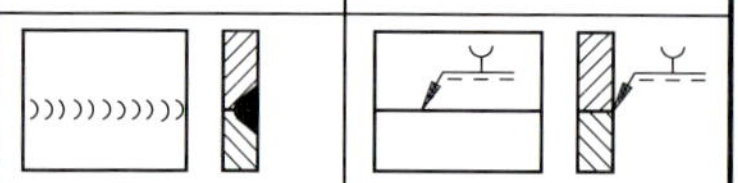 | |
| HU-Naht | 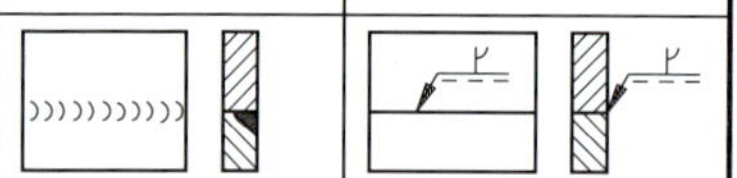 | |
| Kehlnaht | 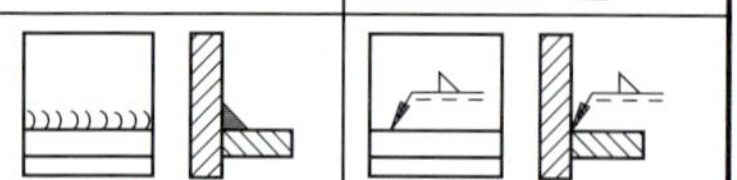 | |
| | 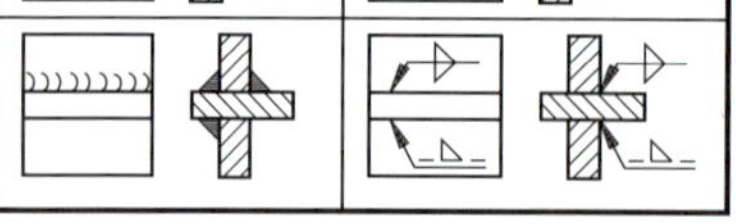 | |

| Symbol Name | Darstellung | Symboldarstellung |
|---|---|---|
| Punktnaht | 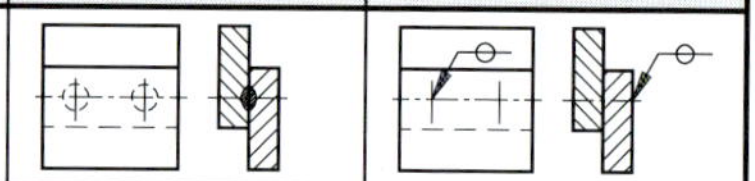 | |
| Lochnaht | 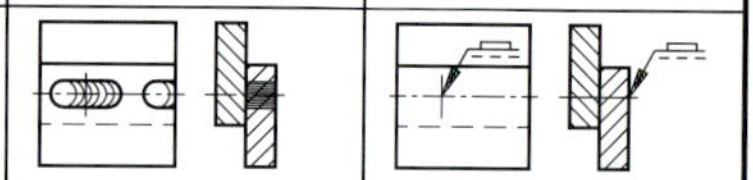 | |
| Liniennaht | 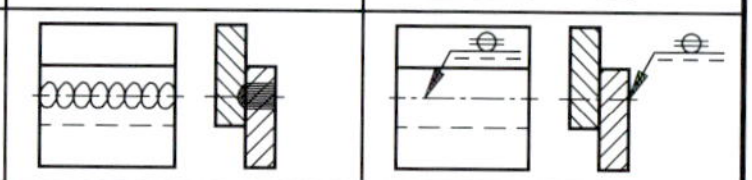 | |
| Steilflankenn. | 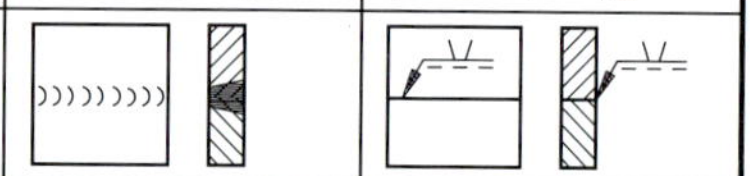 | |
| Halbsteilflankenn. | 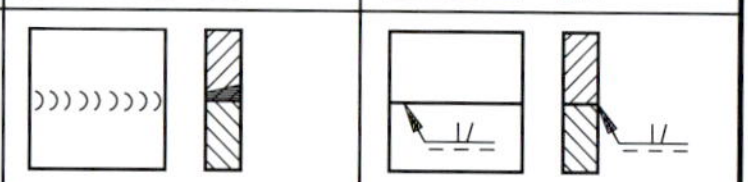 | |
| Stirnflachnaht | 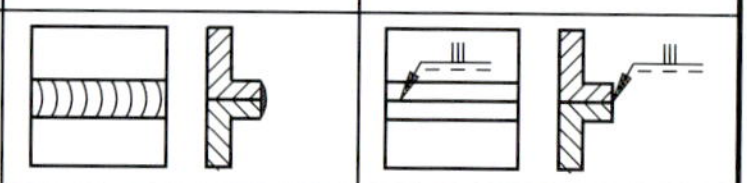 | |
| Flächennaht | 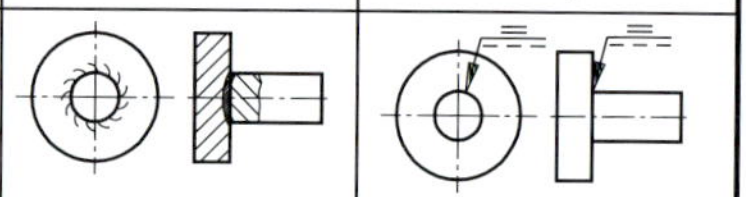 | |
| Schrägnaht | 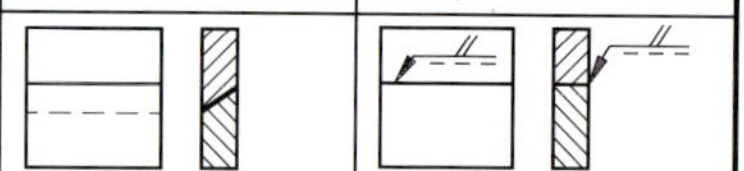 | |
| Falznaht | 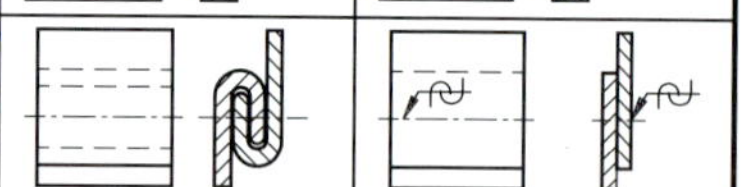 | |
| Auftragnaht | 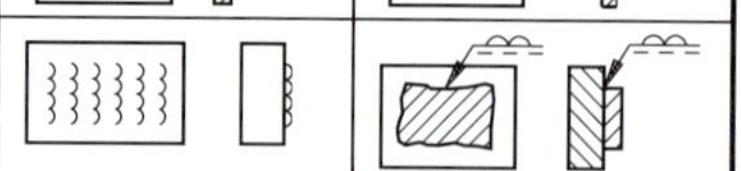 | |
| geschweißt oder gelötet | Wenn nicht die Nahtart angegeben werden soll. | 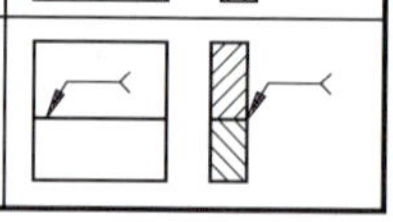 |

## Fügen

## Schweiß- und Lötsymbole

DIN EN 22553 : 1997-03

### Stoßarten

| Stumpfst. | Überlappst. | Parallelst. | T-Stoß | Doppel-T-St. | Kreuzst. | Schrägst. | Eckstoß | Mehrfachst. |
|---|---|---|---|---|---|---|---|---|

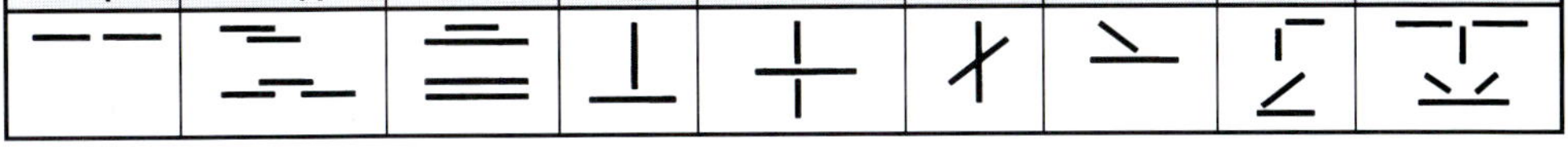

### Kombination von Grundsymbolen, Zusatzsymbolen und ergänzenden Angaben

Bei Nähten ohne Zusatzsymbol ist die Oberflächenform der Naht beliebig.

| Name | Darstellung | Symbol-darstellung |
|---|---|---|
| hohle (konkave) Doppel-Kehlnaht | 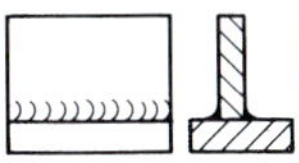 | 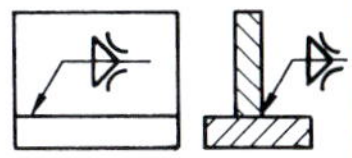 |
| gewölbte (konvexe) Doppel-V-Naht (X-Naht) | 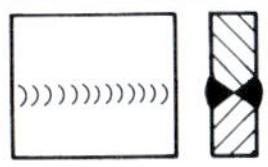 | 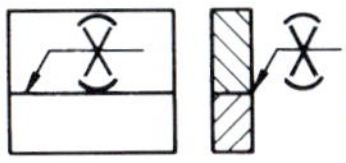 |
| flache V-Naht mit flacher Gegenlage Montagenaht | 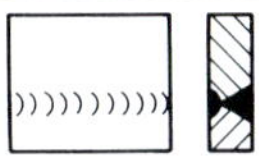 | 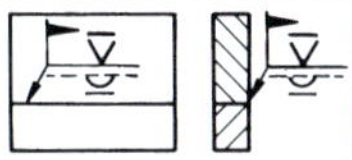 |
| V-Naht mit Unterlage | 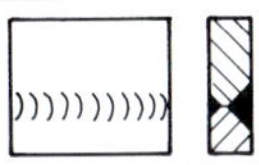 | 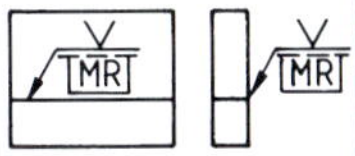  |

| Name | Darstellung | Symbol-darstellung |
|---|---|---|
| ringsum verlaufende Kehlnaht, Nahtübergang kerbfrei | 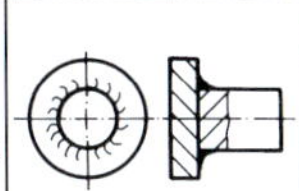 | 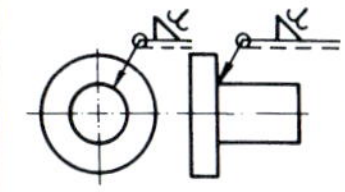 |
| flach nach-bearbeitete Doppel-HV-Naht (K-Naht) | 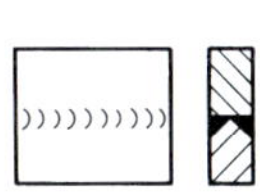 | 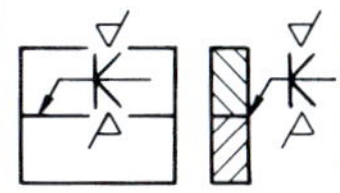 |
| Y-Naht mit Gegenlage | 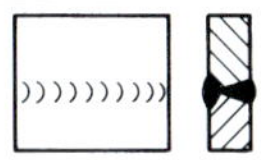 | 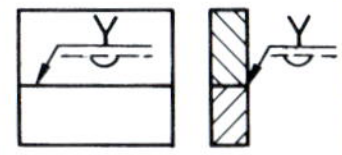 |
| V-Naht mit benutzter verbleibender Beilage | 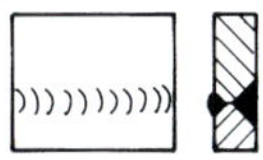 | 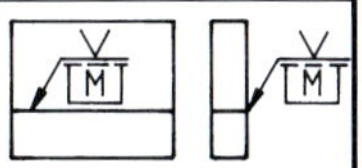  |

### Bemaßung der Schweißnähte

| Darstellung | Symboldarstellung |
|---|---|

**nicht durchgeschweißte I-Naht II**

Mindestmaß der Nahtdicke $s = 3$ mm
Keine Angaben der Nahtdicke bei durchgeschweißter Naht.

**unterbrochene Stumpfnaht ohne Vormaß**

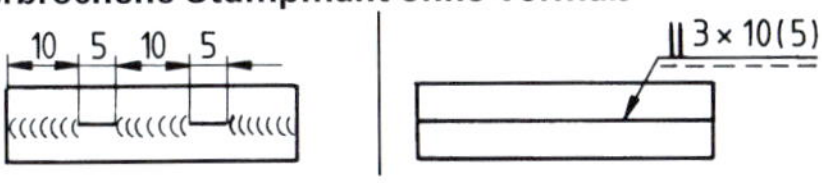


Anzahl der Einzelnähte $n = 3$
Länge der Einzelnähte $l = 10$ mm,
Länge der Zwischenräume $e = 5$ mm

**durchgehende Kehlnaht a**

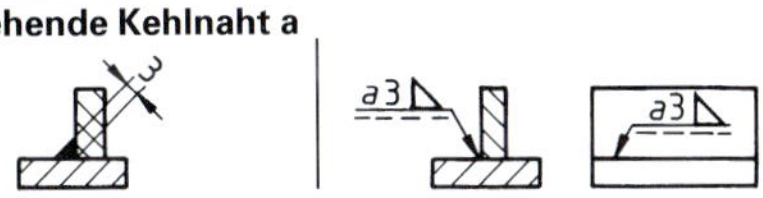


Höhe vom gleichschenkligen Dreieck $a = 3$ mm

**durchgehende Kehlnaht z**

Schenkellänge des gleichschenkligen Dreiecks $z = 5$ mm

| Darstellung | Symboldarstellung |
|---|---|

**durchgehende I-Naht mit Vormaß II**

Vormaß $v = 5$ mm, Nahtlänge $l = 20$ mm

**Bördelnaht, nicht vollständig niedergeschmolzen s**

(wenn vollständig niedergeschmolzen, nur angeben)

**unterbrochene Doppelkehlnaht, ohne Vormaß**

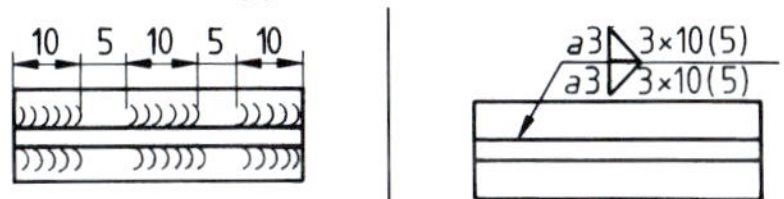


**unterbrochene Doppelkehlnaht, versetzt**

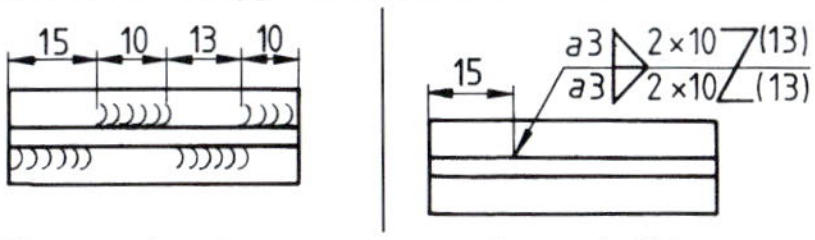


Z für unterbrochene, versetzte Doppelnähte mit **einem** Vormaß

Arbeitsplanung

## Fügen

### Schweißen und Löten – Ordnungsnummern

DIN EN ISO 4063 : 2000-04

| Kennzahl | Verfahren | Kennzahl | Verfahren | Kennzahl | Verfahren |
|---|---|---|---|---|---|
| 111 | Lichtbogenhand-Schweißen | 311 | Gas-; mit Sauerstoff-Azetylenflamme | 781 | Lichtbogenbolzen- |
| 131 | Metall-Inertgas- MIG | | | 782 | Widerstandsbolzen- |
| 135 | Metall-Aktivgas- MAG | 312 | Gas-; mit Sauerstoff-Propanflamme | 91 | Hartlöten |
| 141 | Wolfram-Inertgas- WIG | | | 912 | Flammhartlöten |
| 151 | Plasma-MIG- | 313 | Gas-; mit Sauerstoff-Wasserstoffflamme | 913 | Ofenhartlöten |
| 21 | Widerstands-Punkt- | | | 914 | Lötbadhartlöten |
| 22 | Rollennaht- | 41 | Ultraschall- | 916 | Induktionshartlöten |
| 225 | Foliennaht- | 42 | Reib- | 942 | Flammweichlöten |
| 23 | Buckel- | 43 | Feuer- | 943 | Ofenweichlöten |
| 24 | Abbrennstumpf- | 71 | Thermit- | 944 | Lötbadweichlöten |
| 25 | Pressstumpf- | 751 | Laserstrahl- | 946 | Induktionsweichlöten |
| 3 | Gasschmelz- | 76 | Elektronenstrahl- | 952 | Kolbenweichlöten |

### Stäbe zum Gasschweißen

DIN EN 12536 : 2000-08, DIN EN ISO 544 : 2004-02

| Kurzzeichen | G I | G II | G III | G IV | G V | G VI |
|---|---|---|---|---|---|---|
| Prägung | I | II | III | IV | V | VI |
| Fließverhalten | dünnfließend | mittel | zähfließend | | | |
| Spritzer | viele | wenig | keine | | | |
| Porenneigung | ja | ja | nein | | | |

**Länge** 1000 mm; **Durchmesser** 1,6–2–2,5–3–4–5 mm; Prägung in max. 400 mm Abstand vom Stabende; Bezeichnungsbeispiel **Stab EN 12536 – O III**: O = Massivstab für das Gasschweißen, III=chemische Zusammensetzung (Massenanteile in %: C = 0,05–0,15, Si = 0,05–0,25, Mn = 0,95–1,25, P = 0,02, S = 0,02, Mo = 0, Ni = 0,35–0,80, Cr = 0).

### Schweißpositionen

DIN EN ISO 6947 : 1997-05

| Kurzzeichen DIN 1912 | Kurzzeichen ISO 6947 | Position | Arbeitsrichtung, Beschreibung |
|---|---|---|---|
| w | PA | Wannenposition | waagerecht, Decklage oben |
| h | PB | Horizontalposition | waagerecht, Decklage oben |
| s | PF | Steigposition | senkrecht nach oben |
| f | PG | Fallposition | senkrecht nach unten |
| q | PC | Querposition | waagerecht, von der Seite |
| ü | PE | Überkopfposition | waagerecht, Decklage unten |
| hü | PD | Horizontal-Überkopfposition | Nahtmittellinie senkrecht waagerecht, Decklage unten |

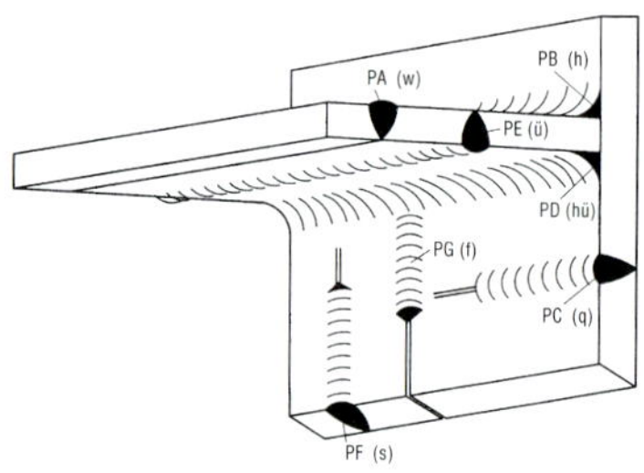


DIN 1912 zurückgezogen.

### Schweißgutkennziffern für die Schweißpositionen

DIN EN ISO 2560 : 2010-03

| Kennziffer | Schweißposition | Kennziffer | Schweißposition |
|---|---|---|---|
| 1 | alle Positionen | 4 | Stumpf- und Kehlnaht in Wannenposition |
| 2 | alle Positionen, außer Fallposition | 5 | Fallposition und Stumpfnaht in Wannenposition. Kehlnaht in Wannen- und Horizontalpostion |
| 3 | Kehlnaht in Wannen- und Horizontalposition | | |

## Fügen

### Löcher, Schrauben, Niete im Metallbau

DIN ISO 5845-1 : 1997-04

### Symbole

| Löcher | Zeichenebene senkrecht zur Achse | | | | Zeichenebene parallel zur Achse | | |
|---|---|---|---|---|---|---|---|
| | Ohne Senkung | Senk. auf Vorders. | Senk. auf Rückseite | Senkung beiderseits | Ohne Senkung | Senkung auf gezeichn. Seite | Senkung beiderseits |
| In der Werkstatt gebohrt |  |  |  |  | 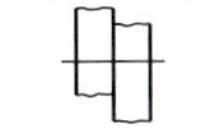 | 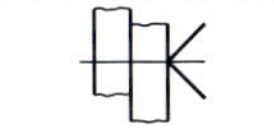 | 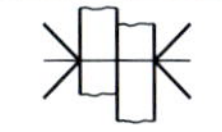 |
| Auf der Baustelle gebohrt |  |  |  |  | 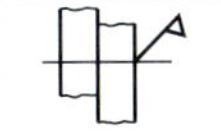 | 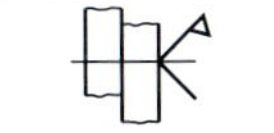 | 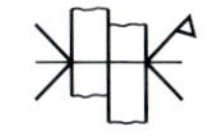 |

| Schrauben, Niete | Zeichenebene senkrecht zur Achse | | | | Zeichenebene parallel zur Achse | | | |
|---|---|---|---|---|---|---|---|---|
| | Schraube oder Niet | | | Niet | Schraube oder Niet | | Niet | Schraube |
| | Ohne Senkung | Senk. auf Vorders. | Senk. auf Rückseite | Senkung beiderseits | Ohne Senkung | Senk. auf gez. Seite | Senkung beiderseits | mit Lage der Mutter |
| In der Werkstatt eingebaut |  |  |  |  | 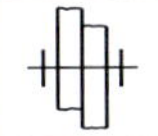 | 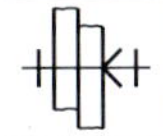 | 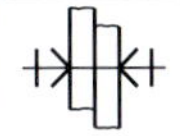 | 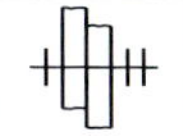 |
| Auf der Baustelle eingebaut |  |  |  |  | 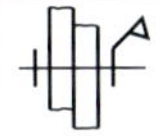 | 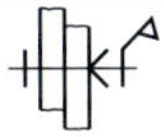 | 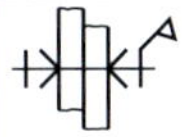 | 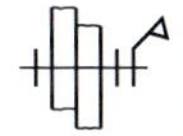 |
| Auf der Baustelle gebohrt u. eingebaut | 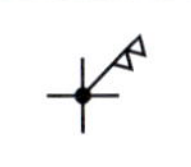 |  |  |  |  | 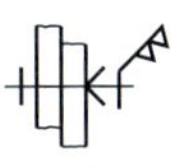 |  | 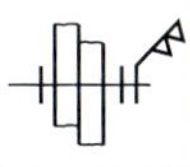 |

### Fügen durch Nieten

**Nietlänge** = Klemmlänge + Nietlängenzugabe für den Schließkopf

**Nietlängenzugabe:** Halbrundkopf $1{,}5 \cdot d_1$
Senkkopf $0{,}8 \cdot d_1$

**Nietteilung *t*, Randentfernung *e*, Abstand der Nietreihen $e_1$**

| Überlappungsnietung, einreihig | Überlappungsnietung, zweireihig-parallel | Überlappungsnietung, zweireihig-zickzack | Laschennietung, einreihig | Doppellaschennietung, einreihig |
|---|---|---|---|---|
| 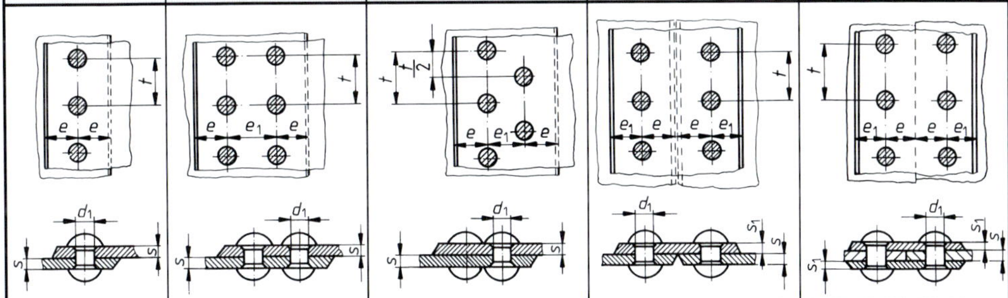 | | | | |
| $t = 2\,d_1 + 8$ mm<br>$e = 1{,}5\,d_1$ | $t = 2{,}6\,d_1 + 10$ mm<br>$e = 1{,}5\,d_1$<br>$e_1 = 0{,}8\,t$ | $t = 2{,}6\,d_1 + 15$ mm<br>$e = 1{,}5\,d_1$<br>$e_1 = 0{,}6\,t$ | $t = 2{,}6\,d_1 + 8$ mm<br>$e = 1{,}5\,d_1$<br>$e_1 = 0{,}9\,e$<br>$s_1 = (0{,}64 \ldots 0{,}67)\,s$ | $t = 2{,}6\,d_1 + 10$ mm<br>$e = 1{,}5\,d_1$<br>$e_1 = 0{,}9\,e$<br>$s_1 = (0{,}64 \ldots 0{,}67)\,s$ |

## Verarbeitungs- und Einsatzbedingungen von Metallklebstoffen

| Klebstoffart | Aushärtebedingungen Temp. in °C | Zeit | An-pressen | Klebefestigkeit bei 20 °C $\tau_B$ in N/mm² | Betriebs-temp. max. in °C | Handels-name | Verwendung |
|---|---|---|---|---|---|---|---|
| Acrylharz | 20 | 1 h…1 d | nein | 16…25 | 20…155 | Agomet, Metallon | Metalle (Leicht- und Schwermetalle, untereinander und mit Duroplaste), Glas, Holz |
| Epoxidharz (EP) | 20…120 | 1 h…5 d | nein | 16…35 | Kalthärter bis 55<br>Warmhärter bis 200 | Araldit<br>Uhu-plus | Metalle (Al, Mg, Stahl und Legierung), auch mit Holz, Schichtstoffen, Duroplaste, Glas, Keramik, Beton (Stahlschiene auf Betonschwellen) Merkmal: lange Härtezeiten |
| EP-Phenol-harz | 150…180 | 30…120 min | ja 8 bar | 17…25 | 200…250 Warmhärter | Metallbond (USA) | Metalle (Leicht- und Schwermetalle), Kunststoffe: PVC-hart, PA, POM, PC, PPO, PF, MF |
| EP-Polyamid-harz | 175 | 60 min | ja 0,5 bar | 35…49 | 80 | Versamid | Metalle (Leicht- und Schwermetalle), auch mit Kunststoff |
| Phenolharz | 145…180 | 5…30 min | ja 8 bar | 18…22 | 80…200 | Redux | Metalle (Leichtmetalle), auch mit Holz, Gummi, Glas, Keramik, Duroplaste Merkmal: hoher technologischer Aufwand |
| Phenol-Vinyl-harzgemisch | 145 | 30 min | ja | 25…30 | 80…120 | Ardux, Hidux | |
| Polyesterharz (UP) | 10…30 | 1 h…1 d | nein | 10…20 | 80 | Vestpal | Metalle, auch mit Duroplasten, Keramik, Glas, Gestein |
| UP-Epoxidharz | 20 | ≤ 7 d | nein | 16…35 | 100 | Metallon, Araldit | Metalle (Leicht- und Schwermetalle) |
| Polyurethan-harz | 20…105 | 40 min bis 7 d | ja 1 bar | 8…20 | 80 Warmhärter ≤ 150 | Desmocol-Desmodur Macroplast | Metalle untereinander und mit Holz, Glas, Gummi, Schaumstoff Kunststoffe: PA, ABS, PC, PPO, SAN, PF |

## Klebeflächenvorbehandlung

**Entfetten** mit Lösungsmitteldampfbädern, Perchlorethylen, Aceton, Trichlorethan, Methylenchlorid. Spülen mit vollentsalztem Wasser, Trocknen im Wärmeschrank; für untergeordnete Festigkeiten.

**Aufrauen** durch Bürsten, Schmirgeln, Strahlen; Rautiefen bis 30 µm gewünscht; Entstauben, Spülen, Trocknen; für Konstruktionsklebungen, alle Metalle außer Leichtmetallen gute Ergebnisse

**Beizen** für Al und Al-Legierungen, Ti; dünnwandige labile Werkstücke und Hohlkörper, die nicht mechanisch bearbeitbar sind; Beize aus Schwefelsäure (27,5 Gew.%), Natriumdichromat (7,5 Gew.%), Rest Wasser (65 Gew.%); Beizen 30 min bei 60 bis 65 °C; Beize nach DIN 53281-1

## Konstruktionsbeispiele

### Blechverbindungen

gute Festigkeit, bei dünnen Querschnitten

gute Festigkeit, bei dickeren Querschnitten

gute Festigkeit, nur für größere Blechdicken

höhere Festigkeit, Nachteil: keine glatte Verbindung

### Eckverbindungen

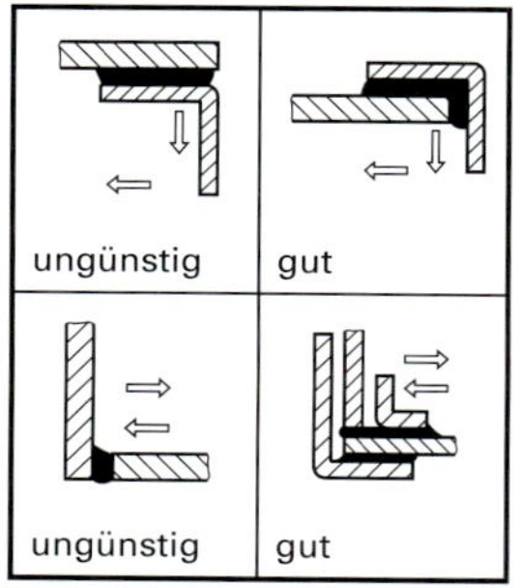


### Rohrverbindungen

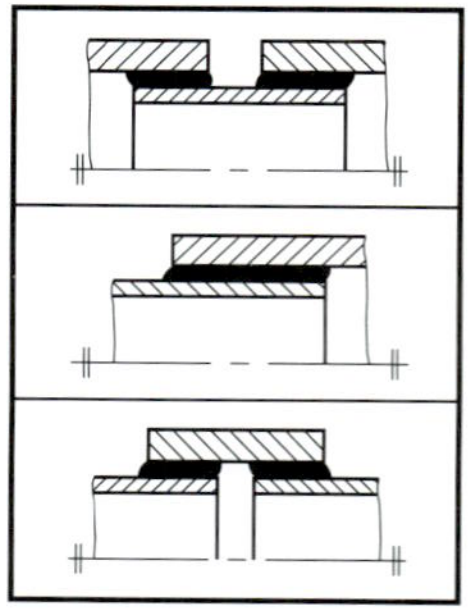

## Trennen durch Spanen: Schleifen

### Randformen für Schleifscheiben, Kennbuchstaben (Auswahl) — DIN ISO 525 : 2000-08

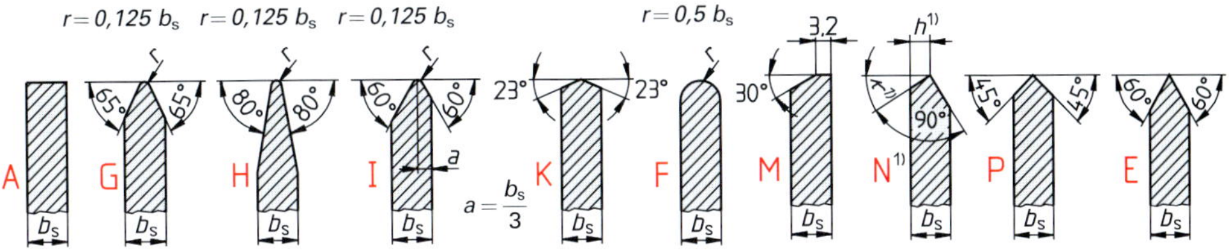


1) Das Maß $h$ und die Randform N, dazu der Winkel $\kappa$ sind bei Bestellung zu vereinbaren

BGI 543 : 2006

### Farbstreifen auf Schleifwerkzeugen für Höchstarbeitsgeschwindigkeiten in m/s

| 50 | 63 | 80 | 100 | 125 | 140 | 160 | 180 | 200 | 225 | 250 | 280 | 320 | 360 |
|---|---|---|---|---|---|---|---|---|---|---|---|---|---|
| blau<br>– | gelb<br>– | rot<br>– | grün<br>– | blau<br>gelb | blau<br>rot | blau<br>grün | gelb<br>rot | gelb<br>grün | rot<br>grün | blau<br>blau | gelb<br>gelb | rot<br>rot | grün<br>grün |

Bei Magnesitbindung muss ein weißer Farbstreifen angebracht sein; $v_{max} = 25$ m/s

### Verwendungseinschränkungen VE für Schleifscheiben

**VE1** nicht zulässig für Freihand- und handgeführtes Schleifen

**VE2** nicht zulässig für Freihandtrennschleifen

**VE3** nicht zulässig für Nassschleifen

**VE4** nur zulässig bei geschlossenem Arbeitsbereich

**VE5** nicht zulässig ohne Absaugung

**VE6** nicht zulässig für Seitenschleifen

**VE7** nicht zulässig für Freihandschleifen

**VE8** nur zulässig mit Stützteller

**VE10** nicht zulässig für Trockenschleifen

**VE11** nicht zulässig für Freihand- und handgeführtes Trennschleifen

Wenn die Einschränkung fehlt, so ist das Schleifwerkzeug für alle Einsatzzwecke geeignet.

### Höchstumfangsgeschwindigkeiten von Schleifkörpern in m/s allgemein

| Bindung | Schleifmaschinen ortsfest | | | | Freihandschleifen | | Trennschleifen | | |
|---|---|---|---|---|---|---|---|---|---|
| | zwangsweise geführt | | handgeführt | | | | | | |
| | Umfangs-schleifen | Seiten-schleifen | Umfangs-schleifen | Seiten-schleifen | Umfangs-schleifen | Seiten-schleifen | zwangs-weise geführt | hand-geführt | freihand-geführt |
| V | 35 | 30 | 30 | 25 | 30 | 25 | – | – | – |
| B, BF | 35 | 35 | 30 | 30 | 45 | 30 | 35 50 2) | 30 | 45 |
| R, RF | 35 | 30 | 30 | 25 | 30 | 25 | 35 | 30 | 30 |
| Mg 1) | 25 | 20 | 20 | 15 | – | – | – | – | – |

1) Werte für Schleifscheiben mit $d_s \leq 1000$ mm. 2) Wert für $d_s \leq 500$ mm und $b_s \leq 75$ mm.

### Körnungsauswahl entsprechend der erreichbaren Rautiefe

| Schleifart | Vorschleifen | Fertigschleifen | Feinschleifen | Feinstschleifen | |
|---|---|---|---|---|---|
| erreichbare Rautiefe $R_z$ in µm | 5,0 ... 2,4 | 2,5 ... 1,5 | 2,0 ... 1,0 | 1,6 ... 0,7 | 1,2 ... 0,4 |
| Körnung | 46 | 80 | 120 | 200 | 320 |

## Korrosion und Korrosionsschutz

### Korrosion

DIN EN ISO 8044 : 1999-11

**Spannungsreihe** (gegen H)

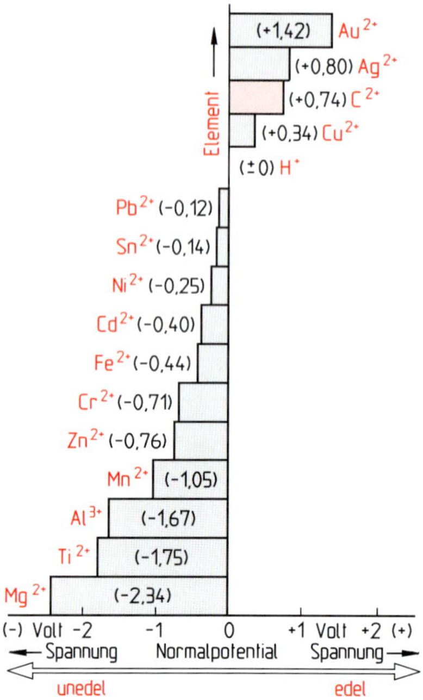


**Korrosionsarten**

| Arten | Darstellung | Ursachen |
|---|---|---|
| **Gleichmäßige Flächenkorrosion** | 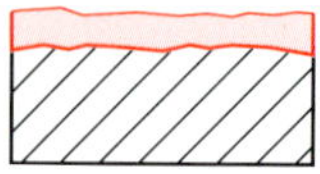 | hervorgerufen durch Luft- und Wasserangriff sowie den darin enthaltenen Verunreinigungen |
| **Lochkorrosion** | 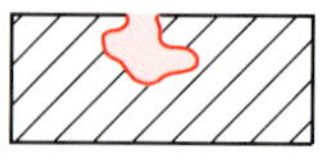 | örtliche elektrochemische Zersetzung; gefährlich, da von außen oft nicht erkennbar |
| **Kontaktkorrosion** | 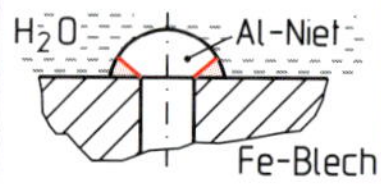 | durch Berührung von Werkstoffen mit verschiedenem Potential und einem Elektrolyten |
| **Selektive Korrosion** | 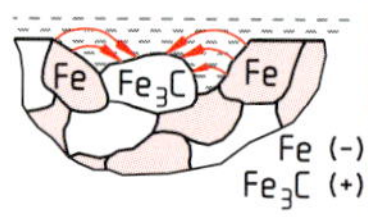 | Legierungen, die Kristallgemische bilden, sind korrosionsanfällig, der unedlere Bestandteil wird zerstört. |
| Interkristalline Korrosion | 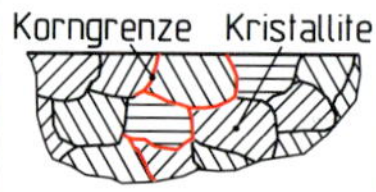 | Unedle Korngrenze wird meist durch elektrochemischen Angriff zerstört; gefährlich, da von außen oft nicht erkennbar. |
| Transkristalline Korrosion | 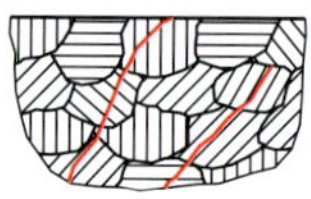 | Durch Wechselbeanspruchung oder Eigenspannung können Risse quer durch Kristallite laufen (meist quer zur Spannungsrichtung). |

**Korrosionsverhalten wichtiger Metalle**

| Normalpotential | Werkstoff | Kurzzeichen | Korrosionsverhalten |
|---|---|---|---|
| +1,42 | Gold | Au | Gold ist sehr gut korrosionsbeständig, außer gegen Königswasser ($HNO_3 + 3HCl$) und Cyanide. |
| +0,80 | Silber | Ag | Silber ist gut korrosionsbeständig; durch in der Luft enthaltene Schwefelverbindungen läuft Silber an. Es ist nicht beständig gegen konzentrierte Schwefelsäure ($H_2SO_4$), Salpetersäure ($HNO_3$) und starke Oxidationsmittel. |
| +0,34 | Kupfer | Cu | Kupfer ist gegenüber den meisten Chemikalien beständig, außer gegen Salpetersäure ($HNO_3$), Ammoniak ($NH_3$) und Mineralwässer. An der Luft bildet es mit $H_2O$ und $CO_2$ Patina. Durch Essigsäure wird der giftige Grünspan gebildet. |
| −0,12 | Blei | Pb | Blei ist gegen viele Säuren chemisch beständig, da die entstehenden Bleisalze schwer löslich sind. Ferner ist es gegen Schwefel und Schwefelverbindungen an der Luft beständig. Laugen und oxidierende Säuren (z. B. $HNO_3$) greifen Pb an. Ungeschütztes Blei wird vom Luftsauerstoff angegriffen, deshalb sollten keine Bleigefäße oder mit Pb-haltigem Weichlot gelötete Behälter zur Speisenaufbewahrung benutzt werden. |
| −0,14 | Zinn | Sn | Bei Sauerstoffeinwirkung bildet sich eine Schutzschicht aus Zinndioxid ($SnO_2$). Außerdem ist es beständig gegen Fruchtsäuren (Konserven). Bei niedrigen Temperaturen zerfällt das Metall (Zinnpest). Starke Säure und chlorionenhaltige alkalische Lösungen zerstören die Oxidschicht. |
| −0,25 | Nickel | Ni | Nickel ist beständig gegen Wasser, schwache saure Lösungen sowie Alkalien. Starke nichtoxidierende Säuren zerstören Nickel. Bei neutralen und alkalischen Lösungen bildet sich eine Schutzschicht aus Nickelhydroxid. |

## Korrosion und Korrosionsschutz

### Korrosionsverhalten wichtiger Metalle (Fortsetzung)

| Normal-potential | Werk-stoff | Kurz-zeichen | Korrosionsverhalten |
|---|---|---|---|
| –0,44 | Eisen | Fe | Eisen bildet Rost (Eisenoxid) in feuchter Atmosphäre, Wasser und Salzlösungen. Ferner ist es nicht beständig gegen nicht oxidierende Säuren. Es ist beständig bei hartem Wasser und alkalischen und oxidierend wirkenden Lösungen. |
| –0,71 | Chrom | Cr | Chrom ist beständig gegen oxidierende Mittel durch die Bildung einer festhaftenden, dichten Schutzschicht (Chromoxid). Es ist beständig auch bei höheren Temperaturen. Nicht beständig ist es gegen sauerstofffreie Säuren (z. B. HCl) und Alkalien. |
| –0,76 | Zink | Zn | Zink weist eine gute Witterungsbeständigkeit auf. In Luft bildet sich eine festhaftende, dichte Schutzschicht. Gegen Alkaline ist Zink beständig, jedoch nicht gegen Säuren. |
| –1,67 | Aluminium | Al | An der Luft bildet sich eine festhaftende, dichte Schutzschicht aus Al-Oxid, die das Al vor weiterer Korrosion schützt. Alkalische und saure Lösungen zerstören die Oxidschicht. Im Bereich pH 2 ... pH 8,5 ist Al korrosionsbeständig. |
| –2,34 | Magnesium | Mg | Es bildet ebenfalls eine Schutzschicht, die das darunterliegende Metall vor weiterer Korrosion schützt. Dadurch ist Mg gegen Laugen beständig. Säuren zerstören die Oxidschicht. Ferner ist Mg gegen Meerwasser unbeständig |

## Passiver Korrosionsschutz

### Nichtmetallische Korrosionsschutzschichten

| Verfahren | Durchführung und Anwendung |
|---|---|
| Emaillieren | Bei Teilen, deren Oberfläche korrosionsfest, hart und glänzend sein soll, überzieht man das Metall mit einem Glasfluss bei 500 ... 1000 °C (Einbrennen der glasigen Masse). Die Emailschichten sind aufgrund ihres Glascharakters spröde, schlag- und temperaturempfindlich |
| Einfetten | Durch gleichmäßig aufgetragene Fettschichten (säurefrei, wasserunlösliches Fett oder Öl) können blanke Werkstücke während Transport und Lagerung geschützt werden |
| Farb- und Lacküberzüge | **Öllacke** sind Dispersionen (Harze, Ölfirnis, Lösemittel), die an der Luft trocknen. **Kunstharzlacke** sind elastisch, widerstandsfähig und besitzen dekoratives Aussehen. Lacküberzüge werden luft- oder ofengetrocknet hergestellt. Die Lacke können im Spritz- oder Tauchverfahren aufgebracht werden |
| Asphalt- und Teerüberzüge | Wasserrohre aus lamellarem Grauguss werden durch Tauchen oder Anstreichen mit diesem Korrosionsschutz versehen |
| Kunststoff-überzüge | **Flammspritzen**: Pulver oder Granulat wird mittels einer Spritzpistole durch eine Flamme aufgespritzt<br>Verwendete Überzugswerkstoffe: PVC-weich, Polyamid, Polyethylen<br>**Wirbelsintern**: Vorgewärmte Werkstücke werden in aufgelockertes Pulver getaucht (Polyethylen). Durch die aufgespeicherte Werkstückwärme schmilzt das Pulver und bildet nach dem Erkalten einen festhaftenden dichten Überzug |

### Metallschutzschichten

| Verfahren | Durchführung und Anwendung |
|---|---|
| Schmelztauchen | Die Werkstücke werden in flüssiges Überzugsmetall (Zn, Sn, Pb ...) getaucht. Man unterscheidet entsprechend dem Überzugsmetall: Feuerverzinkungs-/-verzinnungs-/-aluminierungsanlagen. Nach dem Erstarren entsteht eine zusammenhängende, dichte Oberflächenschutzschicht |
| Galvanisieren | Die sich bildende Schutzschicht wird elektrochemisch (Elektrolyse) erzeugt. In einem dem Überzug entsprechenden Metallsalzbad wird das zu beschichtende Werkstück (Katode) und eine Anode aus Cu, Ni, Cr usw. eingebracht. Der Stromkreis (Gleichstrom) wird über die Katode, Anode und das Galvanisierbad geschlossen, hierbei zersetzt sich allmählich die Anode, und das Metall der Anode wandert zum Werkstück (Katode) und überzieht es mit einer gleichmäßigen Schutzschicht |

## Normteile

### Schrauben

### Übersicht über genormte Schrauben

**Sechskantschraube**

| | | | | |
|---|---|---|---|---|
| DIN EN ISO 4014, 4016, 8765 | DIN EN ISO 4017, 4018, 8676 | DIN 609, 7968 | DIN 561 | DIN 7990 |

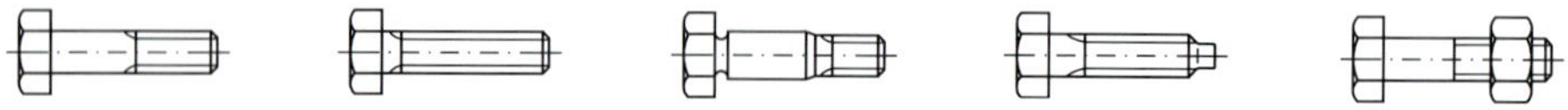

**Zylinderschraube**

| | | | | |
|---|---|---|---|---|
| DIN EN ISO 4762 | DIN 6912 | DIN 7984 | DIN EN ISO 1207 | DIN EN ISO 7045 |

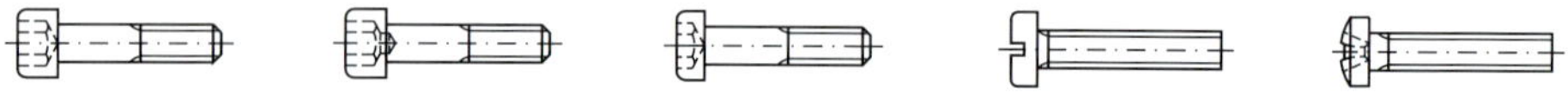

**Senk- und Linsensenkschraube**

| | | | | |
|---|---|---|---|---|
| DIN EN ISO 2009 | DIN EN ISO 7046-2 | DIN EN ISO 10642 | DIN EN ISO 2010 | DIN EN ISO 7047 |

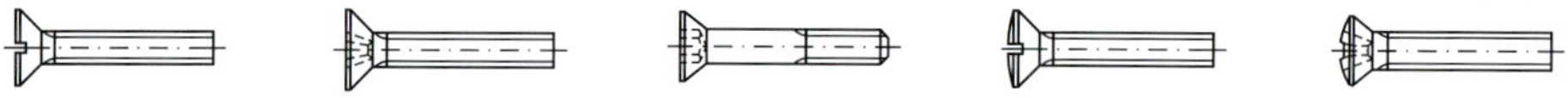

**Gewindestift**

| | | | | |
|---|---|---|---|---|
| DIN EN 27436<br>ISO 7436 | DIN EN 27434<br>ISO 7434 | DIN EN ISO 4027<br>ISO 4027 | DIN EN ISO 4028<br>ISO 4028 | DIN EN ISO 4029<br>ISO 4029 |

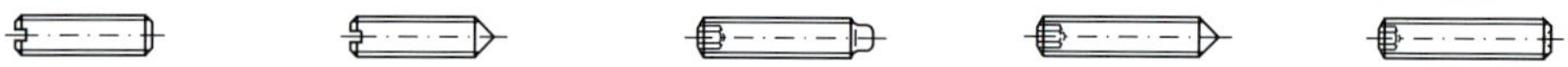

| | | | | |
|---|---|---|---|---|
| **Schaftschraube**<br>DIN EN ISO 2342 | **Schraubenbolzen**<br>DIN 2509 | **Hammerschraube**<br>DIN 186 | **Vierkantschraube**<br>DIN 479 | **Vierkantschraube**<br>DIN 478 |

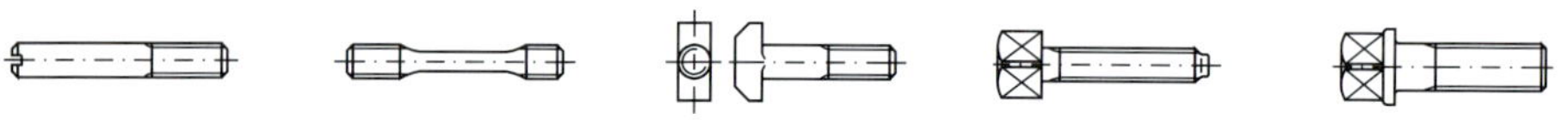

| | | | | |
|---|---|---|---|---|
| **Schraube mit Vierkantansatz**<br>DIN 603<br>ISO 8678 | DIN 605, 608 | **Senkschraube mit Nase**<br>DIN 604 | **Halbrundschraube mit Nase**<br>DIN 607 | **Flügelschraube**<br>DIN 316 |

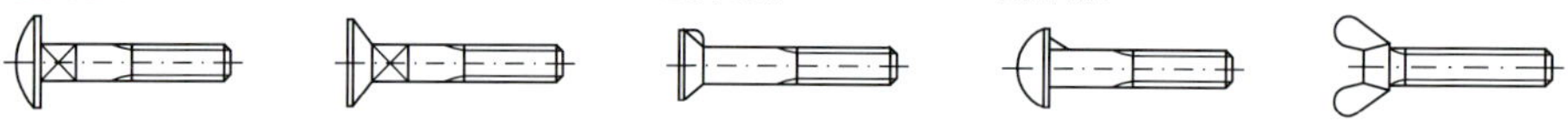

| | | | | |
|---|---|---|---|---|
| **Rändelschraube**<br>DIN 464 | **Augenschraube**<br>DIN 444 | **Ringschraube**<br>DIN 580 | **Kombi-Schraube**<br>DIN 6900-5 | **Kombi-Blechschraube**<br>DIN EN ISO 10510 |

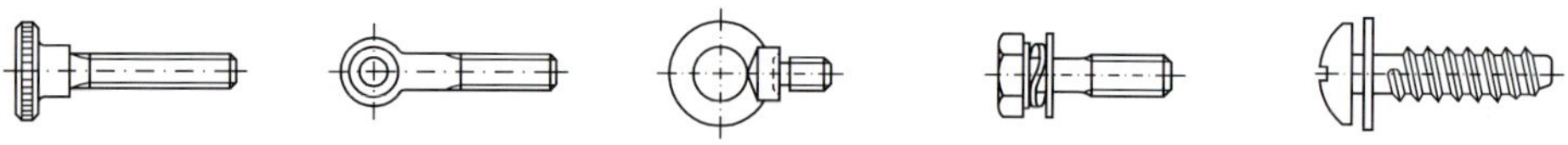

| | | | | |
|---|---|---|---|---|
| **Flach-Blechschraube**<br>DIN ISO 1481 | **Senk-Blechschraube**<br>DIN ISO 7050 | **Sechskant-Blechschraube**<br>DIN ISO 1479 | **Gewinde-Schneidschraube**<br>DIN 7513 | **Gewinde-Schneidschraube**<br>DIN 7516 |

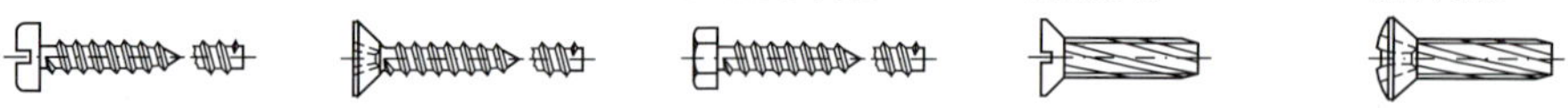

**Holzschraube**

| | | | | |
|---|---|---|---|---|
| DIN 96 | DIN 571 | DIN 7996 | DIN 95 | DIN 97 |

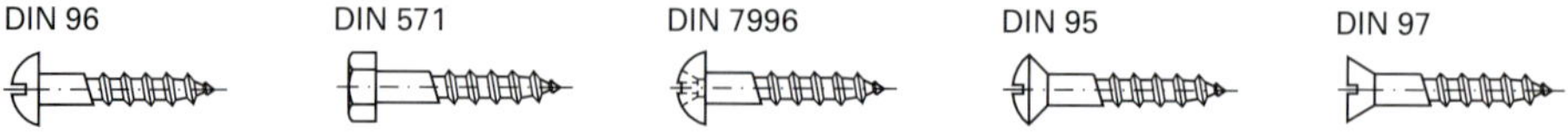

## Normteile

### Schrauben

### Festigkeitseigenschaften von Schrauben aus Stahl — DIN EN ISO 898-1 : 2009-08

| Festigkeitsklasse | 3.6 | 4.6 | 4.8 | 5.6 | 5.8 | 6.8 | 8.8 | 10.9 | 12.9 |
|---|---|---|---|---|---|---|---|---|---|
| Mindestzugfestigkeit $R_m$ in N/mm² | 330 | 400 | 420 | 500 | 520 | 600 | 800 | 1040 | 1220 |
| Streckgrenze $R_e$ bzw. $R_{p\,0,2}$ in N/mm² | 190 | 240 | 340 | 300 | 420 | 480 | 640 | 940 | 1100 |
| Bruchdehnung $A$ in % | 25 | 22 | 16 | 20 | 12 | 9 | 12 | 9 | 8 |

### Toleranzen für Verbindungselemente — DIN EN ISO 4759-1 : 2001-04

| Produktklasse | A | B | C |
|---|---|---|---|
| Toleranzbereich Schaft, Auflage | eng | eng | weit |
| andere Merkmale | eng | weit | weit |
| Außengewinde | 6g | 6g | 8g |
| Schaftdurchmesser | h13 | h14 | ±IT15 |
| Klemmlänge | js17 | js17 | ±IT17 |

### Durchgangslöcher für Schrauben — DIN EN 20273 : 1992-02

| Gewindedurchmesser | | | M4 | M5 | M6 | M8 | M10 | M12 | M14 | M16 | M20 | M24 | M30 |
|---|---|---|---|---|---|---|---|---|---|---|---|---|---|
| Durchgangsloch $d_h$ | fein | H12 | 4,3 | 5,3 | 6,4 | 8,4 | 10,5 | 13 | 15 | 17 | 21 | 25 | 31 |
| | mittel | H13 | 4,5 | 5,5 | 6,6 | 9 | 11 | 13,5 | 15,5 | 17,5 | 22 | 26 | 33 |
| | grob | H14 | 4,8 | 5,8 | 7 | 10 | 12 | 14,5 | 16,5 | 18,5 | 24 | 28 | 35 |

### Mindesteinschraubtiefen $l_e$

empfohlene Richtwerte, bei Feingewinde 25% Zuschlag

| Festigkeitsklasse | | 3.6; 4.6 | 4.8…6.8 | 8.8 | 10.9 |
|---|---|---|---|---|---|
| Werkstoff des Muttergewindes | Stahl $R_m$ bis 400 N/mm² | $0{,}8 \cdot d$ | $1{,}2 \cdot d$ | — | — |
| | Stahl $R_m$ bis 600 N/mm² | $0{,}8 \cdot d$ | $1{,}0 \cdot d$ | $1{,}2 \cdot d$ | $1{,}4 \cdot d$ |
| | Stahl $R_m$ bis 800 N/mm² | $0{,}8 \cdot d$ | $1{,}0 \cdot d$ | $1{,}2 \cdot d$ | $1{,}2 \cdot d$ |
| | Stahl $R_m$ über 800 N/mm² | $0{,}8 \cdot d$ | $1{,}0 \cdot d$ | $1{,}0 \cdot d$ | $1{,}0 \cdot d$ |
| | Gusseisen (GJL) | $1{,}3 \cdot d$ | $1{,}5 \cdot d$ | $1{,}5 \cdot d$ | — |
| | Kupferlegierungen | $1{,}3 \cdot d$ | $1{,}3 \cdot d$ | — | — |
| | Aluminiumlegierungen | $1{,}2 \cdot d$ | $1{,}4 \cdot d$ | $1{,}6 \cdot d$ | — |
| | Kunststoffe | $2{,}5 \cdot d$ | — | — | — |

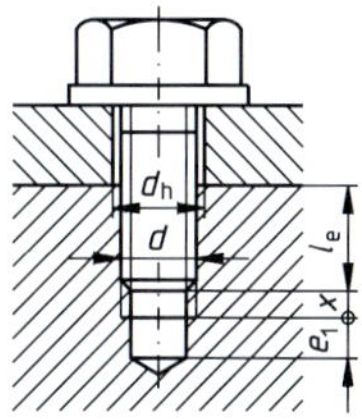


$x \approx 3P$
$e_1 \approx (4 \ldots 6) \cdot P$

### Anziehdaten für Schaftschrauben

empfohlene Richtwerte

| Gewinde | Maximale Vorspannkraft in kN | | | | | | Maximales Anziehdrehmoment in Nm | | | | | |
|---|---|---|---|---|---|---|---|---|---|---|---|---|
| | Festigkeitsklasse | | | | | | Festigkeitsklasse | | | | | |
| | 8.8 | | 10.9 | | 12.9 | | 8.8 | | 10.9 | | 12.9 | |
| | Gleitreibungszahl $\mu_{ges}$ | | | | | | Gleitreibungszahl $\mu_{ges}$ | | | | | |
| | 0,10 | 0,14 | 0,10 | 0,14 | 0,10 | 0,14 | 0,10 | 0,14 | 0,10 | 0,14 | 0,10 | 0,14 |
| M5 | 6,9 | 6,4 | 10,2 | 9,4 | 11,9 | 11 | 4,8 | 5,9 | 7,1 | 8,7 | 8,3 | 10 |
| M6 | 9,75 | 9 | 14,3 | 13,2 | 16,8 | 15,5 | 8,3 | 10 | 12 | 15 | 14 | 18 |
| M8 | 17,9 | 16,5 | 26,3 | 24,3 | 30,7 | 28,4 | 20 | 25 | 30 | 36 | 35 | 43 |
| M8 × 1 | 19,6 | 18,1 | 28,7 | 26,6 | 33,6 | 31,2 | 22 | 27 | 32 | 39 | 37 | 46 |
| M10 | 28,5 | 26,3 | 41,8 | 38,7 | 48,9 | 45,2 | 40 | 49 | 59 | 72 | 69 | 84 |
| M10 × 1,25 | 30,6 | 28,3 | 44,9 | 41,6 | 52,5 | 48,7 | 42 | 52 | 62 | 76 | 72 | 90 |
| M12 | 41,5 | 38,4 | 61 | 56,5 | 71,5 | 66 | 69 | 85 | 100 | 125 | 120 | 145 |
| M12 × 1,25 | 46,6 | 43,3 | 68,5 | 63,5 | 80 | 74,5 | 75 | 93 | 110 | 135 | 130 | 160 |
| M14 | 57 | 52,5 | 83,5 | 77,5 | 98 | 90,5 | 110 | 135 | 160 | 200 | 190 | 235 |
| M14 × 1,5 | 63 | 58,5 | 92,5 | 86 | 108 | 100 | 120 | 145 | 175 | 215 | 200 | 255 |
| M16 | 78,5 | 72,5 | 115 | 107 | 135 | 125 | 170 | 210 | 250 | 310 | 290 | 365 |
| M16 × 1,5 | 85,5 | 79,5 | 125 | 116 | 147 | 136 | 180 | 225 | 265 | 330 | 310 | 390 |
| M18 | 98 | 91 | 140 | 129 | 164 | 152 | 245 | 300 | 345 | 430 | 405 | 500 |
| M20 | 126 | 117 | 180 | 166 | 210 | 195 | 340 | 425 | 490 | 610 | 570 | 710 |
| M20 × 1,5 | 144 | 134 | 206 | 191 | 241 | 224 | 375 | 475 | 530 | 680 | 620 | 790 |
| M22 | 158 | 146 | 224 | 208 | 263 | 244 | 460 | 580 | 660 | 820 | 770 | 960 |
| M24 | 182 | 168 | 259 | 240 | 303 | 281 | 590 | 730 | 840 | 1050 | 980 | 1220 |
| M24 × 2 | 203 | 189 | 290 | 270 | 339 | 315 | 630 | 800 | 900 | 1150 | 1050 | 1350 |
| M27 | 239 | 222 | 340 | 316 | 398 | 369 | 870 | 1100 | 1250 | 1550 | 1450 | 1800 |
| M27 × 2 | 264 | 246 | 375 | 350 | 439 | 409 | 920 | 1150 | 1300 | 1650 | 1550 | 1950 |
| M30 | 291 | 269 | 414 | 384 | 484 | 449 | 1200 | 1450 | 1700 | 2100 | 1950 | 2450 |
| M30 × 2 | 332 | 309 | 472 | 440 | 553 | 515 | 1300 | 1650 | 1850 | 2350 | 2150 | 2750 |

Bei Anwendung der Tabellenwerte wird die Streckgrenze des Schraubenwerkstoffs zu 90% ausgenutzt.

## Normteile

### Schrauben

### Sechskantschrauben, Produktklassen A und B — DIN EN ISO 4014, 4017, 8676, 8765 : 2001-03

DIN EN ISO 4014, 8765

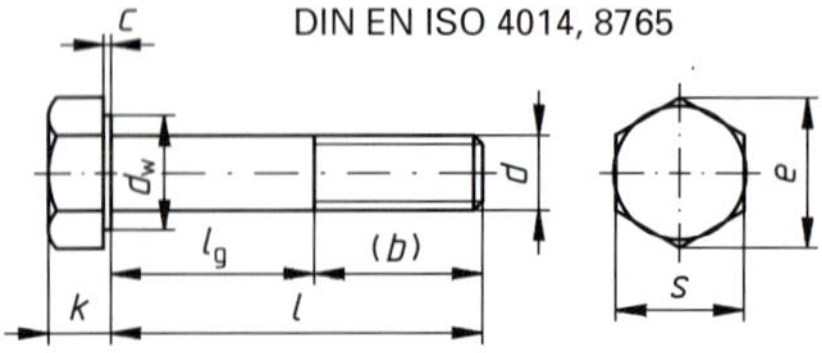


Mindestklemmlänge $l_g = l - b$

Bezeichnungsbeispiel mit Gewinde M10, Länge $l$ = 60 mm, nach DIN EN ISO 4014 und Festigkeitsklasse 8.8:
**Sechskantschraube ISO 4014 – M10 × 60 – 8.8**

DIN EN ISO 4017, 8676

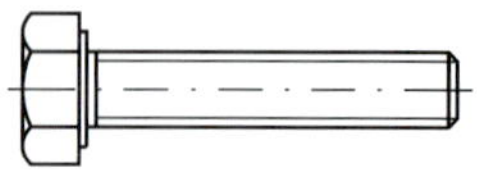

DIN EN ISO 4014, 4017 mit metrischem Regelgewinde
DIN EN ISO 8676, 8765 mit metrischem Feingewinde

Produktklasse: A bis M24 und $l \leq$ 150 mm
B über M24 oder $l >$ 150 mm

Festigkeitsklasse: 5.6, 8.8, 9.8, 10.9

Gewindetoleranz 6g

| Maße in mm | *d* | M4 | M5 | M6 | M8 | M10 | M12 | M14 | M16 | M20 | M24 | M30 |
|---|---|---|---|---|---|---|---|---|---|---|---|---|
| | | – | – | – | M8 × 1 | M10 × 1,25 | M12 × 1,5 | M14 × 1,5 | M16 × 1,5 | M20 × 2 | M24 × 2 | M30 × 2 |
| | $c_{max}$ | 0,4 | 0,5 | 0,5 | 0,6 | 0,6 | 0,6 | 0,6 | 0,8 | 0,8 | 0,8 | 0,8 |
| | $d_w$ | 5,9 | 6,9 | 8,9 | 11,6 | 14,6 | 16,6 | 19,6 | 22,5 | 28,2 | 33,6 | 42,7 |
| | *e* | 7,7 | 8,8 | 11 | 14,4 | 17,8 | 20 | 23,4 | 26,8 | 33,5 | 40 | 50,8 |
| | *k* | 2,8 | 3,5 | 4 | 5,3 | 6,4 | 7,5 | 8,8 | 10 | 12,5 | 15 | 18,7 |
| | *s* | 7 | 8 | 10 | 13 | 16 | 18 | 21 | 24 | 30 | 36 | 46 |
| DIN EN ISO 4014 | *b* | 14 | 16 | 18 | 22 | 26 | 30 | 34 | 38 | 46 | 54 | 66 |
| | *l* von | 25 | 25 | 30 | 40 | 45 | 50 | 60 | 65 | 80 | 90 | 110 |
| | bis | 40 | 50 | 60 | 80 | 100 | 120 | 140 | 160 | 200 | 240 | 300 |
| DIN EN ISO 4017 | *b* | Gewinde annähernd bis Kopf | | | | | | | | | | |
| | *l* von | 8 | 10 | 12 | 16 | 20 | 25 | 30 | 30 | 40 | 50 | 60 |
| | bis | 40 | 50 | 60 | 80 | 100 | 120 | 140 | 200 | 200 | 200 | 200 |

Normale Längen *l*: 8, 10, 12, 16, 20, 25 bis 70 mm je 5 mm gestuft, dann bis 200 mm je 10 mm, darüber je 20 mm.



### Flachrundschrauben mit Vierkantansatz — DIN 603 : 1981-10 ISO 8677[1])

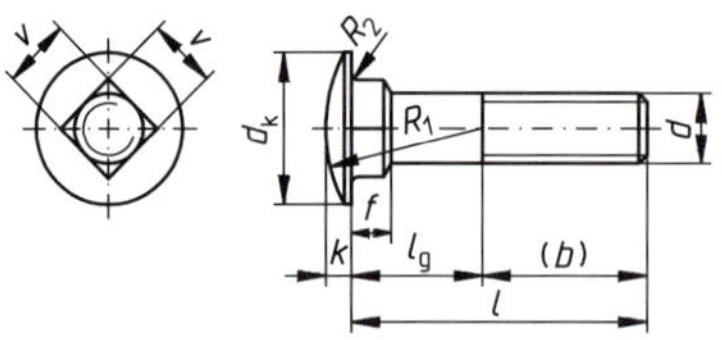


Mindestklemmlänge $l_g = l - b$
Bezeichnungsbeispiel mit Gewinde M12, Länge $l$ = 60 mm und Festigkeitsklasse 3.6:
**Flachrundschraube DIN 603 – M12 × 60 – 3.6**

Maße in mm

| *d* | M5 | M6 | M8 | M10 | M12 | M16 | M20 |
|---|---|---|---|---|---|---|---|
| $d_k$ | 13 | 16 | 20 | 24 | 30 | 38 | 46 |
| *f* | 3,5 | 4 | 5 | 6 | 8 | 12 | 15 |
| *k* | 3 | 3,5 | 4,5 | 5 | 6,5 | 8,5 | 10,5 |
| $R_1$ | 10,7 | 12,6 | 16 | 19,2 | 24,1 | 29,3 | 33,9 |
| $R_2$ | 0,5 | 0,5 | 0,5 | 0,5 | 1 | 1 | 1 |
| *v* | 5 | 6 | 8 | 10 | 12 | 16 | 20 |
| *b* | 16 | 18 | 22 | 26 | 30 | 38 | 46 |
| *l* von | 16 | 16 | 20 | 20 | 30 | 50 | 60 |
| bis | 80 | 150 | 150 | 200 | 200 | 200 | 200 |

Normale Längen *l*: 16, 20, 25 bis 70 mm je 5 mm gestuft, dann je 10 mm, dazu 180, 200 mm
Festigkeitsklasse: 3.6 oder 4.6 Produktklasse C

[1]) Konkurrierende Norm

## Normteile

### Muttern

### Übersicht über genormte Muttern

**Sechskantmutter**
DIN EN ISO 4032, 4034, 8673, 8674

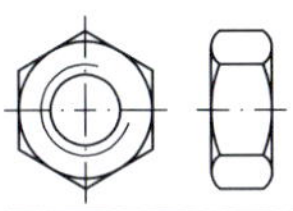

DIN EN ISO 4035, 8675

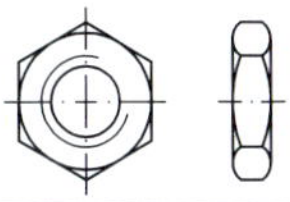

DIN EN ISO 4036

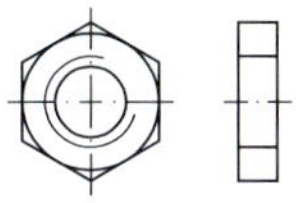

DIN EN 14399-4 (für HV)

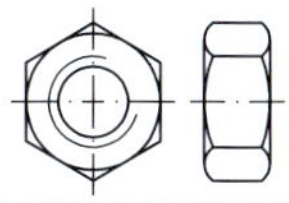

**Ansatzmutter**
DIN 2510-5

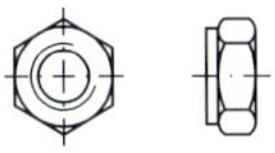

**Kronenmutter**
DIN 935-1

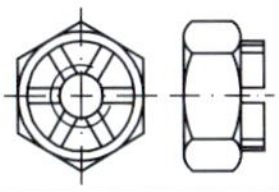

**Kronenmutter**
DIN 935-1 (bis M 10)

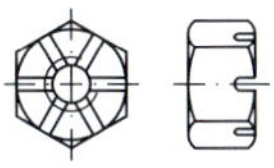

**Kronenmutter**
DIN 979

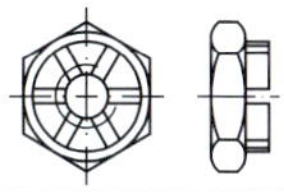

**Hutmutter**
DIN 917

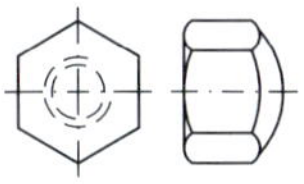

**Hutmutter**
DIN 1587

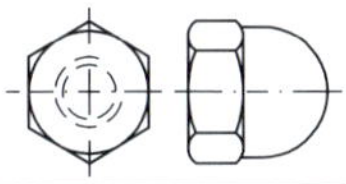

**Mutter mit Klemmteil**
DIN EN ISO 7040

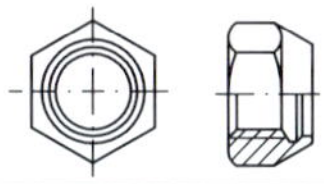

**Hutmutter mit Klemmteil**
DIN 986

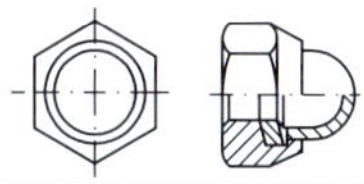

**Sechskantmutter 1,5 d**
DIN 6330

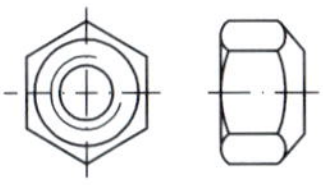

**Radmutter**
DIN 74361-2

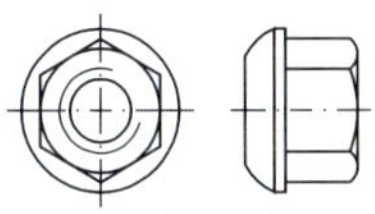

**Sechskantmutter mit Flansch**
DIN 1661

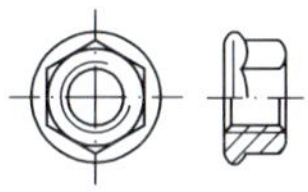

**Sechskantmutter 1,5 d**
DIN 6331

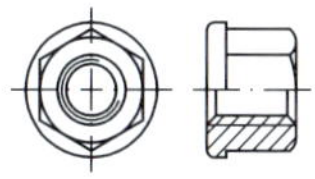

**Nutmutter**
DIN 981, 1804

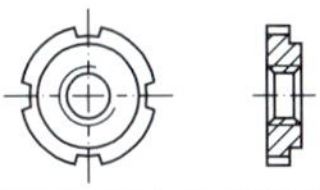

**Kreuzlochmutter**
DIN 548, 1816

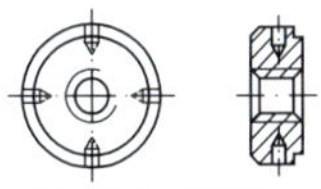

**Zweilochmutter**
DIN 547

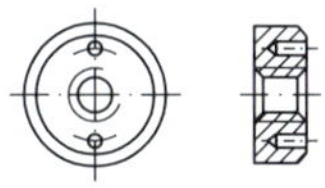

**Schlitzmutter**
DIN 546, DIN ISO 13754

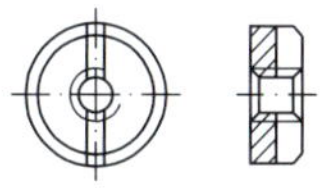

**Vierkantmutter**
DIN 562

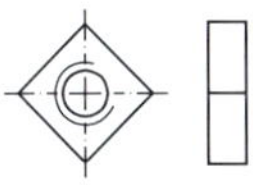

**Vierkantmutter**
DIN 557

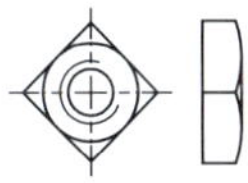

**Mutter für T-Nuten**
DIN 508

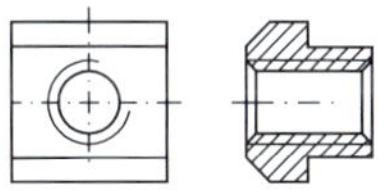

**Ringmutter**
DIN 582

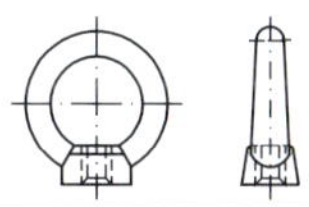

**Schweißmutter**
DIN 928

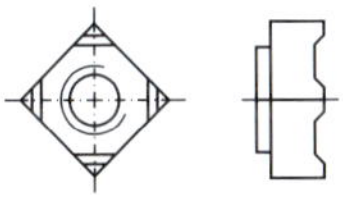

**Schweißmutter**
DIN 929

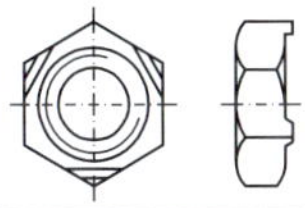

**Einschraubmutter**
DIN 7965

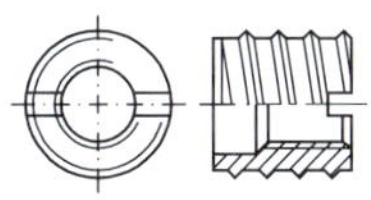

**Flügelmutter**
DIN 315

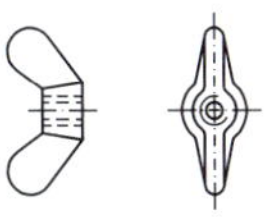

**Rändelmutter**
DIN 467

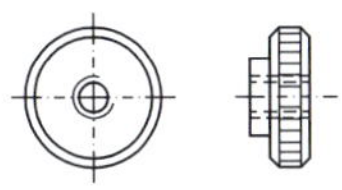

**Rändelmutter**
DIN 466

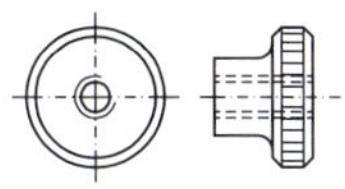

**Rohrmutter**
DIN 431, 80705

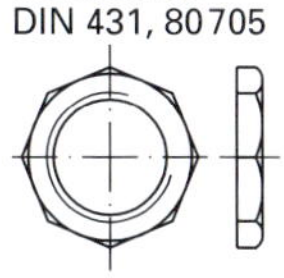

## Normteile

### Muttern

### Sechskantmuttern Typ 1

Regelgewinde: **DIN EN ISO 4032[1]), 4035[2]), 4036[3]) : 2001-03**
Feingewinde: **DIN EN ISO 8673[1]), 8674[4]), 8675[1]) : 2001-03**

DIN EN ISO 4032 DIN EN ISO 8673 — DIN EN ISO 4035 DIN EN ISO 8675 — DIN EN ISO 4036 — DIN EN ISO 8674

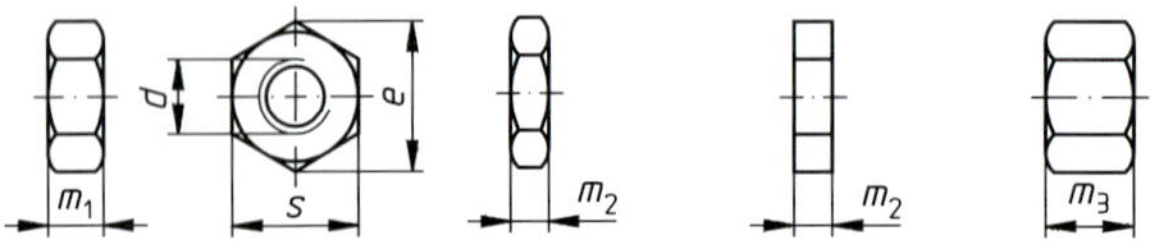


Gewindetoleranz: 6H
Produktklasse A: $d \leq$ M16
Produktklasse B: $d >$ M16

Bezeichnungsbeispiel für eine Mutter M10, Normalausführung mit Fase nach DIN EN ISO 4032, Festigkeitsklasse 8:
**Sechskantmutter ISO 4032 – M10 – 8**

Werkstoff: Stahl [1]) 6, 8, 10, A2-70, A4-70 [2]) 04, 05, A2-035, A4-035 [3]) St, Härte 110 HV 30 [4]) 8, 10,12 — Maße in mm

| ***d*** | M3 | M4 | M5 | M6 | M8 | M10 | M12 | M14 | M16 | M20 | M24 |
|---|---|---|---|---|---|---|---|---|---|---|---|
| | — | — | — | — | M8 × 1 | M10 × 1 | M12 × 1,5 | M14 × 1,5 | M16 × 1,5 | M20 × 1,5 | M24 × 2 |
| ***s*** | 5,5 | 7 | 8 | 10 | 13 | 16 | 18 | 21 | 24 | 30 | 36 |
| ***e*** ≈ | 6 | 7,7 | 8,8 | 11,1 | 14,4 | 17,7 | 20,0 | 23,4 | 26,8 | 33 | 39,6 |
| $m_1$ | 2,4 | 3,2 | 4,7 | 5,2 | 6,8 | 8,4 | 10,8 | 12,8 | 14,8 | 18 | 21,5 |
| $m_2$ | 1,8 | 2,2 | 2,7 | 3,2 | 4 | 5 | 6 | 7 | 8 | 10 | 12 |
| $m_3$ | — | — | — | — | 7,5 | 9,3 | 12 | 14,1 | 16,4 | 20,3 | 23,9 |

### Sechskantmuttern mit Klemmteil

Regelgewinde: **DIN EN ISO 7040[1]), 10 511[2]) : 1998-02**
Feingewinde: **DIN EN ISO 10512[3]) : 1998-02**

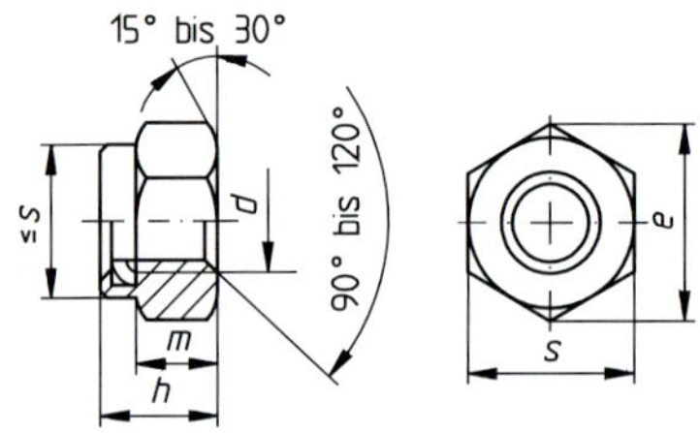


Gewindetoleranz: 6H
Produktklasse A: $d \leq$ M16; Produktklasse B: $d >$ M16
Werkstoff: Stahl, Festigkeitsklasse: [1]) 5, 8, 10, [2]) 04, 05, [3]) 6, 8, 10
Bezeichnungsbeispiel mit Feingewinde M10 × 1 Festigkeitsklasse 8:
**Sechskantmutter ISO 10512 – M10 × 1 – 8**

Gestaltung des Klemmeinsatz nach Wahl z. B. Polyamid — Maße in mm

| | ***d*** | M5 | M6 | M8 | M10 | M12 | M14 | M16 | M20 | M24 |
|---|---|---|---|---|---|---|---|---|---|---|
| | | — | — | M8 × 1 | M10 × 1 | M12 × 1,5 | M14 × 1,5 | M16 × 1,5 | M20 × 1,5 | M24 × 2 |
| | $s_{max}$ | 8 | 10 | 13 | 16 | 18 | 21 | 24 | 30 | 36 |
| | ***e*** ≈ | 8,8 | 11,1 | 14,4 | 17,7 | 20 | 23,4 | 26,8 | 33 | 39,6 |
| **ISO 7040, 10512** | $m_{min}$ | 4,4 | 4,9 | 6,4 | 8 | 10,4 | 12,1 | 14,1 | 16,9 | 20,2 |
| hohe Form | $h_{max}$ | 6,8 | 8 | 9,5 | 11,9 | 14,9 | 17 | 19,1 | 22,8 | 27,1 |
| **ISO 10511** | $m_{min}$ | 2,45 | 2,9 | 3,7 | 4,7 | 5,7 | 6,4 | 7,4 | 9,1 | 10,9 |
| niedrige Form | $h_{max}$ | 5 | 6 | 6,8 | 8,6 | 10,2 | 11,3 | 12,4 | 14,9 | 17,8 |

### Kronenmuttern

**DIN 935-1 : 2000-10**

bis M10

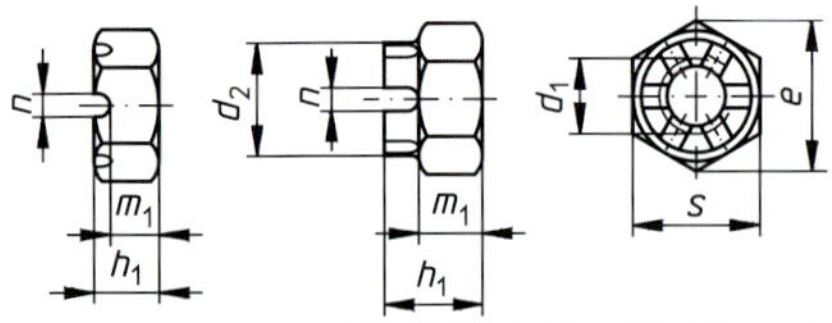


Gewindetoleranz: 6H
*s* und *e* wie DIN EN ISO 7040
Produktklasse A: $d \leq$ M16; Produktklasse B: $d >$ M16
Werkstoff: Stahl, Festigkeitsklasse: 6, 8
nichtrostender Stahl A2-50, A2-70
Bezeichnungsbeispiel mit Feingewinde M20 × 2 und Festigkeitsklasse 8:
**Kronenmutter DIN 935 – M20 × 2 – 8**

Maße in mm

| $d_1$ | M6 | M8 | M10 | M12 | M14 | M16 | M20 | M24 | M30 |
|---|---|---|---|---|---|---|---|---|---|
| | — | M8 × 1 | M10 × 1,25 | M12 × 1,5 | M14 × 1,5 | M16 × 1,5 | M20 × 2 | M24 × 2 | M30 × 2 |
| $d_2$ | — | — | — | 16 | 18 | 22 | 28 | 34 | 42 |
| ***n*** | 2,5 | 2,5 | 2,8 | 3,5 | 3,5 | 4,5 | 4,5 | 5,5 | 7 |
| $h_1$ | 7,5 | 9,5 | 12 | 15 | 16 | 19 | 22 | 27 | 33 |
| $m_1$ | 5 | 6,5 | 8 | 10 | 11 | 13 | 16 | 19 | 24 |
| Splint DIN EN ISO 1234 | 1,6 × 14 | 2 × 16 | 2,5 × 20 | 3,2 × 22 | 3,2 × 25 | 4 × 28 | 4 × 36 | 5 × 40 | 6,3 × 50 |

## Normteile

### Scheiben

#### Flache Scheiben für Sechskantschrauben und Muttern — DIN EN ISO 7089, 7090 : 2000-11

ISO 7089 ISO 7090

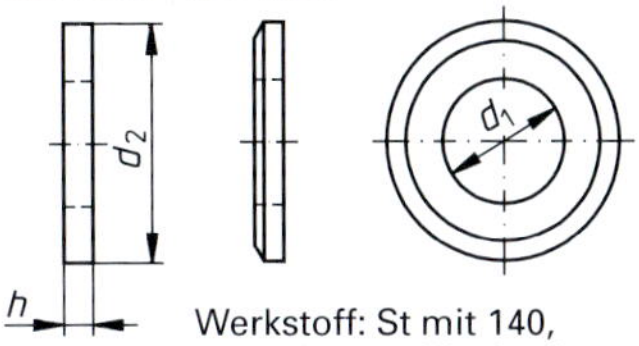


Werkstoff: St mit 140, 200 oder 300 HV, A2, A4

Maße in mm — Produktklasse A

| Nenn-größe | 3 | 4 | 5 | 6 | 8 | 10 | 12 | 14 | 16 | 20 | 24 | 30 |
|---|---|---|---|---|---|---|---|---|---|---|---|---|
| $d_1$ | 3,2 | 4,3 | 5,3 | 6,4 | 8,4 | 10,5 | 13 | 15 | 17 | 21 | 25 | 31 |
| $d_2$ | 7 | 9 | 10 | 12 | 16 | 20 | 24 | 28 | 30 | 37 | 44 | 56 |
| $h$ | 0,5 | 0,8 | 1 | 1,6 | 1,6 | 2 | 2,5 | 2,5 | 3 | 3 | 4 | 4 |

Bezeichnungsbeispiel: Nenngröße 8 mm, ohne Fase, Härte 200 HV, aus Stahl: **Scheibe ISO 7089 – 8 – 200 HV**

#### Scheiben für Bolzen — DIN EN 28738 : 1992-10, ISO 8738

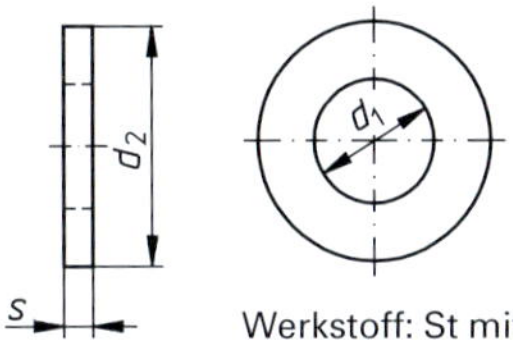


Werkstoff: St mit 160 bis 250 HV

Maße in mm — Produktklasse A

| $d_1$H11 | 5 | 6 | 8 | 10 | 12 | 14 | 16 | 20 | 24 | 30 | 40 | 50 |
|---|---|---|---|---|---|---|---|---|---|---|---|---|
| $d_1$ | 10 | 12 | 15 | 18 | 20 | 22 | 24 | 30 | 37 | 44 | 56 | 66 |
| $s$ | 1 | 1,6 | 2 | 2,5 | 3 | 3 | 3 | 4 | 4 | 5 | 6 | 8 |

Bezeichnungsbeispiel mit Durchmesser $d_1 = 20$ mm und Härteklasse 160 HV: **Scheibe ISO 8738 – 20 – 160 HV**

#### Federringe gewölbt

A gewölbt

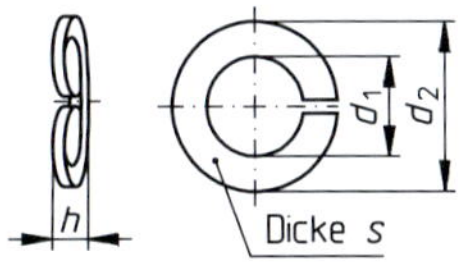


Werkstoff: Federstahl (FSt)

Maße in mm

| Größe | 3 | 4 | 5 | 6 | 8 | 10 | 12 | 14 | 16 | 20 | 24 | 30 |
|---|---|---|---|---|---|---|---|---|---|---|---|---|
| $d_1$ | 3,1 | 4,1 | 5,1 | 6,1 | 8,1 | 10,2 | 12,2 | 14,2 | 16,2 | 20,2 | 24,5 | 30,5 |
| $d_2$ | 6,2 | 7,6 | 9,2 | 11,8 | 14,8 | 18,1 | 21,1 | 24,1 | 27,4 | 33,6 | 40 | 48,2 |
| $h_{max}$ | 1,3 | 1,4 | 1,7 | 2,2 | 2,75 | 3,15 | 3,65 | 4,3 | 5,1 | 5,9 | 7,5 | 10,5 |
| $s$ | 0,7 | 0,8 | 1 | 1,3 | 1,6 | 1,8 | 2,1 | 2,4 | 2,8 | 3,2 | 4 | 6 |

Bezeichnungsbeispiel mit Durchmesser $d_1 = 12{,}2$ mm, gewellt:
**Federring DIN 128 – A12 – FSt**

#### Spannscheiben für Schraubenverbindungen — DIN 6796 : 2009-08

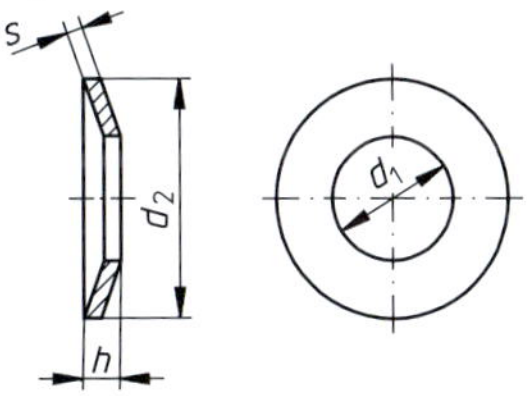


Werkstoff: Federstahl (FSt)
Anwendung: Schrauben mit Festigkeitsklasse 8.8 und 10.9

Maße in mm

| Größe | 4 | 5 | 6 | 8 | 10 | 12 | 14 | 16 | 20 |
|---|---|---|---|---|---|---|---|---|---|
| $d_1$ H14 | 4,3 | 5,3 | 6,4 | 8,4 | 10,5 | 13 | 15 | 17 | 21 |
| $d_2$ h14 | 9 | 11 | 14 | 18 | 23 | 29 | 35 | 39 | 45 |
| $s$ | 1 | 1,2 | 1,5 | 2 | 2,5 | 3 | 3,5 | 4 | 5 |
| $h_{max}$ | 1,3 | 1,55 | 2 | 2,6 | 3,2 | 3,95 | 4,65 | 5,25 | 6,4 |
| $h_{min}$ | 1,12 | 1,35 | 1,7 | 2,24 | 2,8 | 3,43 | 4,04 | 4,58 | 5,6 |

Bezeichnungsbeispiel Größe 10
**Spannscheibe DIN 6796 – 10 – FSt**

## Normteile

### Stifte

### Spannstifte (Spannhülsen) — DIN EN ISO 8752 : 2009-10

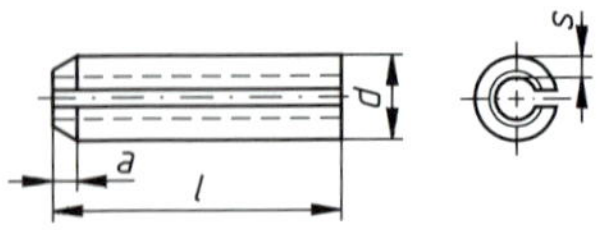


Werkstoff:
Silicium-Manganstahl, gehärtet, nichtrostender Stahl, Sorte A oder C, gehärtet
Härte 420 HV 30 bis 560 HV 30

Maße in mm

| Nenn-Ø | 2 | 3 | 4 | 5 | 6 | 8 | 10 | 12 | 14 | 16 | 20 | 25 |
|---|---|---|---|---|---|---|---|---|---|---|---|---|
| $d_{min}$ | 2,3 | 3,3 | 4,4 | 5,4 | 6,4 | 8,5 | 10,5 | 12,5 | 14,5 | 16,5 | 20,5 | 25,5 |
| $s$ | 0,4 | 0,6 | 0,8 | 1 | 1,25 | 1,5 | 2 | 2,5 | 3 | 3 | 4 | 5 |
| $a_{min}$ | 0,35 | 0,5 | 0,65 | 0,9 | 1,2 | 2 | 2 | 2 | 2 | 2 | 3 | 3 |
| $l$ von | 4 | 4 | 4 | 5 | 10 | 10 | 10 | 10 | 10 | 10 | 10 | 14 |
| bis | 30 | 40 | 50 | 80 | 100 | 120 | 160 | 180 | 200 | 200 | 200 | 200 |

Längen $l$: 6, 8, 10, 12, 14, 16, 18, 20, 22, 24, 26, 28, 30, 32, 35, 40, 45…100, 120, 140, 160, 180, 200 mm

Bezeichnungsbeispiel mit 12 mm Nenndurchmesser, Länge $l = 32$ mm:
**Spannstift ISO 8752 – 12 × 32 – St**

### Splinte — DIN EN ISO 1234 : 1998-02, ISO 1234

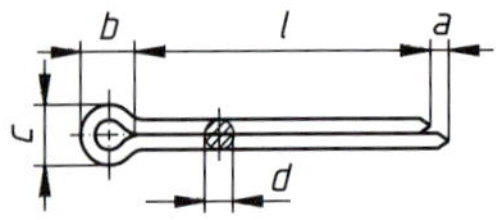


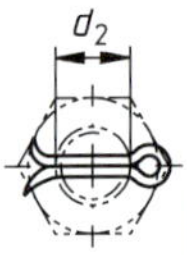


Werkstoff: St
Cu, CuZn
Al
XCrNi

Maße in mm

| Nenn-Ø | | | 1 | 1,2 | 1,6 | 2 | 2,5 | 3,2 | 4 | 5 | 6,3 | 8 | 10 | 13 |
|---|---|---|---|---|---|---|---|---|---|---|---|---|---|---|
| $d$ | | | 0,85 | 0,95 | 1,35 | 1,75 | 2,2 | 2,8 | 3,6 | 4,5 | 5,8 | 7,4 | 9,4 | 12,3 |
| $a_{max}$ | | | 1,6 | 2,5 | 2,5 | 2,5 | 2,5 | 3,2 | 4 | 4 | 4 | 4 | 6,3 | 6,3 |
| $b \approx$ | | | 3 | 3 | 3,2 | 4 | 5 | 6,4 | 8 | 10 | 12,6 | 16 | 20 | 26 |
| $c \approx$ | | | 1,7 | 1,9 | 2,6 | 3,4 | 4,3 | 5,6 | 6 | 8,6 | 11,2 | 14 | 18 | 23,5 |
| $l$ von | | | 6 | 8 | 8 | 10 | 12 | 14 | 18 | 22 | 32 | 40 | 45 | 71 |
| bis | | | 20 | 25 | 32 | 40 | 50 | 63 | 80 | 100 | 125 | 160 | 200 | 250 |
| Durchmesserbereich $d_2$ | Schrauben | über | 3,5 | 4,5 | 5,5 | 7 | 9 | 11 | 14 | 20 | 27 | 39 | 56 | 80 |
| | | bis | 4,5 | 5,5 | 7 | 9 | 11 | 14 | 20 | 27 | 39 | 56 | 80 | 120 |
| | Bolzen | über | 3 | 4 | 5 | 6 | 8 | 9 | 12 | 17 | 23 | 29 | 44 | 69 |
| | | bis | 4 | 5 | 6 | 8 | 9 | 12 | 17 | 23 | 29 | 44 | 69 | 110 |

Längen $l$: 4, 5, 6, 8, 10, 12, 14, 16, 18, 20, 22, 25, 28, 32, 36, 40, 45, 50, 56, 63, 71, 80, 90, 100, 112, 125, 140, 160, 180, 200, 224, 250, 280 mm

Bezeichnungsbeispiel mit Nenndurchmesser 3,2 mm, Länge $l = 40$ mm, Werkstoff Stahl:
**Splint ISO 1234–3,2 × 40–St**

### Bolzen ohne und mit Kopf — DIN EN 22340, DIN EN 22341 : 1992-10, ISO 2340, 2341

DIN EN 22340 DIN EN 22341

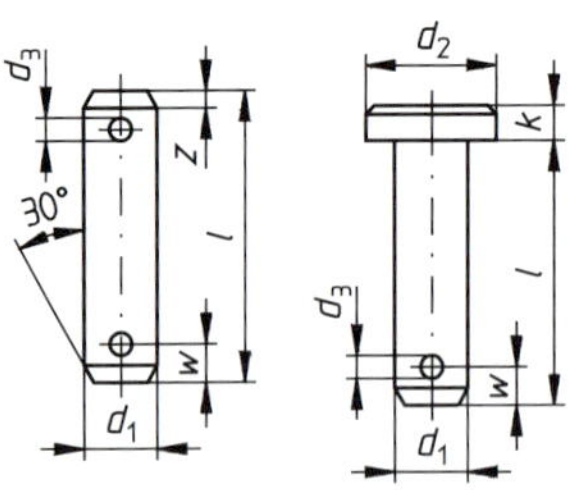


Form A ohne Splintlöcher
Form B mit Splintlöchern

Werkstoff: Automatenstahl 125 bis 245 HV

Maße in mm

| $d_1$ h11 | 5 | 6 | 8 | 10 | 12 | 14 | 16 | 20 | 24 | 30 | 40 | 50 |
|---|---|---|---|---|---|---|---|---|---|---|---|---|
| $d_2$ h14 | 8 | 10 | 14 | 18 | 20 | 22 | 25 | 30 | 36 | 44 | 55 | 66 |
| $d_3$ H13 | 1,2 | 1,6 | 2 | 3,2 | 3,2 | 4 | 4 | 5 | 6,3 | 8 | 8 | 10 |
| $w$ | 2,9 | 3,2 | 3,5 | 4,5 | 5,5 | 6 | 6 | 8 | 9 | 10 | 10 | 12 |
| $z$ | 2 | 2 | 2 | 2 | 3 | 3 | 3 | 4 | 4 | 4 | 4 | 4 |
| $k$ js14 | 1,6 | 2 | 3 | 4 | 4 | 4 | 4,5 | 5 | 6 | 8 | 8 | 9 |
| $l$ von | 10 | 12 | 16 | 20 | 24 | 28 | 32 | 40 | 50 | 60 | 80 | 100 |
| bis | 50 | 60 | 80 | 100 | 120 | 140 | 160 | 200 | 200 | 200 | 200 | 200 |

Längen $l$: 10, 12, 14…32, 35, 40, 45…100, 120, …200

Bezeichnungsbeispiel mit $d_1 = 12$ mm, Form B, Länge $l = 60$ mm,
**Bolzen ISO 2340–B–12 × 60–St**

## Normteile

### Niete

### Halbrundniete 1...8 mm

**DIN 660 : 1993-05**

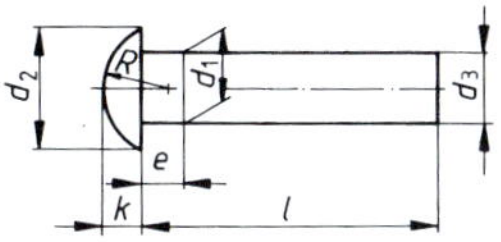


$d_4$ = Nietlochdurchmesser

Bezeichnungsbeispiel mit $d_1$ = 6 mm, $l$ = 25 mm und Werkstoff QSt32-3 [1]):
**Niet DIN 660–6 × 25–St**

Maße in mm

| $d_1$ | 1 | 1,2 | 1,6 | 2 | 2,5 | 3 | 4 | 5 | 6 | 8 |
|---|---|---|---|---|---|---|---|---|---|---|
| $d_2$ h15 | 1,8 | 2,1 | 2,8 | 3,5 | 4,4 | 5,2 | 7 | 8,8 | 10,5 | 14 |
| $d_3$ | 0,93 | 1,13 | 1,52 | 1,87 | 2,37 | 2,87 | 3,87 | 4,82 | 5,82 | 7,76 |
| $d_4$ H12 | 1,05 | 1,25 | 1,65 | 2,1 | 2,6 | 3,1 | 4,2 | 5,2 | 6,3 | 8,4 |
| $e$ | 0,5 | 0,6 | 0,8 | 1 | 1,3 | 1,5 | 2 | 2,5 | 3 | 4 |
| $k$ js14 | 0,6 | 0,7 | 1 | 1,2 | 1,5 | 1,8 | 2,4 | 3 | 3,6 | 4,8 |
| $R\approx$ | 1 | 1,2 | 1,6 | 1,9 | 2,4 | 2,8 | 3,8 | 4,6 | 5,7 | 7,5 |
| $l$ von | 2 | 2 | 2 | 2 | 3 | 3 | 4 | 5 | 6 | 8 |
| bis | 6 | 8 | 12 | 20 | 25 | 30 | 40 | 40 | 40 | 40 |

Längen $l$: 2, 3, 4, 5, 6, 8, 10, 12...22, 25, 28, 30, 32, 35, 38, 40 mm

### Halbrundniete 10...36 mm

**DIN 124 : 1993-05**

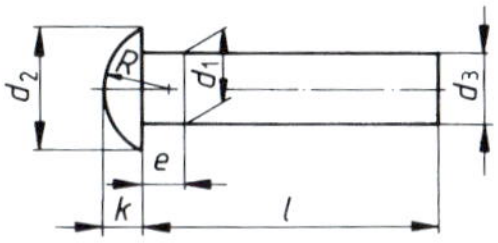


$d_4$ = Nietlochdurchmesser

Bezeichnungsbeispiel mit $d_1$ = 16 mm, $l$ = 40 mm und Werkstoff QSt32-3 [1]):
**Niet DIN 124–16 × 40–St**

Maße in mm

| $d_1$ | 10 | 12 | 14 | 16 | 18 | 20 | 22 | 24 | 30 | 36 |
|---|---|---|---|---|---|---|---|---|---|---|
| $d_2$ h16 | 16 | 19 | 22 | 25 | 28 | 32 | 36 | 40 | 48 | 58 |
| $d_3$ | 9,4 | 11,3 | 13,2 | 15,2 | 17,1 | 19,1 | 20,9 | 22,9 | 28,6 | 34,6 |
| $d_4$ H12 | 10,5 | 13 | 15 | 17 | 19 | 21 | 23 | 25 | 31 | 37 |
| $e$ | 5 | 6 | 7 | 8 | 9 | 10 | 11 | 12 | 15 | 18 |
| $k$ | 6,5 | 7,5 | 9 | 10 | 11,5 | 13 | 14 | 16 | 19 | 23 |
| $R\approx$ | 8 | 9,5 | 11 | 13 | 14,5 | 16,5 | 18,5 | 20,5 | 24,5 | 30 |
| $l$ von | 16 | 18 | 20 | 24 | 26 | 30 | 34 | 38 | 50 | 62 |
| bis | 50 | 60 | 70 | 80 | 90 | 100 | 110 | 120 | 150 | 160 |

Längen $l$: 16, 18, 20, 22...40, 42, 45, 48, 50...80, 85, 90, 95...160 mm

### Senkniete 1...8 mm

**DIN 661 : 1993-05**

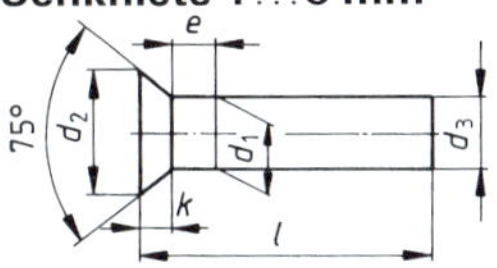


Bezeichnungsbeispiel mit $d_1$ = 5 mm, $l$ = 16 mm und Werkstoff QSt32-3 [1]):
**Niet DIN 661–5 × 16–St**

Maße in mm

| $d_1$ | 1 | 1,2 | 1,6 | 2 | 2,5 | 3 | 4 | 5 | 6 | 8 |
|---|---|---|---|---|---|---|---|---|---|---|
| $k\approx$ | 0,5 | 0,6 | 0,8 | 1 | 1,2 | 1,4 | 2 | 2,5 | 3 | 4 |
| $l$ von | 2 | 2 | 2 | 3 | 4 | 5 | 6 | 8 | 10 | 12 |
| bis | 5 | 6 | 8 | 10 | 12 | 16 | 20 | 25 | 30 | 40 |

Übrige Abmessungen $d_2$, $d_3$, $d_4$, $e$ und $l$ wie DIN 660

### Senkniete 10...36 mm

**DIN 302 : 1993-05**

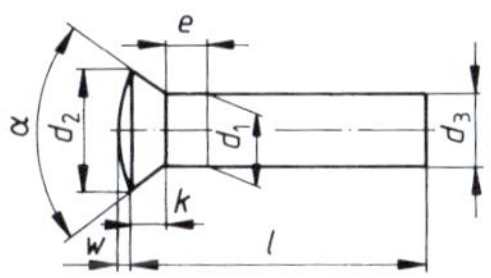


Bezeichnungsbeispiel mit $d_1$ = 20 mm, $l$ = 60 mm und Werkstoff QSt32-3 [1]):
**Niet DIN 302–20 × 60–St**

Maße in mm

| $d_1$ | 10 | 12 | 14 | 16 | 18 | 20 | 22 | 24 | 30 | 36 |
|---|---|---|---|---|---|---|---|---|---|---|
| $d_2$ | 14,5 | 18 | 21,5 | 26 | 30 | 31,5 | 34,5 | 38 | 42,5 | 51 |
| $k\approx$ | 3 | 4 | 5 | 6,5 | 8 | 10 | 11 | 12 | 15 | 18 |
| $w\approx$ | 1 | 1 | 1 | 1 | 1 | 1 | 2 | 2 | 2 | 2 |
| $\alpha$ | 75° | 75° | 75° | 75° | 75° | 60° | 60° | 60° | 45° | 45° |
| $l$ von | 10 | 14 | 18 | 24 | 26 | 30 | 32 | 36 | 45 | 55 |
| bis | 52 | 60 | 70 | 80 | 90 | 100 | 110 | 120 | 150 | 160 |

Längen $l$: 10, 12, 14...40, 42, 45, 48, 50...80, 85, 90, 95...160 mm
Übrige Abmessungen $d_3$, $d_4$ und $e$ wie DIN 124.

### Halbhohlniet mit Senkkopf

**DIN 6792 : 1993-05**

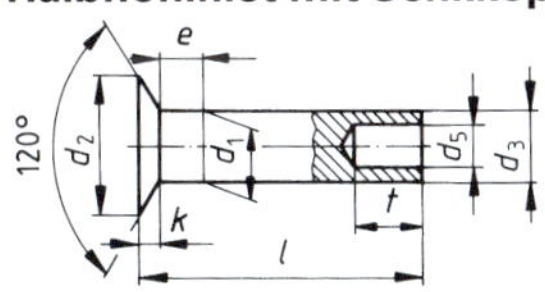


Bezeichnungsbeispiel mit $d_1$ = 8 mm, $l$ = 35 mm und Werkstoff QSt32-3 [1]):
**Niet DIN 6792–8 × 35–St**

Maße in mm

| $d_1$ | 1,6 | 2 | 2,5 | 3 | 4 | 5 | 6 | 8 | 10 |
|---|---|---|---|---|---|---|---|---|---|
| $d_2$ | 3,2 | 4 | 5 | 6 | 8 | 10 | 12 | 16 | 20 |
| $d_5$ H13 | 0,9 | 1,2 | 1,7 | 1,9 | 2,7 | 3,5 | 4,2 | 6 | 7,6 |
| $k$ | 0,45 | 0,6 | 0,7 | 0,9 | 1,2 | 1,4 | 1,7 | 2,3 | 3 |
| $t$ | 1,5 | 2,5 | 2,5 | 3 | 4 | 5 | 6,5 | 8 | 10 |
| $l$ von | 3 | 4 | 5 | 6 | 8 | 10 | 12 | 14 | 20 |
| bis | 8 | 10 | 12 | 16 | 20 | 25 | 30 | 40 | 50 |

Längen $l$: 3, 4, 5, 6, 8, 10, 12, 14, 16, 20, 25...50 mm
Übrige Abmessungen $d_3$, $d_4$, $e$ wie DIN 660.

[1]) oder QSt36-3

## Normteile

### Sicherungsscheiben

**DIN 6799 : 1981-09**

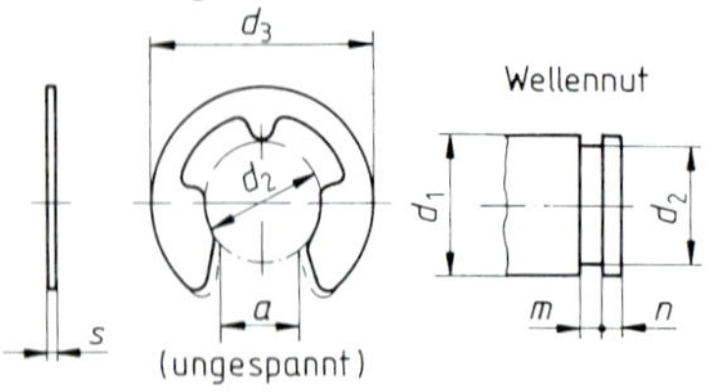


Werkstoff: Federstahl
Bezeichnungsbeispiel mit Nutdurchmesser $d_2 = 10$ mm: **Sicherungsscheibe DIN 6799 – 10**

Maße in mm

| Nut-∅ $d_2$h11 | $d_1$ von | $d_1$ bis | $d_3$ gesp. | $a$ | $s$ | $m$ | $m$ zul. Abw. | $n$ mind. |
|---|---|---|---|---|---|---|---|---|
| 4 | 5 | 7 | 9,3 | 3,3 | 0,7 | 0,74 | | 1,2 |
| 5 | 6 | 8 | 11,3 | 4,1 | 0,7 | 0,74 | +0,05 | 1,2 |
| 6 | 7 | 9 | 12,3 | 5,3 | 0,7 | 0,74 | 0 | 1,2 |
| 7 | 8 | 11 | 14,3 | 5,8 | 0,9 | 0,94 | | 1,5 |
| 8 | 9 | 12 | 16,3 | 6,5 | 1 | 1,05 | | 1,8 |
| 9 | 10 | 14 | 18,8 | 7,6 | 1,1 | 1,15 | +0,08 | 2 |
| 10 | 11 | 15 | 20,4 | 8,3 | 1,2 | 1,25 | 0 | 2 |

### Sicherungsringe

**DIN 471, DIN 472 : 1981-09**

Maße in mm

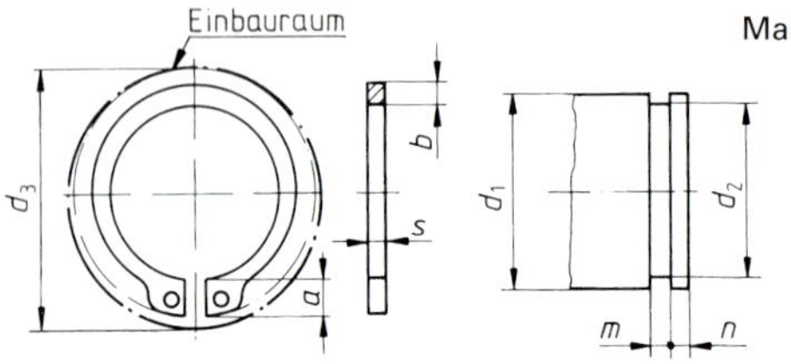


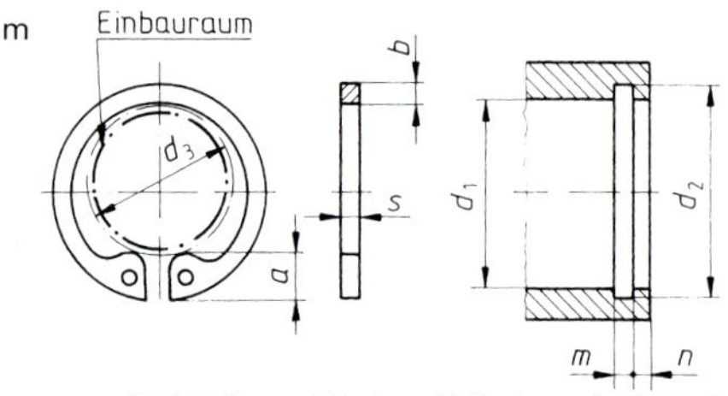


**Wellen,** DIN 471 — Werkstoff: Federstahl C67, C75

| $d_1$ Welle | $d_2$ h12 | $d_3$ | $a$ max. | $b$ ≈ | $m$ H13 | $n$ mind. | $s$ |
|---|---|---|---|---|---|---|---|
| 10 | 9,6 | 17 | 3,3 | 1,8 | 1,1 | 0,6 | 1 |
| 12 | 11,5 | 19 | 3,3 | 1,8 | 1,1 | 0,8 | 1 |
| 14 | 13,4 | 21,4 | 3,5 | 2,1 | 1,1 | 0,9 | 1 |
| 16 | 15,2 | 23,8 | 3,7 | 2,2 | 1,1 | 1,2 | 1 |
| 18 | 17 | 26,8 | 3,9 | 2,4 | 1,3 | 1,5 | 1,2 |
| 20 | 19 | 28,4 | 4 | 2,6 | 1,3 | 1,5 | 1,2 |
| 22 | 21 | 30,8 | 4,2 | 2,8 | 1,3 | 1,5 | 1,2 |
| 28 | 26,6 | 37,9 | 4,7 | 3,2 | 1,6 | 2,1 | 1,5 |
| 30 | 28,6 | 40,5 | 5 | 3,5 | 1,6 | 2,1 | 1,5 |
| 40 | 37,5 | 52,6 | 6 | 4,4 | 1,85 | 3,8 | 1,75 |
| 50 | 47 | 64,5 | 6,9 | 5,1 | 2,15 | 4,5 | 2 |

**Bohrungen,** DIN 472 — Werkstoff: Federstahl C67, C75

| $d_1$ Bohrung | $d_2$ H12 | $d_3$ | $a$ max. | $b$ ≈ | $m$ H13 | $n$ mind. | $s$ |
|---|---|---|---|---|---|---|---|
| 10 | 10,4 | 3,3 | 3,2 | 1,4 | 1,1 | 0,6 | 1 |
| 12 | 12,5 | 4,9 | 3,4 | 1,7 | 1,1 | 0,8 | 1 |
| 14 | 14,6 | 6,2 | 3,7 | 1,9 | 1,1 | 0,9 | 1 |
| 16 | 16,8 | 8 | 3,8 | 2 | 1,1 | 1,2 | 1 |
| 18 | 19 | 9,4 | 4,1 | 2,2 | 1,1 | 1,5 | 1 |
| 20 | 21 | 11,2 | 4,2 | 2,3 | 1,1 | 1,5 | 1 |
| 22 | 23 | 13,2 | 4,2 | 2,5 | 1,1 | 1,5 | 1 |
| 28 | 29,4 | 17,9 | 4,8 | 2,9 | 1,3 | 2,1 | 1,2 |
| 30 | 31,4 | 19,9 | 4,8 | 3 | 1,3 | 2,1 | 1,2 |
| 40 | 42,5 | 27,8 | 5,8 | 3,9 | 1,85 | 3,8 | 1,75 |
| 50 | 53 | 36,3 | 6,5 | 4,6 | 2,15 | 4,5 | 2 |

Bezeichnungsbeispiel für Wellendurchmesser $d_1 = 50$ mm und Dicke $s = 2$ mm: **Sicherungsring DIN 471 – 50 × 2**

### Runddraht-Sprengringe

**DIN 7993 : 1970-04**

Form A

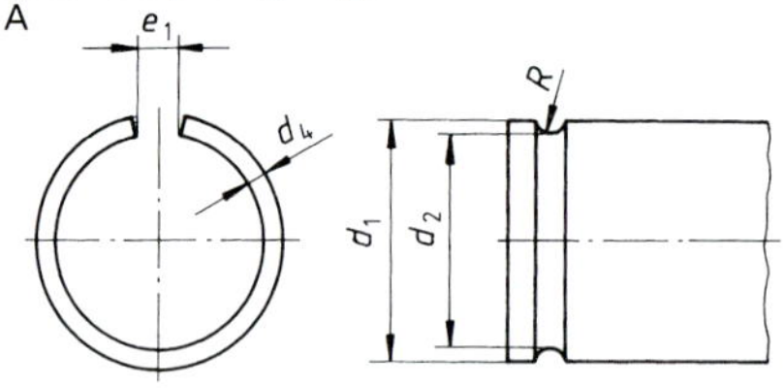


Form B

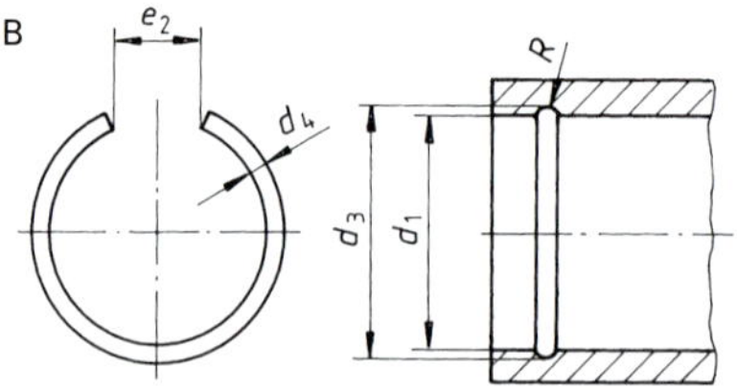


Werkstoff: Federstahldraht

Maße in mm

| $d_1$ | $d_2$ | $d_3$ | $d_4$ | $R$ | $e_1$≈ | $e_2$≈ |
|---|---|---|---|---|---|---|
| 8 | 7,2 | 8,8 | 0,8 | 0,5 | 2 | 4 |
| 10 | 9,2 | 10,8 | 0,8 | 0,5 | 2 | 4 |
| 12 | 11 | 13 | 1 | 0,6 | 3 | 6 |
| 14 | 13 | 15 | 1 | 0,6 | 3 | 6 |
| 16 | 14,4 | 17,6 | 1,6 | 0,9 | 3 | 8 |
| 18 | 16,4 | 19,6 | 1,6 | 0,9 | 3 | 8 |
| 20 | 18 | 22 | 2 | 1,1 | 3 | 10 |
| 22 | 20 | 24 | 2 | 1,1 | 3 | 10 |
| 24 | 22 | 26 | 2 | 1,1 | 3 | 10 |
| 30 | 28 | 32 | 2 | 1,1 | 3 | 10 |
| 40 | 37,5 | 42,5 | 2,5 | 1,4 | 4 | 12 |
| 48 | 45,5 | 50,5 | 2,5 | 1,4 | 4 | 16 |

Bezeichnungsbeispiel für Form A, $d_1 = 20$ mm:
**Sprengring DIN 7993 – A20**

## Normteile

### Keile DIN 6886 : 1967-12

Form A (Einlegekeil) Form B (Treibkeil)

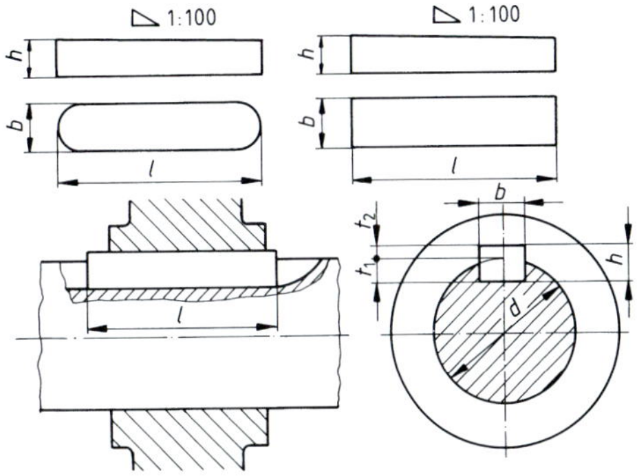


### Nasenkeile DIN 6887 : 1968-04

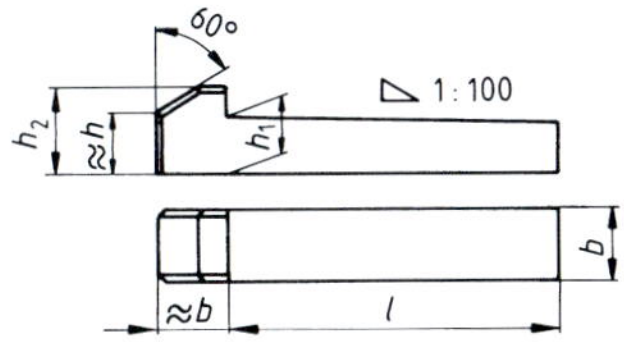


Naben- und Wellennutbreite *b*: D 10
Werkstoff: Keilstahl nach DIN 6880

Bezeichnung eines Einlegekeils mit $b = 14$ mm, $h = 9$ mm, $l = 50$ mm aus St60-2K [1])
**Keil DIN 6886–A14 × 9 × 50–St60-2K**

Bezeichnung eines entsprechenden Nasenkeils:
**Nasenkeil DIN 6887–A14 × 9 × 50–St60-2K**

[1]) St 60-2K ≙ E335 + CR nach DIN EN 10027-1

Maße in mm

| | | | | | | | | | | | | | | | | | | |
|---|---|---|---|---|---|---|---|---|---|---|---|---|---|---|---|---|---|---|
| **Für Wellen-durchmesser** | ***d*** | **über**<br>**bis** | 8<br>10 | 10<br>12 | 12<br>17 | 17<br>22 | 22<br>30 | 30<br>38 | 38<br>44 | 44<br>50 | 50<br>58 | 58<br>65 | 65<br>75 | 75<br>85 | 85<br>95 | 95<br>110 | 110<br>130 | 130<br>150 |
| **Keilquer-schnitt** | **Breite**<br>**Höhe** | ***b***<br>***h*** | **3**<br>**3** | **4**<br>**4** | **5**<br>**5** | **6**<br>**6** | **8**<br>**7** | **10**<br>**8** | **12**<br>**8** | **14**<br>**9** | **16**<br>**10** | **18**<br>**11** | **20**<br>**12** | **22**<br>**14** | **25**<br>**14** | **28**<br>**16** | **32**<br>**18** | **36**<br>**20** |
| **Nuttiefen** | **Welle**<br>**Nabe** | $t_1$<br>$t_2$ | 1,8<br>0,9 | 2,5<br>1,2 | 3<br>1,7 | 3,5<br>2,2 | 4<br>2,4 | 5<br>2,4 | 5<br>2,4 | 5,5<br>2,9 | 6<br>3,4 | 7<br>3,4 | 7,5<br>3,9 | 9<br>4,4 | 9<br>4,4 | 10<br>5,4 | 11<br>6,4 | 12<br>7,1 |
| **Nasen-keile** | | $h_1$<br>$h_2$ | —<br>— | 4,1<br>7 | 5,1<br>8 | 6,1<br>10 | 7,2<br>11 | 8,2<br>12 | 8,2<br>12 | 9,2<br>14 | 10,2<br>16 | 11,2<br>18 | 12,2<br>20 | 14,2<br>22 | 14,2<br>22 | 16,2<br>25 | 18,3<br>28 | 20,4<br>32 |

Normale Längen *l*: 14, 16, 18, 20, 22, 25, 28, 32, 36, 40, 45, 50, 56, 63, 70, 80 mm usw. wie DIN 6885

### Flachkeile DIN 6883 : 1956-02 Hohlkeile DIN 6881 : 1956-02 Nasenflachkeile DIN 6884 : 1956-02 Nasenhohlkeile DIN 6889 : 1956-02

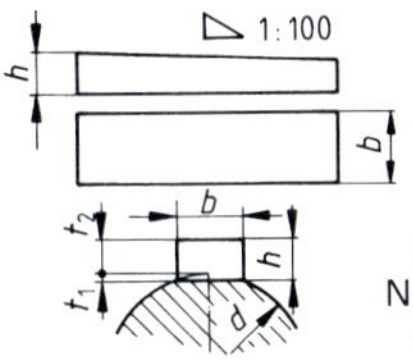


Passtoleranz für Naben- und Wellen-nutbreite *b*: D10

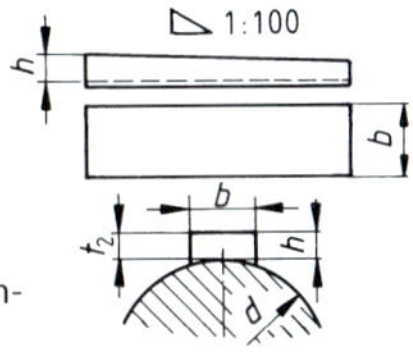


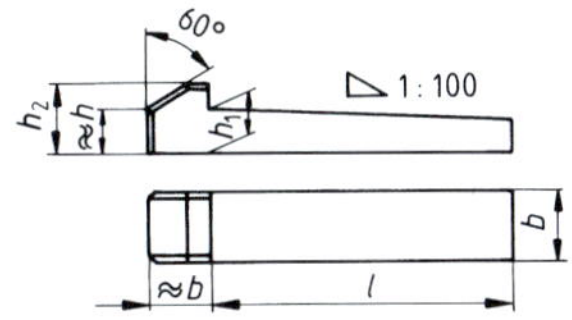


Bezeichnungsbeispiele mit $b = 12$ mm, $h = 6$ (4) mm, $l = 63$ mm:
**Flachkeil DIN 6883–12 × 6 × 63** **Hohlkeil DIN 6881–12 × 4 × 63** **Nasenhohlkeil DIN 6889–12 × 4 × 63**

Maße in mm

| | | | | | | | | | | | | | | |
|---|---|---|---|---|---|---|---|---|---|---|---|---|---|---|
| **Für Wellen-durchmesser** | ***d*** | **über**<br>**bis** | 22<br>30 | 30<br>38 | 38<br>44 | 44<br>50 | 50<br>58 | 58<br>65 | 65<br>75 | 75<br>85 | 85<br>95 | 95<br>110 | 110<br>130 | 130<br>150 |
| **Abmessungen für Flachkeile** | | | | | | | | | | | | | | |
| **Keilquer-schnitt** | **Breite**<br>**Höhe** | ***b***<br>***h*** | **8**<br>**5** | **10**<br>**6** | **12**<br>**6** | **14**<br>**6** | **16**<br>**7** | **18**<br>**7** | **20**<br>**8** | **22**<br>**9** | **25**<br>**9** | **28**<br>**10** | **32**<br>**11** | **36**<br>**12** |
| **Nuttiefen** | **Welle**<br>**Nabe** | $t_1$<br>$t_2$ | 1,3<br>3,2 | 1,8<br>3,7 | 1,8<br>3,7 | 1,4<br>4 | 1,9<br>4,5 | 1,9<br>4,5 | 1,9<br>5,5 | 1,8<br>6,5 | 1,9<br>6,4 | 2,4<br>6,9 | 2,3<br>7,9 | 2,8<br>8,4 |
| **Abmessungen für Hohlkeile** | | | | | | | | | | | | | | |
| **Keilquer-schnitt** | **Breite**<br>**Höhe** | ***b***<br>***h*** | **8**<br>**3,5** | **10**<br>**4** | **12**<br>**4** | **14**<br>**4,5** | **16**<br>**5** | **18**<br>**5** | **20**<br>**6** | **22**<br>**7** | **25**<br>**7** | **28**<br>**7,5** | **32**<br>**8,5** | **36**<br>**9** |
| **Nuttiefe** | **Nabe** | $t_2$ | 3,2 | 3,7 | 3,7 | 4 | 4,5 | 4,5 | 5,5 | 6,5 | 6,4 | 6,9 | 7,9 | 8,4 |
| **Zusätzliche Abmessungen für Nasenflach- und Nasenhohlkeile** | | | | | | | | | | | | | | |
| **Nasenflachkeil** | | $h_1$<br>$h_2$ | 5,2<br>9 | 6,2<br>10 | 6,2<br>10 | 6,2<br>11 | 7,2<br>13 | 7,2<br>14 | 8,2<br>16 | 9,2<br>18 | 9,2<br>18 | 10,2<br>20 | 11,3<br>22 | 12,4<br>25 |
| **Nasenhohlkeil** | | $h_1$<br>$h_2$ | 3,7<br>7,5 | 4,2<br>8 | 4,2<br>8 | 4,7<br>9 | 5,2<br>11 | 5,2<br>11 | 6,2<br>14 | 7,2<br>15 | 7,2<br>18 | 7,7<br>20 | 8,8<br>22 | 9,4<br>25 |

Normale Längen *l*: 20, 22, 25, 28, 32, 36, 40, 45, 50, 56, 63, 70, 80, 90 mm usw.

## Normteile

### Passfedern (hohe Form), Nuten

**DIN 6885-1 : 1968-08**

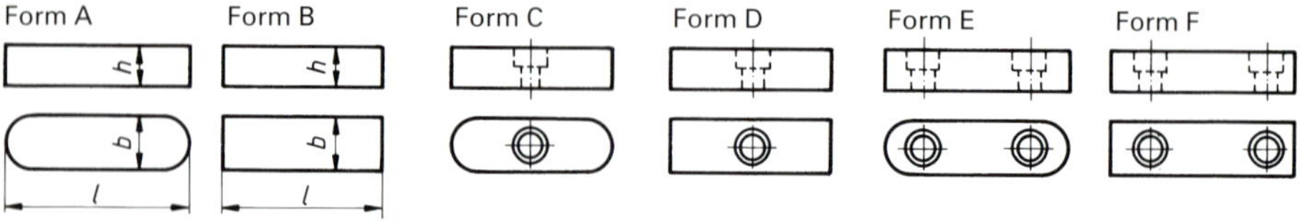


Werkstoff: E 295

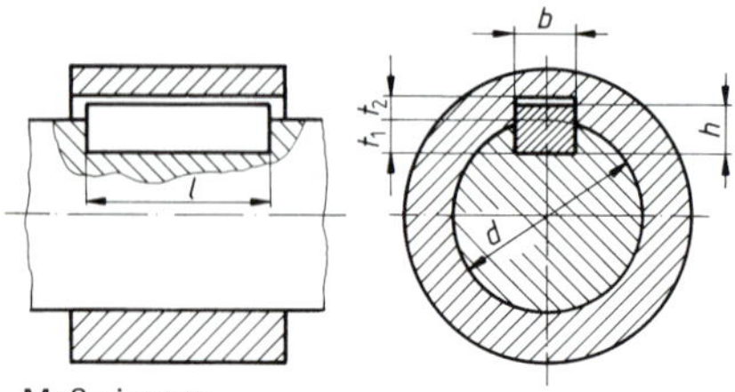


| | | Toleranz |
|---|---|---|
| **Wellennutbreite** ***b*** | fester Sitz<br>leichter Sitz | P9<br>N9 |
| **Nabennutbreite** ***b*** | fester Sitz<br>leichter Sitz | P9<br>JS9 |
| **Wellennuttiefe** $t_1$ | zulässige Abweichung | $+0,1 \ldots 0,2$ |
| **Nabennuttiefe** $t_2$ | zulässige Abweichung | $+0,1 \ldots 0,2$ |

Maße in mm

| **Für Wellen-durchmesser** ***d*** **über / bis** | 8<br>10 | 10<br>12 | 12<br>17 | 17<br>22 | 22<br>30 | 30<br>38 | 38<br>44 | 44<br>50 | 50<br>58 | 58<br>65 | 65<br>75 | 75<br>85 | 85<br>95 | 95<br>110 | 110<br>130 | 130<br>150 |
|---|---|---|---|---|---|---|---|---|---|---|---|---|---|---|---|---|
| **Passfeder-querschnitt** **Breite** ***b*** / **Höhe** ***h*** | 3<br>3 | 4<br>4 | 5<br>5 | 6<br>6 | 8<br>7 | 10<br>8 | 12<br>8 | 14<br>9 | 16<br>10 | 18<br>11 | 20<br>12 | 22<br>14 | 25<br>14 | 28<br>16 | 32<br>18 | 36<br>20 |
| **Wellennuttiefe** $t_1$ | 1,8 | 2,5 | 3 | 3,5 | 4 | 5 | 5 | 5,5 | 6 | 7 | 7,5 | 9 | 9 | 10 | 11 | 12 |
| **Nabennut-tiefe** $t_2$ **mit Spiel / mit Übermaß** | 1,4<br>0,9 | 1,8<br>1,2 | 2,3<br>1,7 | 2,8<br>2,2 | 3,3<br>2,4 | 3,3<br>2,4 | 3,3<br>2,4 | 3,8<br>2,9 | 4,3<br>3,4 | 4,4<br>3,4 | 4,9<br>3,9 | 5,4<br>4,4 | 5,4<br>4,4 | 6,4<br>5,4 | 7,4<br>6,4 | 8,4<br>7,1 |

Normale Längen *l*: 6, 8, 10, 12, 14, 16, 18, 20, 22, 25, 28, 32, 36, 40, 45, 50, 56, 63, 70, 80, 90, 100, 110, 125, 140, 160, 180, 200, 220, 250, 280, 320 mm

Bezeichnung einer Passfeder Form A mit *b* = 16 mm, *h* = 10 mm, *l* = 50 mm und Werkstoff St
**Passfeder DIN 6885–A16 × 10 × 50 – St**

### Scheibenfedern

**DIN 6888 : 1956-08**

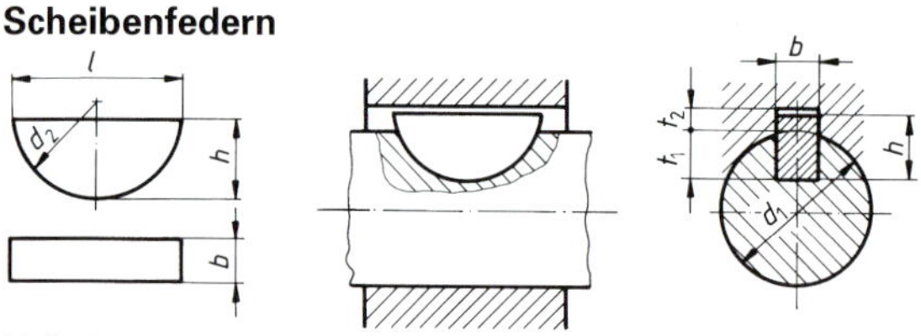


Toleranzen wie Passfedern DIN 6885-1
Werkstoff: E 335

Maße in mm

| | | | | | | | | | | | | | | | | | | | |
|---|---|---|---|---|---|---|---|---|---|---|---|---|---|---|---|---|---|---|---|
| **Reihe I für Wellen-∅** $d_1$ **über / bis** | 8<br>10 | | | | 10<br>12 | | | 12<br>17 | | | 17<br>22 | | | 22<br>30 | | | 30<br>38 | | |
| **Reihe II für Wellen-∅** $d_1$ **über / bis** | 12<br>17 | | | | 17<br>22 | | | 22<br>30 | | | 30<br>38 | | | —<br>— | | | —<br>— | | |
| **Feder-quer-schnitt Breite** ***b*** | 2,5 | 3 | | | 4 | | | 5 | | | 6 | | | 8 | | | 10 | | |
| **Höhe** ***h*** | 3,7 | 3,7 | 5 | 6,5 | 5 | 6,5 | 7,5 | 6,5 | 7,5 | 9 | 7,5 | 9 | 11 | 9 | 11 | 13 | 11 | 13 | 16 |
| **Feder-∅** $d_2$ / **Federlänge** $l$ | 10<br>9,7 | 10<br>9,7 | 13<br>12,7 | 16<br>15,7 | 13<br>12,7 | 16<br>15,7 | 19<br>18,6 | 16<br>15,7 | 19<br>18,6 | 22<br>21,6 | 19<br>18,6 | 22<br>21,6 | 28<br>27,4 | 22<br>21,6 | 28<br>27,4 | 32<br>31,4 | 28<br>27,4 | 32<br>31,4 | 45<br>43,1 |
| **Wellen-nuttiefe** $t_1$ | 2,9 | 2,5 | 3,8 | 5,3 | 3,5 | 5 | 6 | 4,5 | 5,5 | 7 | 5,1 | 6,6 | 8,6 | 6,2 | 8,2 | 10 | 7,8 | 9,8 | 13 |
| **Naben-nuttiefe** $t_2$ | 1 | 1,4 | | | 1,7 | | | 2,2 | | | 2,6 | | | 3 | | | 3,4 | | |

Reihe I: Scheibenfeder überträgt wie Passfeder das gesamte Drehmoment
Reihe II: Scheibenfeder dient zur Festlegung der Lage, das Drehmoment wird von einem anderen Element (z. B. Kegel) übertragen.

Bezeichnung einer Scheibenfeder mit *b* = 5 mm, *h* = 9 mm und Werkstoff E 335:
**Scheibenfeder DIN 6888–5 × 9–E 335**

## Normteile

## Wälzlager

### Bezeichnung, Kennzeichnung

**DIN 623-1 : 1993-05**

**Rillenkugellager DIN 625 – S – 6210 – 2Z N / HT**

**Lagerart** – Rillenkugellager

**DIN Nummer** – DIN 625

**Vorsetzzeichen:** (S)
- **K** Kennzeichnung von Lagerteilen abweichend von der Basisausführung
- **S** Lager aus rostfreiem Stahl

**Basis-Kennzeichen:** (6210)
- **6** Rillenkugellager, **1** Pendelkugel-, **2** Tonnen-, **3** Kegelrollen-
- **–** Breitenreihe **0** (**0**, **1**, **2**, **3**, **4**) hier nicht geschrieben
- **2** Durchmesserreihe (**0**, **2**, **3**, **4**)
- **10** Bohrungskennzahl 10 × 5 = 60 mm Lagerbohrung
  Die Kennzahlen 00, 01, 02, 03 entsprechen dem Bohrungsdurchmesser $d$ = 10, 12, 15, 17 mm.

**Nachsetzzeichen:** Angaben sind teilweise herstellerspezifisch. (2Z N)

**Konstruktion:** **A**, **B**, **C**, **D** abweichender o. geänderter innerer Aufbau

**äußere Form:**
- **K** kegelige Bohrung
- **N** Ringnut
- **RS** schleifende Dichtung (**2RS** beidseitig)
- **RZ** reibungsarme Dichtscheibe
- **Z** Deckscheibe (**2Z** beidseitig)

**Käfig:**
- **F** Massivkäfig
- **J** Stahlblechkäfig
- **L** Massivkäfig aus Leichtmetall Al
- **M** Massivkäfig aus Messing CuZn
- **P** Massivkäfig aus glasfaserverstärktem Polyamid

**Ausführung:** Angaben werden mit Schrägstrich angehängt (HT)
- **P4** (**P5**) Maß- und Laufgenauigkeit nach ISO Toleranzklasse 4 (5)
- **C2** (**C3**) Lagerluft kleiner (größer) als normal
- **S0** bis **S4** maßstabilisiert bis 150 °C ... 350 °C
- **HT**, **MT**, **NT** Schmierfett für hohe, mittlere, niedere Temperaturen

Allgemeine und detaillierte vereinfachte Darstellung von Wälzlagern in Zeichnungen nach DIN ISO 8826 siehe Kapitel Z Technisches Zeichnen

### Empfohlene Passtoleranzen

Die Toleranzen der Wälzlagerdurchmesser unterliegen nicht dem ISO-Toleranzsystem. Für sie gelten die Toleranzfelder KB (Bohrung) und hB (Außendurchmesser) nach DIN 620. In beiden Fällen liegt das obere Abmaß der Toleranzfelder auf dem Nennmaß, d. h. beide Durchmesser haben Minustoleranzen.

| | Gehäuse (Bohrung) | | | Welle | | |
|---|---|---|---|---|---|---|
| **Radiallager Belastungsart** | **Verschiebbarkeit Belastungshöhe** | | **Toleranzklasse** | **Verschiebbarkeit Wellendurchmesser** | | **Toleranzklasse** |
| Punktlast | Loslager, leicht verschiebbar | | G7, H7 | alle ø | Loslager, leicht verschiebbar | g6, h6 |
| | Loslager, höhere Genauigkeit | | H6, J7 | | Loslager, höhere Genauigkeit | h5, j6 |
| Umfangslast | kleine Belastung | | K7 | bis 100 mm | | j6, k6 |
| | mittlere Belastung | | M7 | bis 200 mm | | k6, m6 |
| | hohe Belastung | | N7 | bis 500 mm | | m6, n6 |
| | starke Stöße | | P7 | über 500 mm | | p6 |
| **Axiallager Belastungsart** | **Lagerart** | **Betriebsbedingungen** | **Toleranzklasse** | **Betriebsbedingungen** | | **Toleranzklasse** |
| Axiallast | Kugellager | normale Genauigkeit | E8 | alle Arten, Belastungen und Größen | | j6, k6 |
| | | hohe Genauigkeit | H6 | | | |
| | Rollenlager | normale Belastung | E8 | | | |
| | | hohe Belastung | G7 | | | |

## Normteile

### Rillenkugellager

DIN 625-1:1989-04

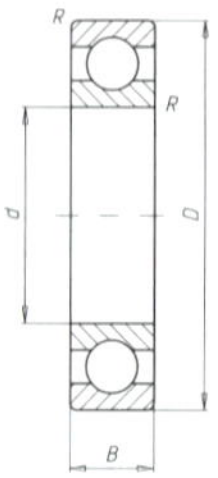


Maße in mm

| d | Reihe 60 D | B | R | Kurzz. | Reihe 62 D | B | R | Kurzz. | Reihe 63 D | B | R | Kurzz. |
|---|---|---|---|---|---|---|---|---|---|---|---|---|
| 10 | 26 | 8 | 0,3 | 6000 | 30 | 9 | 0,6 | 6200 | 35 | 11 | 0,6 | 6300 |
| 12 | 28 | 8 | 0,3 | 6001 | 32 | 10 | 0,6 | 6201 | 37 | 12 | 1 | 6301 |
| 15 | 32 | 9 | 0,3 | 6002 | 35 | 11 | 0,6 | 6202 | 42 | 13 | 1 | 6302 |
| 17 | 35 | 10 | 0,3 | 6003 | 40 | 12 | 0,6 | 6203 | 47 | 14 | 1 | 6303 |
| 20 | 42 | 12 | 0,6 | 6004 | 47 | 14 | 1 | 6204 | 52 | 15 | 1,1 | 6304 |
| 25 | 47 | 12 | 0,6 | 6005 | 52 | 16 | 1 | 6205 | 62 | 17 | 1,1 | 6305 |
| 30 | 55 | 13 | 1 | 6006 | 62 | 16 | 1 | 6206 | 72 | 19 | 1,1 | 6306 |
| 35 | 62 | 14 | 1 | 6007 | 72 | 17 | 1,1 | 6207 | 80 | 21 | 1,5 | 6307 |
| 40 | 68 | 15 | 1 | 6008 | 80 | 18 | 1,1 | 6208 | 90 | 23 | 1,5 | 6308 |
| 45 | 75 | 16 | 1 | 6009 | 85 | 19 | 1,1 | 6209 | 100 | 25 | 1,5 | 6309 |
| 50 | 80 | 16 | 1 | 6010 | 90 | 20 | 1,1 | 6210 | 110 | 27 | 2 | 6310 |

### Kegelrollenlager

DIN 720:2008-08

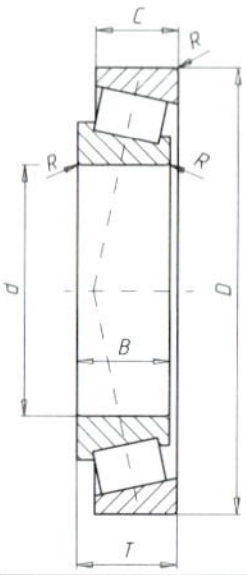


Maße in mm

| d | Reihe 302 D | B | C | T | $R_{min}$ | Kurzz. | Reihe 303 D | B | C | T | $R_{min}$ | Kurzz. |
|---|---|---|---|---|---|---|---|---|---|---|---|---|
| 15 | – | – | – | – | – | – | 42 | 13 | 11 | 14,25 | 1 | 30302 |
| 17 | 40 | 12 | 11 | 13,25 | 1 | 30203 | 47 | 14 | 12 | 15,25 | 1 | 30303 |
| 20 | 47 | 14 | 12 | 15,25 | 1 | 30204 | 52 | 15 | 13 | 16,25 | 1,5 | 30304 |
| 25 | 52 | 15 | 13 | 16,25 | 1 | 30205 | 62 | 17 | 15 | 18,25 | 1,5 | 30305 |
| 30 | 62 | 16 | 14 | 17,25 | 1 | 30206 | 72 | 19 | 16 | 20,75 | 1,5 | 30306 |
| 35 | 72 | 17 | 15 | 18,15 | 1,5 | 30207 | 80 | 21 | 18 | 22,75 | 1,5 | 30307 |
| 40 | 80 | 18 | 16 | 19,75 | 1,5 | 30208 | 90 | 23 | 20 | 25,25 | 1,5 | 30308 |
| 45 | 85 | 19 | 16 | 20,75 | 1,5 | 30209 | 100 | 25 | 22 | 27,25 | 1,5 | 30309 |
| 50 | 90 | 20 | 17 | 21,75 | 1,5 | 30210 | 110 | 27 | 23 | 29,75 | 2 | 30310 |

### Tonnenlager DIN 635-1:1987-08

### Pendelrollenlager DIN 635-2:2009-01

Maße in mm

Reihe 203

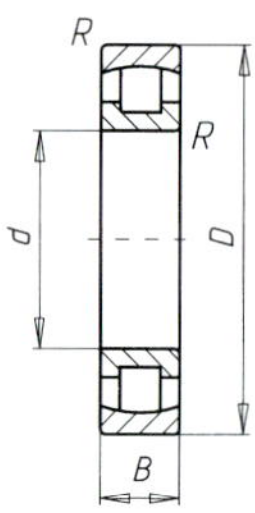


| Kurzzeichen | d | D | B | R | Kurzzeichen |
|---|---|---|---|---|---|
| 20305 | 25 | 62 | 17 | 1,1 | 21305 |
| 20306 | 30 | 72 | 19 | 1,1 | 21306 |
| 20307 | 35 | 80 | 21 | 1,5 | 21307 |
| 20308 | 40 | 90 | 23 | 1,5 | 21308 |
| 20309 | 45 | 100 | 25 | 1,5 | 21309 |
| 20310 | 50 | 110 | 27 | 2 | 21310 |
| 20311 | 55 | 120 | 29 | 2 | 21311 |
| 20312 | 60 | 130 | 31 | 2,1 | 21312 |
| 20313 | 65 | 140 | 33 | 2,1 | 21313 |
| 20314 | 70 | 150 | 35 | 2,1 | 21314 |
| 20315 | 75 | 160 | 37 | 2,1 | 21315 |
| 20316 | 80 | 170 | 39 | 2,1 | 21316 |

Reihe 213

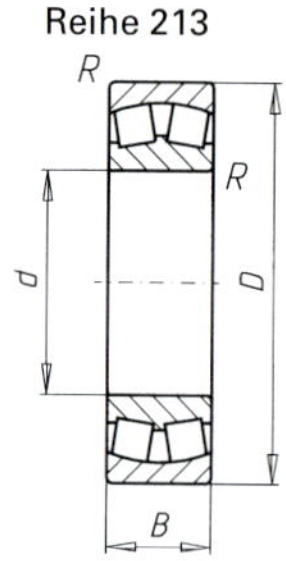


### Zylinderrollenlager DIN 5412-1:2005-08

Reihe NU2, NJ2, NUP2, N2

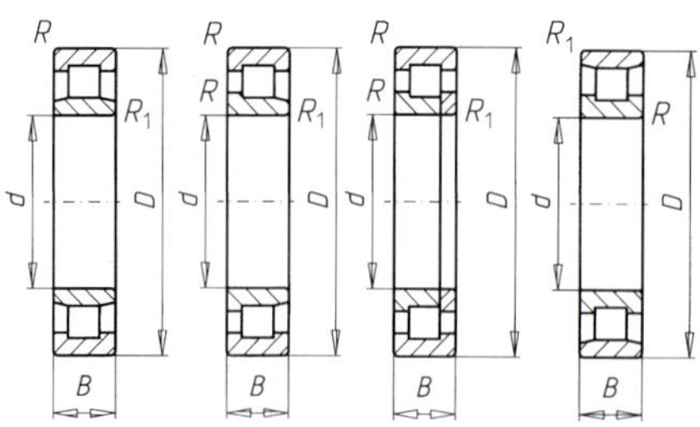


NU 2 NJ 2 NUP 2 N 2

Maße in m

| Kurzzeichen | | d | D | B | R | $R_1$ |
|---|---|---|---|---|---|---|
| alle | 204 | 20 | 47 | 14 | 1 | 0,6 |
| in | 205 | 25 | 52 | 15 | 1 | 0,6 |
| NU | 206 | 30 | 62 | 16 | 1 | 0,6 |
| oder | 207 | 35 | 72 | 17 | 1,1 | 0,6 |
| NJ | 208 | 40 | 80 | 18 | 1,1 | 1,1 |
| oder | 209 | 45 | 85 | 19 | 1,1 | 1,1 |
| NUP | 210 | 50 | 90 | 20 | 1,1 | 1,1 |
| oder | 211 | 55 | 100 | 21 | 1,5 | 1,1 |
| N- | 212 | 60 | 110 | 22 | 1,5 | 1,5 |
| Ausf. | 213 | 65 | 120 | 23 | 1,5 | 1,5 |
| | 214 | 70 | 125 | 24 | 1,5 | 1,5 |
| | 215 | 75 | 130 | 25 | 1,5 | 1,5 |
| | 216 | 80 | 140 | 26 | | 2 |

## Normteile

### Radial-Wellendichtringe

**DIN 3760 : 1996-09**

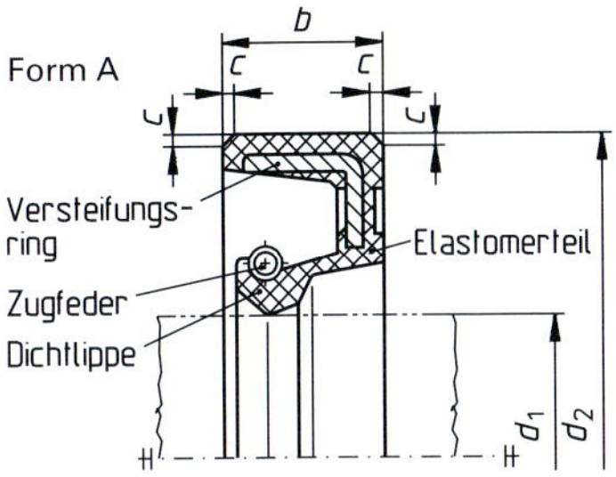


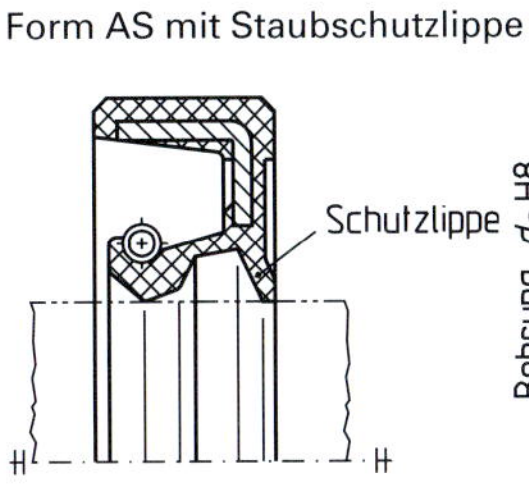


Empfohlene Einbaumaße, Toleranzklassen, vereinfachte Darstellung nach DIN ISO 9222-1, -2

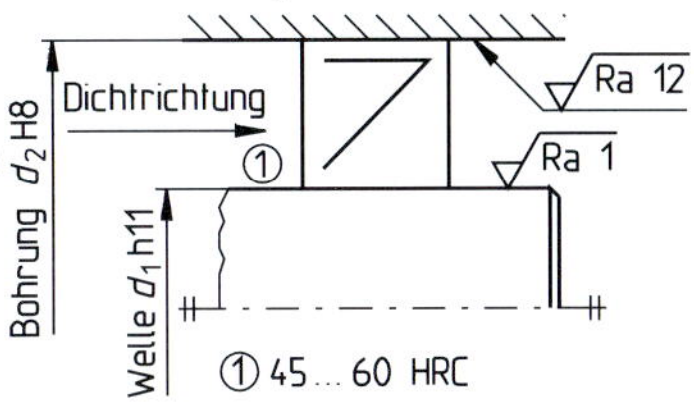


Maße in mm

Werkstoff: Acrylnitril-Butadien-Kautschuk NBR, Fluorkautschuk FKM

Bezeichnungsbeispiel: Form A, Wellendurchmesser $d_1 = 50$ mm, Außendurchmesser $d_2 = 65$ mm, Breite $b = 8$ mm
**Radialwellendichtring DIN 3760 – A50 × 65 × 8 – NBR**

### Filzringe

**DIN 5419 : 2010-05**

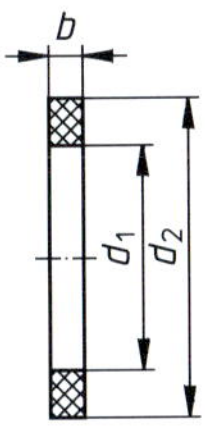


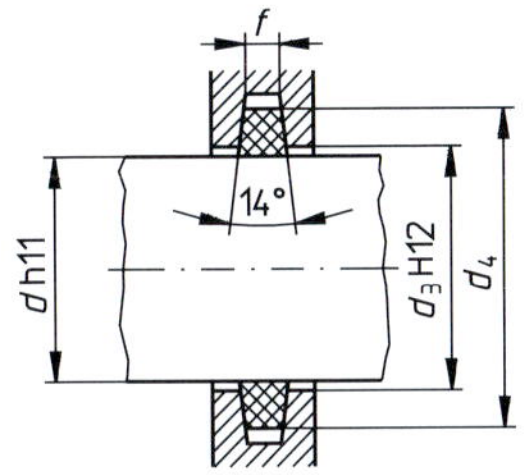


Maße in mm

| $d_1$ | $d_2$ | $b$ | $d_3$ | $d_4$ | $f$ |
|---|---|---|---|---|---|
| 20 | 30 | 4 | 21 | 31 | 3 |
| 25 | 37 | 5 | 26 | 38 | 4 |
| 30 | 42 | 5 | 31 | 43 | 4 |
| 35 | 47 | 5 | 36 | 48 | 4 |
| 40 | 52 | 5 | 41 | 53 | 4 |
| 45 | 57 | 5 | 46 | 58 | 4 |
| 50 | 66 | 6,5 | 51 | 67 | 5 |
| 55 | 71 | 6,5 | 56 | 72 | 5 |
| 60 | 76 | 6,5 | 61,5 | 77 | 5 |
| 65 | 81 | 6,5 | 66,5 | 82 | 5 |
| 70 | 88 | 7,5 | 71,5 | 89 | 6 |
| 75 | 93 | 7,5 | 76,5 | 94 | 6 |
| 80 | 98 | 7,5 | 81,5 | 99 | 6 |
| 90 | 103 | 8,5 | 92 | 111 | 7 |
| 100 | 110 | 10 | 102 | 125 | 8 |

Werkstoff: Wollfilz
Filzhärte: $d_1 \leq 38$ mm M5 $d_1 \geq 40$ mm F2
Bezeichnungsbeispiel mit $d_1 = 35$ mm und einer Filzhärte M5: **Filzring DIN 5419–35–M5**

### O-Ringe

**DIN 3771-1, -3 : 1984-12, -5 : 1993-11**
**ISO 3601-1**

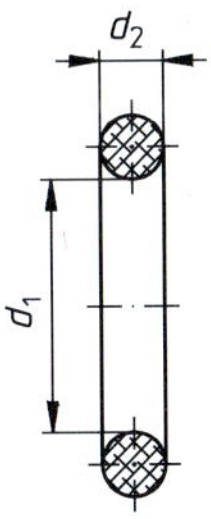


Sortenmerkmal
N = allgemeine Anforderung
S = besondere Anforderung mit höherem Qualitätsstand hinsichtlich Toleranzen und Oberflächengüte

Bezeichnungsbeispiel:
Innendurchmesser $d_1 = 15$ mm
Querschnittsdurchmesser $d_2 = 1{,}8$ mm
Sortenmerkmal N
Werkstoff FPM, Härte 85

**O-Ring DIN 3771 – 15 × 1,8 – N – FPM85**

Werkstoffe:

| Kurzzeichen | Basis-Elastomer | Härte in Shore |
|---|---|---|
| NBR | Acrylnitril-Butadien-Kautschuk | 70/90 |
| FPM | Fluor-Kautschuk | 85 |
| EPDM | Ethylen-Propylen-Dien-Kautschuk | 70 |
| MVQ | Siliconkautschuk | 70 |
| ACM | Acrylat-Kautschuk | 70 |

## Normteile

### Kegelschmiernippel

**DIN 71 412 : 1987-11**

Form A

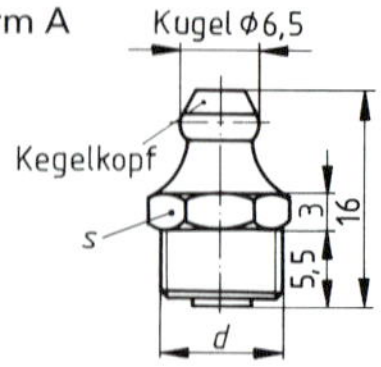


Form B

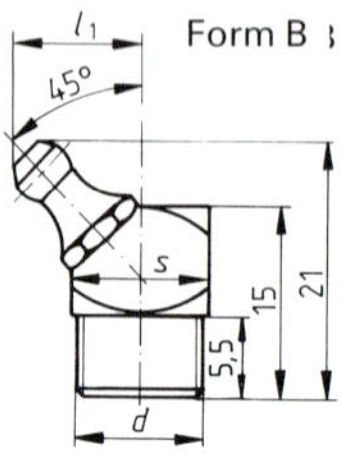


Form C

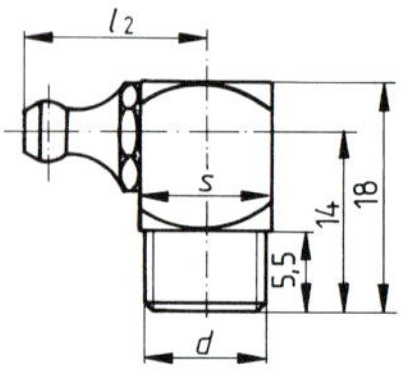


Maße in mm

| | | Durchmesser *d* | | |
|---|---|---|---|---|
| Zylindrisches Gewinde DIN 13 | | M6 | M8 × 1 | M10 × 1 |
| Kegeliges Gewinde DIN 158 | | M6 keg | M8 × 1 keg | M10 × 1 keg |
| Selbstformendes Gewinde ∢ 120° Kernlochbohrung | | S6 5,6 | S8 × 1 7,5 | S10 × 1 9,5 |
| **Kurzzeichen** | | | | |
| Form A | **s** | 7 | 9 | 11 |
| Form B | $l_1$ **s** | 10 9 | 10 9 | 11 10 |
| Form C | $l_2$ **s** | 14,3 9 | 14,3 9 | 15,3 11 |

Werkstoff 5.8 verzinkt:
Bezeichnungsbeispiel mit Gewinde M10 × 1, Form B:
**Kegelschmiernippel DIN 71 412 – B M10 × 1**

### Flachschmiernippel

**DIN 3404 : 1988-01**

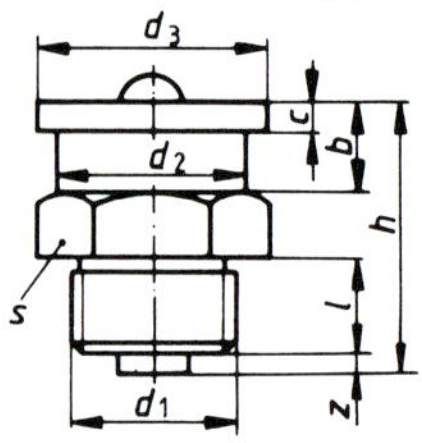


Maße in mm

| Kurzzeichen | $d_1$ | *b* | *c* | $d_2$ | $d_3$ | $h_{max}$ | *l* | *s* | *z* |
|---|---|---|---|---|---|---|---|---|---|
| A M10 × 1 | M10 × 1 | 6,5 | 2 | 12 | 16 | 17,6 | 5,5 | 17 | 1 |
| A M16 × 1,5 | M16 × 1,5 | 8,5 | 3 | 18 | 22 | 23,1 | 7,5 | 22 | 1,5 |
| A G$^1/_8$[1]) | G$^1/_8$ | 6,5 | 2 | 12 | 16 | 17,6 | 5,5 | 17 | 1 |
| A G$^1/_4$[1]) | G$^1/_4$ | 6,5 | 2 | 12 | 16 | 17,6 | 7,5 | 17 | 1 |
| A G$^3/_8$[1]) | G$^3/_8$ | 8,5 | 3 | 18 | 22 | 23,1 | 7,5 | 22 | 1,5 |

[1]) Rohrgewinde nicht mehr für Neuanlagen

Werkstoff: St (Stahl, verzinkt, Festigkeitsklasse 5.8) nr. St (nichtrostender Stahl) Ms (Cu-Zn-Legierung)

Bezeichnungsbeispiel mit Gewinde M10 × 1 und Werkstoff St:
**Flachschmiernippel DIN 3404 – A M10 × 1 – St**

### Einschlag-Kugelöler Form F

**DIN 3410 : 1974-12**

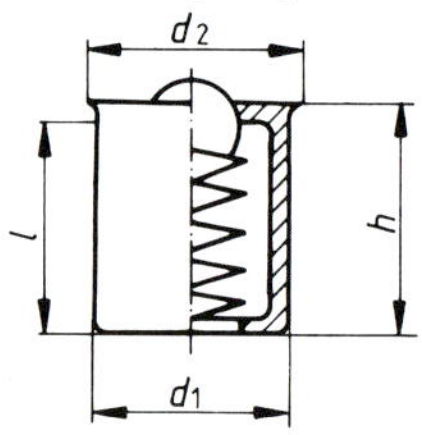


Werkstoff:
Gehäuse: St oder CuZn
Kugel und Feder: St

Maße in mm

| Kurzzeichen | F4 | F5 | F6 | F8 | F10 | F12,5 | F14 | F16 |
|---|---|---|---|---|---|---|---|---|
| $d_1$[1]) | 4 | 5 | 6 | 8 | 10 | 12,5 | 14 | 16 |
| $d_2$ | 4,5 | 5,5 | 6,5 | 9 | 11 | 13,5 | 15 | 17 |
| *h* | 5 | 6 | 7 | 9 | 11,5 | 14 | 16,5 | 18 |
| *l* | 3 | 4 | 5 | 7 | 9,5 | 12 | 14,5 | 16 |

[1]) $d_1$ mit Übermaß für Aufnahmebohrung mit H11

Bezeichnungsbeispiel mit $d_1 = 8$ mm und Werkstoff St:
**Öler DIN 3410 – F8 – St**

### Staufferbuchsen

**DIN 3411 : 1972-10**

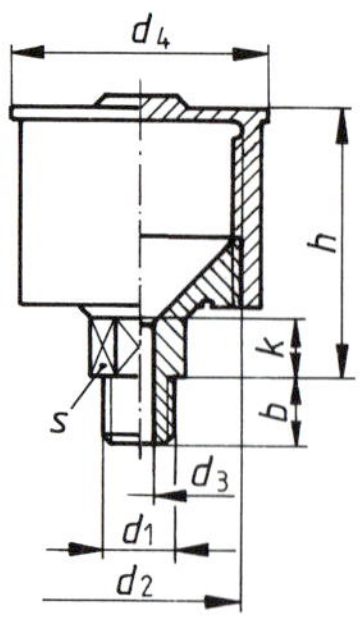


Maße in mm

| Größe | $d_1$ | | $d_2$ | $d_3$ | $d_4$ | *b* | *h* | *k* | *s* |
|---|---|---|---|---|---|---|---|---|---|
| 00 | – | M6 | M10 × 1 | 2 | 14 | 6 | 26 | 6 | 7 |
| 0 | G$^1/_8$ | M8 × 1 | M12 × 1 | 2,5 | 16 | 8 | 30 | 7 | 10 |
| 1 | G$^1/_8$ | M10 × 1 | M16 × 1 | 3 | 24 | 9 | 35 | 7 | 12 |
| 2 | G$^1/_4$ | M12 × 1,5 | M22 × 1 | 4 | 28 | 11 | 38 | 10 | 17 |
| 3 | G$^1/_4$ | M12 × 1,5 | M30 × 1,5 | 4 | 38 | 11 | 42 | 10 | 17 |
| 4 | G$^1/_4$ | M12 × 1,5 | M36 × 1,5 | 4 | 45 | 11 | 45 | 10 | 17 |
| 5 | G$^1/_4$ | M12 × 1,5 | M48 × 1,5 | 4 | 58 | 11 | 52 | 10 | 17 |

Form A: Kappe und Unterteil gezogen (Größe 1 bis 5)
Form B: Kappe und Unterteil gedreht (Größe 00 bis 1)
Form D: Kappe gezogen, Unterteil gedreht (Größe 2 bis 5)
} Werkstoff: Stahl (St)

Bezeichnungsbeispiel mit Größe 1, Gewinde metrisch, Form B, aus St:
**Staufferbuchse DIN 3411 – B1M – St**

## Werk- und Hilfsstoffe

### Übersicht der chemischen Elemente

| Periode | Ordnungszahl | Kurzzeichen | Bezeichnung | Zustand bzw. Stoffart |
|---|---|---|---|---|
| 1 | 1 | H | **Wasserstoff** | Gas |
| | 2 | He | **Helium** | Edelgas |
| 2 | 3 | Li | **Lithium** | Metall |
| | 4 | Be | **Beryllium** | Metall |
| | 5 | B | **Bor** | Nichtmetall |
| | 6 | C | **Kohlenstoff** | Nichtmetall |
| | 7 | N | **Stickstoff** | Gas |
| | 8 | O | **Sauerstoff** | Gas |
| | 9 | F | **Fluor** | Gas |
| | 10 | Ne | **Neon** | Edelgas |
| 3 | 11 | Na | **Natrium** | Metall |
| | 12 | Mg | **Magnesium** | Metall |
| | 13 | Al | **Aluminium** | Metall |
| | 14 | Si | **Silicium** | Halbleiter |
| | 15 | P | **Phosphor** | Nichtmetall |
| | 16 | S | **Schwefel** | Nichtmetall |
| | 17 | Cl | **Chlor** | Gas |
| | 18 | Ar | **Argon** | Edelgas |
| 4 | 19 | K | **Kalium** | Metall |
| | 20 | Ca | **Calcium** | Metall |
| | 21 | Sc | **Scandium** | Metall |
| | 22 | Ti | **Titan** | Metall |
| | 23 | V | **Vanadium** | Metall |
| | 24 | Cr | **Chrom** | Metall |
| | 25 | Mn | **Mangan** | Metall |
| | 26 | Fe | **Eisen** | Metall |
| | 27 | Co | **Cobalt** | Metall |
| | 28 | Ni | **Nickel** | Metall |
| | 29 | Cu | **Kupfer** | Metall |
| | 30 | Zn | **Zink** | Metall |
| | 31 | Ga | **Gallium** | Metall |
| | 32 | Ge | **Germanium** | Metall |
| | 33 | As | **Arsen**[1] | Nichtmetall |
| | 34 | Se | **Selen** | Halbleiter |
| | 35 | Br | **Brom** | flüssig |
| | 36 | Kr | **Krypton** | Edelgas |
| 5 | 37 | Rb | **Rubidium** | Metall |
| | 38 | Sr | **Strontium** | Metall |
| | 39 | Y | **Ittrium** | Metall |
| | 40 | Zr | **Zirkonium** | Metall |
| | 41 | Nb | **Niob** | Metall |
| | 42 | Mo | **Molybdaen** | Metall |
| | 43 | Tc | **Technetium** | Metall |
| | 44 | Ru | **Ruthenium** | Edelmetall |
| | 45 | Rh | **Rhodium** | Edelmetall |
| | 46 | Pd | **Palladium** | Edelmetall |
| | 47 | Ag | **Silber** | Edelmetall |
| | 48 | Cd | **Cadmium** | Metall |
| | 49 | In | **Indium** | Metall |
| | 50 | Sn | **Zinn** | Metall |
| | 51 | Sb | **Antimon** | ≈ Metall |
| | 52 | Te | **Tellur** | Halbmetall |
| | 53 | I | **Iod** | Nichtmetall |
| | 54 | X | **Xenon** | Edelgas |

| Periode | Ordnungszahl | Kurzzeichen | Bezeichnung | Zustand bzw. Stoffart |
|---|---|---|---|---|
| 6 | 55 | Cs | **Caesium** | Metall |
| | 56 | Ba | **Barium** | Metall |
| | 57 | La | **Lanthan** | Metall |
| | 58 | Ce | **Cer** | Metall |
| | 59 | Pr | **Praseodym** | Metall |
| | 60 | Nd | **Neodym** | Metall |
| | 61 | Pm | **Promethium** | Metall |
| | 62 | Sm | **Samarium** | Metall |
| | 63 | Eu | **Europium** | Metall |
| | 64 | Gd | **Gadolinium** | Metall |
| | 65 | Tb | **Terbium** | Metall |
| | 66 | Dy | **Dysprosium** | Metall |
| | 67 | Ho | **Holmium** | Metall |
| | 68 | Er | **Erbium** | Metall |
| | 69 | Tm | **Thulium** | Metall |
| | 70 | Yb | **Ytterbium** | Metall |
| | 71 | Lu | **Lutetium** | Metall |
| | 72 | Hf | **Hafnium** | Metall |
| | 73 | Ta | **Tantal** | Metall |
| | 74 | W | **Wolfram** | Metall |
| | 75 | Re | **Rhenium** | Metall |
| | 76 | Os | **Osmium** | Edelmetall |
| | 77 | Ir | **Iridium** | Edelmetall |
| | 78 | Pt | **Platin** | Edelmetall |
| | 79 | Au | **Gold** | Edelmetall |
| | 80 | Hg | **Quecksilber** | Metall |
| | 81 | Tl | **Thallium** | Metall |
| | 82 | Pb | **Blei** | Metall |
| | 83 | Bi | **Bismut (Wismut)** | Metall |
| | 84 | Po | **Polonium** | Metall |
| | 85 | At | **Astat** | Nichtmetall |
| | 86 | Rn | **Radon** | Edelgas |
| 7 | 87 | Fr | **Francium** | — |
| | 88 | Ra | **Radium** | Metall |
| | 89 | Ac | **Actinium** | Metall |
| | 90 | Th | **Thorium** | Metall |
| | 91 | Pa | **Protactinium** | Metall |
| | 92 | U | **Uran** | Metall |
| | 93 | Np | **Neptunium** | Transurane |
| | 94 | Pu | **Plutonium** | Transurane |
| | 95 | Am | **Americium** | Transurane |
| | 96 | Cm | **Curium** | Transurane |
| | 97 | Bk | **Berkelium** | Transurane |
| | 98 | Cf | **Californium** | Transurane |
| | 99 | E | **Einsteinium** | Transurane |
| | 100 | Fm | **Fermium** | Transurane |
| | 101 | Mv | **Mendelevium** | Transurane |
| | 102 | No | **Nobelium** | Transurane |
| | 103 | Lr | **Lawrencium** | Transurane |
| | 104 | Ku[2] | **Kurtschatovium** | Transurane |
| | 105 | Ha[3] | **Hahnium** | Transurane |

Anmerkung:
Periode = Zahl der Elektronenschalen
Ordnungszahl = Ladungszahl = Anzahl der Protonen bzw. Elektronen

[1] sublimiert = direkter Übergang vom festen in den gasförmigen Aggregatzustand.
[2] Ku/Rf = Rutherfordium
[3] Ha/Ns = Nielsbohrium

## Stoffwerte von Metallen (Auswahl)



### Physikalische und technologische Eigenschaften von Metallen

| Bezeichnung | Kurzzeichen | Gitterstruktur [1] | Dichte [2] $\varrho$ in kg/dm³ | Elastizitätsmodul $E$ in $\cdot 10^4$ N/mm² | Zugfestigkeit $R_m$ (geglüht) in N/mm² | Härte HB (geglüht) | Längenausdehnungskoeffizient $\alpha$ bei 0 ... 100 °C in $\cdot 10^{-6}$ K⁻¹ | Spezifische Wärmekapazität $c$ in kJ/(kg·K) | Schmelzpunkt in °C | Siedepunkt in °C | Wärmeleitfähigkeit $\lambda$ in W/(m·K) | Spezifischer elektrischer Widerstand $\varrho$ in $\cdot 10^{-3}\,\Omega$ mm²/m |
|---|---|---|---|---|---|---|---|---|---|---|---|---|
| Aluminium | Al | kfz | 2,7 | 7,2 | 40 ... 100 | 15 ... 25 | 23,9 | 0,899 | 660 | 2270 | 238 | 28,6 |
| Antimon | Sb | rh | 6,69 | 5,6 | 80 ... 90 | 30 ... 36 | 10,8 | 0,21 | 630 | 1640 | 22,5 | 390,0 |
| Beryllium | Be | hd | 1,85 | 30,0 | 210 ... 360 | 30 ... 170 | 12,3 | 1,885 | 1283 | 2870 | 165 | 38 |
| Bismut | Bi | rh | 9,8 | 3,4 | 5 | 9 ... 19 | 13,5 | 0,126 | 271 | 1560 | 8 | 1200 |
| Blei | Pb | kfz | 11,35 | 1,7 | 11 ... 13 | 3 ... 6 | 29 | 0,13 | 327 | 1750 | 35 | 210 |
| Cadmium | Cd | hd | 8,64 | 6,3 | 60 | 16 ... 35 | 29,4 | 0,23 | 321 | 767 | 92 | 77 |
| Chrom | Cr | krz | 7,1 | 25,0 | 200 ... 300 | — | 8,5 | 0,46 | 1900 | 2300 | 69 | 140 |
| Cobalt | Co | $\varepsilon$-hd<br>$\alpha$-kfz | 8,9 | 21,5 | 270 | 120 ... 130 | 12 | 0,437 | 1490 | 3200 | 69 | 97 |
| **Eisen** | Fe | $\alpha$-krz | 7,85 | 21 | — | — | 11 | 0,466 | 1535 | 2880 | 75,5 | 100 |
| Germanium | Ge | kd | 5,32 | — | — | — | 5,75 | 0,31 | 938 | 2700 | 140 | $9 \cdot 10^5$ bis $6 \cdot 10^8$ |
| Gold | Au | kfz | 19,3 | 8,1 | 100 ... 140 | 13 ... 22 | 14,3 | 0,13 | 1063 | 2700 | 310 | 22 |
| Kupfer | Cu | kfz | 8,93 | 12,6 | 210 ... 240 | 40 ... 50 | 16,8 | 0,39 | 1083 | 2350 | 364 | 17,8 |
| Magnesium | Mg | hd | 1,74 | 4,5 | 160 ... 200 | 25 ... 40 | 26 | 0,924 | 650 | 1097 | 157 | 45 |
| Mangan | Mn | $\alpha$-kfz<br>$\beta$-krz | 7,45 | 20,0 | — | — | 15 | 0,504 | 1244 | 2152 | 29,7 | 392 |
| Molybdän | Mo | krz | 10,2 | 32,6 | 480 ... 900 | 140 ... 300 | 5 | 0,273 | 2620 | 4800 | 145 | 54 |
| Nickel | Ni | kfz | 8,9 | 22,5 | 350 ... 520 | 70 ... 120 | 13 | 0,441 | 1452 | 3075 | 59 | 95 |
| Niob | Nb | krz | 8,6 | 12,0 | 250 ... 350 | 40 ... 200 | 7,1 | 0,273 | 2415 | 3300 | 92 | 130 |
| Platin | Pt | kfz | 21,37 | 17,3 | 120 ... 220 | 40 ... 50 | 9 | 0,134 | 1769 | 4400 | 70 | 98 |
| Silber | Ag | kfz | 10,5 | 8,1 | 130 ... 160 | 15 ... 36 | 19,7 | 0,235 | 960 | 1980 | 407 | 15,9 |
| Tantal | Ta | krz | 16,6 | 19,0 | 350 ... 700 | 100 ... 260 | 6,5 | 0,138 | 2990 | 4100 | 54 | 125 |
| Titan | Ti | $\alpha$-hd<br>$\beta$-krz | 4,5 | 11,1 | 350 ... 560 | 100 ... 200 | 8,2 | 0,63 | 1660 | 3535 | 15,5 | 420 |
| Vanadium | V | krz | 6,1 | 13,0 | 350 ... 500 | 100 ... 260 | 8,3 | 0,504 | 1900 | 3000 | 31,4 | 250 |
| Wolfram | W | krz | 19,3 | 41,5 | 400 ... 1200 | 250 ... 360 | 4,5 | 0,143 | 3380 | 4727 | 130 | 55 |
| Zink | Zn | hd | 7,14 | 10,0 | 120 ... 150 | 32 ... 45 | 29 | 0,395 | 419 | 906 | 113 | 63 |
| Zinn | Sn | $\alpha$-kd<br>$\beta$-t | 7,28 | 4,5 | 15 ... 28 | 4 ... 5 | 27 | 0,228 | 232 | 2360 | 64 | 114 |
| Zirkonium | Zr | $\alpha$-hd<br>$\beta$-krz | 6,5 | 9,6 | 150 ... 400 | 60 ... 80 | 4,8 | 0,252 | 1852 | — | 22 | 400 |

1) kfz = kubisch-flächenzentriert; krz = kubisch-raumzentriert; hd = hexagonaldichteste Packung; rh = rhomboedrisch; t = tetragonal; $\alpha$-kd = kubisch-diamant

2) Dichtewerte, die unterlegt sind, sind NE-Leichtmetalle

## Stoffwerte von Kunststoffen

### Mechanische und thermische Eigenschaften von Kunststoffen

| Werkstoffe | | | | Mechanische Eigenschaften | | | | | | | Thermische Eigenschaften | | |
|---|---|---|---|---|---|---|---|---|---|---|---|---|---|
| | | | | Dichte in g/cm³ | Zugfestigkeit[2]) in N/mm² (MPa) | Bruchdehnung in % | Biegefestigkeit in N/mm² | Kugeldruckhärte in N/mm² (MPa) | Schlagzähigkeit $a_n$[3]) in kJ/m² | Kerbschlagzähigkeit $a_K$[4]) in kJ/m² | Längenausdehnungskoeffizient in $10^{-6}$ K$^{-1}$ | Spezifische Wärmekapazität in kJ/(kgK) | Formbeständigkeit nach Martens in °C |
| | Harzgrundlage | Füllstoffe bzw. Harzträger und ihre Strukturen | Typ | DIN 1306 DIN 53479[5]) | DIN EN ISO 527 DIN 53504 | DIN EN ISO 527 DIN 53504 | DIN EN ISO 178 | DIN EN ISO 2039-1 | DIN EN ISO 179 | DIN EN ISO 179 | | | zurückgezogene DIN 53462 |
| Härtbare Stoffe: Phenoplaste | Phenolformaldehyd | keine, (reines Harz) Gießharz | | 1,27 … 1,35 | 35 … 84 | — | 120 | 130 | 25 … 30 | 1,5 | 23 … 96 | 0,84 … 1,05 | 55 |
| | | keine, (reines Harz) Pressharz | | 1,27 … 1,35 | 42 … 63 | 0,7 | 84 … 120 | — | 5 … 25 | 0,8 … 1,6 | — | — | — |
| | | Gesteinsmehl | 11 | 1,7 … 2,1 | 30 | — | 60 | 180 | 3,5 | 1,0 | 15 … 30 | — | 150 … 180 |
| | | Aramid/Kohlefaser[1]) | | 1,45 | 150 | — | 95 | — | 20 | 70 … 80 | 20 | — | 140 |
| | | Holzmehl (kurzfaserig) | 30 | 1,3 … 1,4 | 40 | 0,5 | 70 | 130 | 5 … 7 | 1,5 … 3 | 30 … 60 | — | 100 |
| | | Holzmehl (kurzfaserig) | 31 | 1,3 … 1,4 | 40 | 0,5 | 80 | 130 | 6 … 7 | 1,5 … 7 | 30 … 50 | 1,47 … 1,6 | 125 … 140 |
| | | Papierschnitzel | 54 | 1,4 | — | — | 130 | 130 | 8 … 10 | 5,5 … 10 | 10 … 30 | — | 125 … 150 |
| | | Gewebeschnitzel | 74 | 1,36 … 1,4 | 40 | 0,4 | 80 | 130 | 12 … 20 | 12 … 18 | 10 … 40 | — | 125 … 140 |
| | | Papierbahnen | PFCP 201 | 1,35 … 1,42 | 120 … 150 | — | 150 | 130 | 25 | 5 … 15 | 10 … 25 | 1,55 | — |
| | | Gewebebahnen | PFCC 201 | 1,35 … 1,42 | 50 | — | 100 | 130 | 25 | — | 10 … 25 | 1,68 | — |
| | | Holzfurnierbahnen | PSCH KLA | 1,35 … 1,42 | 250 | 1,3 | — | — | 92 | — | — | — | 150 |
| | Phenolfurfurol | Mineralien | | 1,6 … 2,0 | 35 … 70 | — | 56 … 140 | — | — | — | 20 | — | 135 … 145 |
| | | Holzmehl (kurzfaserig) | | 1,3 … 1,4 | 42 … 77 | — | 56 … 105 | — | — | — | 30 | — | 130 … 140 |
| | | Gewebeschnitzel | | 1,3 … 1,4 | 45 … 56 | — | 70 … 90 | — | — | — | 25 | — | — |
| Härtbare Stoffe: Aminoplaste | Harnstoff | Holzmehl (kurzfaserig) | 131,5 | 1,45 … 1,5 | 40 | 0,4 | 80 | 150 | 5 … 7 | 1,2 … 2 | 15 … 50 | 1,68 | 100 … 120 |
| | Melamin | Holzmehl (kurzfaserig) | 150 | 1,45 … 1,55 | 40 | — | 70 … 80 | 170 | 6 … 7 | 2 | — | — | 120 … 140 |
| | Melamin | Cellulosefaser | 152 | 1,55 | 50 | 0,6 | 90 | 190 | 7 | 1,5 … 3 | 50 … 80 | — | 135 … 140 |
| Härtbare Stoffe | ungesättigte Polyesterharze | Glasstränge | | 1,9 | 840 | — | 105 | — | 156 | — | 7 | — | 110 … 140 |
| | | Glasgewebe | | 1,7 … 1,9 | 180 … 350 | — | 210 … 350 | 150 | 56 | 30 … 40 | 10 | — | 110 … 140 |
| | Siliconharze | Glasgewebe | | 1,7 | 100 | — | 150 | — | 40 … 100 | 20 … 80 | — | — | 160 … 200 |
| | | Kunsthorn | | 1,35 | 90 | — | 140 | 130 | 30 | — | 80 | — | 55 |
| Elastoplaste | | Polychlorbutadien (Neopren) | | 1,24 | 22,5 | 950 | — | — | — | 55 | — | — | — |
| | | Butadien/Styrol-Mischpolymerisat (Buna S) | | 1,2 | 22 | 600 | — | — | — | 60 | — | — | — |
| | | Butadien/Acrylnitril-Mischpolymerisat (Perbunan) | | 1,2 | 22 | 600 | — | — | — | 60 | — | — | — |

[1]) Ersatz für Asbestfüllstoffe
[2]) DIN EN ISO 527 für Folien und Tafeln; DIN 53504 : 1994-05 für Elastomere
[3]) Schlagzähigkeit $\alpha_n$ ist die verbrauchte Schlagarbeit an der ungekerbten Probe
[4]) Kerbschlagzähigkeit $\alpha_K$ ist die verbrauchte Schlagarbeit an der gekerbten Probe
[5]) Zurückgezogene Norm

## Stoffwerte von Kunststoffen



### Mechanische und thermische Eigenschaften von Kunststoffen (Fortsetzung)

| Harzgrundlage | Werkstoffe: Füllstoffe bzw. Harzträger und ihre Strukturen | Typ | Mechanische Eigenschaften: Dichte in g/cm³ | Zugfestigkeit[2] in N/mm² (MPa) | Bruchdehnung in % | Biegefestigkeit in N/mm² | Kugeldruckhärte in N/mm² (MPa) | Schlagzähigkeit $a_n$[3] in kJ/m² | Kerbschlagzähigkeit $a_K$[4] in kJ/m² | Thermische Eigenschaften: Längenausdehnungskoeffizient in $10^{-6}$ K$^{-1}$ | Spezifische Wärmekapazität in kJ/(kgK) | Formbeständigkeit nach Martens in °C |
|---|---|---|---|---|---|---|---|---|---|---|---|---|
| | | | DIN 1306 DIN 53479[1] | DIN EN ISO 527 DIN 53504 | DIN EN ISO 527 DIN 53504 | DIN EN ISO 178 | DIN EN ISO 2039-1 | DIN EN ISO 179 | DIN EN ISO 179 | | | zurückgezogene DIN 53462 |
| Thermoplaste: Anilin | keine, (reines Harz) Pressharz | | 1,2 … 1,25 | 70 | — | 65 … 120 | — | 10 … 25 | 1 … 2,5 | 45 | — | 115 |
| Ethylenderivate | Polyethylen (Hochdruckpolyethylen) | Typ-Kennzeichnung ist von der Zusammensetzung und den Eigenschaften abhängig | 0,92 | 12 … 14 | 50 … 550 | — | 10 | — | 10 | 200 | 2,31 | — |
| | Polyethylen (Niederdruckpolyethylen) | | 0,94 | 19 | — | 30 | 31 … 34 | — | 8 | 103 | — | — |
| | Polypropylen (isotaktisches) | | 0,90 … 0,91 | 30 | >650 | 43 | 62 | — | >7 | 150 | 2 | 40 |
| | Polystyrol | | 1,05 | 60 | 1 … 3,5 | 100 | 115 | 20 | 2 … 3 | 60 … 80 | 1,34 | 70 |
| | Polystyrol | | 1,05 | 65 | — | 105 | 105 | 25 | 2,5 | 60 … 80 | 1,34 | 76 |
| | Polystyrol | | 1,05 | 65 | — | 110 | 105 | 30 | 3 | 60 … 80 | 1,34 | 75 |
| | Polystyrol (Styrol/Butadien) | | 1,06 | 40 | — | 70 | 95 | 60 | 6 | 80 … 100 | 1,34 | 70 |
| | '' (Styrol/Acrylnit./Vinylcarb.) | | 1,09 | 70 | — | 130 | 110 | 35 | 3 | 60 … 80 | — | 87 |
| | Polystyrol (Styrol/Acrylnitril) | | 1,08 | 75 | — | 135 | 120 | 35 | 3 | 60 … 80 | — | 77 |
| | Polymethacrylsäureester | | 1,18 | 78 | 1 … 4 | 140 | 200 | 20 | — | 70 | 1,47 | 80 |
| | Polyacrylsäureester | | 1,18 | — | — | 110 | — | 30 | — | 85 | — | 65 |
| | Polyvinylcarbazol | | 1,19 | — | — | 50 | 100 | 5 | 0,9 … 2 | 40 … 57 | 1,2 | 150 … 170 |
| | Polyvinylchlorid | | 1,38 | 50 … 60 | 20 … 100 | 95 … 115 | 100 | 50 … 240 | 10 … 30 | 60 … 80 | 0,96 … 1,2 | 60 … 70 |
| | Polyvinylchlorid (Vinylchlorid/Vinylacetat) | | 1,34 | 50 … 60 | 22 | 100 | 95 | 100 | 5 | 80 | — | 60 … 70 |
| | Polymethylenoxyd | | 1,425 | 70 | 15 … 75 | 105 | — | — | — | 81 | 1,47 | — |
| | Polycarbonat | | 1,2 | 56 … 67 | — | 110 … 120 | 90 … 100 | — | 15 … 25 | 60 … 70 | 1,17 | 115 … 127 |
| Cellulosederivate | Celluloseacetat A weich | | 1,32 | 53 | 6 … 70 | 85 | 75 | 40 | 12 | 92 | | 50 |
| | Celluloseacetat A mittel | | 1,33 | 80 | — | 115 | 100 | 30 | 11 | 86 | 1,26 | 55 |
| | Celluloseacetat A hart | | 1,34 | 94 | — | 130 | 110 | 12 | 10 | 76 | bis | 63 |
| | Celluloseacetat A höher verestert | | 1,29 | 74 | 4 … 55 | 90 | 90 | 80 | 6 | 97 | 1,76 | 72 |
| | Celluloseacetobutyrat | | 1,20 | 43 | 40 … 88 | 56 | 60 | 120 | 5 | 104 | | 64 |
| | Cellulosenitrat | | 1,38 | 60 … 70 | 40 … 45 | 60 | 70 | 100 … 200 | 20 … 30 | 100 … 160 | | 40 |
| | Ethylcellulose | | 1,14 | 50 … 60 | 10 … 40 | 63 … 70 | 65 … 75 | 50 | 20 | 100 … 160 | 1,26 … 3,1 | 55 … 65 |
| | Benzylcellulose | | 1,22 | 40 | — | 70 | 70 | — | — | 100 | — | 55 |
| | Polyamid | | 1,13 | 70 … 85 | 40 | 110 | 100 | — | 3 | 80 | 1,7 | 65 |
| | Polyamid | | 1,07 | 60 | 230 | 72 | 70 | — | 9,6 | 90 … 100 | 1,75 … 2,1 | — |
| | Polyamid | | 1,12 | 80 | 100 | 94 | 95 | — | 3,8 | 90 … 100 | 1,75 … 2,1 | — |
| | Polyurethan | | 1,21 | — | — | 65 | 65 | — | 6 | 110 … 130 | 2,1 | 45 |
| | Polyurethan | | 1,21 | 50 | 80 | 45 | 45 | — | 12 | 190 | 2,1 | 42 |
| Fluorkarbone | Polytrifluormonochlorethylen | | 2,1 … 2,2 | 30 … 50 | 10 … 80 | 58 | — | — | — | 55 … 70 | 0,92 | — |
| | Polytetrafluorethylen | | 2,2 | 25 … 36 | 110 | — | 15 | — | 10 | 100 | 1,0 | 130 |
| Modifizierte Naturstoffe | Vulkanfiber | | 1,1 … 1,45 | 85 … 100 | — | 80 … 130 | 80 … 140 | 120 … 190 | 17 | — | — | 70 … 90 |
| | Pressspan | | 1,2 … 1,4 | 20 … 70 | — | — | — | — | — | — | — | — |

[1]) Zurückgezogene Norm

## Werk- und Hilfsstoffe

### Stoffwerte wichtiger Werk- und Hilfsstoffe (bei 20 °C und 1,03 bar)

| Kurzzeichen | Bezeichnung | Dichte in kg/dm³ | Schmelzpunkt in °C | Siedepunkt in °C | Schmelzwärme in kJ/kg | Spezifische Wärmekapazität in J/(kg · K) (0...100 °C) | Längenausdehnungskoeffizient in $K^{-1}$ (0...100 °C) |
|---|---|---|---|---|---|---|---|
| **Feste Stoffe** | | | | | | | |
| $Al_2O_3$ | Aluminiumoxid | 4 | 2050 | 2700 | – | 960 | – |
| ENAW-AlMgSi | Al-Legierung | 2,7 | 600...640 | – | – | – | 0,000023 |
| CuSn-Leg. | Bronze | 7,4...8,8 | ≈ 900 | – | – | 380 | 0,000018 |
| CuZn-Leg. | Messing | 8,4...8,7 | 900...1000 | 2300 | – | 390 | 0,000018 |
| – | Glas | 2,4...2,7 | ≈ 700 | – | – | ≈ 860 | 0,000010 |
| C | Grafit | 2,27 | ≈ 3800 | ≈ 4200 | – | 710 | 0,000078 |
| GG | Gusseisen | 7,2 | 1150...1300 | – | – | 544 | 0,000011 |
| CuNi44 | Konstantan | 8,9 | 1260 | – | – | 410 | 0,000015 |
| MgAl7 | Magnesium-Leg. | 1,8 | 625...650 | 1500 | – | 1000 | 0,000025 |
| PVC | Polyvinylchlorid | 1,35 | – | – | – | – | 0,000080 |
| – | Porzellan | 2,4 | 1600 | – | – | 800 | 0,000004 |
| $SiO_2$ | Quarz | ≈2,6 | 1480 | 2230 | – | 800 | – |
| SiC | Siliciumcarbid | 3,2 | – | – | – | 670 | – |
| C 15E[2] | unlegierter Stahl | 7,85 | 1510 | – | – | 460 | 0,000011 |
| 41 Cr4 | niedriglegierter Stahl | 7,85 | 1490 | – | – | 460 | 0,000010 |
| X5CrNi18-10 | hochlegierter Stahl | 7,85 | 1400 | – | – | 502 | 0,000016 |

| **Flüssige Stoffe** | | Dichte in kg/dm³ | Schmelzpunkt in °C | Siedepunkt in °C | Zündtemperatur in °C | Spezifische Wärmekapazität in J/(kg · K) | Volumenausdehnungskoeffizient in $K^{-1}$ |
|---|---|---|---|---|---|---|---|
| $C_2H_5OH$ | Alkohol (Ethanol) | 0,79 | −114 | 78 | – | 2340 | 0,0011 |
| – | Benzin | 0,68...0,81 | <−50 | ≈ 100 | 490 | 2100 | 0,0010 |
| $C_6H_6$ | Benzol | 0,88 | 5 | 80 | 620 | 1720 (0 °C) | 0,0012 |
| – | Glycerin | 1,3 | −18 | 290 | 520 | 2390 (18 °C) | 0,0005 |
| – | Maschinenöl | 0,91 | −5 | 390 | 400 | 1670 (18 °C) | – |
| – | Petroleum | 0,81 | −70 | ≈ 230 | 550 | 2100 (18 °C) | 0,0009 |
| $H_2O$ | Wasser | 1,00 | 0 | 100 | – | 4190 | 0,00018 |

| **Gasförmige Stoffe** | | Dichte in kg/m³ | Schmelzpunkt in °C | Siedepunkt in °C | Verdampfungswärme in kJ/kg | $c_p$[3] | $c_v$[4] | |
|---|---|---|---|---|---|---|---|---|
| $NH_3$ | Ammoniak | 0,77 | −77,7 | −33,4 | 1369 | 2100 | 1600 | – |
| $C_2H_2$ | Acetylen | 1,17 | −84 | −81 | – | 1640 | 1330 | – |
| $Cl_2$ | Chlor | 3,22 | −103 | −34 | 260 | 470 | 340 | – |
| CO | Kohlenmonoxid | 1,25 | −205 | −191,5 | – | 1050 | 750 | – |
| $CO_2$ | Kohlendioxid | 1,98 | −56,6 | −78,5[1] | 180 | 840 | 650 | – |
| – | Luft | 1,29 | −213 | −194 | – | 1000 | 720 | – |
| $CH_4$ | Methan | 0,72 | −183 | −161,4 | – | 2200 | 1700 | – |
| $SO_2$ | Schwefeldioxid | 2,93 | −73 | −10 | – | 640 | 500 | – |

1) sublimiert 2) DIN EN 10084 3) bei konst. Druck 4) bei konst. Volumen

### Wärmeleitfähigkeit λ verschiedener Stoffe

| Metalle und Nichtmetalle | W/(m · K) bei 20 °C |
|---|---|
| CuSn-Legierung | 38 |
| CuZn-Legierung | 113 |
| Dämmstoffe | 0,03...0,1 |
| Glas | 0,8 |
| Grauguss | 58 |
| Holz | 0,5...0,8 |
| Konstantan | 23,3 |
| Mauerwerk | 0,5...1,0 |
| PVC | 0,16 |
| Stahl, unlegiert | 50...60 |
| Stahl, rostbeständig | ≈ 20 |

| Flüssige Stoffe | W/(m · K) bei 20 °C |
|---|---|
| Benzin | 0,13 |
| Benzol $C_6H_6$ (rein) | 0,15 |
| Ether (oder Äther) | 0,18 |
| Glycerin | 0,29 |
| Maschinenöl | 0,18 |
| Petroleum | 0,13 |
| Quecksilber | 10 |
| Wasser (destilliert) | 0,6 |

| Gasförmige Stoffe | W/(m · K) × $10^{-3}$ bei 0 °C |
|---|---|
| Ammoniak | 22 |
| Acetylen | 18 |
| Chlor | 8,1 |
| Kohlenmonoxid | 23 |
| Kohlendioxid | 15 |
| Luft (trocken) | 24,5 |
| Methan | 30 |
| Sauerstoff $O_2$ | 24 |
| Stickstoff $N_2$ | 24 |
| Wasserstoff $H_2$ | 171 |
| Wasserdampf (100 °C) | 16 |

## Bildquellenverzeichnis

Autor und Verlag danken den genannten Firmen und Institutionen für die Überlassung von Vorlagen bzw. Abdruckgenehmigungen zu folgenden Bildern:

**AGCO GmbH & Co. OHG**, Marktoberdorf: Seiten 25, 130 bis 133, 143 linke Spalte b, c, mittlere Spalte a, b, c, rechte Spalte a, b
**Robert Bosch GmbH**, Technische Unterrichtung, Plochingen: Seiten 20, 21, 33
**Continental Teves AG & Co. oHG Aftermarket**, Frankfurt am Main: Seite 57
**Deere & Company European Office**, Mannheim: Seite 74
**DEKRA AG**, Stuttgart: Seite 2 unten
**Deutsche Landwirtschaftsgesellschaft e.V. (DLG)**, Fachbereich Landtechnik-Prüfungsabteilung, Frankfurt am Main: Seite 10
**DIN Deutsches Institut für Normung e.V.**, Berlin: Seiten 17 bis 19, 38 bis 40, 54, 63 bis 67, 69 bis 71, 75
**Hella KG Hueck & Co.**, Lippstadt: Seite 146, untere Tabelle
**Liebherr-Werk Ehningen GmbH**, Ehningen: Seiten 83 bis 85
**OSRAM GmbH**, München: Seite 145
**SAME DEUTZ-FAHR DEUTSCHLAND GmbH**, Lauingen: Seite 143 rechte Spalte c
**Volvo Construction Equipment Costumer Support AB**, Eskilstuna (Schweden): Seiten 134 bis 136
**WABCO GmbH & Co. OHG**, Hannover: Seiten 58, 59

Die technischen und grafischen Zeichnungen wurden nach Vorlagen ausgeführt durch Ingenieurteam Kontny, Hamburg.
Die CAD-Zeichnungen wurden ausgeführt vom Planungs- und Ingenieur-Büro Manfred Appel, Hamburg.

Umschlaggestaltung: Harro Wolter, Foto & Grafik-Design, Hamburg

Aus **Dax u. a.: Tabellenbuch für Metalltechnik, HT 3291** sind übernommen:
Seiten 38 bis 40, 51, 86 bis 97, 99 bis 103, 105 unten bis 107, 126, 147 bis 189